决策咨询系列

国家科学思想库

中国石墨烯产业研究报告

刘忠范 等 著

科学出版社

北 京

审图号：国审字（2020）第 2079 号

内 容 简 介

石墨烯是 21 世纪的战略新兴材料，得到了全球范围的高度重视。本书作为中国科学院学部"关于我国石墨烯产业发展的关键问题及对策"咨询项目的研究成果，对我国石墨烯产业的发展现状进行了全方位的梳理分析，内容包括：石墨烯新材料的基本性质、制备方法和主要应用领域，中国石墨烯产业的发展历程、区域分布及发展现状，石墨烯产业政策和投融资现状，以及推动石墨烯产业健康发展的对策建议等。

本书适合石墨烯新材料领域基础研究和应用研发人员、相关决策部门工作人员，以及社会公众阅读。

图书在版编目（CIP）数据

中国石墨烯产业研究报告 / 刘忠范等著．—北京：科学出版社，2020.10
（国家科学思想库．决策咨询系列）
ISBN 978-7-03-066055-8

Ⅰ．①中… Ⅱ．①刘… Ⅲ．①石墨-纳米材料-材料工业-产业发展-研究报告-中国 Ⅳ．①F426.7

中国版本图书馆 CIP 数据核字（2020）第 170218 号

责任编辑：牛 玲 姚培培 / 责任校对：严 娜
责任印制：徐晓晨 / 封面设计：黄华斌 陈 敬 张伯阳

科学出版社 出版
北京东黄城根北街 16 号
邮政编码：100717
http://www.sciencep.com

北京虎彩文化传播有限公司 印刷
科学出版社发行 各地新华书店经销
*
2020 年 10 月第 一 版 开本：720×1000 1/16
2021 年 7 月第三次印刷 印张：19
字数：300 000
定价：128.00 元
（如有印装质量问题，我社负责调换）

《中国石墨烯产业研究报告》项目组成员

组　长：刘忠范　成会明

成　员（以姓氏汉语拼音为序）：

蔡伟伟　陈　珂　陈永胜　丁古巧
高　超　高　翾　侯士峰　黄芳芳
康飞宇　李　萌　李义春　刘云圻
刘兆平　孟艳芳　彭海琳　曲良体
任文才　阮汝祥　史浩飞　王旭东
魏　迪　魏　飞　肖劲松　杨全红
张　锦　智林杰　周　静　朱彦武

《中国石墨烯产业研究报告》
联合调研与发布单位

北京石墨烯研究院
中关村石墨烯产业联盟
中国电子信息产业发展研究院
中国石墨烯产业技术创新战略联盟
北京先进碳材料产业促进会
国家知识产权运营公共服务平台
《经济》杂志社

前　言

　　石墨烯是 21 世纪的战略新兴材料。石墨烯新材料产业将是未来全球高科技产业竞争的重要领域，这一点已经成为国内外学术界和产业界的共识。2004 年 10 月 22 日，安德烈·海姆（A. K. Geim）和他的弟子康斯坦丁·诺沃肖洛夫（K. S. Novoselov）在美国《科学》（Science）期刊上发表了第一篇石墨烯热点文章，至今已有 16 个年头。2010 年 10 月 5 日，诺贝尔物理学奖颁给了这两位石墨烯领域的开拓者，继而引发了全球范围的"石墨烯热"。欧洲是石墨烯新材料的发源地，欧洲人也希望成为石墨烯产业的引领者，其一个重要的举措是欧盟启动"石墨烯旗舰计划"，从 2013 年起，每年投资 1 亿欧元，连续 10 年，支持石墨烯新材料从实验室走向产业化。曼彻斯特大学是石墨烯新材料呱呱坠地的场所，也是世界上最早成立石墨烯专门研究机构的地方。2015 年 3 月，英国国家石墨烯研究院（NGI）在曼彻斯特大学启航；同年 10 月 23 日，习近平主席参观了该院。2018 年 12 月，曼彻斯特大学又成立了石墨烯工程创新中心（GEIC），坚持基础与应用并举，矢志确保其在石墨烯产业的"领头羊"地位。当然，理想与现实未必同调，英国的脱欧之举更增加了未来的变数。

　　中国的石墨烯研究起步并不算晚，基本上与世界同步。中国对石墨烯产业的关注完全与世界同步，行动上甚至更为迅速。工商注册数据显示，早在 2010 年，正式工商注册的开展石墨烯相关业务的企业就达 1778 家。截至 2020 年 2 月，这个数字增加至 12 090 家。另外，从 2011 年起，中国学者发表的石墨烯相关学术论文总数就高居全球榜首，截至 2019 年 12 月，中国的石墨烯论文总数超过 10 万篇，而排在第二位的美国刚超过 3.7 万篇。中国的石墨烯相关专利申请数量更是独占鳌头，来自中国的专利申请总数超过全球总数的2/3。因此，在统计数字上，中国的石墨烯领域毫无疑问是"引领"世界的。中国的"石墨烯热"已经延续了近10年，全国各地争相建设"石墨烯产业园"、"石墨烯小镇"和"石墨烯产业创新中心"，真正体现了石墨烯产业的"中国特色"。客观地讲，中国的石墨烯产业推进速度是全球最快的，既有的产业大军规模也是全球最大的，甚至吸引了包括两位石墨烯诺贝尔奖得主在内的众多来自海外的"淘金者"。同样不可否认的是，中国的石墨烯产业发展也存在着一些不健康的因素，某种程度上有些类似当年的"大炼钢铁运动"，一哄而上，遍地开花，甚至已经造成石墨烯原材料产能过剩的问题。2017年1月30日，刘忠范院士接受《澎湃新闻》采访时明确表达了这种担忧，随后很快得到国家领导人的高度关注和批示。有关部门根据国家领导人的指示，做了全国范围的石墨烯产业发展现状普查。3年后的现在，应该说情况有所改变。随着对石墨烯新材料认识的不断深入，以及从实验室到市场的产业化实践，中国的"石墨烯热"有所降温，人们也渐趋冷静。那么，中国石墨烯产业的现状究竟如何？石墨烯产业的前景究竟如何？中国的石墨烯产业该如何发展？这些问题已经成为学术界、产业界、各级政府部门乃至普通大众关注的焦点。

为了准确"把脉"我国的石墨烯产业发展现状，协助国家做出相关战略决策，推动我国石墨烯产业健康发展，2017年，中国科学院学部工作局启动了"我国石墨烯产业发展的关键问题及对策"学部咨询评议项目，由刘忠范院士和成会明院士担任项目负责人。实际上，这个项目是有一定的前期工作基础的。早在2013年，科学技术部（简称科技部）基础研究司就组织了相关专家进行包括石墨烯在内的"纳米碳材料"重大科学前沿与产业发展现状调研，刘忠范院士担任总召集人。经过全体调研专家近1年的努力，形成了"国家纳米碳材料重大科学前沿与产业推进计划"（简称"新飞计划"）调研报告。在这些前期工作基础上，本次调研工作分三个阶段进行，第一阶段是广泛的资料和信息收集，第二阶段是实地考察，第三阶段是综合分析和调研报告撰写，前后历时近三年半时间。

实地考察工作至关重要。前后耗时近一年，项目组掌握了大量的一手资料。为确保实地考察的有效性、专业性和全面性，调整了项目考察组成员，邀请了中国电子信息产业发展研究院、《经济》杂志社、北京先进碳材料产业促进会、中关村石墨烯产业联盟和北京石墨烯研究院（BGI）等单位共同参加实地调研活动，调研范围涵盖北京、江苏、广东、福建、山东、四川、重庆、上海、浙江、黑龙江、广西、河北、宁夏、湖南等14个省（自治区、直辖市），走访了28个城市及逾百家石墨烯相关企业和石墨烯研发机构。调研组一行足迹遍布北京、常州、无锡、深圳、顺德、厦门、泉州、永安、济宁、青岛、济南、成都、眉山、德阳、重庆、上海、杭州、宁波、哈尔滨、鸡西、南宁、柳州、桂林、唐山、辛集、银川、石嘴山、长沙等地，行程12 000多公里。调研组深入企业一线，详细了解石墨烯技术研发、产品生产、市场销售情况，倾听石墨烯企业和主管部门的呼声，共同探讨石墨烯产业存在的问题和推动产业健康发展的对策。在整个调研过程中，召开专题座谈会25次，收到企业调查问卷55份，形成影像素材5000多条，获取了大量关于石墨烯产业的一手资料，为全面系统梳理我国的石墨烯产业现状和发展脉络奠定了坚实的基础。《经济》杂志社等多家媒体对调研活动进行了全程跟踪报道，形成了广泛的社会影响力。值得一提的是，这次全国范围的石墨烯产业调研活动也为遴选中国石墨烯产业国家队，筹建国家石墨烯制造业创新中心提供了强有力的数据支撑。

数据是基础，提炼工作更为重要。在北京石墨烯研究院牵头组织下，在项目组、调研组以及国家知识产权运营公共服务平台的通力合作下，组织召开了大小座谈会和讨论会10余次。为了汇总各方观点，形成真知灼见，2019年10月25日，在北京石墨烯研究院主办的"第二届北京石墨烯论坛"（BGF-2019）上，专门组织了"石墨烯区域产业发展论坛"。北京、上海、浙江、江苏、广东、山东、重庆等全国主要省级石墨烯产业创新中心负责人齐聚一堂，围绕石墨烯产业发展问题进行了深入研讨和系统性梳理，形成了《中国石墨烯产业研究报告》的总基调。

北京石墨烯研究院承担了本报告主体的撰写任务，中国电子信息产业发展研究院、国家知识产权运营公共服务平台、北京先进碳材料产业促进会、中关村石墨烯产业联盟和《经济》杂志社承担了部分章节的撰写工作。全书共计10章，第1章至第8章阐述了石墨烯材料的基本性质、制备方法以及产业发展现状；第9章为中国石墨烯产业发展的特点、趋势及问题；第10章是项目组形成的推动中国石墨烯产业健康发展的对策建议。各章初稿具体分工如下。第1章：北京石墨烯研究院张娜；第2章：中国电子信息产业发展研究院马琳；第3章：北京石墨烯研究院张锦、彭海琳、陈珂、高翾、孙丹萍、焦琨、曹建苹、王路达、李萌、陈卓、张金灿、孙禄钊、孙阳勇；第4章：北京石墨烯研究院付捷、韩东、高翾、顾伟、马雅琦、孙丹萍、闫石、董广成、王璇；第5章：中关村石墨烯产业联盟周静和北京石墨烯研究院张驰；第6章：北京先进碳材料产业促进会刘玮和北京石墨烯研究院马雅琦；第7章：国家知识产权运营公共服务平台于立彪、王静、曹莉、杨学伟和北京石墨烯研究院刘欣；第 8 章：北京先进碳材料产业促进会刘玮；第 9 章：中国电子信息产业发展研究院肖劲松、马琳和北京石墨烯研究院李萌；第 10 章：北京石墨烯研究院李萌、刘忠范。全书统稿和深加工工作由刘忠范完成，李萌在整个实地考察和统稿过程中做了大量的组织协调和文字工作，北京石墨烯研究院孟艳芳在全书编辑定稿和附录材料整理过程中付出了巨大心血。此外，在本书编写过程中，全国纳米技术标准化技术委员会、《经济》杂志社等单位也提供了修改意见和建议。在此，对三年多来参与项目各个环节的所有人员致以诚挚的感谢。

石墨烯新材料产业面临着一个重大的历史机遇，更面临着一个巨大的挑战。它挑战着我们的原始创新能力，挑战着我们的政产学研用协同创新能力，也挑战着中华民族在下一个百年高科技产业领域的全球引领能力。希望本书能够对全面准确地了解我国石墨烯产业的现状，尤其存在的问题和挑战有所帮助，对科学推进中国石墨烯产业的健康发展有所贡献。由于时间、水平等因素所限，书中难免存在诸多不足，恳请广大读者批评指正。

2020 年 3 月 31 日于墨园

目 录

前言

第 1 章 石墨烯简介 ··· 1
   1.1 定义、分类及主要性质 ·· 1
   1.2 石墨烯简史 ·· 4
   1.3 制备方法 ··· 5
   1.4 应用领域 ··· 7
   参考文献 ·· 8

第 2 章 中国石墨烯产业现状概述 ··· 12
   2.1 产业发展历程 ··· 12
   2.2 产业发展特色 ··· 14
   2.3 产业规模与分布情况 ··· 16

第 3 章 石墨烯产业主要领域发展现状 ··· 23
   3.1 石墨烯材料制备 ··· 23
   3.2 石墨烯应用技术 ··· 46
   参考文献 ·· 77

第 4 章 中国石墨烯产业区域发展现状 ··· 84
   4.1 京津冀地区 ·· 84
   4.2 长三角地区 ·· 97

4.3	珠三角地区	106
4.4	其他东部沿海地区（山东、福建）	112
4.5	东北三省和内蒙古地区	119
4.6	中西部地区	127

第 5 章 石墨烯产业政策分析 … 139
- 5.1 国家石墨烯产业政策 … 139
- 5.2 地方石墨烯产业政策 … 146

第 6 章 中国石墨烯产业投融资现状 … 159
- 6.1 政府支持 … 159
- 6.2 产业基金 … 165
- 6.3 企业投资并购 … 172

第 7 章 石墨烯专利及论文发展态势分析 … 189
- 7.1 全球石墨烯专利情况 … 189
- 7.2 国际石墨烯专利情况 … 192
- 7.3 中国石墨烯专利情况 … 195
- 7.4 石墨烯相关论文分析 … 201

第 8 章 石墨烯标准建设 … 204
- 8.1 国际石墨烯标准的研制现状 … 204
- 8.2 国内石墨烯标准的研制现状 … 207
- 8.3 问题和挑战 … 211

第 9 章 中国石墨烯产业发展的特点、趋势及问题 … 213
- 9.1 国内外石墨烯产业发展比较 … 213
- 9.2 产业发展趋势 … 216
- 9.3 产业发展存在的问题 … 218

第 10 章 推动中国石墨烯产业健康发展的对策建议 … 221
- 10.1 发挥制度优势，加强顶层设计 … 222
- 10.2 聚焦"卡脖子"技术，加大支持力度，培育核心竞争力 … 222
- 10.3 释放政策红利，培育创新生态 … 223

10.4	加快石墨烯标准体系建设，建立行业准入标准	224
10.5	建立国家级石墨烯产业创新中心，以"研发代工"整合全国科技创新资源	225

附录 ………………………………………………………………… 227

附录一	中国石墨烯百家企业	227
附录二	全国主要石墨烯研发团队	230
附录三	全国各地成立的石墨烯产业园	233
附录四	全国各地成立的石墨烯研究院	234
附录五	全国各地成立的石墨烯创新中心	236
附录六	全国各地成立的石墨烯检测中心	237
附录七	全国各地成立的石墨烯产业联盟	238
附录八	项目组石墨烯产业解读与相关观点	239
附录九	项目组区域产业报道	254
附录十	中国申请的国际授权专利选编	268

致谢 ………………………………………………………………… 285

第 1 章 石墨烯简介

石墨烯是由单层碳原子构成的蜂窝状二维晶体材料。独特的结构赋予了石墨烯良好的电学、热学、力学、光学等特性,如超高的载流子迁移率、超高的机械强度、良好的柔性、超高的热导率、高透光性,以及良好的化学稳定性等。这些优异的性质使得石墨烯在电子信息、储能、热管理、生物医学、节能环保,以及航空航天和国防军工等诸多领域具有广阔的应用前景。

1.1 定义、分类及主要性质

1.1.1 定义

简单地讲,石墨烯就是单层的石墨片,是由 sp^2 杂化的碳原子构成的二维纯碳材料。根据化学键理论,石墨烯应具有完美的二维平面结构[图 1.1(a)]。但实际上,悬空状态下的石墨烯并非如此,而是呈现微观尺寸的波纹状起伏[图 1.1(b)]。石墨烯中面内碳碳键长为 0.142nm,每个碳原子的 2s 轨道与 2p 轨道杂化,形成 4 个 sp^2 杂化轨道。其中,每个碳原子的 2s、$2p_x$、$2p_y$ 与三个相邻碳原子的杂化轨道形成 3 个 σ 键,剩余的未参与杂化的 $2p_z$ 轨道在二维平面内形成共轭大 π 键。这一离域大 π 键使得石墨烯具有优异的电子传导性质。石墨烯通过范德瓦耳斯力层层堆叠,最后形成人们所熟知的石墨。热力学稳定的 AB 堆垛(双层)石墨烯的层间距为 0.335nm。

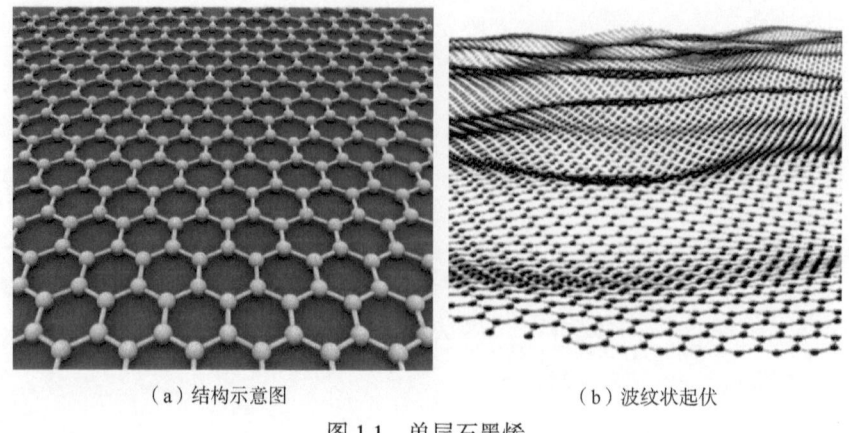

(a) 结构示意图　　　　　　　　(b) 波纹状起伏

图 1.1　单层石墨烯

1.1.2　分类

根据不同的关注角度，石墨烯的分类方式也有所不同，现阶段还比较混乱，许多说法和名词共存，亟待权威专家和专业机构制定相关标准。

最基本的分类方式是按层数分类。严格意义上讲，只有单层石墨片才称为石墨烯材料。但在实际应用中，人们的基本共识是，10 层以下的少层石墨片可统称为石墨烯材料。一般有单层石墨烯、双层石墨烯以及少层石墨烯之分；依据层间堆垛方式不同，又可细分为 AB 堆垛（双层）石墨烯、非 AB 堆垛（双层）石墨烯。

另一种常见的分类方式是根据使用的外在形态进行分类，主要包括：石墨烯薄膜、石墨烯粉体、石墨烯纤维（graphene fiber）、泡沫石墨烯等。石墨烯薄膜一般特指从碳氢化合物前驱体出发，通过高温化学反应过程生长出来的薄膜状石墨烯材料，最常用的制备方法是化学气相沉积（chemical vapor deposition，CVD）法；石墨烯粉体是由大量的单层或少层石墨烯微片聚集而成的粉末状石墨烯材料，其制备方法很多，主要有氧化还原法、液相剥离法、电化学剥离法及 CVD 法等，微片大小分布很宽，从数十纳米到数十微米不等；石墨烯纤维是由石墨烯结构基元构成的宏观纤维状石墨烯材料，制备方法包括粉体石墨烯组装法、CVD 法等，近几年来引起人们的广泛关注；泡沫石墨烯是石墨烯片层之间首尾相连形成的具有一定三维（3D）贯通结构的多孔状石墨烯材料。此外，还有石墨烯量子点和石墨烯纳米带之说，特指石墨烯微片的横向尺寸达到纳米级的一类石墨烯材料。严格意义上讲，量子点的尺寸必须小到呈现三维量子限域效应，通常在数纳米到数十纳米。

此外，还有一类化学修饰或掺杂的石墨烯材料或石墨烯衍生物。最常见的有氧化石墨烯（graphene oxide，GO）和还原氧化石墨烯（reduced graphene oxide，rGO）。从粉体石墨出发制备石墨烯粉体时，在强酸和强氧化剂作用下，生成氧化石墨或少层的氧化石墨烯，将其进一步化学还原即可得到还原氧化石墨烯，通常含有大量的羟基、羧基等化学官能团。人们还可以根据应用需求引入氟（F）、氢（H）等其他官能团，形成氟化石墨烯、石墨烷等石墨烯衍生物。在化学气相沉积生长过程中，引入氮（N）、硼（B）等杂原子，可以制备氮掺杂石墨烯和硼掺杂石墨烯等。

1.1.3 主要性质

石墨烯是零带隙半金属材料。单层石墨烯的电子能量与准动量呈线性频散关系[1]，在狄拉克点附近，电子的静止有效质量为零，为典型的狄拉克费米子特征，因此石墨烯也被称为狄拉克材料[2]。石墨烯中电子的费米速度高达10^6m/s，是光速的1/300。石墨烯独特的能带结构带来诸多神奇的性质，如室温量子霍尔效应、整数量子霍尔效应、分数量子霍尔效应、量子隧穿效应、双极性电场效应等[3, 4]。尤其需要强调的是，石墨烯是已知载流子迁移率最高的材料，其室温迁移率大于150 000cm^2/(V·s)[5, 6]，远高于传统的硅材料（约100倍），其理论电导率达10^8S/m，比铜和银还高。石墨烯也是导热性最好的材料，其热导率高达5300W/(m·K)[7]。石墨烯的卓越特性还体现在其力学性质上，它是已知材料中兼具最高强度和硬度的超级材料[8]，其力学强度达130GPa，弹性模量达1.1TPa，平均断裂强度达55N/m，是相同厚度钢的100倍。此外，单层石墨烯在可见光全波段的吸光率仅为2.3%[9]，高透光率使其有望成为理想的柔性透明导电材料，也为高灵敏度宽光谱光电探测提供了新的材料选项（表1.1）。

表1.1 石墨烯的主要性能

性能	指标
结构特性	厚度：0.335nm；比表面积：2630m^2/g
电学性能	室温迁移率>150 000cm^2/(V·s)（约为硅的100倍）；理论电导率：10^8 S/m（高于铜和银）
力学性能	力学强度：130GPa；弹性模量：1.1TPa；平均断裂强度：55N/m（是相同厚度钢的100倍）
光学特性	单层透光率：97.7%
热学性能	热导率：5300W/(m·K)

1.2 石墨烯简史

很多人误认为石墨烯是 2004 年由 A. K. Geim 及其弟子 K. S. Novoselov 发现的[10]。其实，关于石墨烯的前期研究积淀很多，由来已久，时间跨度近 60 年。石墨烯研究是理论先行。早在 1947 年，物理学家 Philip R. Wallace 就计算了单层石墨片的电子结构，并预言了其线性频散关系[11]。但是，传统理论认为，石墨烯只是一个理论上的结构，不会实际存在。根据经典二维晶体理论，准二维晶体材料由于其自身的热力学扰动，在常温常压下不能稳定存在，自然也无从制备出来了。Graphene（中文译为石墨烯）这个词是 H. P. Boehm 等在 1986 年首次提出来的[12]。1997 年，国际纯粹与应用化学联合会（IUPAC）明确统一了石墨烯的定义。

石墨烯的发现是与实验科学家们的努力密不可分的。早期的研究有三条轨迹可循。第一条轨迹是关于氧化石墨的研究[13, 14]，可以追溯到 1840 年德国科学家 Schafhaeutl 等人使用硫酸和硝酸插层剥离石墨的工作。后来有大量的研究跟进，直至今天，该方法已经成为粉体石墨烯规模化制备的主要手段之一。第二条轨迹是高温生长研究，至少可以上溯到 1970 年 J. Blakely 等有关镍（Ni，100）表面上碳原子的偏析行为研究[15]；1975 年，A. J. van Bommel 等通过碳化硅（SiC，0001）高温外延方法获得了单层石墨片[16]。这两种实验方法都已成为目前高温生长石墨烯薄膜的典型手段。在这里不得不提的是佐治亚理工学院 Walter de Heer 的贡献。他在碳化硅表面外延生长石墨烯薄膜及其电学性质研究方面做了大量的开拓性工作[17]。第三条轨迹可以说是无心插柳的工作——早在 20 世纪 60 年代，人们在研究铂等贵金属表面气体吸附等行为时，在低能电子衍射实验中就发现了少层甚至单层石墨的存在证据[18]。

然而，真正对发现石墨烯材料起到临门一脚作用的实验方法非常简单，就是从传统石墨出发的机械剥离方法。这种实验尝试始于 20 世纪 90 年代末，美国科学家 Rodney Ruoff 是其中代表性的人物之一[19, 20]，他采用的是微机械摩擦方法，但没有取得最后的成功。幸运最终落到了曼彻斯特大学的 A. K. Geim 的头上，他和研究团队前期也走了许多弯路，最后竟然用普通透明胶带在高定向石墨上反复剥离获得了少层乃至单层石墨烯。这种方法简单可重复，应该说是实验室制备真正的石墨烯样品的重要突破。作为物理学家，A. K. Geim 等对这种石墨烯材料进行了一系列的表征和电学性质测量，发现了石墨烯独特的场效应特性[10]。简单的胶带剥离方法使得更多的科学家有机会开展石墨烯的独特性质研究，从而引发了全球范围的石墨烯研究热潮。2010年，A. K. Geim 和 K. S. Novoselov 因其在石墨烯领域的开创性工作获得诺贝尔物理学奖，为石墨烯材料的发现史画上了一个圆满的句号[21, 22]。

1.3 制备方法

石墨烯的制备可分为"自上而下"（top-down）和"自下而上"（bottom-up）两种方法。"自上而下"的方法指的是从石墨出发，通过物理或化学方法不断剥离获得单层或少层石墨烯；"自下而上"的方法指的是，从含碳小分子出发，通过化学反应把一个个碳原子共价键连起来，形成二维蜂窝状石墨烯结构。"自上而下"的方法包括机械剥离法、液相剥离法、氧化还原法等；"自下而上"的方法包括化学气相沉积法、碳化硅表面外延生长法、有机合成法等。

1.3.1 机械剥离法

机械剥离法是最早获得少层石墨烯的方法，是一种纯物理剥离方法。2004年，A. K. Geim 等首次利用该方法从高定向热解石墨表面成功地剥离出少层石墨烯[10]。其原理其实非常简单，石墨层间的作用力很弱，称之为范德瓦耳斯力。将透明胶带紧贴在干净的石墨表面再撕下来，就可以克服范德瓦耳斯力，剥离出薄层石墨。反复重复这种剥离过程，即可得到少层乃至单层石墨烯。机械剥离法制备的石墨烯薄膜结晶质量高，缺陷少，被广泛用于实验室水平的对石墨烯本征物理性质的研究。然而，机械剥离方法的局限性也是显而易见的，主要包括制备效率低，无法实现大面积和规模化制备，层数可控性差等。

1.3.2 液相剥离法

液相剥离法以石墨为原料，借助溶剂插层、金属离子插层、剪切作用、超声等外力来破坏石墨层间的范德瓦耳斯力，实现块体石墨的层层分离从而得到少层或单层石墨烯分散液，将其进一步干燥后，即可得到石墨烯粉体[23]。从原理上讲，液相剥离法也属于物理剥离方法。通常来说，溶剂的选择极为重要，常用的分散溶剂是有机溶剂，使用水性溶剂时需要添加表面活性剂。其一个重要的考量指标是溶剂的表面张力，一般在40～50mN/m效果最佳[24]。液相剥离法在一定程度上可弥补机械剥离的劣势，实现石墨烯分散液和粉体的规模化制备。其缺点主要有层数分布不均匀、杂质含量较多等。

1.3.3 氧化还原法

氧化还原法是目前规模化制备石墨烯粉体最成熟的方法之一。首先，用强氧化剂（如浓硫酸、高锰酸钾等）将石墨氧化成氧化石墨，氧化过程中石墨层间会插入含氧官能团，使得石墨层间距增大，经超声处理得到少层或单层的氧化石墨烯[25]。然后，再用强还原剂（如水合肼、硼氢化钠等）将氧化石墨烯还原，即可得到少层或单层石墨烯[26-31]。氧化还原法操作简单，工艺比较成熟，成本相对低廉，尤其可实现大规模的石墨烯粉体制备。但是，该方法也存在诸多缺点：①层数分布很宽，可控性较差；②在氧化还原过程中引入大量的晶格缺陷，化学官能团和非碳杂质也无法完全去除；③氧化剂和还原剂的大量使用会带来环境污染问题，后续处理的成本很高。

1.3.4 化学气相沉积法

化学气相沉积（CVD）法是制备高质量石墨烯薄膜的最常用的技术手段。2009年，美国得克萨斯大学奥斯汀分校R.S.Ruoff课题组率先在铜箔表面，利用CVD法生长出单层石墨烯薄膜[32]。同一年，麻省理工学院孔敬课题组和韩国成均馆大学B.Hong课题组在金属镍衬底上生长出少层和单层石墨烯薄膜[33]。该方法从含碳前驱体出发，在1000℃左右的高温反应腔中，通过裂解、成核、生长等基元反应过程，在金属催化剂表面实现单层或少层石墨烯的化学合成。通常有低压CVD法和常压CVD法之分。最典型的生长催化剂是金属铜、金属镍及其合金，其作用是降低碳源裂解温度和石墨化温度[34-36]。CVD技术已被广泛用于实验室乃至工业规模的石墨烯薄膜制备。该方法制备的石墨烯薄膜具有良好的可控性，包括层数、晶畴尺寸及掺杂浓度等。经过10年的发展，石墨烯的晶畴尺寸已经从当年的10μm量级，达到今天的晶圆量级，甚至更大[37]。其规模化制备技术也不断取得突破，仅中国的石墨烯薄膜年产能就已达到650万m^2。

1.3.5 碳化硅表面外延生长法

碳化硅是一种宽禁半导体（带隙2.3～3.3eV），石墨烯在碳化硅表面的外延生长实际上是在高温条件下的表面石墨化过程。在高温和高真空环境下，碳化硅（SiC）表面的硅（Si）原子会发生升华，剩下的碳（C）原子随后发生表面重构形成石墨烯[17,38]。这一现象早在20世纪60年代就由D. V. Badami等发现[39]，21世纪初，佐治亚理工学院Walter de Heer课题组的工作使其成为制备石墨烯薄膜的重要方法[40]。这种制备方法通常在高真空高频加热炉内进行，生长温度1400℃以上。SiC的两个面——Si终止面和C终止面都可以外延生长出石墨烯，但性质差别很大。Si终止面可以生长出单层和少层石墨烯，一般掺杂浓度和缺陷浓度很高[41]；而C终止面通常会长出无序堆积的多层石墨烯，掺杂较少且缺陷也很少，但是层数较难控制[42]。

1.3.6 有机合成法

有机合成法特指温和条件下的化学合成方法。德国马普高分子研究所K. Mullen等的工作具有代表性[43]，他们从芳香性有机前驱体出发，在金（Au, 111）等单晶金属表面进行自组装，形成具有良好取向性的自组装膜结构。再进一步经过脱去杂原子、脱氢环化等步骤形成具有明确边缘结构的石墨烯纳米带。设计不同的前驱体分子，便可实现对纳米带结构的调控。有机合成法的优点是可以制备具有明确结构的石墨烯纳米带，而缺点则是合成效率很低、不适用于大尺寸石墨烯薄膜制备、应用领域受限等。

1.4 应用领域

石墨烯集众多优点于一身，被人们称为"新材料之王"，是主导未来高科技产业竞争的战略新兴材料。石墨烯涉及的基础科学和产业应用领域非常广，尤其在电子信息、光通信、新能源、新材料、节能环保、医疗健康、航空航天以及国防军工等与国计民生和国家安全密切相关的领域有着广阔的应用前景。

在电子信息和光通信领域，石墨烯为下一代器件开发提供了材料支撑[44-46]。作为新一代柔性透明导电薄膜材料，有望替代传统的氧化铟锡（ITO）透明导电玻璃，推动柔性显示器、柔性触摸屏、柔性可穿戴器件、电子标签、柔性电子和光电子器件产业快速发展。在不远的将来，石墨烯甚至有可能替代半导体硅材料，成为下一代超快集成电路和信息产业的基石。在光电器件领域，人们正在研发基于石墨烯的光电探测器、传感器、电光调制器、锁模激光器、太赫兹发生器等。未来的石墨烯基电子和光电子器件将体现出速度更快、功能更强大、重量更轻等无与伦比的特性。

在新能源领域，石墨烯已从实验室逐步走向市场[47-49]。其最具代表性的应用是锂离子（Li$^+$）电池的导电添加剂和超级电容器材料，该材料很好地体现了石墨烯的超大比表面积和超高导电性能优势。这种石墨烯改性电池有望大幅度缩短充电时间，同时提升功率密度。类似地，石墨烯在太阳能电池和燃料电池领域也将发挥积极作用。

石墨烯在热管理和电加热领域显示出了巨大的发展潜力，这主要是由于石墨烯具有来自超高热导率和电导率、机械柔性以及极高的化学稳定性[8]。在现代信息产业领域，散热问题常常成为进一步发展的技术瓶颈，手机、计算机、通信基站的散热问题就是典型的例子。华为手机已经开始使用石墨烯散热膜，由此可见石墨烯未来市场空间巨大。石墨烯材料也给传统的电加热行业带来了新的发展机遇，如石墨烯电暖器、石墨烯电暖画、石墨烯地板、石墨烯护腰、石墨烯电热服等已经逐渐走进市场。相对于传统的电热转换材料，石墨烯的电热转换效率高得多，加之其非常好的机械柔性[50]，因此具有很强的市场竞争力。

高性能复合材料是石墨烯的重要应用方向。利用石墨烯的轻质高强和导电导热特性，可将其与高分子聚合物、无机非金属材料及金属材料复合，用于制备新一代轻质高强材料、复合增强材料、电磁屏蔽材料、柔性导电导热材料[51-53]。这些石墨烯基新型复合材料比碳纤维更强、更轻，兼具更高的导电导热性和机械柔性，在航空航天、国防军工及交通运输领域有着巨大的发展潜力。

此外，石墨烯或氧化石墨烯薄膜还被用于海水淡化、污水处理及放射性气体分离等领域[54-56]。石墨烯涂料与传统的涂料相比，防腐性能更好，价格更低廉[57]。在健康医疗领域，石墨烯可用于基因测序、杀菌除臭、靶向给药、生物成像、脑机接口、远程健康诊断等诸多方面[58-60]。

从 2004 年底至今，尽管只有短短十几年的研发历史，石墨烯材料已经展示出无与伦比的魅力。石墨烯产业正在快速走向现实。

参 考 文 献

[1] Geim A K, Novoselov K S. The rise of graphene. Nature Materials, 2007, 6(3): 183-191.
[2] Novoselov K S, Geim A K, Morozov S V, et al. Two-dimensional gas of massless Dirac fermions in graphene. Nature, 2005, 438(7065): 197-200.
[3] Zhang Y B, Tan Y W, Stormer H L, et al. Experimental observation of the quantum Hall effect and Berry's phase in graphene. Nature, 2005, 438(7065): 201-204.

[4] Novoselov K S, Jiang Z, Zhang Y, et al. Room-temperature quantum Hall effect in graphene. Science, 2007, 315(5817): 1379.

[5] Bolotin K I, Sikes K J, Jiang Z, et al. Ultrahigh electron mobility in suspended graphene. Solid State Communications, 2008, 146(9-10): 351-355.

[6] Du X, Skachko I, Barker A, et al. Approaching ballistic transport in suspended graphene. Nature Nanotechnology, 2008, 3(8): 491-495.

[7] Balandin A A, Ghosh S, Bao W, et al. Superior thermal conductivity of single-layer graphene. Nano Letters, 2008, 8(3): 902-907.

[8] Lee C, Wei X, Kysar J W, et al. Measurement of the elastic properties and intrinsic strength of monolayer graphene. Science, 2008, 321(5887): 385-388.

[9] Nair R R, Blake P, Grigorenko A N, et al. Fine structure constant defines visual transparency of graphene. Science, 2008, 320(5881): 1308.

[10] Novoselov K S, Geim A K, Morozov S V, et al. Electric field effect in atomically thin carbon films. Science, 2004, 306(5696): 666-669.

[11] Wallace P R. The band theory of graphite. Physical Review, 1947, 71(9): 622-634.

[12] Boehm H P, Setton R, Stumpp E. Nomenclature and terminology of graphite intercalation compounds. Carbon, 1986, 24(2): 241-245.

[13] Schafhaeutl C. Ueber die Verbindungen des Kohlenstoffes mit Silicium, Eisen und anderen Metallen, welche die verschiedenen Gallungen von Roheisen, Stahl und Schmiedeeisen bilden. Journal für Praktische Chemie, 1840, 20(1): 465-485.

[14] Schafhaeutl C. On the combinations of carbon with silicon and iron, and other metals, forming the different species of cast iron, steel, and malleable iron. The London, Edinburgh, Dublin Philosophical Magazine, Journal of Science, 1840, 16(106): 570-590.

[15] Blakely J, Kim J, Potter H. Segregation of carbon to the (100) surface of nickel. Journal of Applied Physics, 1970, 41(6): 2693-2697.

[16] van Bommel A J, Crombeen J E, van Tooren A. LEED and auger electron observations of the SiC (0001) surface. Surface Science, 1975, 48(2): 463-472.

[17] Berger C, Song Z, Li T, et al. Ultrathin epitaxial graphite: 2D electron gas properties and a route toward graphene-based nanoelectronics. The Journal of Physical Chemistry B, 2004, 108(52): 19912-19916.

[18] May J W. Platinum surface leed rings. Surface Science, 1969, 17(1): 267-270.

[19] Lu X K, Huang H, Nemchuk N, et al. Patterning of highly oriented pyrolytic graphite by oxygen plasma etching. Applied Physics Letters, 1999, 75(2): 193-195.

[20] Lu X K, Yu M F, Huang H, et al. Tailoring graphite with the goal of achieving single sheets. Nanotechnology, 1999, 10(3): 269-272.

[21] Geim A K. Random walk to graphene (nobel lecture). Angewandte Chemie International Edition, 2011, 50(31): 6967-6985.

[22] Geim A K. Nobel Lecture: random walk to graphene. Reviews of Modern Physics, 2011, 83(3): 851-862.

[23] Blake P, Brimicombe P D, Nair R R, et al. Graphene-based liquid crystal device. Nano Letters,

2008, 8(6): 1704-1708.

[24] Hernandez Y, Nicolosi V, Lotya M, et al. High-yield production of graphene by liquid-phase exfoliation of graphite. Nature Nanotechnology, 2008, 3(9): 563-568.

[25] Hummers Jr W S, Offeman R E. Preparation of graphitic oxide. Journal of the American Chemical Society, 1958, 80(6): 1339.

[26] Shen J F, Hu Y Z, Shi M, et al. Fast and facile preparation of graphene oxide and reduced graphene oxide nanoplatelets. Chemistry of Materials, 2009, 21(15): 3514-3520.

[27] Stankovich S, Dikin D A, Piner R D, et al. Synthesis of graphene-based nanosheets via chemical reduction of exfoliated graphite oxide. Carbon, 2007, 45(7): 1558-1565.

[28] Li D, Muller M B, Gilje S, et al. Processable aqueous dispersions of graphene nanosheets. Nature Nanotechnology, 2008, 3(2): 101-105.

[29] Tung V C, Allen M J, Yang Y, et al. High-throughput solution processing of large-scale graphene. Nature Nanotechnology, 2009, 4(1): 25-29.

[30] Stankovich S, Piner R D, Chen X Q, et al. Stable aqueous dispersions of graphitic nanoplatelets via the reduction of exfoliated graphite oxide in the presence of poly(sodium 4-styrenesulfonate). Journal of Materials Chemistry, 2006, 16(2): 155-158.

[31] Si Y, Samulski E T. Synthesis of water soluble graphene. Nano Letters, 2008, 8(6): 1679-1682.

[32] Li X, Cai W, An J, et al. Large-area synthesis of high-quality and uniform graphene films on copper foils. Science, 2009, 324(5932): 1312-1314.

[33] Reina A, Jia X, Ho J, et al. Layer area, few-layer graphene films on arbitrary substrates by chemical vapor deposition. Nano Letters, 2009, 9(1): 30-35.

[34] Yan K, Fu L, Peng H, et al. Designed CVD growth of graphene via process engineering. Accounts of Chemical Research, 2013, 46(10): 2263-2274.

[35] Li X, Cai W, Colombo L, et al. Evolution of graphene growth on Ni and Cu by carbon isotope labeling. Nano Letters, 2009, 9(12): 4268-4272.

[36] Edwards R S, Coleman K S. Graphene film growth on polycrystalline metals. Accounts of Chemical Research, 2013, 46(1): 23-30.

[37] Bae S, Kim H, Lee Y, et al. Roll-to-roll production of 30-inch graphene films for transparent electrodes. Nature Nanotechnology, 2010, 5(8): 574-578.

[38] Forbeaux I, Themlin J-M, Charrier A, et al. Solid-state graphitization mechanisms of silicon carbide 6H–SiC polar faces. Applied Surface Science, 2000, 162: 406-412.

[39] Badami D V. Graphitization of α-silicon carbide. Nature, 1962, 193: 569-570.

[40] Berger C, Song Z, Li X, et al. Electronic confinement and coherence in patterned epitaxial graphene. Science, 2006, 312(5777): 1191-1196.

[41] Geim A K. Graphene: status and prospects. Science, 2009, 324(5934): 1530-1534.

[42] Orlita M, Faugeras C, Plochocka P, et al. Approaching the Dirac point in high-mobility multilayer epitaxial graphene. Physical Review Letters, 2008, 101(26): 267601.

[43] Cai J, Pignedoli C A, Talirz L, et al. Graphene nanoribbon heterojunctions. Nature Nanotechnology, 2014, 9(11): 896-900.

[44] Yin Z, Zhu J, He Q, et al. Graphene-based materials for solar cell applications. Advanced

Energy Materials, 2014, 4(1): 1300574.

[45] Liu Z, Lau S P, Yan F. Functionalized graphene and other two-dimensional materials for photovoltaic devices: device design and processing. Chemical Society Reviews, 2015, 44: 5638-5679.

[46] Du J, Pei S, Ma L, et al. 25th anniversary article: carbon nanotube- and graphene-based transparent conductive films for optoelectronic devices. Advanced Materials, 2014, 26(13): 1958-1991.

[47] Chen Y, Zhang X, Zhang D, et al. High performance supercapacitors based on reduced graphene oxide in aqueous and ionic liquid electrolytes. Carbon, 2011, 49(2): 573-580.

[48] Zhang L, Shi G. Preparation of highly conductive graphene hydrogels for fabricating supercapacitors with high rate capability. The Journal of Physical Chemistry C, 2011, 115(34): 17206-17212.

[49] Jin Y, Huang S, Zhang M, et al. A green and efficient method to produce graphene for electrochemical capacitors from graphene oxide using sodium carbonate as a reducing agent. Applied Surface Science, 2013, 268: 541-546.

[50] Kong Q Q, Liu Z, Gao J G, et al. Hierarchical graphene-carbon fiber composite paper as a flexible lateral heat spreader. Advanced Functional Materials, 2014, 24(27): 4222-4228.

[51] Luo B, Zhi L. Design and construction of three dimensional graphene-based composites for lithium ion battery applications. Energy and Environmental Science, 2015, 8(2): 456-477.

[52] Li Y, Chen J, Huang L, et al. Highly compressible macroporous graphene monoliths via an improved hydrothermal process. Advanced Materials, 2014, 26(28): 4789-4793.

[53] Li C, Shi G. Functional gels based on chemically modified graphenes. Advanced Materials, 2014, 26(24): 3992-4012.

[54] Mishra A K, Ramaprabhu S. Functionalized graphene sheets for arsenic removal and desalination of sea water. Desalination, 2011, 282: 39-45.

[55] Kyzas G Z, Deliyanni E A, Matis K A. Graphene oxide and its application as an adsorbent for wastewater treatment. Journal of Chemical Technology and Biotechnology, 2014, 89(2): 196-205.

[56] Fatemi S M, Arabieh M, Sepehrian H. Nanoporous graphene oxide membrane and its application in molecular sieving. Carbon Letters, 2015, 16(3): 183-191.

[57] Dennis R V, Viyannalage L T, Gaikwad A V, et al. Graphene nanocomposite coatings for protecting low-alloy steels from corrosion. American Ceramic Society Bulletin, 2013, 92(5): 18-24.

[58] Heerema S J, Dekker C. Graphene nanodevices for DNA sequencing. Nature Nanotechnology, 2016, 11(2): 127-136.

[59] Jing Y, Zhu Y, Yang X, et al. Ultrasound-triggered smart drug release from multifunctional core-shell capsules one-step fabricated by coaxial electrospray method. Langmuir, 2011, 27(3): 1175-1180.

[60] Zhao H X, Liu L Q, Liu Z D, et al. Highly selective detection of phosphate in very complicated matrixes with an off-on fluorescent probe of europium-adjusted carbon dots. Chemical Communications, 2011, 47(9): 2604-2606.

第 2 章 中国石墨烯产业现状概述

2.1 产业发展历程

科技成果转化为商品并最终走向市场，一般需要经历以下几个阶段：基础研究—演示性产品（小试）—示范生产线（中试）—规模化生产—商品化及市场推广。每个阶段都不可或缺，并且都存在着风险，不可能一蹴而就。从实验室基础研究算起，这个过程需要 10 年、20 年甚至更长的时间。按人们所熟知的高德纳（Gartner）技术成熟度曲线来看，我国的石墨烯产业目前总体上仍处于从实验室研究到产业转化的初级阶段，与世界基本同步。这是一个最基本也是最重要的战略判断，不能盲目。从 2004 年 10 月 22 日第一篇有关石墨烯的热点学术论文在美国《科学》期刊上刊出至今，尚不足 16 年时间，因此不能操之过急。如果一定要对标 Gartner 技术成熟度曲线的话，目前仍处于"期望顶峰"稍过一点的阶段，并且有滑向"泡沫谷底期"的风险（图 2.1）。从无限期望到逐渐失望甚至绝望，这是高新技术常常遇到的信任危机。不可否认，目前的石墨烯新材料研究已经从基础研究阶段为主，逐渐转向技术研发、应用转化为主，部分领域产业化推进很快，但必须重视有可能很快到来的期望和信任危机。在此阶段，尤其需要国家意志、企业远见、不懈坚持。

对于一个产业来说，很难说清楚具体的起步时间。但是，对于石墨烯产业而言，2010 年肯定是一个重要的时间节点。在这一年，石墨烯材料研究的两位拓荒者 A. K. Geim 和 K. S. Novoselov 斩获诺贝尔物理学奖，中国的石墨烯专利申请数量进入了迅猛上升的快车道。回顾 10 年来中国石墨烯产业发展的历程，可以大致分为萌芽期、高速膨胀期和调整期三个阶段。

第 2 章 中国石墨烯产业现状概述

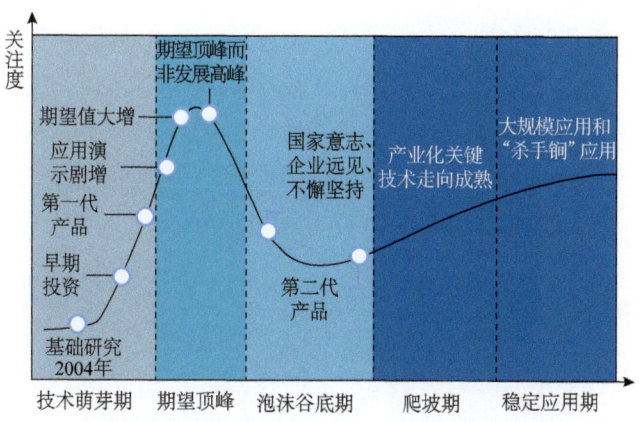

图 2.1 石墨烯产业 Gartner 技术成熟度曲线

1. 萌芽期（2010～2012 年）

2010 年前，我国仅有北京大学等少数高校和科研院所开展石墨烯相关的基础研究。随着 2010 年 10 月 5 日诺贝尔物理学奖颁给两位石墨烯研究先驱，全球范围内掀起了石墨烯研究的热潮。我国也不例外，大量的科研团队涌进石墨烯领域，代表性的高校和科研院所包括北京大学、清华大学、浙江大学、中国科学院沈阳金属研究所、中国科学院宁波材料技术与工程研究所、国家纳米科学中心、中国科学院化学研究所、中国科学院山西煤炭化学研究所等。这一阶段的特点是基础研究与应用研发齐头并进，也相继涌现出了一批以科研院所学术骨干为技术支撑的中小企业。地方政府也跃跃欲试，其中常州和青岛走在前列。2012 年，工业和信息化部（简称工信部）出台《新材料产业"十二五"发展规划》，将石墨烯作为前沿新材料之一，首次明确提出支持石墨烯新材料发展，中国的石墨烯产业发展开始步入快车道。

2. 高速膨胀期（2013～2016 年）

2013 年后，石墨烯产业化发展浪潮席卷全国，越来越多的高校、科研院所和企业加入石墨烯产业大军，论文专利和企业数量均快速增加，相关应用产品陆续面世。2015 年，国家金融信息中心指数研究院在江苏省常州市发布了全球首个石墨烯指数。指数评价结果显示，全球石墨烯产业综合发展实力排名前三位的国家分别是美国、日本和中国。2015 年底，工信部、国家发展和改革委员会（简称国家发展改革委）、科技部等三部门印发《工业和信息化部 发展改革委 科技部关于加快石墨烯产业创新发展的若干意见》，明确提出将石墨烯产业打造成先导产业，助推传统产业改造提升、支撑新兴产业培育壮大、带动材料产业升级换代。这些政策引导无疑会成为中国石墨烯产业发展的"兴奋剂"，引来更多的"淘金者"。据中国石墨烯产业技术创新战略联盟产业研究中心（CGIA Research）统计，中国石墨烯企业数量2016年进入爆发期，仅一年时间新增注册企业数量就达1235家。

3. 调整期（2017年至今）

虽然我国石墨烯企业数量快速增加，但真正有实质性成形业务的企业数量不足30%，说明行业快速发展的同时也造成了短期的急功近利的市场行为。2016年底，为了规范行业发展，国家标准化管理委员会同工信部等成立了石墨烯标准化工作推进组，全面加强石墨烯标准化顶层设计，加紧研制"石墨烯材料的名词术语与定义""光学法测定石墨烯层数"等7项国家标准，利用标准引领石墨烯产业健康发展。与此同时，针对石墨烯炒作乱象，2017年以来，深圳证券交易所、上海证券交易所等加大对"石墨烯"题材上市公司的监管力度，如深圳市大富科技股份有限公司收购石墨烯标的业绩不达标被深圳证券交易所问询、七台河宝泰隆石墨烯新材料股份有限公司（简称宝泰隆）收到上海证券交易所问询函、常州第六元素材料科技股份有限公司（简称第六元素）被中国证券监督管理委员会浙江监管局约见等，遏制了市场炒作行为。工信部、科技部等部委也对石墨烯产业进行重新梳理。随着政府各部门和产业界对石墨烯的认识不断深入，加上有识之士的不断呼吁，中国的石墨烯产业发展开始趋于理性。石墨烯新材料产业远未成熟，也绝非攻坚阶段，更不是立即借以发家致富的金矿，这些终于逐渐成为人们的共识。

2.2 产业发展特色

1. 研究队伍规模庞大，材料制备全球领先

根据调研数据，目前全球共有179个国家或地区开展石墨烯研究。我国拥有全球最庞大的石墨烯基础研发和产业化队伍。多数有理工科专业的大学和科研院所都有石墨烯研究团队，截至2020年2月，在工商部门注册的石墨烯相关企业及单位数量达12 090家。其中，有石墨烯业务开展的企业和单位有3000多家，各

项统计数据均居全球领先地位。与中国相比，其他国家石墨烯新材料的产业化进程较慢且市场化应用产品较少。作为石墨烯新材料的发源地，欧洲对石墨烯产业给予了高度重视，2013年启动了著名的欧盟"石墨烯旗舰计划"，围绕石墨烯在电子技术、光电器件、量子技术、医药、能源等诸多领域重点布局，面向石墨烯产业未来，积极开展着相关高技术研发工作。

从 Web of Science 数据库中查询的发表文章数量上看，截至2020年3月，全球共发表石墨烯相关论文307 185篇，其中中国的论文数量达101 913篇，占全球石墨烯论文总数的1/3，约是第二名美国（37 147篇）的3倍。从国家知识产权局官网中查询的专利申请数量上看，截至 2018 年底，中国申请的石墨烯专利达到47 394 件，全球占比69.46%，处于绝对领先地位。

石墨烯材料的规模化制备是中国石墨烯产业的主要优势。据不完全统计，2018年石墨烯粉体产能达到年产5100t、CVD 薄膜产能达年产 650 万 m^2，几乎比全球其他地区的总和还多。北京大学和北京石墨烯研究院联合开发的超洁净石墨烯薄膜和单晶石墨烯晶圆已经成为具有自主知识产权的国际品牌。石墨烯导电浆料、石墨烯电加热产品和石墨烯涂料是中国石墨烯产业的三大明星产品，绝大多数企业从事相关产品的研发和市场化工作。

2. 各级政府高度重视，产业政策纷纷出台

石墨烯新材料产业受到了从中央到地方各级政府的高度关注。根据本次调研组统计，2012~2018年，共有18个国家级产业政策和规划中提及或明确支持石墨烯产业发展，以引导性政策为主。2015年11月20日，工信部、国家发展改革委和科技部联合出台了《工业和信息化部 发展改革委 科技部关于加快石墨烯产业创新发展的若干意见》，提出抓住机遇培育壮大石墨烯产业，把石墨烯产业打造成先导产业，工信部正在加快推进国家石墨烯制造业创新中心组建工作。各省市地方政府的表现尤为积极，纷纷把发展石墨烯产业作为新的经济增长点。据不完全统计，截至2018年底，已有20多个省市出台了石墨烯产业相关政策，总数超过150条。

3. 资本市场积极参与，产业基金助力发展

迄今，支撑中国石墨烯产业的资金来源主要有两个渠道：地方政府和社会资本。介入石墨烯产业较早的上市公司有东旭光电科技股份有限公司（简称东旭光电）、华丽家族股份有限公司（简称华丽家族）、七台河宝泰隆石墨烯新材料股

份有限公司、中国宝安集团股份有限公司（简称中国宝安）、银基烯碳新材料股份有限公司（烯碳新材）等，华为技术有限公司（简称华为）、京东方科技集团股份有限公司（简称京东方）等行业巨头也较早布局石墨烯产业。根据同花顺股票查询网站显示，目前，涉及石墨烯业务的上市公司有 80 多家，资本力量的参与加速了石墨烯行业的迅速扩张，成为推动石墨烯产业发展的另一股重要原动力。与此同时，各类石墨烯产业基金也纷纷成立，在一定程度上缓解了石墨烯产业发展初期资金匮乏的问题。尽管存在诸多炒作和投机行为，但是这些企业和社会资本的参与对培育和推动早期的石墨烯产业起到了一定的积极作用。

4. 园区建设风起云涌，平台联盟竞相成立

目前石墨烯产业已经覆盖中国大部分省市，其中在江苏、浙江、上海、北京、重庆、广东、山东、福建等经济发达、科研力量雄厚的地区相对集中。各地方为促进石墨烯产业在本地集聚，纷纷规划组建石墨烯产业园、石墨烯产业创新中心、石墨烯研究院以及石墨烯产业联盟。北京、浙江、广东、江苏、山东等 5 个省市已成立石墨烯产业或制造业创新中心，积极参与竞争国家石墨烯制造业创新中心这块国字招牌。据不完全统计，截至 2018 年底，已经建成或正在建设的各类石墨烯园区和平台已达到 50 余家（图 2.2），而且这个势头仍没有减弱和停止的迹象。

2.3　产业规模与分布情况

石墨烯已引起全球范围的广泛关注，是新材料领域的"明星"。从全球视野来看，中国是推进石墨烯产业化应用最活跃的国家，也是明星级的存在。其原因是多方面的。近年来，国家对基础研究和高新技术的重视和不断投入是其根本性的驱动力。如前所述，从中央到地方出台了很多扶持政策，民营企业和社会资本构成了石墨烯产业迅速发展的另一个强大驱动力。尽管仍然存在诸多挑战性的问题，但中国石墨烯产业的发展速度和所取得的成绩是值得肯定和毋庸置疑的。

1. 产业规模迅速扩大

根据本次调研统计，近 10 年来，中国石墨烯产业发展极为迅速，石墨烯材

第 2 章 中国石墨烯产业现状概述

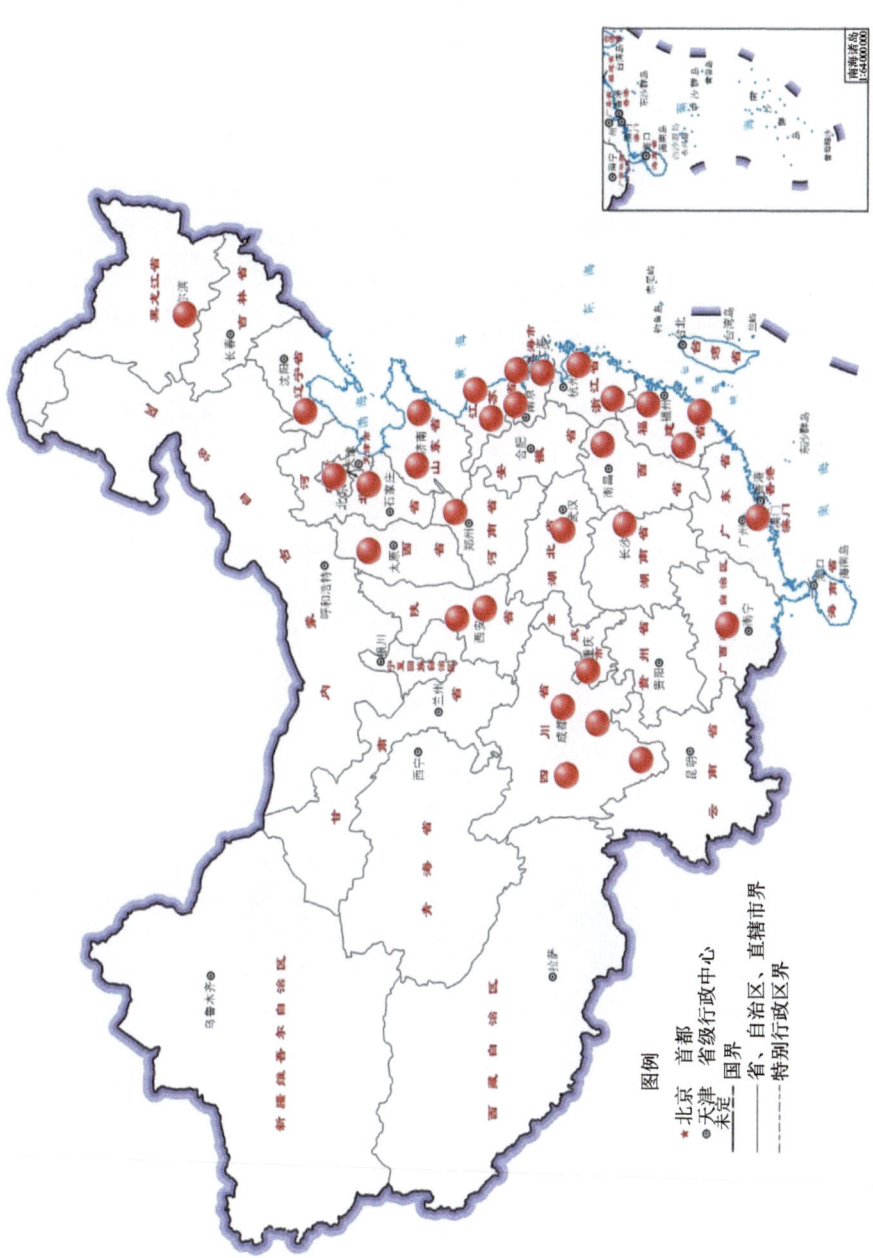

图 2.2 全国石墨烯产业园区分布

料规模化生产能力提升尤为显著。2013 年以来，石墨烯粉体材料生产能力不断提升，年产能从 2013 年的 201t，到 2015 年的 502t，再到 2017 年的 1400t，一步一个台阶，目前年产能已超过 5000t。在 CVD 石墨烯薄膜的规模化生产方面，中国也处于全球领先地位。国内目前至少有 3 条规模化 CVD 石墨烯薄膜生产线已经建成，2015 年产能 19 万 m^2，2017 年跃升到 350 万 m^2，2018 年达到 650 万 m^2。氧化石墨烯材料也是如此，2013 年产能 108t，2015 年 132t，2017 年跃升到 710t。随着手机散热膜市场的开拓，石墨烯粉体材料的产能还将迅速增加。

目前中国石墨烯产业应用主要集中在新能源领域，占 71.43%；其次是涂料领域，占 11.43%（图 2.3）。本次调研数据统计及工商注册数据显示，从事石墨烯涂料研发生产的企业超过 700 家，主要集中在江苏省和广东省。大健康产品是中国石墨烯产业的另一大亮点，市场份额占了 7.14%。石墨烯发热服、石墨烯护腰、石墨烯护膝、石墨烯眼罩、石墨烯面膜，乃至石墨烯内衣等，到处可见大健康产品的广告。此外，复合材料也占有很大的份额，达到 7.14%，与大健康产品持平。值得注意的是，中国石墨烯产业的领域分布与欧洲、美国、日本等西方发达国家和地区相比有很大差别，换句话讲不在一个频道上。中国非常重视能够立竿见影带来效益的石墨烯产品开发，而国外则把更多的精力放在未来型的，甚至有点"不切实际"的石墨烯产品开发上。

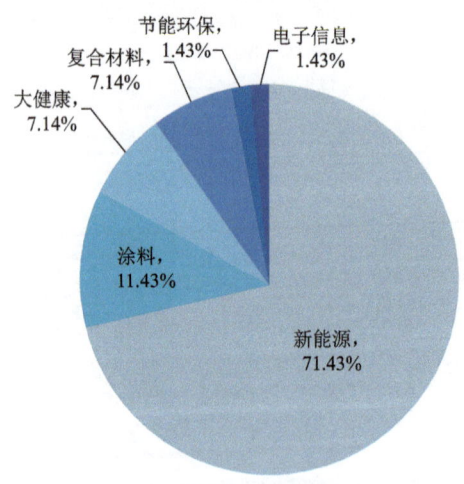

图 2.3　中国石墨烯产业领域分布情况
资料来源：CGIA Research

据 CGIA Research 统计，中国石墨烯产业的市场规模在 2015 年约 6 亿元，2016 年达到 40 亿元，2017 年达到 70 亿元，到 2018 年已经上升至 100 亿元规模，年均复合增长率超过100%。需要指出的是,这些只能作为参考,因为定义方式和统计方式不同,结果会差别很大。

2. 数量快速增长

工商注册数据显示,2010年以来,中国石墨烯企业数量呈现快速增长态势(图2.4)。2015年后速度明显进一步加快,如2016年新增1235家,同比增长32.1%;2017年净增1541家,同比增长30.3%;2018年更是新增3316家,同比增长50.1%。这种增长势头似乎还在继续。

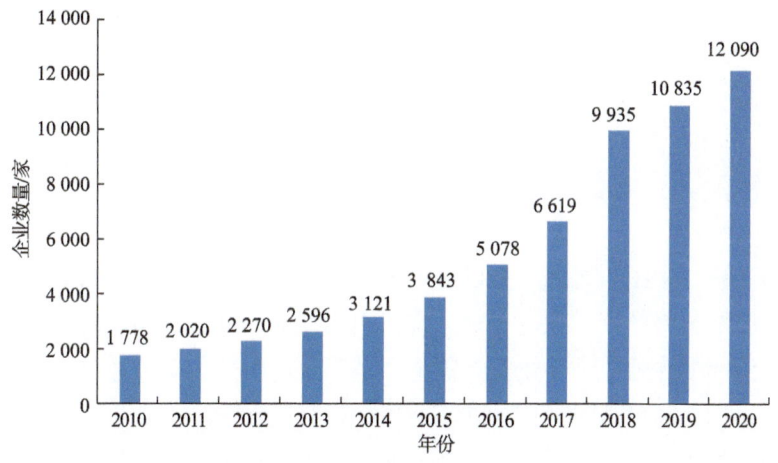

图2.4　2010年以来涉及石墨烯业务的国内企业增长趋势

截至2020年2月,工商注册数据显示,在我国工商、民政等部门注册的石墨烯相关企业(包括研发、设备、制备、销售、应用、投资、检测、技术服务等)数量达到12 090家,其中实际开展石墨烯相关业务的企业达3000多家,销售、研发、应用、制备和技术服务占比较大(图2.5)。从事石墨烯研发的企业数量超过1/4,下游应用企业数量达到16%。

同花顺股票查询网站显示,以石墨烯概念上市A股、港股、科创板、新三板和新四板的公司达到89家,其中A股上市公司52家、港股上市公司3家、科创板1家、新三板19家、新四板14家。但是真正以石墨烯为主营业务的公司只有5家,并且均为新三板挂牌公司。在71家涉及石墨烯业务的A股上市公司和新三板挂牌公司中,从事石墨烯材料制备的有20家,石墨烯应用的有46家,还有从事石墨烯原材料供应业务的5家。需强调的是,在上万家石墨烯企业中,绝大部分是民营小微初创企业,而央企和国企,尤其大型企业的参与度很低。

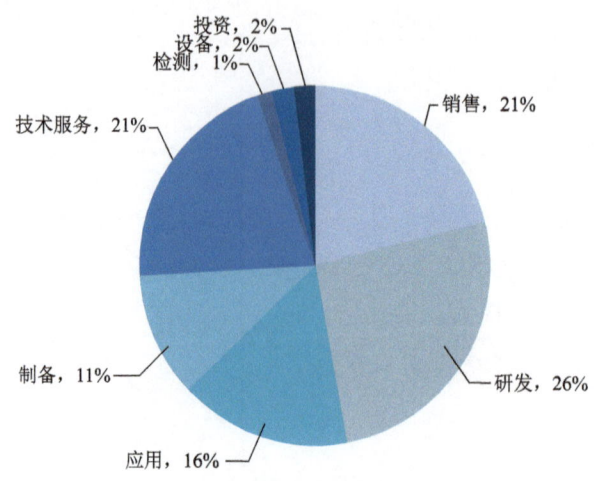

图 2.5 我国石墨烯各产业链企业数量分布情况

3. 全产业链不断完善

总体上讲,中国石墨烯产业已经形成了较为完整的全产业链布局。制备决定未来,石墨烯材料的规模化制备是未来石墨烯产业的基石。如前所述,中国在该领域处于国际领先地位,无论从产能上,还是从材料工艺和装备研发上,都已得到国际同行们的高度认可,例如北京石墨烯研究院在国际上处于该领域的领军地位。目前,中国从事石墨烯制备业务的企业超过 300 家,其产品已实现从石墨烯粉体、氧化石墨烯,到 CVD 石墨烯薄膜和单晶晶圆的全覆盖。石墨烯应用产品研发吸引了更多企业的关注,数量超过 600 家,覆盖了新能源、防腐涂料、大健康、电子信息、复合材料、节能环保等广阔的应用领域,在中低端产品开发方面,与国际上基本保持同步甚至微弱领先;但是,在中高端产品研发上,关注度不够,投入更是严重不足,亟待加强。此外,对石墨烯产业发展不可或缺的服务支撑平台建设也在同步跟进,包括公共测试平台、产业孵化器、标准制定以及产业基金等,进一步完善了石墨烯全产业链体系。

4. "一核两带多点"的产业发展格局初步形成

经过 10 年的发展,中国的石墨烯产业已遍及全国众多省市和地区,并初步形成了"一核两带多点"的空间分布格局(图 2.6)。

第 2 章 中国石墨烯产业现状概述

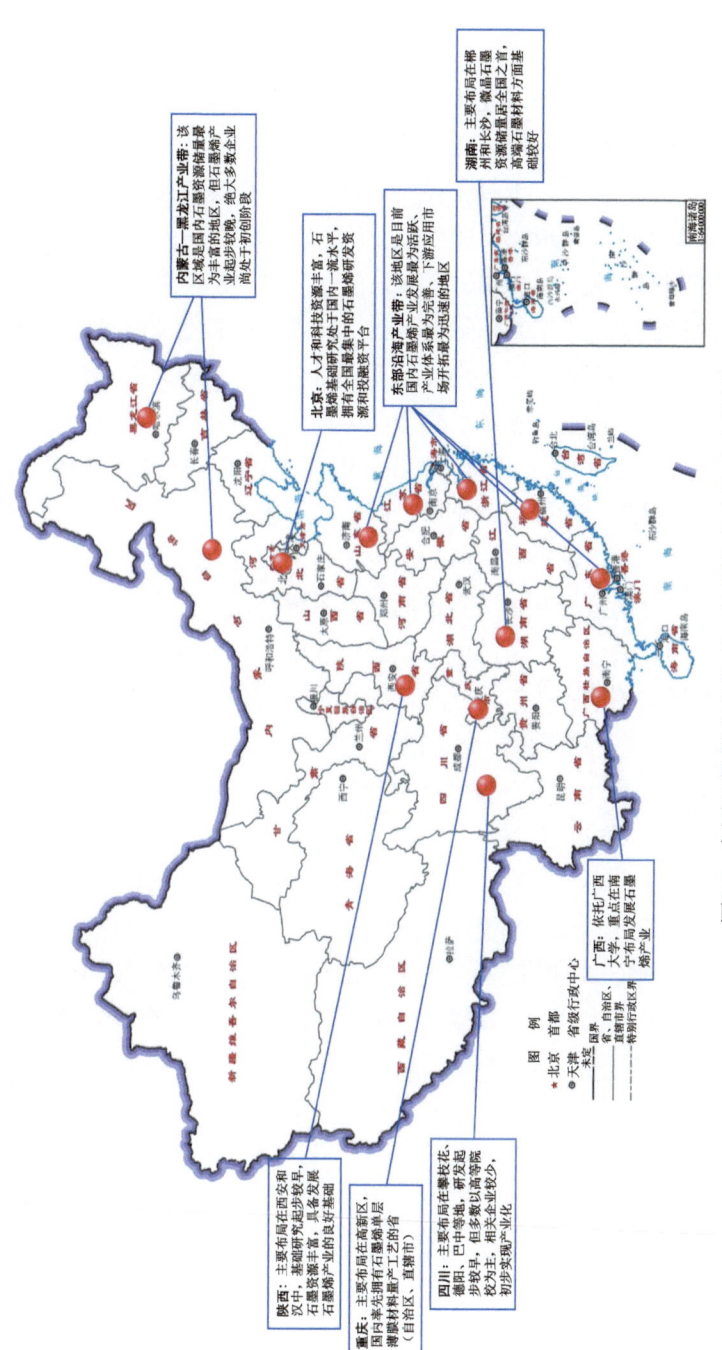

图2.6 中国石墨烯产业的"一核两带多点"分布格局

"一核"：以北京为核心，集聚一大批石墨烯核心技术研发力量，成为中国石墨烯产业发展的重要引擎。北京拥有无与伦比的智力资源，集聚了 20 多个高水平石墨烯研究团队，分布在北京大学、清华大学、中国科学院化学研究所、国家纳米科学中心、北京航空材料研究所、北京理工大学、北京化工大学、中国科学院物理研究所等高校和科研院所。尤其需要强调的是，北京市政府高度重视石墨烯新材料产业。2017 年 4 月 11 日，在北京市经济和信息化委员会的推动下，北京石墨烯产业创新中心正式成立，全力推进石墨烯新材料的产业化工作。2018 年 10 月 25 日，北京市科学技术委员会（简称北京市科委）投资成立北京石墨烯研究院，依托北京大学打造引领未来石墨烯高科技产业发展的新型研发机构，10 年投资总规模 20 亿元。北京市还拥有一批知名石墨烯企业，产品包括石墨烯粉体和薄膜材料、石墨烯导电添加剂、石墨烯电热产品等。

"两带"：指东部沿海地区和黑龙江—内蒙古地区，充分利用资源、产业、人才和市场优势，促进产业聚集。东部沿海地区石墨烯产业带包括山东、江苏、上海、浙江、广东、福建等地。这条产业带汇聚了目前我国石墨烯产业发展最早且最为活跃、下游应用市场开拓最为迅速的石墨烯企业，已经形成了石墨烯制备装备制造、石墨烯材料生产、下游应用以及科技服务等产业链上中下游协同发展的产业格局，石墨烯相关企业数量超过千家。黑龙江—内蒙古地区石墨烯产业带的特点在于资源优势，拥有国内一半以上的石墨资源储量。因此，该地区聚集了一批从事从石墨矿资源开发到石墨烯材料制备和产业应用的石墨烯企业，其中代表性的企业有哈尔滨万鑫石墨谷科技有限公司（简称万鑫石墨谷）、七台河宝泰隆石墨烯新材料股份有限公司等。相对而言，该地区的石墨烯产业起步较晚，研发力量不足，发展速度相比东部沿海地区较慢。

"多点"：指重庆、四川、广西、湖南、陕西等呈分散状态，但具有一定特色和优势的地区。重庆地区的石墨烯产业发展较早，在石墨烯薄膜规模化制备以及高端应用方面具有优势。利用资源优势、政策优势，或者局部人才优势，这些地区也有可能成为中国石墨烯产业的重要组成部分，甚至成为新的增长极。

第 3 章　石墨烯产业主要领域发展现状

3.1　石墨烯材料制备

3.1.1　石墨烯粉体

1. 制备方法研究进展

石墨烯粉体是石墨烯产品形态的一种，由大量单层和少层石墨烯以无序方式相互堆积而成，宏观上显示为粉末状形态。

石墨烯粉体主要有两大类制备方法，分别为"自上而下"法和"自下而上"法。"自上而下"法主要有机械剥离法、液相剥离法和氧化还原法，其中机械剥离法和液相剥离法属于物理方法，而氧化还原法则属于化学方法。"自下而上"法主要有化学气相沉积法和电弧放电法。

机械剥离法的基本原理是利用剪切、球磨等机械外力来克服石墨层间的范德瓦耳斯力的相互作用，从石墨粉体出发来获得石墨烯粉体。Geim 课题组最早使用的透明胶带法适用于实验室基础研究，但显然不适用于规模化制备[1]。

液相剥离法是人们重点研究的实用规模化制备方法。该方法以石墨为原料，借助溶剂插层、金属离子插层、剪切作用、超声等外力来破坏石墨层间的范德瓦耳斯力，实现块体石墨的层层分离，得到少层或单层石墨烯分散液。

氧化还原法（以 Hummers 法为主）是目前规模化制备石墨烯粉体最成熟的方法之一。其基本原理是对石墨在强酸、强氧化性环境中进行处理，造成石墨烯的表面和边缘产生大量含氧官能团，使得石墨层间距拉大，进而得到氧化石墨烯粉体，之后通过化学还原处理即得到还原氧化石墨烯粉体。实际上，Hummers法已经有60余年的历史，后期也有很多改进。Hummers法制备的石墨烯质量较差，而且存在金属离子等杂质污染的问题，反应需要较长时间（几十到数百小时）并有爆炸的危险。2015年，浙江大学高超课题组有了新的突破。他们用高铁酸钾（K_2FeO_4）作为氧化剂，实现了1小时内氧化石墨烯的快速制备[2]，有效地减少了制备时间，降低了制备成本以及减少了污染问题。

值得一提的是，2018年中国科学院沈阳金属研究所成会明团队在石墨烯粉体制备方法探索方面也取得重要进展。他们发展了基于电解水剥离石墨制备氧化石墨烯的方法。该方法预先在石墨中插层硫酸分子，以抑制后续电解水过程中的氧气析出，之后在稀硫酸中进行快速电化学剥离，获得氧化石墨烯粉体。其优点是快速高效、绿色环保[3]。

图3.1总结了目前商业化石墨烯粉体的"自上而下"制备方法[4]。

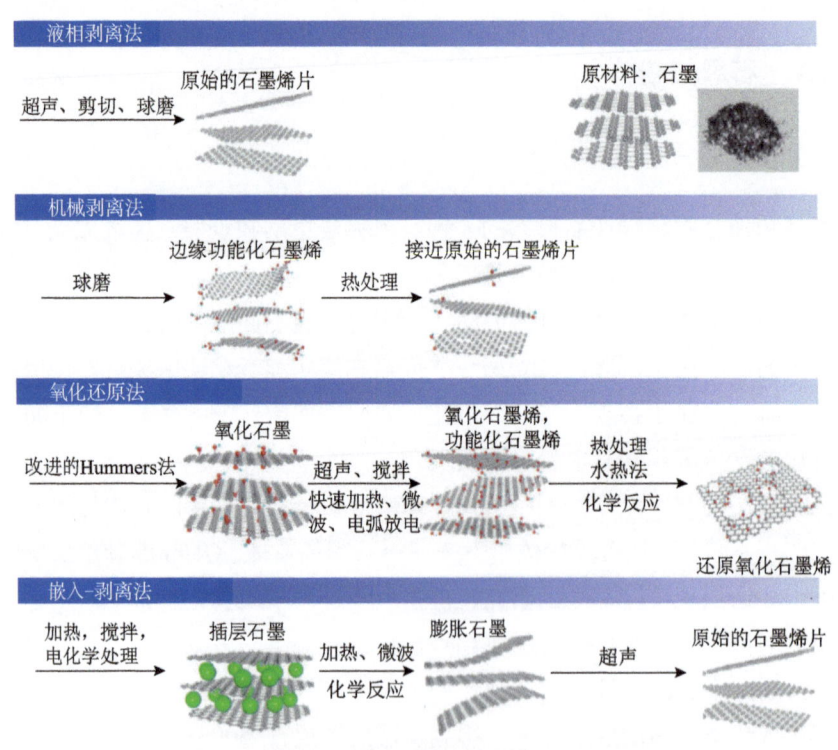

图3.1 石墨烯粉体的常用"自上而下"制备方法[4]

近几年来，化学气相沉积方法也被用于高性能石墨烯粉体的制备。这是一种"自下而上"的制备方法，已被广泛用于石墨烯薄膜的制备。在高温条件下，含碳前驱体在特殊模板上进行热裂解或者催化裂解形成石墨烯，然后刻蚀模板得到石墨烯粉体。北京大学刘忠范课题组在该领域做了大量的引领性工作。他们利用硅藻土、食盐、石英粉、墨鱼骨、海贝壳等各种天然矿物模板和生物模板，成功地制备出具有各种微观结构的石墨烯粉体材料。以最具代表性的硅藻土模板为例，所制得的石墨烯粉体完美地复制了硅藻细胞壳多级结构，比表面积高达 $1137.2m^2/g$ [5]，并具有超高溶液分散性和优良的导电性。

电弧放电法也被用于制备石墨烯粉体，早期曾被用于生长富勒烯、碳纳米管等其他纳米碳材料。其原理非常简单，在高真空环境下对碳棒进行大电流电弧放电即可。但是，此法一直无法摆脱其他杂质（诸如碳纳米管等）伴生问题。值得一提的是，北京石墨烯研究院张锦团队于 2018 年发展了微波电晕放电的方法[6]。该方法利用电介质在微波中电晕放电来促进碳源的热裂解，从而实现在无催化剂、无衬底条件下的石墨烯粉体制备，获得的石墨烯具有小尺寸（100～200nm）、少层（<10层）、高品质和低氧含量等特点。尽管仍存在放量制备和降低成本等诸多问题，但作为特种石墨烯粉体制备的新思路，该方法具有一定的应用前景。

2020 年 1 月 28 日，美国莱斯大学 James M. Tour 课题组在《自然》（*Nature*）期刊报道了一种全新的闪蒸制备法。该方法利用所谓的闪蒸焦耳加热技术，在导电性含碳原材料中通电使其温度瞬间上升到近 3000K，即可在极短时间（10ms）内获得石墨烯粉体[7]。这种闪蒸石墨烯的原料来源很广，食物垃圾、塑料、石焦油、木屑、煤炭、生物炭等均可，收率可达 80%～90%，碳纯度高达 99%以上。尽管存在着放量制备、成本、质量可控性等诸多问题，闪蒸制备法值得引起重视。

2. 规模化制备现状

规模化制备是实现石墨烯材料产业化的基础和关键所在，得到了国内外的高度重视。Jonathan N. Coleman 等发明的剪切剥离法可以实现 5.3g/h 的高质量石墨烯粉体的小批量制备[8]。美国 XG Science 公司于 2012 年建成年产 80t 石墨烯粉体生产线，所制备的石墨烯粉体横向尺寸为数微米至 50μm，纵向厚度为 5～15nm。Angstron Materials 公司的石墨烯粉体年产能达到 300t，比表面积为 400～800m^2/g。

国内拥有众多的石墨烯生产企业，其中大多数是处于初创成长期的小微企业，尚未形成真正的龙头企业。就石墨烯粉体的制备方法而言，氧化还原法是主流技术，也有一些采用液相剥离法，甚至机械研磨法。据中国报告网预测，未来 5～10 年，多数企业年产能有望达到千吨级，少部分大型企业年产能有望达到万吨级。

如前所述，从规模上讲，中国的石墨烯粉体制备在国际上处于领先地位，具有一定优势（表3.1）。

表 3.1 国内石墨烯粉体生产的部分代表性企业

企业名称	制备方法	年产能/t	2018年产值/万元	石墨烯主营业务收入/万元
常州第六元素材料科技股份有限公司	Hummers法	100	2 797	2 331
宁波墨西科技有限公司	Hummers法	500	2 300	2 000
七台河宝泰隆石墨烯新材料有限公司	Hummers法	100	—	—
山东利特纳米技术有限公司	Hummers法	20	8 000	8 000
青岛昊鑫新能源科技有限公司	Hummers法	500	28 200	28 200
厦门凯纳石墨烯技术股份有限公司	机械剥离法	200	4 062	4 062
鸿纳（东莞）新材料科技有限公司	物理剥离法	1000	—	—

—表示相关数据未采集。

常州第六元素材料科技股份有限公司、宁波墨西科技有限公司和七台河宝泰隆石墨烯新材料有限公司较早实现石墨烯粉体的规模化制备，都是采用Hummers法或者改进的Hummers法，年产氧化石墨烯粉体均达到百吨级。常州第六元素公司在2018年石墨烯主营业务销售收入2331万元。宁波墨西科技有限公司的石墨烯业务资金投入合计约3亿元，目前具备了年产500t石墨烯粉体的生产能力。鸿纳（东莞）新材料科技有限公司采用物理法制备石墨烯粉体材料，其生产线的自动化程度较高。厦门凯纳石墨烯技术股份有限公司（简称凯纳股份）采用机械剥离法制备石墨烯，可实现年产能200t。该公司2018年产值达4062万元，均来源于石墨烯主营业务。

此外，山东利特纳米技术有限公司可实现年产20t石墨烯粉体的生产能力，技术来源于山东大学侯士峰研究团队。杭州高烯科技有限公司依托于浙江大学高超课题组，专注于氧化石墨烯及相关产品诸如石墨烯纤维和石墨烯发热膜的开发，拥有石墨烯浆料、粉体、复合材料、电热产品、散热产品、电池、石墨烯基碳纤维等多领域的研发及检测能力，并于2019年建成全球首条纺丝级单层氧化石墨烯10t生产线，其多功能石墨烯复合纤维产品获国际石墨烯产品认证中心（IGCC）产品认证。

3. 问题和挑战

2018年，新加坡国立大学 A. H. Castro Neto 和诺贝尔奖获得者 K. S. Novoselov

在《先进材料》（*Advanced Materials*）上发表文章，系统地分析了来自亚洲、欧洲和美洲60家公司的石墨烯样品，明确指出大多数公司正在生产的并不是真正的石墨烯（层数少于10层），而是石墨片（层数大于甚至远大于10层），并且大多数公司样品中石墨烯的含量低于10%，没有任何一家石墨烯样品的sp^2杂化碳成分含量超过60%，也几乎没有单层的高质量石墨烯。应该说，这就是石墨烯粉体材料规模化制备的现状，不容乐观，充满挑战。

对于石墨烯粉体材料的商用规模化制备来说，其首先要考虑的仍然是低成本、绿色环保和提纯技术问题。目前，国内多数企业用的是氧化还原方法，需要大量的强酸和强氧化剂，环保压力非常大，而且对设备要求高，纯化过程复杂，所得的石墨烯含有大量缺陷，因此亟须改进和发展新的绿色环保技术。实际上，尽管原料可以来自天然石墨矿，但考虑到提纯问题和环保投入，这条技术路线未必能实现低成本，所得到的石墨烯粉体质量也未必使人满意。

批量制备的性能稳定性和可重复性在现阶段是一个巨大的挑战。不同厂家生产的石墨烯粉体材料基本没有可比性，不同技术路线所获得的石墨烯材料更不具备可比性，甚至不同批次的稳定性也无法保障。这种批量制备水平的现状是导致国内石墨烯产业乱象的根本原因，必须引起高度重视。该现状需要在很多方面做出努力，包括优化工艺和工艺稳定性问题、装备设计问题以及新技术和新工艺探索等。理论上讲，不同技术路线所获得的石墨烯粉体材料不可能完全一致，重要的是找到其特有的应用途径。尤其至关重要的是，标准制定需及时跟进。目前，市售的石墨烯粉体产品质量参差不齐，缺乏统一的评价标准，部分产品甚至存在鱼目混珠、弄虚作假的行为。因此，亟待建立一套石墨烯粉体产品的标准体系和评价分级体系，并建立相对应的评价表征方法。与此同时，成立相应的权威机构，包括标准制定机构、产品检测机构等。这些是推动石墨烯粉体产业健康发展的基础。

3.1.2 石墨烯薄膜

1. 生长方法研究进展

制备决定未来，高品质石墨烯薄膜的可控制备一直是学术界和产业界关注的重点。制备石墨烯薄膜的CVD法自2009年被提出以来，取得了长足进展，具有良好的可控性和可放大性，是规模化制备高品质石墨烯薄膜的最有前景的方法（图3.2）。

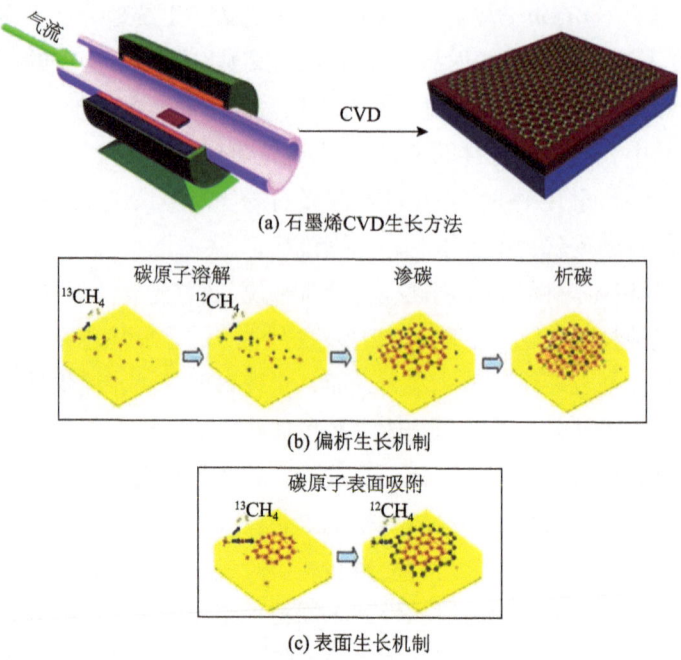

图 3.2　石墨烯的 CVD 生长方法及基本原理

然而，传统的 CVD 法制备石墨烯薄膜会产生缺陷、晶界、褶皱及表面污染等问题，因此限制了该方法进一步应用。尤其是，作为新一代高性能碳基电子器件的核心材料，石墨烯的能带结构和物理性质与其层数、堆垛方式、扭转角度、畴区尺寸、缺陷浓度、掺杂类型密切相关，而这些因素的精确控制是石墨烯薄膜规模化制备的难点。近年来，人们发展了一系列新的石墨烯薄膜的 CVD 生长方法，在石墨烯薄膜的畴区尺寸、层数与扭转角度、生长速度、表面洁净度和掺杂类型与浓度等方面均取得了一系列显著的进展。

畴区尺寸的大小是衡量石墨烯薄膜品质的重要指标。大单晶石墨烯的制备通常有两种策略。第一种是控制石墨烯成核位点，实现小密度甚至单核的石墨烯生长。北京大学刘忠范团队[9]和中国科学院上海微系统与信息技术研究所（简称中科院上海微系统所）谢晓明团队[10]通过降低石墨烯的初始成核密度，分别在铜（Cu）和铜镍（CuNi）合金衬底上实现了厘米尺寸石墨烯单晶的制备。利用该策略，可在 CuNi 衬底上制备出 in（英寸）级石墨烯单晶[11]。另外一种策略就是单晶衬底上的外延生长，通过调控石墨烯多成核位点的单一取向来实现其无缝拼接生长，达到单晶薄膜。例如，利用 Cu（111）单晶衬底与石墨烯较强的相互作用和取向外延关系，北京大学刘开辉团队[12]在单晶 Cu（111）箔材表面制备出 5cm×50cm 的单晶石墨烯薄膜，刘忠范/彭海琳团队[13]率先在 4～6in 的 Cu（111）单晶晶圆上生长出了无褶皱石墨烯单晶晶圆薄膜。

石墨烯的 CVD 制备过程一般是高温反应，石墨烯的生长速度直接影响生长过程中的能耗和薄膜的成本，因此在追求石墨烯单晶尺寸的同时，也要考虑石墨烯薄膜的制备速度。刘忠范/彭海琳团队[14]使用空间限域法，并选用更易热裂解的乙烷碳源，实现了亚厘米尺寸石墨烯单晶的低温快速制备，晶畴生长速度达 420μm/min。通过将 Cu（111）换成 CuNi（111）衬底，他们[15]将无褶皱单晶石墨烯晶圆的生长速度提高了 50 倍。刘开辉/彭海琳/丁峰课题组合作[16]发展了氧化物衬底辅助的持续供氧法，利用氧气协助甲烷的碳氢键催化裂解，降低了石墨烯生长势垒的作用，实现了生长速度高达 60μm/s 的石墨烯快速制备，单晶尺寸达 500μm。在此基础上，刘开辉等[17]利用高温下能够释放电负性更强的氟自由基的氟化钡衬底，促进石墨烯的快速生长，将石墨烯的生长速度进一步提高到 200μm/s；但是该方法在面向规模化生产时，还需要考虑氟工艺的可放大性和潜在毒害性。

石墨烯层数和堆垛方式及扭转角度的严格控制非常重要，直接影响石墨烯的能带结构和物理性质。单层石墨烯透光性最好，双层和少层石墨烯薄膜则拥有更高的导电性和机械强度，而双层扭转石墨烯（魔角石墨烯）具有新奇的超导效应。在 CVD 生长过程中对石墨烯层数和堆垛方式进行精准控制一直是 CVD 法的瓶颈性问题。R. S. Ruoff 课题组通过控制铜衬底体相中的碳杂质含量，实现了严格单层的石墨烯薄膜制备[18]；利用单晶 CuNi（111）衬底并控制 Ni 含量，他们也实现了厘米尺寸 AB 堆垛双层和 ABA 堆垛的三层单晶石墨烯的可控制备[19]。在双层扭转石墨烯的制备方面，刘忠范/彭海琳团队通过控制第一层和第二层石墨烯在不同位点成核，制备出 4°、13°、21°和 27°等不同转角的双层石墨烯，并检测到了光电流和光化学活性的选择性增强效应[20]。2018 年，通过机械剥离和逐层转移法制备的小扭转角（比如 1.1°）的双层"魔角石墨烯"被发现具有神奇的超导效应[21]。魔角石墨烯的发现对双层石墨烯的 CVD 生长和扭转角度精准控制提出了新的要求，目前尚未解决。

CVD 法制备石墨烯薄膜过程中存在污染问题。CVD 系统内气相和生长衬底表面副反应会产生大量无定形碳，造成石墨烯薄膜表面的"本征污染"，进而影响石墨烯的性能，并限制其应用。刘忠范/彭海琳团队[22-25]通过"助催化"策略调控 CVD 系统中的气相反应，或是通过后处理工艺对石墨烯表面的污染物进行选择性去除，将 CVD 石墨烯薄膜的洁净度提高到了 99%。超洁净石墨烯薄膜表现出优异的电学、光学、力学和亲水性，如超高的载流子迁移率（1 083 000cm²/V·s）和极低的接触电阻（96Ω·μm）等。

石墨烯在绝缘性目标衬底上的CVD可控生长能够避免引入薄膜转移环节，直接实现石墨烯薄膜的应用。2013年，中国科学院化学研究所刘云圻课题组率先通过两步生长法在氮化硅衬底表面制备出了较高质量的石墨烯薄膜[26]。刘忠范团队开发了新型石墨烯复合材料——超级石墨烯玻璃，以独特的工艺将石墨烯与玻璃结合在一起，赋予玻璃透明导电、导热、疏水、生物相容等优异特性。为解决玻璃衬底上石墨烯薄膜质量较低、生长速度慢、层数不可控等问题，该团队通过更换碳源或修饰前驱体、提高衬底温度、采用等离子体辅助或金属远程催化等方法，显著提高了玻璃、石英和蓝宝石等绝缘衬底表面石墨烯薄膜的生长质量和生长速度[27-32]。

2. 规模化生产现状

2009年，Rodney S. Ruoff课题组率先利用CVD法在铜箔表面自限域生长单层高质量石墨烯薄膜[33]。该生长方法可用于石墨烯薄膜的规模化生产。其后5年，国内外数条石墨烯薄膜生产示范线陆续建成。时至今日，石墨烯薄膜产业已进入快速发展阶段。如图3.3所示，方象知产研究院、涂布在线、中投顾问产业研究中心等预测，石墨烯薄膜的国内市场规模预计将从2015年的1.5亿元快速增长到2022年的450亿元。可以说，高品质石墨烯薄膜的规模化生产是大势所趋。

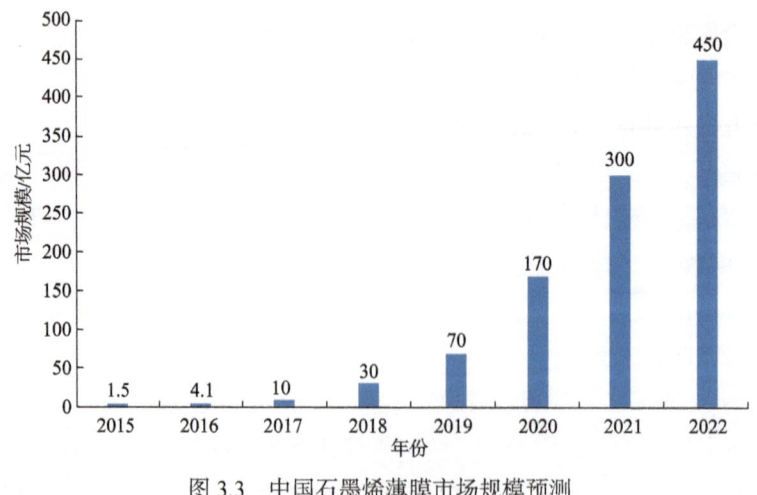

图3.3　中国石墨烯薄膜市场规模预测

CVD法规模化生产的石墨烯薄膜材料，按照形态不同，可以分为卷材、片材

第3章 石墨烯产业主要领域发展现状

和晶圆三大类。其中，卷材通常是在成卷金属箔材上使用卷对卷（roll-to-roll）动态连续批量制备的方法得到，产量和尺寸较大，成本较低，但质量控制还有待提高；片材一般通过静态批次生长法制备，与早期各实验室发展的制备高质量石墨烯薄膜的策略具有很好的兼容性，质量更高；而单晶石墨烯晶圆则主要依托于蓝宝石、二氧化硅/硅、锗等单晶晶圆作为生长衬底，直接面向电子芯片等应用场景。

近年来，我国在石墨烯薄膜的规模化生产方面取得了一系列进展。2013年，常州二维碳素科技股份有限公司（简称二维碳素）建立了年产能3万m^2的全国首条石墨烯薄膜生产线，并在2014年将年产能扩张为20万m^2。2015年，由海归博士瞿研团队创立的无锡格菲电子薄膜科技有限公司建成拥有年产能9万m^2的石墨烯薄膜生产线。2016年，重庆墨希科技有限公司建成年产能100万片（单片样品尺寸为15in）的单层石墨烯薄膜生产线。同年，常州瑞丰特科技有限公司发布了国内首台百万平方米产能的石墨烯薄膜大幅卷对卷低温（低于600℃）连续制造装备，并突破了石墨烯宏量制造中薄膜幅面尺度极限。

2018年10月25日，北京大学刘忠范团队创建的北京石墨烯研究院揭牌成立，并快速推动建立了多条高质量石墨烯薄膜的生产示范线，推出了石墨烯卷材、片材和晶圆三类产品，率先在全球范围内实现了超洁净石墨烯薄膜、4～6in石墨烯单晶晶圆、大单晶石墨烯薄膜、高导电性氮掺杂石墨烯薄膜等高品质石墨烯薄膜材料的稳定批量制备，在高品质石墨烯原材料制备及装备开发方面处于国际领先地位，能够满足更高端的石墨烯产品应用需求。

此外，韩国三星电子（Samsung Electronics）株式会社（简称三星电子）和Graphene Square，日本索尼（SONY）公司，瑞典Graphensic AB公司、Bluestone Global Tech公司和西班牙Graphenea等公司也相继推出石墨烯薄膜及其衍生产品（表3.2）。

表3.2 全球代表性石墨烯薄膜材料制备和应用企业

企业名称	国家	主要产品
常州二维碳素科技股份有限公司	中国	触摸屏、石墨烯透明导电薄膜产品、石墨烯传感器
重庆墨希科技有限公司	中国	触摸屏、电子元器件、石墨烯导电薄膜
无锡格菲电子薄膜科技有限公司	中国	石墨烯导电薄膜、石墨烯传感器、电磁屏蔽材料、触摸屏、可穿戴电子技术
南京吉仓纳米科技有限公司	中国	石墨烯纸系列、氧化石墨烯膜系列、铜箔基底石墨烯与转移石墨烯膜
合肥微晶材料科技有限公司	中国	石墨烯纳米银线复合柔性透明导电膜、各类基底石墨烯薄膜
三星电子株式会社	韩国	石墨烯薄膜、触摸屏、晶体管

续表

企业名称	国家	主要产品
Graphene Square 公司	韩国	铜箔基底石墨烯、转移到各类基底的石墨烯、柔性透明电极、阻隔材料及涂层、生化传感器
索尼公司	日本	透明导电膜、触摸屏
Graphensic AB 公司	瑞典	SiC 外延生长石墨烯、半导体能源、环保材料
Bluestone Global Tech 公司	美国	石墨烯薄膜、电子纸柔性显示智能玻璃、发光电极柔性传感器件、高速晶体管
Graphenea 公司	西班牙	铜基底石墨烯晶圆、转移到各类基底的石墨烯、氧化石墨烯系列产品、石墨烯场效应晶体管（FET）传感器

3. 问题和挑战

尽管如此，在高品质石墨烯薄膜材料的规模化制备方面，人们仍面临着诸多问题和挑战。当前 CVD 石墨烯薄膜的整体质量仍无法与机械剥离的样品相媲美，其各性能指标与理论值仍有较大差距，CVD 石墨烯薄膜的制备技术仍有很大的提升空间。从层数控制上讲，单层石墨烯的 CVD 生长已取得突破性进展，但是双层石墨烯及其扭转角度的控制仍是难题。根据未来应用领域的需求，三层石墨烯乃至更厚的石墨烯薄膜材料的可控生长也可能会提到日程上来。畴区尺寸的大小是衡量石墨烯薄膜品质的重要指标，进一步提高畴区尺寸将是该领域的不懈追求。更进一步地将大单晶、超快速、超洁净、超平整、层数和掺杂精确可控等多项高质量追求指标有机结合，制备出综合性能优异的石墨烯薄膜产品，也是值得未来努力的重要方向。

高品质石墨烯薄膜的稳定、均匀和批量制备是其走向产业化应用的前提。然而，目前石墨烯薄膜的规模化制备技术尚不成熟，市面上的石墨烯薄膜产品的各项性能指标远不及实验室水平。为改善这一现状，需要将实验室的 CVD 石墨烯薄膜研究经验真正借鉴到批量制备工艺中去，需要将石墨烯制备工艺和装备有机结合，并有所突破和创新。一方面，需要借助化学工程学、流体力学和信息工程学等理论指导石墨烯薄膜宏量制备的参数设计和工艺调控；另一方面，也需要装备设计、机械加工和智能反馈等软硬件设施来奠定石墨烯薄膜批量制备的装备基础。

从实用角度讲，必须考虑成本问题。目前，石墨烯的制备技术和制备工艺成本还很高，还有很大的创新空间。鉴于石墨烯薄膜高温生长过程的巨大能耗，降低生长温度、提高生长速度、缩短升降温时间等措施均有利于降低生产成本。金属衬底的重复利用和表面预处理工艺的简化也有助于降低生产成本。在真正的规模化生产过程中，其他条件不变的情况下，装备的单次产能越大、石墨烯的良品率越高,折合到单位面积的制备成本也就越低。

实用化的规模化转移技术是CVD法制备石墨烯薄膜的伴生课题。石墨烯薄膜通常是生长在铜箔等金属衬底上,实际应用时需要剥离下来,转移到目标衬底上,如塑料或其他绝缘衬底。对于单原子厚度的石墨烯材料来说,这是一个巨大的技术挑战。如何在兼顾成本的基础上,逐步攻克转移过程中样品尺寸受限、完整度低和污染严重等难题是需要关注的重点。而免去转移环节,直接在绝缘性目标衬底上生长的石墨烯薄膜的质量仍需进一步提高。应用是石墨烯薄膜规模化生产的重要牵引。在未来,仍需要寻找石墨烯无可替代的"杀手锏"级应用,如高性能电子芯片、高分辨宽光谱光电探测器、孔隙可调的离子筛分膜、高效率发热散热膜以及高分辨石墨烯透射电镜载网等。

3.1.3 石墨烯纤维

1. 制备方法研究进展

石墨烯纤维是由微观二维石墨烯单元组成的具有宏观一维结构的材料。相较于石墨烯的其他存在形式,石墨烯纤维能够在一维维度更好地发挥本征石墨烯轻质、高导电导热和高强度[密度约0.1g/m³,电导率约10^5 S/m,热导率约100W/m·K,抗拉强度约1000MPa,杨氏模量约100GPa]等诸多优异特性,并易于与已有纺织技术结合,在高敏超快光电探测器、多功能柔性电子织物、先进复合材料等领域具有广阔的应用前景。截至2019年12月底,全球发表有关石墨烯纤维主题的SCI论文已达1700余篇(图3.4),国内申请的专利达1200余项。

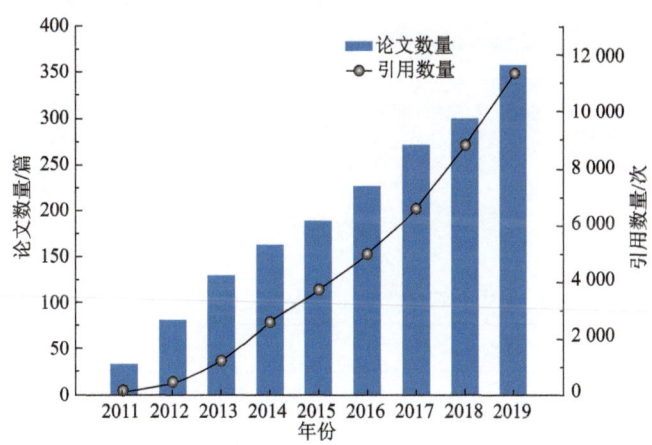

图3.4 全球石墨烯纤维论文及其引用数量统计

随着石墨烯纤维研究的逐渐兴起，人们更加关注石墨烯纤维的制备方法并开拓其全新的应用领域。迄今，石墨烯纤维的制备方法主要包括氧化石墨烯纺丝和 CVD 法两种途径，根据具体工艺流程的差异又可分为湿法纺丝法、干法纺丝法、水热法、薄膜加捻法和模板法等。

在诸多制备方法中，基于氧化石墨烯的湿法纺丝法具有步骤简单、原料成本低、易规模化生产等优势，是目前最广泛使用的制备方法。浙江大学高超课题组于 2011 年首次利用液相氧化石墨烯湿法纺丝、还原工艺得到石墨烯纤维，后续该团队通过纺丝过程的缺陷工程管理、微流控设计等方案进一步提升了石墨烯纤维的性能（图 3.5）[34-36]。此后，东华大学李耀刚团队改进了传统的湿法纺丝法，在纺丝液中加入脱氧胆酸钠制备了具有三维交联结构的石墨烯纤维[37]。为减小湿法纺丝过程中纤维水洗时溶剂挥发过慢对纤维结构、性能稳定性和生产效率的影响，高超团队还发展了一种利用氧化石墨烯凝胶干法纺丝制备石墨烯纤维的方法[38]。此外，北京理工大学曲良体团队还提出一种水热还原制备石墨烯纤维的方法。他们将氧化石墨烯分散液封装到毛细石英管模具中，在水热还原的过程中石墨烯片层自发组装形成石墨烯纤维[39]。该方法省去了氧化石墨烯纤维繁杂的还原过程，且制备的纤维可与其他功能性小分子或纳米颗粒均匀复合。国内外石墨烯纤维制备领域的代表性研究团队如表 3.3 所示。

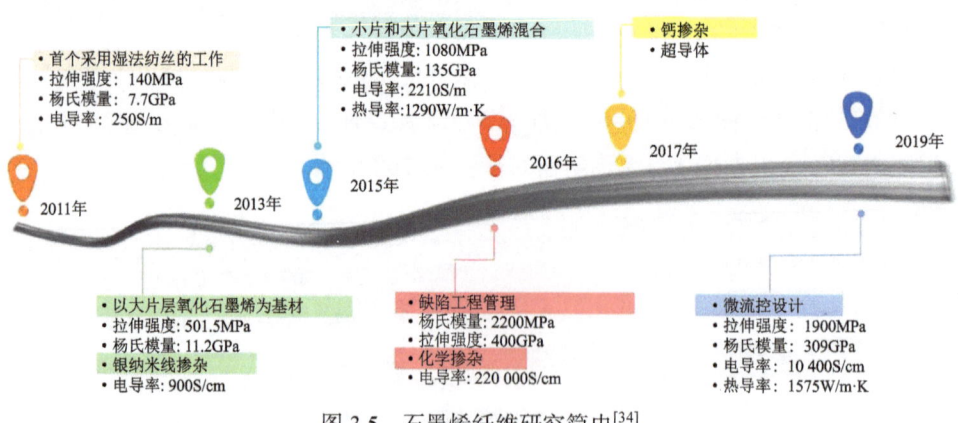

图 3.5　石墨烯纤维研究简史[34]

表 3.3　国内外石墨烯纤维制备领域的代表性研究团队

所在单位	团队负责人	石墨烯纤维制备方法
浙江大学	高超	氧化石墨烯湿法纺丝法、干法纺丝法
东华大学	李耀刚	改良的氧化石墨烯湿法纺丝法

续表

所在单位	团队负责人	石墨烯纤维制备方法
北京理工大学	曲良体	一步水热法
清华大学	朱宏伟	薄膜加捻法、金属网格模板法
美国凯斯西储大学	戴黎明	金属纤维模板法
哈尔滨工业大学深圳研究院	于杰	聚合物纤维后处理法
青岛大学	曲丽君	石墨烯改性导电纤维研发及产业化、功能性石墨烯复合纤维及纺织品研发及产业化

上述几种方法都是基于氧化石墨烯来制备纤维，后续还原过程较烦琐，且纤维表面氧化官能团难以完全被还原，会影响纤维的性能。CVD法作为批量制备高品质石墨烯薄膜的理想方法，激起了人们尝试用其合成石墨烯纤维的兴趣。清华大学朱宏伟团队通过刻蚀除去铜箔衬底，让CVD法生长的石墨烯薄膜在乙醇等有机溶剂中自发卷曲成石墨烯纤维[40]。美国凯斯西储大学戴黎明团队和清华大学朱宏伟团队分别以金属丝和金属网格为模板生长石墨烯后，刻蚀去除模板得到了相应的石墨烯纤维和织物[41-43]。这些方法直接得到了连续的石墨烯纤维，简化了相关工艺流程。但其刻蚀除去模板（或衬底）的工艺影响因素较多，操作较复杂，不利于纤维的批量化制备；同时，刻蚀液的表面张力也会造成石墨烯褶皱、破损，进而影响石墨烯纤维的力学性能。同样在CVD制备体系中，为避免后刻蚀工艺，哈尔滨工业大学深圳研究院于杰团队发展了一种基于聚合物前驱体纤维氨气碳化再生长石墨烯纤维的新方法[44]。值得一提的是，该方法本质上制备的是石墨烯/碳复合纤维，但其依然具有优异的导电、导热和力学性能。该方法过程简便，在批量制备石墨烯纤维方面有着一定的优势。

2. 规模化生产现状

尽管CVD法制备的石墨烯纤维在强度、导电性、导热性上都具有较大的优势，但当前CVD法制备石墨烯纤维的方法大多仍处于实验室研究阶段，其批量制备工艺有待突破。目前，市场上大多数石墨烯纤维的制备仍是将石墨烯粉体（或氧化石墨烯）与聚合物共混（或接枝至聚合物链段）来合成石墨烯/聚合物纤维，并利用石墨烯的优异性能对聚合物纤维进行改性；少见的纯石墨烯纤维则大都是利用上节所述湿法纺丝工艺制备。在石墨烯纤维制备技术不断拓展的同时，石墨烯纤维及相应的纺织品也开始逐步投入市场。借助石墨烯优异的导电、导热、抗菌、阻燃等特性，该类产品主要集中应用于抗菌、耐紫外线、抗静电的功能性面料、功能性阻燃材料和电加热材料。

随着基础研究的不断深入，国内相关单位正在加快资源整合，积极推动石墨烯改性纤维知识产权保护工作和标准体系建设，引导石墨烯纤维产业规范有序、快速健康地发展。在新兴市场驱动下，以石墨烯复合纤维为主要产品的高科技企业逐渐发展起来，优势企业主要集中在江苏、浙江等地区。主要的代表性石墨烯纤维企业如表 3.4 所示。杭州高烯科技有限公司于 2019 年建成了全球首条纺丝级氧化石墨烯 10t 生产线并试车成功，所产氧化石墨烯的应用产品——多功能石墨烯复合纤维获得国际石墨烯产品认证中心的产品认证，其抗紫外及远红外发射性能成功跃居功能性织物前列。靖江墨烯服饰科技有限公司则主要关注石墨烯复合纤维面料与智能服饰产品的研发与销售。常州恒利宝纳米新材料科技有限公司开发了石墨烯尼龙 6 长纤、短纤及纱线，并应用于抗静电、抗菌抑菌、远红外、阻燃等功能性面料开发。无锡友航石墨烯科技有限公司主要研发和生产石墨烯导电母粒和石墨烯功能性纤维，包括石墨烯导电复合纤维、石墨烯阻燃纤维、石墨烯远红外纤维等。南通强生石墨烯科技有限公司的石墨烯复合尼龙短纤、黏胶短纤、超高分子量短纤、尼龙长丝、涤纶长丝等产品已实现量产和销售，石墨烯导电纤维、阻燃纤维等特种复合纤维已完成工艺定型和小试生产。

表 3.4 国内代表性石墨烯纤维企业

企业名称	地区	主要产品
杭州高烯科技有限公司	浙江	石墨烯纤维、石墨烯复合纤维
靖江墨烯服饰科技有限公司	江苏	石墨烯纤维、智能加热理疗产品、吸湿排汗衬衫
常州恒利宝纳米新材料科技有限公司	江苏	石墨烯锦纶单丝、混纺纱线
无锡友航石墨烯科技有限公司	江苏	石墨烯功能性纤维、石墨烯导电复合纤维、石墨烯阻燃纤维、石墨烯远红外纤维
南通强生石墨烯科技有限公司	江苏	石墨烯复合尼龙纤维、石墨烯涤纶长丝
济南圣泉集团股份有限公司	山东	生物质石墨烯锦纶纤维、涤纶纤维
陕西金瑞烯科技发展有限公司	陕西	石墨烯棉纤维、石墨烯涤纶纤维、石墨烯腈纶纤维、石墨烯锦纶纤维、石墨烯长丝短纤及服装

除江浙地区外，其他地区的高校与企业也在努力尝试通过"产学研"结合的方式发展石墨烯纤维产业。济南圣泉集团股份有限公司（简称圣泉集团）与青岛大学合作研发了生物质石墨烯黏胶纤维纺丝技术，与东北大学联合研发了生物质石墨烯涤纶、锦纶纤维制备工艺。这种石墨烯复合纤维可作为内暖纤维应用于加

热服装、功能织物等领域。陕西金瑞烯科技发展有限公司逐步开发出包括石墨烯棉纤维、石墨烯涤纶纤维、石墨烯腈纶纤维、石墨烯锦纶纤维、石墨烯长丝短纤在内的一系列纤维材料，并基于此制备了相应的石墨烯纤维服饰。

3. 问题和挑战

作为一种新兴的功能材料，石墨烯纤维近年来正逐渐进入大众的视野，相关基础研究不断突破，产业化关键技术快速发展。然而，石墨烯纤维制备与应用等领域还存在着诸多亟待改进之处。

（1）高性能石墨烯纤维制备工艺有待突破。目前，缺乏可靠、简便的方法来制备具有良好机械/电学性能的石墨烯纤维，这限制了其广泛应用。石墨烯纤维目前主要由氧化石墨烯经过湿法纺丝、凝固浴及石墨化过程制备。氧化石墨烯作为一种非均质纳米颗粒和非牛顿流体，在剪切流作用下表现出明显的剪切减薄特性。这种流态行为可能导致砌块的不规则排列和表皮效应的出现，从而降低石墨烯纤维的力学性能。经过工艺的改进，石墨烯纤维的机械性能和电导率已得到显著提高，但石墨化过程中苛刻的处理条件（约3000℃）所导致的高成本和高能耗问题仍未能有效解决。

（2）石墨烯纤维长期工作稳定性有待提高。纤维稳定性不足也在一定程度上限制了石墨烯纤维的应用。在长期的工作过程中，纤维堆垛结构的破坏和力学/电学性能的衰减带来的稳定性问题严重影响了石墨烯纤维器件的寿命，亟须科研工作者们深入研究。此外，受限于制备纤维的机械/电学性能，超级电容器与发电器件（如太阳能电池、摩擦纳米发电机）集成在石墨烯纤维上仍鲜有实现，有待进一步发展。

（3）石墨烯纺织品的制备工艺有待完善。在石墨烯纤维的制备方法不断改进与发展的同时，石墨烯纤维纺织品的功能整合同样引起了广泛关注。当下，石墨烯纤维制备工艺与传统工业纺纱工艺难以兼容，限制了后续纺织品的规模化生产和应用。如何利用前期制备的石墨烯纤维原料，结合更为成熟的纺纱工艺纺制石墨烯纱线，并直接织造石墨烯纺织品仍是一项颇具挑战性的难题。

3.1.4 氧化石墨烯

1. 制备方法研究进展

氧化石墨烯是氧化石墨经过剥离手段得来的（图3.6）。氧化石墨是将石墨通

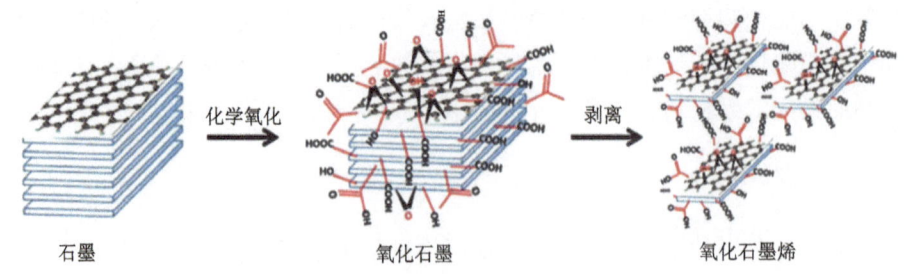

图 3.6 氧化石墨烯的制备过程

过化学氧化得到的一种由物质的量之比不定的碳、氢、氧等元素构成的化合物，其仍然保留着石墨的层状结构，但结构更加复杂。

氧化石墨的制备由来已久。早在 19 世纪中叶，德国化学家 Schafhaeutl 和 Park 已经开展了硫酸和硝酸对石墨插层的研究[45]；随后相继出现了 Brodie 法[46]、Staudenmaier 法[47]、Hummers 法[48]和改进的 Hummers 法等氧化石墨的制备方法。按照氧化剂的发展又可以分为氯酸钾（$KClO_3$）法[46]、高锰酸钾（$KMnO_4$）法[48]和 K_2FeO_4 法[49]。

（1）$KClO_3$ 法。Brodie 等首先尝试使用强氧化剂 $KClO_3$ 将石墨和发烟硝酸混合在 60℃下加热处理 3～4 天，所得样品经过重复氧化、洗涤、干燥后得到淡黄色固体，微溶于水，呈弱酸性，其元素分析结果为 $C_{11}H_4O_5$[46]。由于发现该材料可在纯水或碱性水中分散，而不能在酸性介质中分散，Brodie 称其为"石墨酸"。因制备过程会产生高毒性易分解爆炸的二氧化氯（ClO_2）气体，Staudenmaier 对该方法进行了改进，使用浓硫酸提升反应体系酸度，在溶液体系中 $KClO_3$ 可以更高效地氧化石墨，从而大大地简化了反应过程[47]。

（2）$KMnO_4$ 法。在 Staudenmaier 法提出 60 年后，化学家 Hummers 和 Offeman 发明了一种制备氧化石墨的新方法，即在浓硫酸（H_2SO_4）和硝酸钠（$NaNO_3$）的混合物体系中用 $KMnO_4$ 作为氧化剂[48]。这种方法更安全，因为在反应过程中原位生成硝酸，避免了使用高腐蚀性的发烟硝酸。但该过程会产生 NO_x 等有毒副产物。在随后的研究中，又对 Hummers 法进行了改进，通过预氧化等处理手段大大提高了石墨的氧化效率。这种改进的 Hummers 法今天已被广泛用来规模化制备氧化石墨。

（3）K_2FeO_4 法。浙江大学高超课题组[49]采用强氧化剂 K_2FeO_4 来氧化石墨，快速得到单层氧化石墨烯，并将其定义为 GO^{Fe}。反应器中加入浓 H_2SO_4、K_2FeO_4

第3章 石墨烯产业主要领域发展现状

和片状石墨，经过搅拌处理得到 GO^{Fe} 水溶液，将水溶液经过不断离心纯化、水洗后即可获得高水溶性的单层氧化石墨烯。该反应过程不需要加热或冷却步骤，可直接放大生产，但考虑到 K_2FeO_4 在酸性条件下的不稳定性，需向反应体系引入稳定剂。

2. 规模化生产现状

氧化石墨烯作为石墨烯材料的一类重要衍生物，尽管氧化过程破坏了石墨烯的高度共轭结构，但也赋予了其不同于剥离石墨烯的独特物理、化学、光学和电学性质。含氧基团的引入为制备石墨烯基/氧化石墨烯基材料提供了丰富的表面修饰活性位点和较大的比表面积，并且氧化石墨烯在溶液中优异的分散性，可以使其在生物医学、催化、锂离子电池、超级电容器等领域拥有广阔的应用前景。

目前，全球石墨烯行业仍处于产业化起步阶段，规模化生产市场以氧化石墨烯为主，尽管规模尚小，但未来发展空间广阔。

从当前石墨烯行业的产品结构来看，其主要包括氧化石墨烯、石墨烯纳米片（GNP，通过物理法得到的石墨烯）及其他产品，如 CVD 石墨烯、还原氧化石墨烯等，用途不尽相同。由于制备简便、成本低廉、应用面广，氧化石墨烯在全球石墨烯市场中成长最快，占据着 60% 以上的市场份额（图 3.7）。

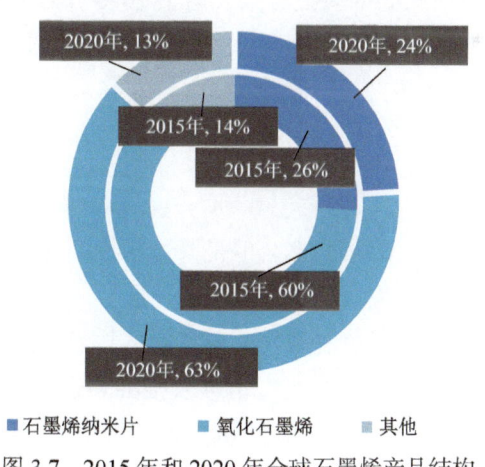

图 3.7 2015 年和 2020 年全球石墨烯产品结构

随着石墨烯产业的蓬勃发展，许多国际著名企业开始布局石墨烯领域，包括美国 3M、英国 Haydale Graphene Industries 和 Applied Graphene Materials、挪威 Abalonyx、西班牙 Graphenea、波兰 Advanced Graphene Products 等，其中 Abalonyx、

Graphenea 等企业的相关主营业务是氧化石墨烯。在国内，从事氧化石墨烯业务的代表性企业和研发团队有：七台河宝泰隆石墨烯新材料有限公司、杭州高烯科技有限公司、山东利特纳米技术有限公司、常州第六元素材料科技股份有限公司等（表 3.5）。

表 3.5　国内氧化石墨烯代表性企业

企业名称	省市	产品	产能	依托技术
七台河宝泰隆石墨烯新材料有限公司	黑龙江	氧化石墨烯粉体、氧化石墨烯浆料	总产能 150t	改进的 Hummers 法
杭州高烯科技有限公司	浙江	氧化石墨烯纤维、单层氧化石墨烯分散液	年产 10t 纺丝级单层氧化石墨烯	K_2FeO_4 法
山东利特纳米技术有限公司	山东	氧化石墨烯分散液、氧化石墨烯粉体	年产 100t 氧化石墨烯粉体	改进的 Hummers 法
常州第六元素材料科技股份有限公司	江苏	氧化石墨、氧化石墨烯分散液、石墨烯导电浆料	年产 10t 氧化石墨烯粉体	改进的 Hummers 法

常州第六元素材料科技股份有限公司于 2013 年 11 月建成了国内首条自动控制的年产 10t 氧化石墨烯粉体的规模化生产线，年产 100t 石墨烯项目也在推进之中。前文中已经提到，杭州高烯科技有限公司于 2019 年 6 月建成年产 10t 纺丝级单层氧化石墨烯生产线并试车成功。此外，山东利特纳米技术有限公司建成了年产 100t 的氧化石墨烯粉体生产线。

3. 问题和挑战

氧化石墨烯虽然已经走出实验室，但是其大规模商业化应用仍然面临着很多制约因素，主要包括技术、应用市场、标准等问题。

（1）实现氧化石墨烯的绿色制备是一项重大的技术挑战。目前，常用的氧化石墨烯制备方法是改进的 Hummers 法，因涉及强酸和强氧化剂，所以对设备的要求很高，其氧化程度也不易控制，而且其生产过程中产生的有毒有害物质会带来一系列环境污染问题。

（2）标准制定问题。我国虽然已经启动了石墨烯国家标准的制定工作，但也仅限于石墨烯材料的术语、定义和制备方法等，而下游应用、产品认证、检测、使用标准等方面仍处于空白。从上游制备来看，氧化石墨烯产品的种类、规格和适用范围均不相同，制备工艺和装备也多种多样，目前行业内尚无统一的标准。从下游应用来看，氧化石墨烯及还原氧化石墨烯在复合材料、防腐涂料、新能源电池、电容器等领域已有一定的应用，但对于具体产品特性的认定仍没有统一的标准规范，下游市场鱼龙混杂、真假难辨。

3.1.5 制备装备

一代材料，一代装备。石墨烯制备装备是石墨烯产业发展的重要基础。石墨烯制备装备的设计和开发需要考虑很多因素，包括石墨烯类型（粉体还是薄膜）、制备方法和技术路线、原料形态、产品收集方式以及产能等。依据"自上而下"和"自下而上"的不同技术路线，石墨烯制备装备可大致分为两大类：石墨原料减薄装备和高温生长装备。CVD 系统是最常用的石墨烯高温生长装备，过去 10 年来已经取得了巨大发展。根据加热方式的不同，CVD 系统可细分为两类：对反应腔室进行全空间加热的热壁 CVD 和只对衬底进行加热的冷壁 CVD。从配置辅助单元的角度分类，又可分为射频等离子体增强 CVD（RF-PECVD）、电感耦合等离子体增强 CVD（ICP-PECVD）、微波电子回旋共振等离子体增强 CVD（MWECR-PECVD）等。CVD 技术是制备石墨烯薄膜的主流技术，当然也部分用于制备粉体石墨烯。此外，SiC 表面外延生长法也是制备石墨烯薄膜的较为成熟的方法，因应用相对较少，在此不做赘述。

1. 石墨烯薄膜制备装备

1）国内外研发进展

其最早可以追溯到 2009 年 1 月美国麻省理工学院孔敬课题组的工作。他们利用 CVD 法，在电子束沉积多晶镍膜上率先制备出大面积连续的单层到少层石墨烯薄膜。同年，美国得克萨斯大学奥斯汀分校 R. S. Ruoff 课题组在铜箔表面生长出单晶石墨烯薄膜。从这时起，石墨烯 CVD 生长装备就得到人们的广泛关注。目前，能够实现石墨烯薄膜规模化生长的工业设备有两种，一种是卷对卷连续化动态生长设备，另一种是批次静态生长设备。

对于卷对卷连续化动态生长设备的认知，最早来自日本索尼公司的报道。其将卷对卷技术集成到真空 CVD 系统中，并给铜箔通电加热，实现了连续化动态生产 100m 的石墨烯薄膜。在国内，2017 年北京大学彭海琳/刘忠范研究团队开发了一种新的卷对卷连续快速生长石墨烯薄膜的技术，并研制出中试水平的 20cm 幅宽石墨烯卷对卷 CVD 系统。同年，宁波柔碳电子科技有限公司研制的石墨烯薄膜卷对卷中试生产线实现了 50cm 幅宽、千米级长度的石墨烯薄膜连续制备。2018 年，中国科学院过程工程研究所王钰课题组研制成功 10cm 幅宽石墨烯卷对卷连续制备系统，并通过集成的磁控溅射腔室和等离子体腔室解决了生长衬底和温度限制问题。

对批次静态生长设备的开发，早期的典型代表是新加坡国立大学石墨烯研究中心。他们采用多模块结构，集成电感耦合化学气相沉积（ICP-CVD）、磁控溅射和电子束蒸发，通过输送样品到各功能腔室，实现石墨烯薄膜在衬底上的批次可控生长。国内也有一些企业发展这种技术路线，包括重庆墨希科技有限公司、常州二维碳素科技股份有限公司和无锡格菲电子薄膜科技有限公司。其中，重庆墨希科技有限公司和常州二维碳素科技股份有限公司都采用热壁 CVD 法。重庆墨希科技有限公司的 CVD 设备通过生长衬底模具设计，实现了石墨烯薄膜的批量制备，生长腔室可以持续高温工作，进出样基本实现自动化控制，年产能达 100 万 m^2。其技术主要来源于中国科学院重庆绿色智能技术研究院，目前已开发出第三代石墨烯薄膜规模化生长设备。常州二维碳素科技股份有限公司设计年产能可达 20 万 m^2。无锡格菲电子薄膜科技有限公司以冷壁 CVD 法为主，配置部分热壁 CVD 设备来制备石墨烯薄膜，其核心仍是衬底夹持模具设计和腔室布置，年产能可达 12 万 m^2。相对而言，重庆墨希科技有限公司的设备自动化程度较高，进出样基本实现自动化控制。常州二维碳素科技股份有限公司拥有 5 条石墨烯薄膜生产线，部分生产线采用人工推样。无锡格菲电子薄膜科技有限公司以人工取送样为主。常州瑞丰特科技有限公司采用等离子辅助 CVD 法生产石墨烯薄膜，将石墨烯薄膜的生长温度降低到 600℃ 以内，采用卷对卷的制造方式实现石墨烯薄膜的连续沉积制备。

此外，单晶石墨烯晶圆的规模化制备是人们追求的另一个目标，主要面向高端电子产品。北京大学彭海琳/刘忠范研究团队在这方面取得了重要突破，他们研制成功了 4in 单晶石墨烯晶圆批量生长设备，在国际上率先推出了 4in 单晶石墨烯晶圆产品，目前在北京石墨烯研究院已实现单机每年 1 万片的产能。

需要指出的是，CVD 石墨烯薄膜通常生长在铜、镍或铜镍合金等衬底上，应用时通常需要转移到目标衬底上。因此，石墨烯转移技术和转移装备研发变得极为重要。从某种意义上讲，这也是制约未来石墨烯薄膜大规模应用的关键环节。国内外从事石墨烯转移技术和装备研发的团队很多，迄今为止也有很多研究报道，但是绝大部分仍处在实验室基础研究阶段，规模化转移技术和装备亟待突破。北京大学刘忠范/彭海琳研究团队多年来一直致力于发展石墨烯薄膜的规模化转移技术，开发了卷对卷热压印-电化学鼓泡转移方法，初步实现了石墨烯从铜箔生长衬底向聚对苯二甲酸乙二醇酯（PET）塑料衬底的连续无损转移。此外，常州二维碳素科技股份有限公司采用自主设计的气泡剥离设备，实现了A4尺寸的石墨烯薄膜剥离转移。

2）产业化装备现状和面临的挑战

虽然卷对卷连续化动态生长装备和批次静态生长装备在技术和工艺层面已日趋成熟，但高品质石墨烯薄膜的规模化生产仍然是产业化装备研发的重大挑战。另一方面，石墨烯薄膜的产业化应用尚未取得大的突破，因此其在应用层面上的需求牵引尚不明确。目前，石墨烯薄膜的市场需求量仍处于较低水平，技术指标也不甚明确。因此，大多数石墨烯产业化装备是半导体或光伏生产设备厂家通过对已有的成熟半导体扩散炉等设备进行石墨烯生长工艺改造而成的，几乎没有以石墨烯制备设备为主要业务的设备制造厂商。这是全球石墨烯装备制造行业的普遍现象（表3.6）。

表3.6 国内外石墨烯薄膜装备生产企业

企业名称	国家	产品
Aixtron	德国	CVD、等离子体增强CVD（PECVD）等半导体沉积设备
Sony	日本	卷对卷连续化石墨烯生长装备（主要产品：便携式数码产品、世界视听、电子游戏、通信产品）
三星电子	韩国	快速热CAD设备（主要产品：电视、手机、电子消费品）
维易科公司	美国	制造加工设备和分子束外延（MBE）产品
青岛赛瑞达电子装备股份有限公司	中国	半导体工艺设备、太阳能电池片专用工艺设备、发光二极管（LED）工艺设备等PECVD生产
中科院沈阳科学仪器股份有限公司	中国	CVD镀膜设备、PVD镀膜设备、真空设备、真空冶金设备
青岛精诚华旗微电子设备有限公司	中国	半导体、太阳能电池、半导体照明专用设备
理想能源设备（上海）有限公司	中国	太阳能电池、LED外延片、有源矩阵有机发光二极管（AMOLED）
济南力冠电子科技有限公司	中国	半导体、镀膜、晶体生长、非标设备

续表

企业名称	国家	产品
青岛育豪微电子设备有限公司	中国	太阳能光伏、微电子工艺
深圳捷佳伟创新能源装备股份有限公司	中国	晶体硅电池
常州瑞丰特科技有限公司	中国	PECVD 石墨烯薄膜装备、石墨烯薄膜及下游应用产品

从全球看，石墨烯制备装备公司以德国爱思强（Aixtron）公司最为知名。这家半导体生产设备制造商通过与欧盟"石墨烯旗舰计划"合作，逐渐将产品的研发领域扩展到石墨烯制备设备。在国内，2005 年成立的青岛赛瑞达电子装备股份有限公司最初从事半导体扩散炉和 PECVD 生产，曾参与起草相关行业标准。该公司通过与北京大学刘忠范团队合作进入石墨烯制备装备领域。

国外大型企业由于本身的雄厚实力，能够结合石墨烯生长工艺来设计和开发石墨烯制备装备。日本索尼公司的卷对卷连续化石墨烯生长装备就是一个典型的例子，德国 Aixtron 公司也是如此。就现状而言，目前大多数石墨烯生长设备，特别是国内的石墨烯生长设备仍然以科研为主，部分设备达到中试化水平。在量产过程中，仍然存在着工艺不稳定、晶畴尺寸太小等问题，甚至石墨烯薄膜的覆盖率都难以达到标准。与国外石墨烯装备制造企业相比，国内有石墨烯制备装备业务的企业多为中小型企业，甚至是初创阶段的小微企业，而石墨烯装备也并非其主营业务。应该说，这是我国石墨烯产业发展的一个巨大短板，也是中国装备制造业普遍存在的问题。

由于石墨烯产品的市场规模有限，石墨烯薄膜制备装备的需求自然也不旺盛。随着"石墨烯热"逐渐"退烧"，这种现象会更加严重。国内石墨烯装备制造商面临着是坚守还是中途放弃的艰难抉择，形势不容乐观。

2. 石墨烯粉体制备装备

如前所述，石墨烯粉体材料的制备方法很多，包括机械剥离法、液相剥离法、氧化还原法、CVD 法等。根据具体的技术路线，还有物理剥离法、化学剥离法、超临界剥离法之分。其技术路线不同，所需要的设备也各不相同，由此衍生出许多石墨烯粉体生产设备，如（超）高压均质机、膨化炉、高转速乳化机、砂磨机、超声粉碎机、CVD生长炉等。目前，已实现产业化的批量生产方法主要是机械剥离法和氧化还原法两种，下面分别作以介绍。

1）机械剥离装备

机械剥离法是从原材料石墨出发，"自上而下"地剥离出石墨烯粉体材料的方法。剥离过程中需要克服的阻力主要是相邻石墨片层间的范德瓦耳斯力，主要剥离设备有搅拌釜（乳化预处理）、（超）高压均质机（高压均质机和超高压微射流均质机）、砂磨机（分散和研磨）、喷雾干燥机（干燥）等。其中的核心装备是（超）高压均质机，主要由高压均质腔和增压机构成。高压均质腔的内部具有特别设计的几何形状，在增压机构的作用下，高压溶液快速通过高压均质腔，物料会同时受到高速剪切、高频震荡、空穴现象和对流撞击等机械力作用和相应的热效应，由此引发的机械作用甚至化学效应最终导致原材料石墨逐层剥离。目前，采用机械剥离方法批量生产石墨烯粉体材料的厂家主要有厦门凯纳石墨烯技术股份有限公司、青岛华高墨烯科技股份有限公司（简称华高墨烯）等。

2）氧化还原装备

氧化还原法是制备石墨烯粉体的主流方法之一。氧化还原法主要涉及的设备包括反应釜（耐酸碱）、压滤设备、高温还原炉、气流粉碎机等。氧化还原法的核心设备是反应釜和还原炉。石墨在氧化过程中会产生大量的热，并且有爆炸的风险，而普通的反应釜受热不均，制备出来的氧化石墨烯质量难以控制。因此，一般对反应釜的要求较高，需要具备换热面积大、防爆、耐酸碱能力强等特点，而在高温还原过程中原料体积膨胀对炉腔的设计要求也很高。目前，采用氧化还原方法制备石墨烯的厂家主要有常州第六元素、山东利特纳米技术有限公司、七台河宝泰隆石墨烯新材料股份有限公司等。

石墨烯粉体制备面临的一个主要问题是制备工艺和装备设计的无缝衔接。就现状而言，国内尚无既懂工艺需求又懂装备设计的专业装备生产厂家。现有的机械剥离装备无法完美地将石墨烯剥离开，层厚分布非常宽，而且不间断的机械撞击导致石墨烯的粒径不断减小，可控性很差。通常情况下，该方法电能消耗非常大，均质设备也容易损坏。采用氧化还原法，也存在类似的问题，如所用装备对耐酸碱要求高、设备易损坏、反应釜容易受热不均、造成产率低、质量不稳定等。上述问题都需要从装备设计入手来解决。这方面的努力空间还非常大，可谓是任重道远。

3.2 石墨烯应用技术

3.2.1 石墨烯储能技术

1. 石墨烯储能技术简介

石墨烯具有优良的导电性和极大的比表面积，自发现以来一直受到储能领域的高度关注。在我国，石墨烯储能技术研究和产业化应用几乎占据了石墨烯领域的半壁江山，很多人对石墨烯的认识是从石墨烯电池、石墨烯充电宝开始的。电化学储能是当今新能源领域的重要发展方向，依据其工作原理和储能特点不同，主要包括循环寿命长的锂离子电池、高功率密度的超级电容器、具有更高能量密度的锂硫电池以及有望彻底实现能源清洁化的氢燃料电池等。

1）锂离子电池

锂离子电池是一种二次电池（可充电电池），依靠 Li^+ 在正负极间的脱嵌转移实现电能与化学能的可逆转化。石墨烯在锂离子电池中可用作活性材料和非活性材料[50,51]。Dahn 提出可通过石墨烯表面蜂窝状空穴存储 Li^+，其理论容量为石墨的两倍，理论上石墨烯可作为储锂活性材料使用[52,53]。石墨烯也可作为导电性碳基非活性材料，用于在整个电池中构建更完善的电子传输网络，提高电化学转化效率，按电池结构可划分为三类应用：①石墨烯改性电极，在钴酸锂（$LiCoO_2$）、锰酸锂（$LiMn_2O_4$）和磷酸铁锂（$LiFePO_4$）等活性材料中，通过少量添加石墨烯构建良好的导电网络，包含导电添加剂和包覆改性两种技术路径；②石墨烯复合集流体，通过石墨烯搭建电极和集流体之间的导电通路，降低材料间的界面接触电阻从而减小电池内部阻抗；③电解质添加剂，通过石墨烯表面修饰，改善电解液内部载流子的迁移以及与活性材料的界面接触，提高固体电解质界面膜（SEI膜）的稳定性。

2）超级电容器

超级电容器是一种介于电容器和电池之间的新型储能元件，具有充电时间短、使用寿命长、温度特性好、节能和绿色环保等特点，按作用机制可分为电化学双层电容和赝电容两类。在电化学双层电容中其主要利用石墨烯的高比表面积特性作为电极活性材料，理论上石墨烯的比容量可达 550F/g。然而在实际应用中，石墨烯的比表面积与其理论值相差甚远，以比表面积 300～1000m^2/g 的还原氧化石墨烯为例，其比容量仅为 100～270F/g。循环过程中，石墨烯片层之间的自发堆叠会进一步限制后期电容的性能发挥。此外，石墨烯/金属氧化物复合材料，利用石墨烯作为金属氧化物的负载载体，使其在纳米尺度分散，可应用于赝电容器中的电极活性材料，同时提高电极的导电性、机械稳定性以及电化学性能。

随着对电池能量密度和安全性的要求不断提高，以及节能减排的发展需求，近年来，石墨烯在硅负极、锂硫电池、氢燃料电池等新型能源存储技术中展现出巨大的发展空间，并已积累了大量的基础研究数据。例如，石墨烯包覆硅基负极材料，既能够实现快速的电子传输，同时也可有效抑制硅的体积膨胀。石墨烯包覆金属锂，通过改善局部电流密度以及锂金属的形核密度，可有效抑制锂枝晶的生长。多孔石墨烯负载硫，其较大的比表面具有良好的固硫作用，可抑制多硫化物的溢出等。总之，石墨烯作为 21 世纪的战略新兴材料，有望带来能源存储技术领域的不断变革。

2. 产业化现状

石墨烯储能技术虽只有 10 年的发展历史，却是石墨烯应用技术领域当之无愧的先行者和风向标。在下游市场需求牵引、政府政策导向双轮驱动下，其已经有相当一部分研究成果从实验室走向小试，与下游实际应用市场对接。锂离子电池的石墨烯导电添加剂、石墨烯复合集流体、石墨烯超级电容器、石墨烯改性正负极材料等石墨烯产品先后进入产业化应用阶段。其中，石墨烯导电添加剂在国内已经商品化，具有相对稳定的销售市场，与碳纳米管导电剂一起归入新型导电剂的产品行列。

1）锂离子电池

因便携可移动、循环寿命长等特点，其在各类消费类电子产品和新能源汽车中迅速占据主流市场。2013 年，新能源汽车在国内全面推广，受补贴政策的影响和单位能量密度的电池成本限制，比亚迪股份有限公司（简称比亚迪）率先在商用车动力电池中批量使用鸿纳（东莞）新材料科技有限公司机械剥离法制备的石墨烯导电浆料替代传统炭黑，减少导电剂用量，年用量可达到数千吨。2015 年，锂电池产能迅速扩张，数十家颇具规模的石墨烯导电浆料生产企业在全国各地迅速崛起，代表性企业有青岛昊鑫新能源科技有限公司、江苏天奈科技股份有限公司、深圳市三顺纳米新材料股份有限公司、哈尔滨万鑫石墨谷科技有限公司和鸿纳（东莞）新材料科技有限公司（表 3.7）。制备石墨烯导电浆料主要有氧化还原法和机械剥离法两种不同的制备技术。其中,用机械剥离法制备的石墨烯缺陷密度低、工艺简单、成本低,成为石墨烯导电浆料的主流产品。

表 3.7　国内石墨烯导电剂主要生产企业

公司名称	主要产品	导电浆料产能/t
青岛昊鑫新能源科技有限公司	人造石墨、天然石墨、碳纳米管导电剂、石墨烯导电剂	5 000
江苏天奈科技股份有限公司	碳纳米管粉体、碳纳米管导电浆料、石墨烯复合导电浆料、碳纳米管导电母粒	12 000
深圳市三顺纳米新材料股份有限公司	碳纳米管、碳纳米管导电浆料、石墨烯导电浆料	10 000
哈尔滨万鑫石墨谷科技有限公司	石墨烯导电浆料、石墨烯复合导电浆料	10 000
鸿纳(东莞)新材料科技有限公司	石墨烯导电浆料、石墨烯复合导电浆料	10 000

动力电池的发展为石墨烯导电剂走向商品化应用提供了契机。据统计,2017年中国锂离子电池用石墨烯导电浆料同比增长了 78%。从导电剂整体市场分析,依据高工产研锂电研究所(GGII)2018 年统计数据整理(图 3.8),中国锂电池导电剂市场规模约为 4660t,价值 14 亿元左右。其中,约 2/3 的导电剂用于动力电池,用量约为 3140t,市场价值 10.6 亿元左右。从导电剂用量占比分析,主流导电剂仍严重依赖进口的传统导电剂(炭黑和石墨),约占比 73%;其次是新型导电剂(约 27%),包括碳纳米管(约 26%)、石墨烯(约 1%)。

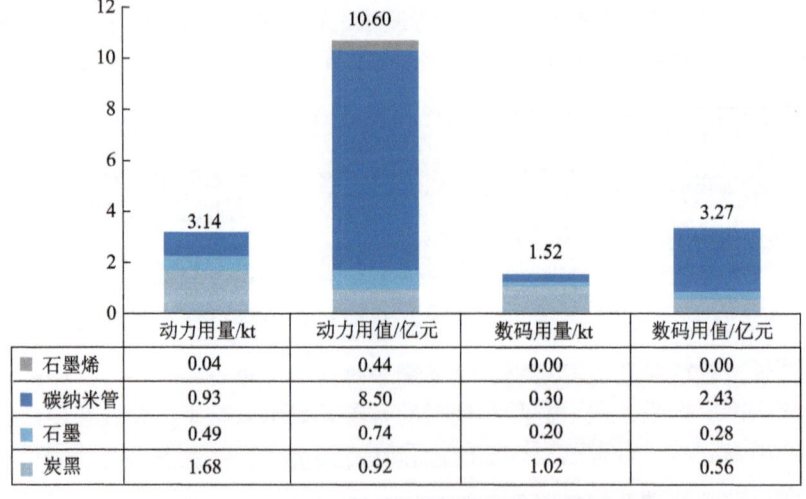

图 3.8　2018 年中国锂离子电池导电剂用量及用值
资料来源:GGII

客观上讲，石墨烯在锂离子电池导电剂市场尚处于起步阶段，还存在巨大的发展空间，但同时也面临着强劲的竞争对手。

石墨烯储能应用产品的成功面市离不开企业家的敏锐嗅觉，但更依赖于一批优秀的创新研究团队。中国科学院宁波材料技术与工程研究所刘兆平团队率先开展石墨烯锂离子电池应用研究，先后提出石墨烯导电浆料、涂炭集流体和石墨烯改性活性材料等研究思路，对产业发展起到了引领作用。清华大学深圳研究生院康飞宇团队借力广东省石墨烯创新中心等优势平台及产业政策，结合珠三角下游应用市场的牵引，培育了不少石墨烯新能源应用技术。北京石墨烯研究院走产品差异化路线，充分发挥石墨烯制备技术优势，研制了石墨烯复合粉体导电剂、烯铝集流体，同时在柔性储能器件及固态电池等新兴领域率先布局，不断探索石墨烯在储能领域的"杀手锏"级应用技术。

石墨烯储能技术率先拉开了石墨烯应用的帷幕，但石墨烯在储能领域的应用还只开启了冰山一角。在产业发展和技术发展的双轮驱动下，石墨烯储能技术朝着多元化的方向发展：①材料复合化、功能化，不断提高能量密度、安全性和使用寿命；②终端应用产品形式多元化，如柔性、可穿戴、智能化；③其他储能方式，如钠电池、液钒电池、太阳能电池等领域逐步渗透。

2）超级电容器

2010年前后，国内外陆续有团队和企业开始石墨烯新材料的产业化研究，并最先在超级电容器中尝试应用。经过5年左右的产业摸索，形成了一小批规模化的石墨烯粉体制备企业，为超级电容器的产业化应用奠定了材料基础。2016年，中国科学院青岛储能技术研究院研发出国内第一条锂离子电容器的中试生产线，制备了最高容量为3500F/4V型锂离子电容器单体。2017年，全球首个采用石墨烯打造超级电容移动电源的Zap&Go有限公司，与湖南立方新能源科技有限责任公司签订合作协议，共同开发Carbon-Ion石墨烯超级电容器。2019年5月，江苏尚瑞新能源科技有限公司年产15万套石墨烯超级电容器储能系统落地常州,总投资5000万元，预期实现年产值10亿元。

3. 问题和挑战

石墨烯储能属于新兴领域，处于快速发展阶段，技术集成度高，涉及材料、化学、凝聚态物理、电子等多个交叉学科。除了石墨烯行业的共性问题外，还面临着石墨烯储能技术的特性问题。

（1）制备决定未来，大部分石墨烯生产企业仍是采用"自上而下"的批量制备方法，获得的石墨烯层数厚、缺陷密度高、难分散，无法达到高导电性能要求，同时存在片层内阻锂的问题。因此，高质量的石墨烯以及石墨烯控制制备技术是石墨烯储能技术发展的根基。现有石墨烯材料生产企业举步维艰，发展后劲严重不足，很难在产品质量上取得突破性进展。

（2）石墨烯导电剂产品同质化严重，缺乏行业统一标准，准入门槛低，市场竞争激烈。作为锂离子电池中一种关键辅材的传统替代产品，其缺乏颠覆性的市场定位优势，市场渗透率远远低于同等新型导电剂碳纳米管。

（3）石墨烯储能技术处于基础研究向应用输出阶段，在复杂的实验工艺方面，不仅产业化难度高，生产成本也高，现有应用市场性价比很难统一，需要上下游长期磨合。

3.2.2 石墨烯热管理技术

1. 石墨烯热管理技术简介

石墨烯拥有最高的本征热导率和电导率，因此在热管理技术领域有着广阔的发展空间。从系统温度管理角度讲，石墨烯及其复合材料既可以用作散热材料，也可以用作加热材料。

在散热领域中，正在研发中的石墨烯基导热散热材料主要包括以下两大类。

（1）石墨烯基热界面材料，如导热硅脂、导热凝胶、相变材料等，是电子设备热管理系统的关键部分。其中，高导热填料是提升热界面材料导热性能最重要的部分。如前文所述，石墨烯具有超高的热传导系数，约 5300W/m·K，是最理想的导热填料之一。石墨烯热传导的主要模式是声子，而声子在传递过程中，不可避免地要经过基底与填料界面，因此增加界面结合程度，有利于声子传递，可以有效提高复合材料的导热性能[54,55]。

（2）导热膜，是以石墨烯为主体，采用多层石墨烯堆叠而成的高定向导热薄膜。目前报道的其制备方法主要有两种：一种是采用聚酰亚胺（PI）薄膜经过碳化和高温石墨化后形成的人造石墨膜[56]，另一种是由氧化石墨烯膜经过还原和高温石墨化后形成的石墨膜[57]。

在加热领域中，最常见的产品是石墨烯电热膜。这是一种通电后能发热的薄膜材料，由导电油墨通过凹印或丝印技术印刷而成的。其中，导电油墨是通过石墨烯与聚酯类材料复合而成的浆料[58]。电热膜工作时以辐射的形式释放热量，其综合效果优于传统的对流供暖方式和传统发热材料。同样利用石墨烯电热性能的还有石墨烯玻璃纤维，其合成方法主要是利用CVD技术在玻璃纤维表面生长高质量的石墨烯[30]。石墨烯玻璃纤维形态可以是单束纤维、纤维布或者是3D织物，具有良好的导电和快速加热特性。

2. 产业化现状

石墨烯在散热方面服务众多领域，包括消费电子、汽车、基站、服务器和数据中心等，市场空间在千亿元级。以电子散热领域为例，根据CGIA Research预测，石墨烯散热材料在电子产品中的市场规模将会以30%～40%的年均复合增长率迅速增长，2020年将占据市场空间50%，达到约23.8亿元。就热界面材料而言，目前商用的导热垫主要是使用高导热陶瓷填料（如氧化铝、氮化铝、氮化硼等）与硅胶基底混合而成，其导热系数普遍小于7W/m·K，难以满足日益增长的散热需求。最近报道了一种石墨烯/碳化硅纳米线复合热界面材料（图3.9），其垂直热导率可达17.6W/m·K，实现了石墨烯基复合热界面材料的重要突破[59]。尽管石墨烯基热界面材料尚未真正实现规模化生产，但导热膜已实现了商品化。聚酰亚胺基高定向石墨膜制备工艺复杂、成本昂贵，且高质量PI薄膜和人工石墨膜的生产技术仍然为美国、日本等国控制。相比之下，石墨烯导热薄膜（图3.10）优势明显。杭州高烯科技有限公司依托浙江大学高超团队，提出连续化电焦耳热还原策略，设计并制备了基于辊对辊的电热装置，实现了石墨烯导热膜的快速连续化制备，整个制备过程仅用时1h，能耗低于3kW。所制备的石墨烯薄膜结构均匀，取向性好，且热导率达1285W/m·K[60]。石墨烯导热膜最先由华为公司应用于2018年发布的Mate 20 X智能手机中，预计随着智能手机的发展，潜在市场规模将超过15亿元。

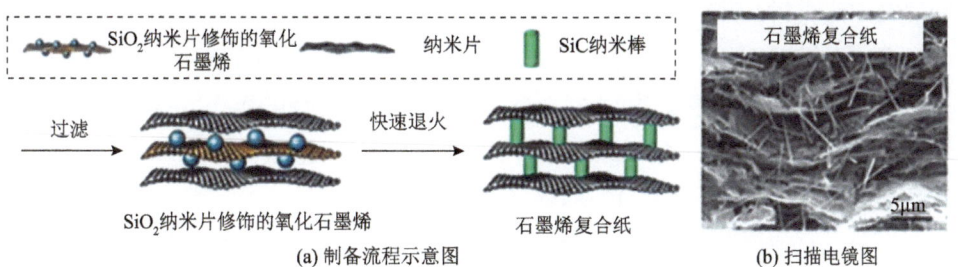

图3.9 石墨烯/碳化硅纳米线复合热界面材料的制备流程及结构[58]

(a) 截面结构　　　　(b) 表面结构　　　　(c) 宏观状态

图 3.10　石墨烯导热膜

截至 2019 年底,生产石墨烯基散热材料(主要为导热膜)的企业超过 30 家。国内企业有深圳市深瑞墨烯科技有限公司、常州富烯科技股份有限公司、常州碳元科技发展有限公司、深圳六碳科技有限公司等。国内代表性企业及其主要产品、产能如表 3.8 所示。国外企业如瑞典斯玛特高科技有限公司、日本松下电器产业株式会社等在石墨烯导热膜和热界面材料方面都拥有自己独特的技术。

表 3.8　国内石墨烯散热产品代表性企业

企业名称	主要产品	产能
深圳市深瑞墨烯科技有限公司	石墨烯导热膜	5 万 m^2/年石墨烯导热膜生产线
常州富烯科技股份有限公司	石墨烯导热膜	500 万 m^2/年石墨烯导热膜
常州碳元科技发展有限公司	石墨散热材料、石墨烯复合功能材料	30 万 m^2/年高导热石墨膜生产线

石墨烯电加热产业也在快速发展之中。目前,石墨烯电热膜主要应用于低温辐射领域,使用石墨烯导电浆料印刷制成的石墨烯电热膜,有效电热能总转换率达 99%以上。与此同时,凭借石墨烯超强的导电性能,石墨烯电热膜能够实现恒功率发热,100℃以内功率衰减小于 5%,具有良好的稳定性。然而,具有自限温功能的石墨烯电热膜还有待进一步研究,以提高材料的正温度系数(PTC)自限温性能,实现真正的恒温工作。石墨烯玻璃纤维是北京石墨烯研究院新近开发的新型电加热材料,其面电阻在 50~500Ω/sq 范围可调,在弯曲 1000 次情况下,面电阻变化不超过 10%。可用于航空、风电工程的防雷、除冰领域,防雷等级可达到 A 级,其自身升温速度达 100℃/min,功率密度 100~800W/m^2 可调。在工业红外电加热领域中,加入保护性气体后,其功率密度可以高于 1000W/m^2。目前,北京石墨烯研究院已拥有年产 10 000m^2 的小规模生产能力。

这里重点介绍石墨烯电热膜产业。根据重庆泓域咨询有限公司统计,国内拥有各类石墨烯电热膜企业 400 余家。截至 2017 年底,石墨烯电热膜产值 12.6 亿元，较 2016 年的 10.6 亿元，增长了 18.87%。产值前十位企业合计收入 5.53 亿元，同比增长 14.27%。目前，国外电热膜品牌以美国、韩国为主，而国内也有多家石墨烯油墨浆料生产企业和十几家印刷油墨电热膜生产厂家。表 3.9 列举了一些国内石墨烯电热膜代表性企业。

表 3.9 国内部分石墨烯电热膜代表性企业

公司名称	主要产品	产能或产值
广东暖丰电热科技有限公司	石墨烯电热膜	年产电热膜达 2 亿片，超 5000 万 m^2
常州二维暖烯科技有限公司	石墨烯发热膜、石墨烯发热墙画、石墨烯发热地板	年产 50 万 m^2 石墨烯发热膜
烯旺新材料科技股份有限公司	石墨烯智能理疗产品	在石墨烯发热领域的年销售额超过 5000 万元
济南圣泉集团股份有限公司	石墨烯改性纤维、石墨烯材料、石墨烯电热材料	石墨烯相关产品年销售额超过 1 亿元
无锡格菲电子薄膜科技有限公司	石墨烯加热膜、石墨烯触控传感器、石墨烯触摸屏	年消耗石墨烯膜 12 万 m^2，产值超过 1500 万元
杭州高烯科技有限公司	单层氧化石墨烯、多功能石墨烯复合纤维、石墨烯电热膜	年产 10 万 m^2 石墨烯电热膜

3. 问题和挑战

石墨烯材料在热管理技术领域的应用尚未得到大规模的推广，产业化的进程仍面临严峻挑战，具体表现为以下三方面。

（1）石墨烯作为一种高性能的替代性产品正处于推广的关键时期。然而，目前石墨烯散热和加热市场鱼龙混杂，产品质量不稳定，这无疑会打击消费者和市场的信心。因此，需要尽快建立健全石墨烯热管理产品的市场准入标准，为石墨烯热管理材料的良性发展打下坚实的基础。

（2）突破技术难关，解决石墨烯与基体材料间的相容性问题，降低微观界面热阻和应力将成为决定石墨烯基热界面材料性能的关键因素。与此同时，高品质石墨烯薄膜的规模化制备技术是奠定石墨烯导热膜广泛应用的基石。这方面仍有巨大的潜力和提升空间。

（3）提高石墨烯电热膜的安全性与稳定性，实现真正意义上的自限温功能，确保其安全的使用过程，是实现电热膜产业长远发展的必经之路。

3.2.3　石墨烯节能环保技术

1. 应用研发进展情况

节能环保领域涵盖面很广，石墨烯的应用主要体现在重防腐涂料、海水淡化、空气净化等方面。

1）重防腐涂料

石墨烯在防腐涂料中的应用很早就得到人们的关注。理论上讲，石墨烯是天然的防腐材料，其表面的蜂窝状六元环结构是任何气体分子和腐蚀性物质都无法通过的。金属材料的腐蚀通常是一个电化学过程，一个传统的防腐方式是在涂料或涂层中添加更活泼的金属锌等牺牲剂。石墨烯的优良导电特性使其能够参与导电网络通道的形成和电化学腐蚀过程，从而起到阻止腐蚀发生的作用，还有可能节省金属牺牲剂的用量。此外，石墨烯防护层的层层堆叠结构会迟滞腐蚀性物质的扩散过程，起到动力学防腐的作用。有关石墨烯的防腐机制仍在深入研究之中，人们在认识上还有很多误区。已有研究表明，石墨烯重防腐涂料在柔韧性、抗冲击及耐盐雾腐蚀中都展现出了出色的防腐性能。

石墨烯重防腐涂料是国内关注最多的石墨烯应用领域之一。据不完全统计，目前从事此类研发应用的企业超过 700 家，主要分布在江苏省和广东省。石墨烯改性环氧锌粉涂料是人们关注的重点，而中国科学院宁波材料技术与工程研究所海洋功能材料研究团队的相关工作具有代表性。该团队联合国家电网宁波电力公司和浙江海盐县供电公司，在大型输电塔架和变电设施上进行了中试示范应用。北京石墨烯研究院于 2018 年开始布局研发水性石墨烯重防腐涂料，目前已开发出多个产品，初步解决了现有油性防腐涂料的环保问题，其耐盐雾时间比现有产品提升了 1 倍以上。

可以预见，石墨烯重防腐涂料将在海洋、石化、港口等诸多领域得到应用，有效提高设备抗腐蚀能力，降低设备维护成本。据统计，2018 年我国重防腐涂料行业销售收入 984.47 亿元，2020 年重防腐涂料产量有望达到 490 万 t 左右，而石墨烯粉体在涂料领域市场规模将达到 35 亿元规模，市场潜力很大。

2）海水淡化

石墨烯用于海水淡化有几种不同的技术方案。一种技术方案是将石墨烯用作电极材料，利用石墨烯的巨大比表面积在电极/电解液（海水）界面处有效吸附海水中的电解质离子，再通过反向电极放电实现电极的再生。研究表明，该方案中采用氧化石墨烯比还原氧化石墨烯和活性炭的效果更好。另一个技术方案是直接用功能化的多孔石墨烯膜作为过滤膜，直接滤除海水中的盐离子。显而易见，这种多孔石墨烯膜的过滤效果跟很多因素有关，如石墨烯表面孔洞的尺寸、活性基团的种类以及工作压力等。亲水性羟基修饰可以有效提高水通量，甚至比常规的反渗透膜高出几个数量级。此外，人们还把氧化石墨烯与聚酰胺等复合，形成高效海水过滤膜，水通量和抗污染性能都得到显著提高。清华大学朱宏伟团队运用同位素标记法，跟踪水分子和盐离子跨膜扩散和压力驱动过滤过程，结合分子动力学计算模拟，研究了氧化石墨烯分离膜的脱盐机理。结果表明，氧化石墨烯分离膜在浓度梯度驱动扩散过程中可实现良好的水/离子选择性分离；而在压力驱动过滤过程中，氧化石墨烯分离膜的脱盐率较低。

目前，石墨烯在海水淡化领域仍处于基础研究和小试阶段。未来在规模化应用中，还需考虑成本问题，是否对已经商业化的反渗透膜技术形成竞争力尚需观察。就现状而言，国内企业在该领域的研发活力尚显不足。考虑到海水淡化领域的巨大市场需求，石墨烯海水淡化技术需要更多的关注和更大的投入。

3）空气净化

利用石墨烯巨大的比表面积对大气中的氨气（NH_3）、二氧化氮（NO_2）、硫化氢（H_2S）等有害气体以及新冠病毒等进行高效吸附，也是备受关注的石墨烯应用领域。国内市场对该领域的关注比较多，部分产品如抗菌防雾霾口罩已推出实用产品。代表性的研发团队包括东南大学孙立涛课题组、常州纳美生物科技有限公司等。常州纳美生物科技有限公司开发的石墨烯口罩经权威部门检测，其入肺细颗粒物（$PM_{2.5}$）过滤效率达 96.4%，对大肠杆菌的抑菌率达 99.8%。

2. 产业化现状和挑战

石墨烯在节能环保领域的应用在国内也属于关注较多的领域，代表性的研发团队如表 3.10 所示。这方面的研发产品很多，主要包括石墨烯改性环氧重防腐涂料、石墨烯改性丙烯酸防腐涂料、石墨烯反渗透膜、石墨烯海绵、石墨烯炭分子筛、石墨烯口罩、石墨烯润滑油等。其中，石墨烯口罩、石墨烯重防腐涂料、石墨烯润滑油已开始进入实用阶段，而石墨烯海水淡化技术也有望在近期实现突破。显而易见，节能环保技术一般要求低成本，因此石墨烯材料的低成本制备技术是

表 3.10 石墨烯在节能环保领域的主要研发团队

研发团队	主要产品	应用领域、用途
中国科学院宁波材料技术与工程研究所海洋功能材料研究团队	油性石墨烯重防腐涂料系列	输电塔架、变电设施
清华大学朱宏伟团队	功能化石墨烯薄膜	海水淡化
东南大学孙立涛团队	石墨烯海绵	油污吸附
北京石墨烯研究院水性重防腐项目团队	水性石墨烯重防腐涂料系列	化工设备、海洋工程
黑龙江省华升石墨股份有限公司润滑油项目团队	石墨烯润滑油	汽车、工程机械

其基础前提。随着石墨烯制备技术的日趋成熟、材料成本的不断降低,石墨烯在节能环保领域的应用将逐步打开。可以预见,未来 5~10 年,石墨烯在重防腐涂料、海水淡化、污水处理、大气治理等领域将大有作为。

但是,必须指出的是,这个领域尚处于产业发展初级阶段,还有很多需要解决的问题。首先是石墨烯原材料问题,如果不能控制规模化制备的性能稳定性,就很难避免当前存在的鱼目混珠的乱象。事实上,无论是石墨烯重防腐涂料,还是石墨烯润滑油和海水淡化技术,其工艺稳定性和性能可重复性都有很大的提升空间,甚至在工作原理上也是各说各话,缺少严谨的科学态度。其次,节能环保领域都有成熟的商用技术,因此必须面对严酷的市场竞争。如果不能真正发挥石墨烯的特异性能,就很难在市场竞争中脱颖而出。就现状而言,该领域的基础研究和技术研发工作还很不足,需要耐心和坚持,不能操之过急。最后是标准制定问题,目前石墨烯节能环保材料的产品标准和检测标准尚未建立起来,需要组织权威机构尽快填补这个空白。

3.2.4 石墨烯复合增强技术

1. 石墨烯复合增强技术简介

石墨烯是已知力学强度最高的材料,其弹性模量高达 1TPa,拉伸强度高达 180GPa,被认为是增强材料力学性能的理想添加剂,可在较小添加量的情况下显著提高材料的韧性、强度、刚度等力学性能[61]。石墨烯复合增强技术就是利用石墨烯这些优良的力学特性,采用各种制备方法,将石墨烯增强体置于基体材料内,以实现特定性能的显著提升之目的。根据基体材料的不同,可将石墨烯复合增强材料分为石墨烯/聚合物复合增强材料、石墨烯/无机非金属复合增强材料、石墨烯/金属复合增强材料三类。石墨烯的存在将使材料性能更强、更轻量化，在航空航天、国防军工以及诸多民生领域有着广阔的应用前景。

石墨烯复合增强材料的性能与很多因素有关，其中至关重要的是石墨烯在基体材料中的分散性和石墨烯与基体材料的界面性质。分散不均匀的石墨烯容易在基体中产生应力集中现象，从而降低石墨烯的增强效果。界面主要起到应力传递效应和阻断效应，即界面可将复合材料体系中基体承受的外力传递给石墨烯，起到基体与石墨烯的桥梁作用，并阻止裂纹扩展，缓解应力集中的作用。

在石墨烯/聚合物复合材料中，通常关注的是石墨烯与基体材料之间的界面强度。然而，在层状增强材料中，还需要考虑多层石墨烯片层之间的范德瓦尔斯力和石墨烯面内的强共价键。与石墨烯面内的强共价键相比，范德瓦耳斯力很弱。因此，当多层石墨烯用于聚合物复合材料时，其增强能力还受到层间易剪切的限制。对于无机非金属材料来说，由于自身已经具有较高的刚性和强度，石墨烯主要起到增强韧性或阻止裂纹增长的作用，其增韧机理主要是由于材料断裂时，石墨烯纳米片的拉出会增加能量耗散[62]。而石墨烯材料在金属材料中的增强作用主要是通过界面作用来有效阻止错位运动，从而强化金属基体。此时还要考虑金属与石墨烯的相互作用属性，如有的很强（如镍或钌），有的较弱（如铂或铱），有的会形成碳化物（如铝）等[63]。

2. 产业化现状

来自美国的市场研究公司 BIS Research 的一份新的市场研究报告《2018—2023 年全球石墨烯复合增强材料市场分析和预测》认为，全球石墨烯复合增强材料市场预计将在 2023 年达到 3.48 亿美元。2017 年，航空航天和国防领域石墨烯增强复合材料所占的市场份额为 27.4%。2018～2023 年，市场预计价值和交易量将分别以 28.3%和 30.6%的年均复合增长率增长。

1）石墨烯/聚合物复合增强材料

这是所有石墨烯复合增强材料中研究最早的材料，相关的研究报道有很多，相关产品也陆续出现。BIS Research 指出，石墨烯增强聚合物复合材料市场在 2017 年的整体石墨烯增强复合材料市场中占据了 89.6%的市场份额。其产品主要包括 3D 打印材料［如聚乳酸（PLA）、丙烯腈-丁二烯-苯乙烯（ABS）、聚酰胺（PA）和聚丙烯（PP）］、橡胶轮胎、螺旋桨叶片、汽车零部件材料（聚氨酯泡沫材料）等。

石墨烯增强 3D 打印材料产品主要由知名石墨烯企业、英国上市公司 Haydale Graphene Industries（HGI）全资子公司 Haydale Composite Solutions（HCS）与热塑性 3D 打印线材生产商 Filamentprint 公司及 Fullerex 公司共同合作（表 3.11）、推广和销售的石墨烯增强型 PLA 线材。这款石墨烯增强型 PLA 线材，有 1.75mm、2.85mm 两种线径规格，拥有出色的首层附着力和 Z 轴强度保持率、更快的处理速度、改进的强度和性能、优良的表面效果和改进的尺寸精度等特性。除了推出其第一款商用石墨烯增强型 PLA 线材之外，该公司正在研究包括 ABS、PA 和 PP 材料在内的石墨烯增强 3D 打印线材。

中国众多轮胎企业致力于利用石墨烯材料提高轮胎的性能。代表性企业主要包括青岛森麒麟轮胎股份有限公司、山东玲珑轮胎股份有限公司、青岛双星轮胎工业有限公司等。据悉，青岛森麒麟轮胎股份有限公司已攻克石墨烯在轮胎工业中应用的加工工艺和配方设计两个技术难题，并已具备石墨烯超级轮胎批量生产的能力。2017 年 6 月，山东玲珑轮胎股份有限公司成功制备出石墨烯增强纳米复合材料胎面半钢子午线轮胎。

2016 年 12 月，由英国曼彻斯特大学、中央兰开夏大学（University of Central Lancashire）以及包括 HCS 公司在内的几家中小企业合作开发的石墨烯增强机翼的模型飞机 Prospero 试飞成功。这款增强机翼是由石墨烯与聚丙烯复合而成的螺旋桨叶片，其机械性能和热性能都得到了改进。在抗冲击性能方面，Prospero 新翼比传统碳纤维机翼高出 60%。

石墨烯增强汽车零部件产品是 2018 年 10 月汽车行业最新发布的产品，福特汽车公司与 Tier 1 Eagle Industries 公司和主要石墨烯供应商 XG Sciences 公司合作，采用不到 0.5%的石墨烯用量，大大提升了轻质泡沫的导热性能，并改善了降噪效果，使产品的降噪性能、机械性能和耐热性能得到显著提升。这种新材料被命名为 xGnP 石墨烯增强聚氨酯（PU）泡沫，将被用于福特汽车的部件生产，包括"福特"和"野马"品牌。

表 3.11　石墨烯/聚合物复合增强材料领域代表性研发机构

研发机构	主要产品	产品特点/性能指标
HCS 公司等	石墨烯增强型 PLA 线材	拥有出色的首层附着力和 Z 轴强度保持率、更快的处理速度、改进的强度和性能、优良的表面效果和改进的尺寸精度
青岛森麒麟轮胎股份有限公司	石墨烯导静电轮胎	电导率 10^{-5} S/m

续表

研发机构	主要产品	产品特点/性能指标
山东玲珑轮胎股份有限公司	半钢子午线轮胎	滚动阻力系数 6.8
曼彻斯特大学等	石墨烯增强机翼	机械性能和热性能都得到了改进,抗冲击性能比传统碳纤维机翼高出 60%
福特汽车公司等	石墨烯增强聚氨酯泡沫	与传统泡沫材料相比,降噪性能、机械性能和耐热性能得到显著提升

2)石墨烯/无机非金属复合增强材料

与石墨烯/聚合物复合增强材料相比,石墨烯/无机非金属复合增强材料的研究起步较晚,但在短短几年内,石墨烯基无机纳米复合增强材料的合成及其相关应用的研究已经取得很大的进展。国内外研究报道主要集中在石墨烯/陶瓷复合增强材料、石墨烯/碳纤维复合增强材料这两大类材料上,但要真正实现石墨烯基无机纳米复合增强材料大规模合成和产业化应用还面临大量的问题和挑战。

石墨烯/陶瓷复合增强材料的研究较多,美国 MONIKER 公司的研究相对比较成熟。MONIKER 公司旗下的 Graphenea 团队发现,矾土在掺入石墨烯后其抗拉强度会得到很好的提升,克服了陶瓷材料脆硬的缺陷。该技术工艺简单、耗时短,可用于汽车、航空、热管理、电子加工和半导体等诸多工业设备。此外,该工艺还可用于增强其他陶瓷材料,如碳化硅、氮化硅、氧化锆和二氧化钛等的抗拉性能。该团队研究发现,在加入仅 0.22%份量的石墨烯后,陶瓷材料的抗拉强度和防止裂纹增殖的性能提高了 50%以上。将微量石墨烯掺入氧化铝的最大优势在于在保持陶瓷其他性能不受影响的前提下,导电性、抗拉强度、机械性能大大改善。而传统技术手段在改善材料的某一特定性能时会掺入另一种物相,对其他性能带来不利影响。

石墨烯/碳纤维复合增强材料主要用于航空航天和高档跑车领域,可有效降低飞机和汽车重量。2018 年 12 月,中国运载火箭技术研究院研究发展中心与哈尔滨工业大学以氧化石墨烯为原料,制备出一种新的增强结构——石墨烯海绵(纳米碳的宏观骨架),然后以石墨烯海绵比作"骨架",碳纤维复合材料作为"肌肉",两者均匀地复合在一起,形成石墨烯纳米增强新型复合材料。该材料与传统碳纤维复合材料相比,典型力学性能均提升 10%以上。同时,该材料还具备良好的导电性、电磁屏蔽功能以及防潮防水性能,具有广泛的应用领域。

2019 年 8 月布里格斯汽车公司(Briggs Automotive Company,BAC,位于英国

利物浦）生产的 Mono R 是世界上第一辆完全采用石墨烯增强碳纤维制造的汽车。据 BAC 公司称，石墨烯增强了纤维的结构特性，使面板更坚固、更轻，并具有更好的机械和热性能。通过 Niche 车辆网络与 HCS 公司和 PEntaxia Composites 合作，BAC 公司现在正在推动批量生产。同时，BAC 公司还与全球科学公司 DSM 合作，首次在 Mono R 上使用增材制造。通过使用高性能聚合物 3D 打印零件，有望缩短从设计到制造的时间，并可加工复杂结构元件，进一步减轻其重量。

3）石墨烯/金属复合增强材料

对石墨烯/金属复合增强材料的报道不多，而且主要集中在惰性金属（如金、铂、银）或金属氧化物表面沉积石墨烯，进行界面结构及纳米功能性研究方面。美国、英国和日本等西方发达国家高度重视石墨烯/金属复合增强材料研究，由政府出面组织军方、研究院所和企业，对新型石墨烯/金属复合增强材料进行攻关，已取得诸多重要进展，有些成果已经推广应用。而在我国，目前仅几家科研院所进行金属基复合材料的小批量生产，尚没有成熟的生产金属基复合材料的专业厂家。对石墨烯/金属复合增强材料的研究仍处于起步阶段，主要单位有哈尔滨工业大学、北京航空材料研究院、上海交通大学等，主要致力于航空航天领域的应用，如惯导平台、反射镜、封装支架、导线等。

2019 年 6 月，上海烯碳金属基复合材料工程中心烯碳铝合金锭坯生产线成功下线，这是上海市石墨烯产业技术功能型平台推出的首个拳头产品，有望解决传统铝合金刚度不强的问题。烯碳铝合金从技术制备到生产设备，具有完整的知识产权，轻量化效益十分显著，技术水平和综合性能处于国际领先地位。目前，该工程中心已经形成年产能 20t 的中试生产线，可制备单重达 0.5t 的锭坯，并研发出中强、高强、超高强等系列高模量烯碳铝合金。

3. 问题和挑战

复合技术本身仍然是石墨烯增强复合材料的基本问题。结构完整的石墨烯表面不含有任何基团，表面能较低，呈惰性状态，与其他介质的相互作用较弱。而且，石墨烯片层之间的范德瓦耳斯力导致堆叠团聚严重，因此很难在溶剂中分散，更难与其他有机或无机基体材料均匀地复合。就现状而言，相关基础研究还远远不够，涉及石墨烯原材料的可控制备、针对性的石墨烯复合基元的功能化设计和剪裁、石墨烯与基体材料的界面设计与调控、复合工艺以及材料加工工艺等诸多方面。尤其需要强调的是，在石墨烯复合增强材料研究方面，从基础研究出发到产品制造全链条的产学研协同创新极为重要。明确的应用目标牵引、扎实的基础研究以及产品设计加工能力三位一体，将有助于推动我国石墨烯复合增强材料真正走向实用化。

3.2.5 石墨烯电子信息技术

1. 石墨烯电子信息技术简介

石墨烯的诸多本征特性在电子信息技术领域有着广阔的应用前景，这也是人们关注最早、进展迅速的石墨烯应用领域之一。从某种意义上讲，该领域决定着石墨烯产业的未来。目前，人们关注最多的石墨烯基电子信息技术有石墨烯柔性电子器件、石墨烯传感器、石墨烯光通信、石墨烯逻辑电路、石墨烯射频器件等。

1）石墨烯柔性电子器件

随着电子器件技术的发展，柔性电子器件越来越受到大家的重视。人们希望电子器件能够在一定范围的形变（弯曲、折叠、扭转、压缩或拉伸）条件下仍正常工作。石墨烯作为超薄柔性的二维纯碳材料，具有优异的力学性质，同时兼具超高载流子迁移率和透光性，因此是理想的柔性透明导电薄膜材料，可用于制作新一代柔性电子器件，包括石墨烯柔性显示、石墨烯柔性照明、石墨烯触摸屏等。

2）石墨烯传感器

在电子技术中，电信号更易于处理，因此人们常常将各种传感信号（气体、光、力）转换成电信号处理。石墨烯独特的能带结构使其具有优异的电学特性。由于原子裸露在表面上，石墨烯的能带结构或电子态很容易受到外界信号的调制，从而导致电学性质的变化。这一特性赋予石墨烯在传感器领域强大的生命力和吸引力。

3）石墨烯光通信

在光通信中，调制器、检测器和长距离传输是非常重要的三个方面。石墨烯的优势在于其超快载流子响应速度，可用于制作高性能调制器和检测器。石墨烯的费米能级可以利用栅压进行调控，进而可以控制其光吸收行为，实现电信号对光学性质的调控。如果所施加的栅压随时间变化，并且这种变化规律携带一定的信息，那么通过石墨烯的光的强弱变化也就得到了同样的信息，从而实现电光调制；反之，光信号通过石墨烯，光效应或热效应会引发载流子浓度变化，形成电信号，从而可以实现光电探测。

4）石墨烯逻辑电路

逻辑电路是计算机、数字控制、自动化等诸多领域的基础，主要利用二进制的运算规则，实现逻辑运算。逻辑电路二进制运算中最基本的开和关依赖于材料中载流子浓度的调控，而运算速度则很大程度上依赖于材料中的载流子迁移率。石墨烯具有极高的载流子迁移率，因此有望用来制造下一代超快集成电路。实际上，石墨烯集成电路已经得到包括IBM等在内的广泛关注，也已取得一定的研究进展，但是其最大的挑战也来自石墨烯材料本身。由于本征的石墨烯没有带隙，载流子浓度无法严格地调至零，也就是说，石墨烯晶体管难以关断。因此，石墨烯逻辑电路之路还很长，需要可靠的带隙打开方法以及工作原理上的创新。

5）石墨烯射频器件

射频指的是可以辐射到空间的电磁频率，频率范围在300kHz～300GHz。目前，射频电子技术有两种应用。一种是工作在射频波段的高频电子器件，用于高频信号的放大、混频和倍频。石墨烯的超高载流子迁移率有利于提升高频电子器件的工作频率；而且石墨烯具有特殊的双极性性质，将偏置电压置于狄拉克点附近时，输出信号会自动将输入信号倍频，同时具有超高的响应速度。第二个是无线射频识别（RFID）技术，这是非接触式数据自动采集技术，具有信息采集速度快、准确度高、无须机械接触等优点，是物联网的核心技术之一。石墨烯作为柔性透明导电材料，可以方便地构建射频电子线路并集成于各种物体表面，可用于物流仓储、交通运输、安全防伪、移动支付等领域。

2. 技术研发及产业化进展情况

根据诺贝尔奖获得者K. S. Novoselov等的预测（图3.11），在2015～2021年，基于石墨烯材料的触摸屏、可卷式电子纸、可折叠有机发光二极管（OLED）产品将逐渐出现并慢慢成熟；2025～2030年，石墨烯基高速电子器件、光电子器件、太赫兹器件技术等将逐渐成熟[64]。下面分别对相关领域的研发现状进行介绍。

1）石墨烯柔性电子器件

石墨烯柔性电子器件相关研发工作开展较早，产业化进展相对较快。2010年，韩国三星电子公司制备出30in石墨烯柔性透明导电薄膜，通过硝酸掺杂提升石墨烯的导电性，率先制作出石墨烯触摸屏[65]。在石墨烯OLED研究方面，2012

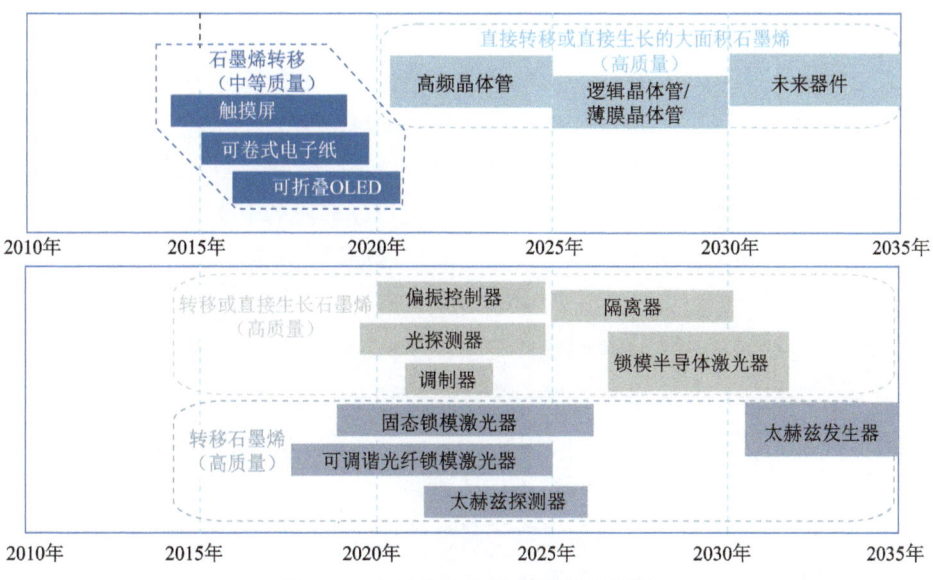

图 3.11 电子信息领域发展预测图[64]

年韩国浦项工科大学 Tae-Woo Lee 课题组通过氯金酸掺杂降低石墨烯面电阻,并采用功函匹配的空穴传输层,制备出发光效率相当高的 OLED 器件[66]。为进一步提升石墨烯柔性透明导电薄膜的性能,2015 年,北京大学彭海琳/刘忠范研究团队通过采用银纳米线与石墨烯复合的办法,将石墨烯透明导电薄膜的面电阻降低至 10Ω/□量级,并成功制备出电致变色原型器件[67]。2017 年,中国科学院沈阳金属研究所成会明研究团队采用松香对大面积石墨烯进行转移,通过降低转移媒介高聚物在石墨烯电极上的残留,有效提升了石墨烯基 LED 器件的稳定性[68]。2019 年,北京大学和北京石墨烯研究院刘忠范/彭海琳团队通过在石墨烯生长中引入特殊前驱体,制备出高导电氮掺杂石墨烯薄膜,并研制出高性能石墨烯触摸屏原型器件[69]。

尽管与传统的 ITO 材料相比,目前石墨烯的优势并不明显,但随着柔性电子产业的快速发展,脆性的 ITO 薄膜将越来越无法满足人们的需求。石墨烯的诸多本征特性决定了其巨大的发展潜力,未来在柔性显示领域将发挥越来越重要,甚至不可替代的作用。这也是石墨烯材料得到产业界高度关注的根本原因。

2013 年,常州二维碳素科技股份有限公司宣布突破了石墨烯薄膜应用于手机触摸屏工艺,实现了石墨烯薄膜材料和现有 ITO 工艺线的对接,并在 2014 年 5 月宣布其第一条年产能 3 万 m^2 石墨烯透明导电薄膜生产线实现量产。同一时期,无锡格菲电子薄膜科技有限公司也成功量产石墨烯触控产品，于 2013 年 12 月形成年产 500 万片石墨烯触控产品，2014 年 9 月实现产量翻番。2015 年 3 月，重庆墨希科技有限公司发布首批量产石墨烯触摸屏手机。2016 年 5 月 2 日，广州奥翼电子科技股份有限公司与重庆墨希科技有限公司在广州联合召开新闻发布会，宣布成功研发出全球首款石墨烯电子纸。与传统 ITO 材质的电子纸相比，石墨烯电子纸强度更大，耐摔耐撞，能像纸一样卷曲。石墨烯透光率高，可以使电子纸显示的亮度更好，非常适合应用于可穿戴式电子设备以及物联网等需要超柔性显示屏的领域。低功耗、可变形状的柔性显示，为物联网提供了一个非常方便的人机交互界面，而电子纸是未来物联网系统最佳的显示界面。数据预测，2020 年，利用电子纸显示技术的产品将达到 250 亿个，新增产值 1.9 万亿美元（Gartner 公司预测数据），而显示屏是其中的核心部件之一。

2017 年 7 月 31 日，广州奥翼电子科技股份有限公司率先将石墨烯用于显示屏技术，研制出了全球首款"石墨烯电子显示屏"产品。这款石墨烯基显示屏不仅耐摔耐撞、透光率高、显示亮度佳，而且能像纸一样卷曲，相关的石墨烯柔性电子器件如图 3.12 所示。

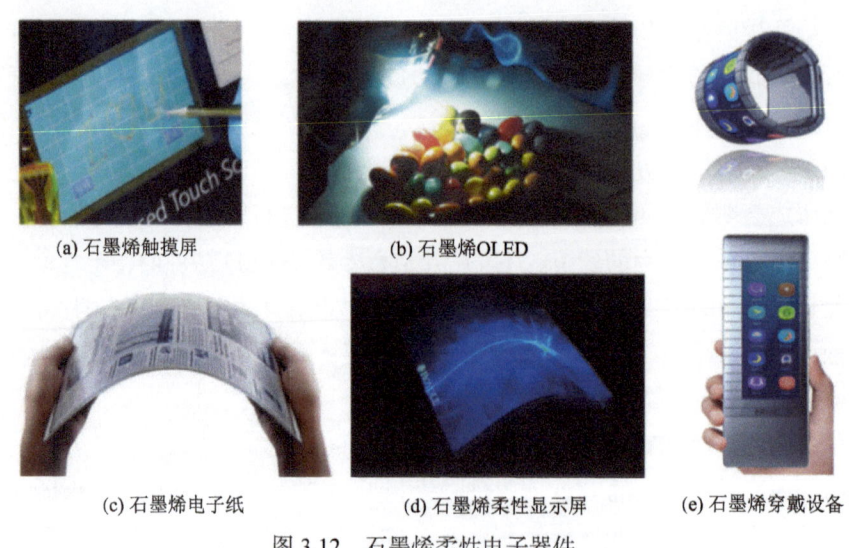

(a) 石墨烯触摸屏　　(b) 石墨烯OLED

(c) 石墨烯电子纸　　(d) 石墨烯柔性显示屏　　(e) 石墨烯穿戴设备

图 3.12　石墨烯柔性电子器件

2）石墨烯传感器

在石墨烯传感器领域，气体传感更偏向于基础研究；人体分泌物传感则和健康检测息息相关，加上与智能穿戴结合，相关研究具有产业化的应用前景。光电传感主要以光学、红外成像为牵引，国际上有相关课题组在进行小试和中试；力学传感主要以触控研究为主，技术成熟度较高，正在逐步进入市场。

在气体传感方面，特殊气体分子的吸附会影响石墨烯的导电性，可将其应用于危险或有毒气体探测，如可以用硼掺杂石墨烯制作氨气、二氧化氮传感器[70]，但是这些目前还仅停留在基础研究阶段。

石墨烯在生物医学和健康管理方面大有用武之地。2016年，韩国基础科学研究院Dae-Hyeong Kim研究团队将石墨烯做成阵列贴装在皮肤上，通过汗液中葡萄糖含量和pH值，检测人体血液中的葡萄糖水平；通过集成的传感器可以对药物输送过程和体温进行监控，从而实现对糖尿病患者的即时护理。石墨烯汗液检测技术受到广泛关注，美国GraphWear公司已经推出相关的产品SweatSmart。石墨烯的加入提高了其灵敏度，同时其具有脱水监测、葡萄糖检测和肌肉耐力监测功能，还可以和智能手机联系在一起，具有良好的客户体验性。中国科学院苏州纳米技术与纳米仿生研究所张珽团队则结合微电子机械系统（MEMS）微加工技术，设计出微控阵列，以提升石墨烯传感器性能，但尚未推出相关产品。此外，2019年8月，东旭光电公司开始和英国曼彻斯特大学合作，致力于悬浮石墨烯传感芯片产品的研发和商业化应用。该技术在力学、温度、湿度检测领域具有广泛应用前景。其相关的石墨烯传感器件如图3.13所示。

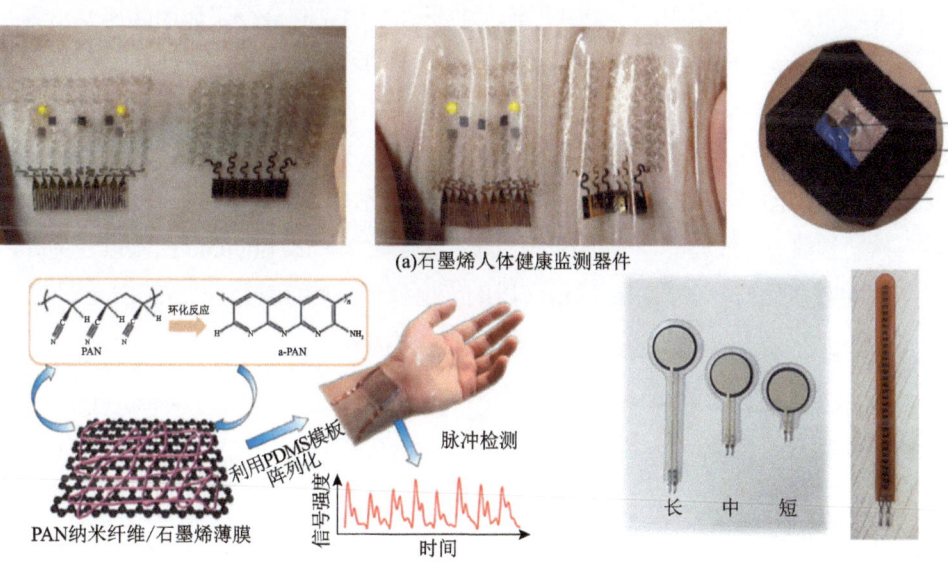

图3.13　石墨烯传感器件

在光电探测和传感技术领域，早在 2009 年，美国 IBM 公司 Phaedon Avouris 团队就研究了石墨烯-金属结的光伏效应，并对光电流进行成像研究。2017 年，西班牙光子科学研究所 Frank Koppens 团队制作了互补金属-氧化物-半导体（CMOS）电路集成的石墨烯光电探测器。在一项里程碑式的工作中，他们成功实现了 11 万个石墨烯通道的垂直集成，实现了真正意义上的石墨烯光电成像。石墨烯的使用使其能够用于可见光和红外光成像，有望用于夜视、汽车传感系统[71]（图 3.14）。目前，该项技术已处于中试阶段。

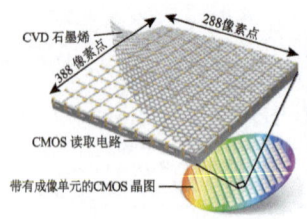  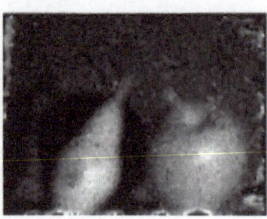

（a）石墨烯光电成像集成芯片示意图　　　（b）石墨烯红外光电成像

图 3.14　石墨烯光电成像

3）石墨烯光通信

2008 年，美国劳伦斯伯克利国家实验室 Feng Wang 课题组首先研究了栅压对红外波段吸收的调制作用[72]。2011 年，加州大学伯克利分校张翔团队研制出第一台石墨烯电光调制器[73]。2019 年，北京大学和北京石墨烯研究院刘忠范/刘开辉研究团队直接在光子晶体光纤上生长石墨烯，制备出新型石墨烯光纤电光调制器[74]，该研究成果很快成为关注热点。将石墨烯用于通信波段的光电探测可大大提高信号转换速度。2010 年，美国 IBM 公司 Phaedon Avouris 团队利用叉指非对称电极，使信号解析速度达 10Gbit/s[75]。2013 年，哥伦比亚大学 Dirk Englund 团队以及另外两个小组同时在光波导中实现了通信波段的光电探测，响应速度可达 20GHz[76,77]。

4）石墨烯逻辑和射频电子器件

国际半导体技术路线图（ITRS）预测，硅基 CMOS 场效应晶体管技术在 2020 年之后达到极限，因此业界一直在寻找更好的替代材料来推动 10nm 以下节点集成电路的继续发展。石墨烯作为自然界最薄的半金属薄膜材料，很早就受到人们的关注。单原子层厚度的石墨烯是晶体管沟道材料减薄的极限，并能够有效减弱源漏对沟道材料的静电耦合。2018 年，北京大学彭练矛研究团队采用石墨烯作为"冷"电子源，构建出狄拉克源碳基场效应晶体管，展示了石墨烯集成电路的发展前景[78]。

石墨烯没有带隙，即使采用双层和垂直电场调控的方式打开带隙，也远不能满足工业上开关比 10^5 的要求，因此采用石墨烯作为沟道材料用于逻辑电路仍面临着巨大的挑战。另一方面，高频和射频器件对石墨烯的带隙要求并不严格，而石墨烯的超高载流子迁移率有望实现超高的截止频率。这方面的基础研究同样开始于 IBM 公司，而中国学者在这方面也做出了突出贡献。在高速电子芯片产业化研发方面，西班牙 Graphenea 公司于 2018 年 11 月推出石墨烯晶圆代工服务，包括在铜上生长石墨烯、转移[使用聚甲基丙烯酸甲酯（PMMA）涂层]、转移到标准或定制基板，并且图案化成石墨烯场效应晶体管用于传感器应用等。这将有助于促进石墨烯电子芯片技术的发展。

在射频识别技术方面，由于在物联网领域有着强大的需求牵引，而石墨烯打印技术或 CVD 石墨烯图案化技术可方便地实现石墨烯射频线路，因此受到很多人的关注。2014 年，英国 BGT Materials Limited（BGTM）公司制备出第一枚无黏合剂的石墨烯天线，频率范围覆盖 10MHz～10GHz[79]。2015 年，BGTM 公司在英国集资孵化石墨烯安全有限公司（Graphene Security Limited），主要从事有关石墨烯导电浆料、印刷射频标签、无线传输天线设计等产品的研发。2016 年，南京百杰腾物联科技有限公司成立，主要采用英国 BGTM 的导电浆料，打印印刷 RFID 产品，2017 年该公司已经实现多种 RFID 产品的量产。2019 年，北京石墨烯研究院魏迪研究团队利用高品质 CVD 石墨烯薄膜制备出透明高速 RFID 器件，其工作频率范围为 5.6～12.8GHz。图 3.15 显示了部分石墨烯逻辑和射频电子器件。

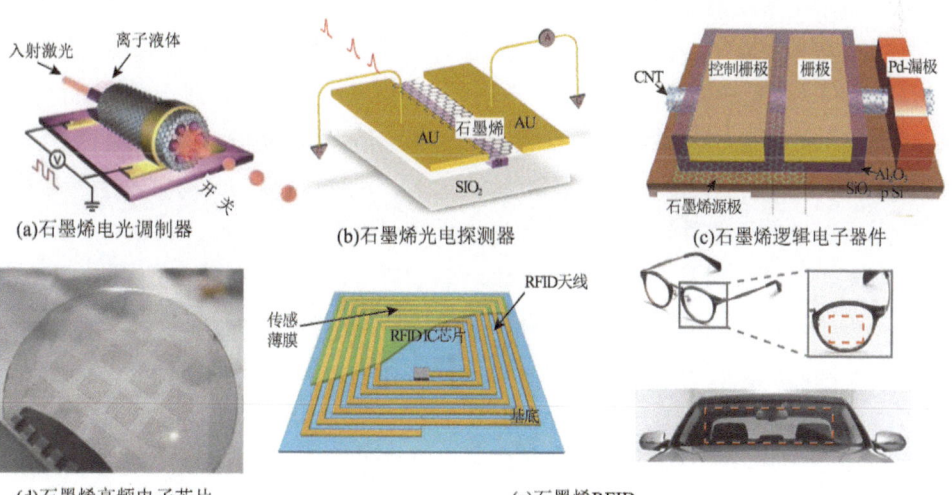

(a)石墨烯电光调制器　(b)石墨烯光电探测器　(c)石墨烯逻辑电子器件
(d)石墨烯高频电子芯片　(e)石墨烯RFID

图 3.15　石墨烯光电器件、逻辑和射频电子器件

3. 问题和挑战

石墨烯虽然具有优异的物理特性，展示了广阔的应用前景，但是在真正应用于电子信息领域时，仍面临诸多问题和挑战。其主要可以归结为以下几个方面：①石墨烯自身性质存在不足之处，需要对结构进行针对性的调控或改性；②石墨烯材料的品质无法达到产业要求，需要改进制备方法，完善制备工艺；③单层石墨烯微观尺度的特异性质难以在宏观使用条件下继续稳定地保持下来；④成本高，与现有材料相比，市场竞争优势不足等。

对于柔性电子器件市场来说，石墨烯主要用于透明导电薄膜。虽然石墨烯的迁移率很高，但是其载流子浓度很低，因此其导电性并不高。这时需要通过增加层数、掺杂或与金属网格复合，来提升导电性。但是在进行这些改进时，容易影响透光性质，这是目前该领域所面临的主要挑战。

对于石墨烯传感器件来说，其面临着与诸多现有技术的竞争问题。现阶段石墨烯材料的价格依然偏高，与现有技术的兼容性也是其短板。兼容性问题也存在于光电红外成像领域，与 CMOS 工艺兼容难度大，量产困难。目前，欧美发达国家和地区有实力的大企业参与较多，可持续发展性很强。而这正是国内企业的短板，竞争力不强。

在高速电子器件领域，石墨烯的高载流子迁移率使其具有明显的优势，然而没有带隙的特性限制了其在逻辑电路中的应用。对于高频与射频电子器件来说，石墨烯的超高载流子迁移率造就了其理论上极高的截止频率。IBM 公司在石墨烯射频电路上布局很早，投入也很大，并且努力方向明确，包括：①降低石墨烯的本征缺陷；②降低石墨烯与栅极的杂质散射；③降低接触电阻。北京大学和北京石墨烯研究院刘忠范团队最近首创石墨烯薄膜的超洁净生长方法，并实现了 1 万 m^2 的年产能。这种超洁净石墨烯薄膜拥有接近理论值的最高导电、导热和力学性能，为我国石墨烯电子器件领域的快速发展提供了材料基础。

石墨烯射频识别器件领域竞争非常激烈。用导电银浆丝网印刷制造 RFID 电子标签被认为是实现低成本、小型化、高精度、适应性强、大规模生产最为有效的技术路线。但是，由于导电银浆导电性差和导电机理的限制，只能采用高银含量的导电银浆和低网线数的丝网网版。受油墨黏度、延展性、流动性、刮印压力、网版拉伸、网线干扰等众多因素的影响，所印制的 RFID 电子标签导线结构变形、边界粗糙、短路断路，实际辐射效率与理论辐射效率相差很大。石墨烯的应用有望解决这些技术难题，因此未来几年内石墨烯射频器件可望得到快速发展。

3.2.6 石墨烯生物医用技术

1. 石墨烯生物医用技术简介

石墨烯生物医用技术是指石墨烯及其衍生物在生物医学领域的应用，主要包括药物/基因传递、抗菌材料、生物成像、电化学生物传感器、组织工程、肿瘤光热治疗等生物医用相关领域[80,81]。国内外代表性石墨烯生物医用技术研究团队及其主要研究方向如表 3.12 所示。

表 3.12 国内外石墨烯生物医用技术代表性研究团队

团队名称	国家	研究方向
国家纳米科学中心	中国	纳米碳材料毒理学研究
中国科学院理化技术研究所	中国	石墨烯毒性研究
中国科学院苏州纳米技术与纳米仿生研究所	中国	氧化石墨烯纳米载药体系
中国标准化研究院	中国	石墨烯用于基因测序：测定 DNA 序列
华中师范大学	中国	基于石墨烯萃取法提取呼吸出的醛类分子来诊断肺癌
东华大学	中国	药物载体、发热材料、抗菌材料、人造骨骼、荧光标记、富集萃取
同济大学	中国	药物载体、抗菌材料、细胞培养、发热材料、造影剂
宾夕法尼亚大学	美国	石墨烯生物传感器（细菌分析、DNA 和蛋白质检测）
密歇根大学	美国	生物检测：氧化石墨烯器件检测癌症治疗的有效性
加州大学圣迭戈分校	美国	生物检测：基于石墨烯的 DNA 探针式晶体管检测特定的 DNA 变异
伊利诺伊大学芝加哥分校	美国	生物检测：脑细胞与石墨烯界面接合辅助早期的癌症诊断
伊利诺伊大学	美国	生物诊断：可移植的石墨烯传感器诊断眼部伤害
博伊西州立大学	美国	石墨烯毒性：石墨烯泡沫作为生长功能性肌肉组织支架的适宜性
莱斯大学	美国	生物成像：氟化的氧化石墨烯磁共振成像（MRI）造影技术
哈佛大学和麻省理工学院	美国	基因测序：人工膜用于 DNA 测序
曼彻斯特大学和韩国国立首尔大学	英国/韩国	生物成像：无损电子显微镜成像
剑桥石墨烯中心和的里雅斯特大学（意大利）	英国/意大利	生物诊断：用未经处理的石墨烯材料来进行神经元突触的功能研究

续表

团队名称	国家	研究方向
罗马圣心天主教大学	意大利	石墨烯抗菌性：抗菌"覆盖膜"
苏黎世大学	瑞士	石墨烯生物成像和诊断
南洋理工大学	新加坡	石墨烯抗菌材料
印度理工学院	印度	石墨烯抗菌性：抗菌净水薄膜

1）药物/基因传递

药物传递系统（drug delivery system，DDS）是现代药剂学中新制剂和新剂型研究成果的典型代表，主要包括口服缓控释系统、透皮给药系统和靶向给药系统。基因传递的目的是基因治疗，将人的正常基因或有治疗作用的基因通过一定方式导入人体靶细胞以纠正基因缺陷或者发挥治疗作用，从而达到治疗疾病的目的。

氧化石墨烯在水中有很好的分散性，具有较大的比表面积，其表面含有丰富的含氧官能团，能将各种药物和生物分子通过化学方式固定在其表面，故而在药物和基因传递领域具有良好的应用前景[82]。此外，氧化石墨烯-聚乙烯亚胺（GO-PEI）是非常出色的基因载体，将聚乙烯亚胺接枝到氧化石墨烯上后，可有效提高基因传递效率[83]。

2）抗菌材料

抗菌材料是指自身具有杀灭或抑制微生物功能的一类新型功能材料，主要包括无机抗菌材料和有机抗菌材料两大类。抗菌材料与微生物相互作用，通过抑制蛋白质合成、破坏细胞等途径达到杀死或抑制细菌生长繁殖的效果。

石墨烯材料具备优良的抗菌效果，因为拥有纳米级尺寸的石墨烯，能够有效阻止腐蚀性的菌类或者微生物在其表面黏附和增殖[84]。因此，针对医学领域的某些外科设备而言（如带抗菌涂层的导管、支架等[85]），可以运用石墨烯进行抗微生物表层涂层的制作。除此之外，石墨烯还可以彻底灭杀某些菌类（如革兰氏阴性菌、大肠杆菌、革兰氏阳性菌、金黄色葡萄球菌），或者显著降低菌类活性[86-88]。在具体的机械损伤修复过程中，运用石墨烯有助于全面防控细菌感染。例如，石墨烯对大肠杆菌的灭杀率超过90%[89]。石墨烯还可以作为抗菌活性物质的理想载体，在开发新型抗菌材料领域具有极大的应用潜力[90]。

3）生物成像

生物成像是了解生物体组织结构、阐明生物体各种生理功能的一种重要研究手段。它利用光学或电子显微镜直接获得生物细胞和组织的微观结构图像,通过对所得图像的分析来了解生物细胞的各种生理过程。

由于具有良好的分散稳定性、生物相容性和较强的荧光成像作用,石墨烯基材料作为一种新兴的荧光成像材料在生物活体成像领域具有广泛的应用前景。石墨烯自身在近红外光激发下即可发出荧光,将一些荧光染料通过共价或非共价方式连接到石墨烯上还可获得具有更优荧光性能的复合材料[91]。纳米氧化石墨烯还可用于灵敏度高且易于定量的核素成像模式和新近发展起来的光声成像模式[92]。

4) 电化学生物传感器

电化学生物传感器主要采用固体电极作为基础电极,将生物活性分子作为分子识别物固定在电极表面,通过分子间的特异性识别作用,使目标分子捕获到电极表面,基础电极将浓度信号转换成电势、电流、电阻或电容等可测量的电信号作为响应信号,实现对目标分析物的定性或定量分析,在医疗保健、食品工业、农业和环境监测领域具有广泛的应用价值。

石墨烯材料可促进电子输运,对一些生物小分子表现出优异的电催化作用,故而在高性能电化学生物传感器领域也受到广泛关注[93,94]。石墨烯在电极表面可很好地保持葡萄糖氧化酶的生物活性,并促进电子信号从酶的活性中心向电极表面传递。由于氧化石墨烯具有较大的比表面积,且表面嫁接有大量含氧官能团,酶可较好地负载于其表面,基于此构建的葡萄糖氧化酶电化学生物传感器具有较宽的检测范围。此外,石墨烯具有较宽的电势窗口,可直接检测氧化还原电势较高的核酸分子[95]。

5) 组织工程

组织工程是一门将细胞生物学和材料科学相结合,在体外或体内构建组织或器官,进行组织和器官修复、改善和功能维持的新兴学科。将体外培养扩增的细胞与具有良好生物相容性、可降解性和可吸收性的生物材料(支架)按一定的比例混合,形成细胞-材料复合物,植入机体的组织或器官病损部位,最终形成相应的组织或器官,从而达到修复创伤和重建功能的目的。

石墨烯具有良好的生物相容性,可促进人神经干细胞(hNSC)的黏附并诱导其向神经元细胞而不是神经胶质细胞分化,且能够明显提升神经突触的数量和平均长度,是一种潜在的神经接口材料,有望在神经组织工程及神经干细胞移植治疗等领域得到应用。此外,由于其碳原子层的二维结构特点,石墨烯具有极好的力学性能,可作为二维增强相应用于组织工程生物材料的制备[96]。

6）肿瘤光热治疗

光热治疗法（PTT）是将具有较高光热转换效率的材料注射入人体内部，利用靶向性识别技术使其聚集在肿瘤组织附近并在外部光源（一般是近红外光）的照射下将光能转化为热能来杀死癌细胞的一种治疗方法。石墨烯基 PTT 被认为是一种微创、高效的癌症治疗方法[97]。石墨烯材料具有近红外吸收特性，避免了其他生物组织的干扰。此外，石墨烯还可以通过胎牛血清（FBS）、聚乙二醇（PEG）和右旋糖酐的生物功能化作用提高其生物相容性、光热效率、血液循环时间和生物利用度。

2. 产业化进展情况

目前，石墨烯生物医用技术基本处于实验室研究阶段，尚未实现实际临床应用和规模化生产。根据 2015 年欧盟"石墨烯旗舰计划"发布的技术路线图中对石墨烯在生物医药行业应用的预测，首先有望实现的是生物传感器的商业化应用，3～5 年内会陆续实现 DNA 传感器-基因组学、蛋白质传感器-蛋白质组学、药物筛选设备及柔性神经修复的商业化应用，5～10 年内实现超敏感无标记传感器、石墨烯基多功能诊疗系统的商业化。图 3.16 展示了石墨烯生物医药行业 2014～2024 年的应用时间节点。

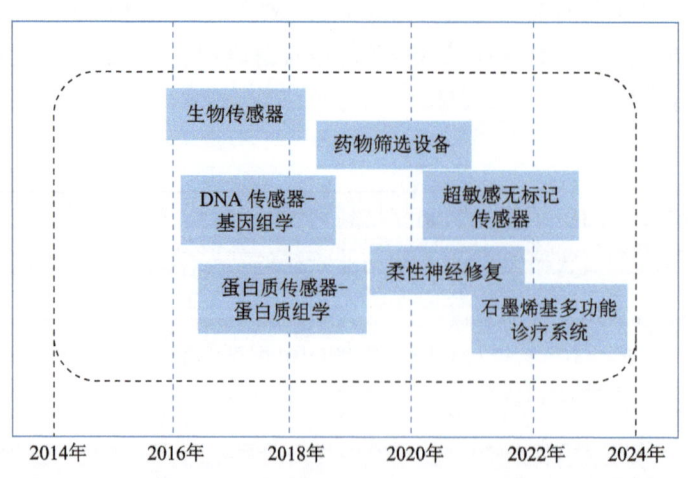

图 3.16　石墨烯在生物医药行业 2014～2024 年的应用时间节点

石墨烯在生物医药上得到真正的应用还需要一段时间的临床试验。据 CGIA Research 预测，到 2020 年，石墨烯将初步进入生物医药行业，市场规模可达 10 亿元。随后将逐渐扩大应用市场，估算以 30%～50%的年均复合增长率增长，预计到 2030 年，市场规模可高达 22.5 亿元（图 3.17）。

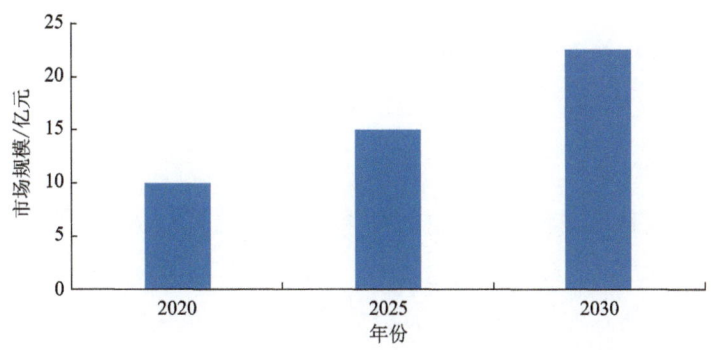

图 3.17 2020～2030 年石墨烯在生物医药行业的市场规模预测

石墨烯在生物医药行业中的应用还处于研发阶段，我国在这方面的研究较国外相对落后一些，但近年来，国家政策的支持及国民健康的需要正在推动生物医药产业快速且平稳地发展。CGIA Research 进行了保守估计，至 2020 年，中国石墨烯在生物医药行业市场中将初具规模，市场规模预计在 8 亿元左右。之后的几年内，一旦石墨烯在临床试验当中取得成熟性的应用，该领域的市场规模将翻上几番，实现跨越式增长，整个医药行业将发生革命性的转变。

3. 问题和挑战

石墨烯在生物医用领域的研究已取得一定的进展，显示了巨大的应用潜力，但不能否认其所面临的挑战也十分艰巨。

（1）在保持石墨烯材料出色特性的前提下，利用共价和非共价表面修饰方法，改善其生物相容性、稳定性，以及对生物体的毒理作用是值得研究的重要科学问题。精确控制石墨烯材料的尺寸和层数，仍然是一个具有挑战性的问题，只有解决这一问题，才能开发出尺寸和性能稳定且可重复的纳米载体[98]。

（2）石墨烯及其衍生物作为药物载体，载药种类少且多为小分子药物，而对大分子或蛋白类药物的靶向递送的研究较少，未来可将石墨烯衍生物的应用拓展到基因和蛋白药物靶向输运和治疗方面[99]。

（3）石墨烯虽然具有诸多优异性质，但并非"万能材料"，需针对各具体应用对其进行修饰改进，开发相应的石墨烯衍生材料。这就需要具有不同学科背景的科研人员进行合作研究，共同协作努力攻关，如此才能促进石墨烯生物医用产业健康稳定发展。

3.2.7　石墨烯特种应用技术

1. 石墨烯特种应用技术简介

新材料和高新技术通常会在军事领域得以率先应用。石墨烯优异的电学、热学、力学、光学等特性使其在航空航天、国防军工、核能等特种领域拥有巨大的应用潜能，尤其是在隐身材料、太赫兹成像与通信、生化探测、宽光谱成像、核能、导热散热等领域已经展示了极为重要的应用价值，并由此衍生出一系列的特种应用技术。

利用石墨烯优异的导电、导热特性，通过与聚合物材料复合和特殊的结构设计，可开发出具有较小电磁波反射性的吸波材料。利用石墨烯极高的光响应灵敏度和响应速度，可实现对太赫兹信号的大幅度调制，并进一步开发出速率高、容量大、方向性强、安全性高及穿透性好的石墨烯太赫兹器件，在通信、雷达、安检成像等领域具有重大应用前景。石墨烯生化探测器灵敏度高、响应快、体积小、柔性可穿戴，可在进入毒气沾染地带时快速报警，提醒作战人员及时做好防护措施，实现特种环境下的快速生化检测。石墨烯具有从紫外到太赫兹波段的全光谱响应特性，石墨烯宽光谱成像技术可实现微光、雾霾等特殊环境下的有效探测与成像，对提升我军未来作战中的侦察能力、全天候作战能力具有重要意义。在核能领域，石墨烯可解决高温散热难题，将其应用于质子加速器主剥离膜上，能够大幅度提高剥离膜寿命和束流强度，服务于中国散裂中子源等重大科学基础设施。此外，将石墨烯与核反应堆的不锈钢管道、不锈钢包壳、蒸汽发生器镍基合金等材料相结合，可有效提高反应堆结构材料的抗辐射腐蚀性能和传热性能。利用石墨烯良好的导热特性和力学性能，将其与玻璃纤维等材料复合，可显著改善导弹等高速飞行器的散热和耐高温能力，增加其飞行距离与打击精度。

2. 产业化进展情况

当前，虽然石墨烯特种应用技术尚未进入产业化阶段，但是石墨烯在电磁屏蔽材料/隐身材料、复合增强合金材料、装甲防护和防弹材料、电子封装用散热材料等部分领域已经得到初步应用，并展现出了极高的军事价值。

1）石墨烯复合电磁屏蔽材料/隐身材料

这类材料按照制备工艺可分为两类：一类是功能化石墨烯在聚合物材料基体中分散复合而成的柔性屏蔽材料[100,101]；另一类是聚合物衬底上转移单层石墨烯薄膜形成的电磁屏蔽材料[102]。中国科学院金属研究所成会明课题组[103]将泡沫镍上利用 CVD 法生长的石墨烯转移到聚二甲基硅氧烷衬底上，发现其电磁屏蔽效能高达 30dB，且具有柔性轻质等特点。

鉴于石墨烯复合材料和石墨烯宏观体优异的可设计性能、卓越的雷达/红外吸波性能、极强的耐高温性能和耐蚀性能、极低的体密度和可观的减重效果，未来其在以下多个方面有望获得应用：①远程轰炸机吸波涂料、吸波结构件；②第五代战斗机吸波涂料、吸波结构件、座舱红外雷达吸收透明涂层；③舰载无人战斗机吸波涂层、吸波结构；④战斗机雷达吸波海绵；⑤发动机高温吸波涂料；⑥导弹高温吸波涂料等。石墨烯将成为我国研制全频段、多方位隐身的未来战机的重要材料支撑。目前，这类隐身材料已在我国先进三代战机上开展演示验证研究，并在我国火箭军发射车辆雷达、红外隐身涂料，陆军坦克雷达、红外隐身涂料，海军舰艇雷达吸波构件上开展了应用探索，部分产品已获应用。

2）石墨烯复合增强合金材料

石墨烯的轻、薄、强、韧、耐蚀等特性，使其成为先进复合材料的优选填料，也为先进武器装备的升级换代带来福音。目前，我国在研发上已经形成石墨烯增强铝合金材料、石墨烯增强钛合金材料、石墨烯增强高温合金材料、石墨烯增强钢合金材料、石墨烯增强镁合金材料的家族谱系。例如，高强耐损伤石墨烯铝合金可用于先进飞机上下机翼壁板，可代替部分钛合金材料；石墨烯钛合金有优异的导热性能，可用于高超音速武器骨架、发动机压气机盘，这一点我国与美国不谋而合；石墨烯金属高温合金可用于各种型号发动机粉末盘，目前正在积极推动国家国防科技工业局预研立项支持；石墨烯增强镁合金等材料为确保我国航空装备作战能力要求和不增重前提下进一步增大航程、提高巡航能力，在实现相同任务的条件下降低起飞重量、降低采购和保障费、延长寿命等提供了保障。

3）石墨烯装甲防护和防弹材料

石墨烯是目前已知强度最高的材料。我国在国际上首次提出了石墨烯在防弹材料中应用的概念，该系列材料是我国武装直升机防护材料的重要选择。同时，已在中国人民解放军第二炮兵发射车、陆军轮式车辆、新型海军舰艇、单兵、单警防护装备等领域开展了工程应用研究，正在进行产业化发展。我国基于石墨烯/芳纶开发的复合防弹材料，开发出了石墨烯防弹头盔和石墨烯防弹板（图3.18），目前已经完成打靶试验，能够实现在相同防弹效果下，防弹服重量降低15%~20%，未来将在特警、军队中推广应用。

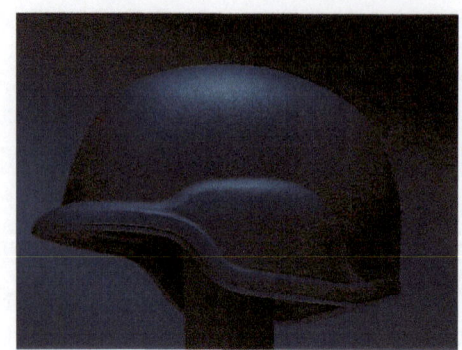

图3.18　石墨烯防弹头盔和石墨烯防弹板

4）石墨烯电子封装用散热材料

石墨烯具有优异的散热性能，是目前已知最好的散热材料之一。新一代石墨烯铝基复合电子封装材料，导热性能达到230W/m·K，可用于先进有源相控阵雷达收发T/R（Tape/Reel）封装组件，侦查无人机高精度光学反射镜基板，火控、观瞄、测距、红外热成像、红外制导、激光制导以及高能激光武器、卫星光学遥感温控基板（图3.19）。

图3.19　石墨烯电子封装用散热材料

3. 问题和挑战

石墨烯前沿技术对我国加快国防建设，提升我国在重要战略领域的综合竞争力具有极为重要的意义。如何加快推进石墨烯在特种技术领域的应用是科技界、产业界和国家有关部门面临的重要挑战。为此，需要突破以下两大障碍。

（1）高校和科研院所参与特种技术领域研究的范围仍然相对较窄。受机制体制限制，目前参与国防军工等研究的单位多数为传统的大院大所和大型企事业单位。近年来，随着我国科技体制改革的深化和创新创业环境的优化，新型研发机构和高科技创新型企业不断涌现。例如，北京石墨烯研究院正式成立不到两年的时间，已经成为国际顶尖的石墨烯新材料研发机构。充分利用好这类创新主体的人才和研发优势，建立更加灵活的特种项目切入机制，不但能为我国科技创新、高精尖产业培育注入新的活力，同时也将为国防军工等特种领域实现国际引领提供强大的技术支撑。

（2）缺乏畅通的军学研沟通协作机制。相较于我国石墨烯材料领域轰轰烈烈的产学研协同创新，特种领域技术与应用的结合仍然有赖于点对点的沟通协作模式，具体体现在科研人员缺乏了解特种领域技术需求的渠道，这就导致许多好的技术无法与实际应用相结合，因此亟待建立畅通的军学研沟通协作渠道，以便充分发挥科研人员的积极性，加快推进石墨烯在特种领域的技术创新和规模化应用。

参 考 文 献

[1] Novoselov K S, Geim A K, Morozov S V, et al. Electric field effect in atomically thin carbon films. Science, 2004, 306(5696): 666-669.

[2] Peng L, Xu Z, Liu Z, et al. An iron-based green approach to 1-h production of single-layer graphene oxide. Nature Communications, 2015, 6(1): 5716.

[3] Zhong J, Sun W, Wei Q, et al. Efficient and scalable synthesis of highly aligned and compact two-dimensional nanosheet films with record performances. Nature Communications, 2018, 9(1): 3484.

[4] Ren W, Cheng H M. The global growth of graphene. Nature Nanotechnology, 2014, 9(10): 726-730.

[5] Chen K, Li C, Shi L, et al. Growing three-dimensional biomorphic graphene powders using naturally abundant diatomite templates towards high solution processability. Nature Communications, 2016, 7(1): 13440.

[6] Sun Y, Yang L, Xia K, et al. "Snowing" graphene using microwave ovens. Advanced Materials, 2018, 30(40): 1803189.

[7] Luong D X, Bets K V, Algozeeb W A, et al. Gram-scale bottom-up flash graphene synthesis. Nature, 2020, 577(7792): 647-651.

[8] Paton K R, Varrla E, Backes C, et al. Scalable production of large quantities of defect-free few-layer graphene by shear exfoliation in liquids. Nature Materials, 2014, 13(6): 624-630.

[9] Lin L, Li J, Ren H, et al. Surface engineering of copper foils for growing centimeter-sized single-crystalline graphene. ACS Nano, 2016, 10(2): 2922-2929.

[10] Wu T, Zhang X, Yuan Q, et al. Fast growth of inch-sized single-crystalline graphene from a controlled single nucleus on Cu-Ni alloys. Nature Materials, 2016, 15(1): 43-47.

[11] Vlassiouk I V, Stehle Y, Pudasaini P R, et al. Evolutionary selection growth of two-dimensional materials on polycrystalline substrates. Nature Materials, 2018, 17(4): 318-322.

[12] Xu X, Zhang Z, Dong J, et al. Ultrafast epitaxial growth of metre-sized single-crystal graphene on industrial Cu foil. Science Bulletin, 2017, 62(15): 1074-1080.

[13] Deng B, Pang Z, Chen S, et al. Wrinkle-free single-crystal graphene wafer grown on strain-engineered substrates. ACS Nano, 2017, 11(12): 12337-12345.

[14] Sun X, Lin L, Sun L, et al. Low-temperature and rapid growth of large single-crystalline graphene with ethane. Small, 2018, 14(3): 1702916.

[15] Deng B, Xin Z, Xue R, et al. Scalable and ultrafast epitaxial growth of single-crystal graphene wafers for electrically tunable liquid-crystal microlens arrays. Science Bulletin, 2019, 64(10): 659-668.

[16] Xu X, Zhang Z, Qiu L, et al. Ultrafast growth of single-crystal graphene assisted by a continuous oxygen supply. Nature Nanotechnology, 2016, 11(11): 930-935.

[17] Liu C, Xu X, Qiu L, et al. Kinetic modulation of graphene growth by fluorine through spatially confined decomposition of metal fluorides. Nature Chemistry, 2019, 11(8): 730-736.

[18] Luo D, Wang M, Li Y, et al. Adlayer-free large-area single crystal graphene grown on a Cu (111) foil. Advanced Materials, 2019, 31(35): 1903615.

[19] Huang M, Bakharev P V, Wang Z J, et al. Large-area single-crystal AB-bilayer and ABA-trilayer graphene grown on a Cu/Ni (111) foil. Nature Nanotechnology, 2020, 15(4): 1-7.

[20] Yin J, Wang H, Peng H, et al. Selectively enhanced photocurrent generation in twisted bilayer graphene with van Hove singularity. Nature Communications, 2016, 7(1): 10699.

[21] Yuan Cao, Valla Fatemi, Pablo Jarillo-Herrero. Unconventional superconductivity in magic-angle graphene superlattices, 2018, 556: 43-50.

[22] Jia K, Zhang J, Lin L, et al. Copper-containing carbon feedstock for growing superclean graphene. Journal of the American Chemical Society, 2019, 141(19): 7670-7674.

[23] Lin L, Zhang J, Su H, et al. Towards super-clean graphene. Nature Communications, 2019, 10(1): 1912.

[24] Sun L, Lin L, Wang Z, et al. A force-engineered lint roller for superclean graphene. Advanced Materials, 2019, 31(43): 1902978.

[25] Zhang J, Jia K, Lin L, et al. Large-area synthesis of superclean graphene via selective etching of amorphous carbon with carbon dioxide. Angewandte Chemie International Edition, 2019, 58(41): 14446-14451.

[26] Chen J, Guo Y, Wen Y, et al. Two-stage metal-catalyst-free growth of high-quality polycrystalline graphene films on silicon nitride substrates. Advanced Materials, 2013, 25(7): 992-997.

[27] Gao T, Song X, Du H, et al. Temperature-triggered chemical switching growth of in-plane and vertically stacked graphene-boron nitride heterostructures. Nature Communications, 2015, 6(1): 6835.

[28] Li Q, Zhao Z, Yan B, et al. Nickelocene-precursor-facilitated fast growth of graphene/h-BN vertical heterostructures and its applications in OLEDs. Advanced Materials, 2017, 29(32): 1701325.

[29] Sun J, Chen Y, Priydarshi M K, et al. Direct chemical vapor deposition-derived graphene glasses targeting wide ranged applications. Nano Letters, 2015, 15(9): 5846-5854.

[30] Sun J, Chen Y, Cai X, et al. Direct low-temperature synthesis of graphene on various glasses by plasma-enhanced chemical vapor deposition for versatile, cost-effective electrodes. Nano Research, 2015, 8(11): 3496-3504.

[31] Chen X D, Chen Z, Jiang W S, et al. Fast growth and broad applications of 25-inch uniform graphene glass. Advanced Materials, 2017, 29(1): 1603428.

[32] Qi Y, Deng B, Guo X, et al. Switching vertical to horizontal graphene growth using faraday cage-assisted PECVD approach for high-performance transparent heating device. Advanced Materials, 2018, 30(8): 1704839.

[33] Li X, Cai W, An J, et al. Large-area synthesis of high-quality and uniform graphene films on copper foils. Science, 2009, 324(5932): 1312-1314.

[34] Fang B, Chang D, Xu Z, et al. A review on graphene fibers: expectations, advances, and prospects. Advanced Materials, 2020, 32(5): 1902664.

[35] Xu Z, Gao C. Graphene chiral liquid crystals and macroscopic assembled fibres. Nature Communications, 2011, 2(1): 571.

[36] Xu Z, Sun H, Zhao X, et al. Ultrastrong fibers assembled from giant graphene oxide sheets. Advanced Materials, 2013, 25(2): 188-193.

[37] Huang G, Hou C, Shao Y, et al. Highly strong and elastic graphene fibres prepared from universal graphene oxide precursors. Scientific Reports, 2014, 4(1): 4248.

[38] Xu Z, Zhang Y, Li P, et al. Strong, conductive, lightweight, neat graphene aerogel fibers with aligned pores. ACS Nano, 2012, 6(8): 7103-7113.

[39] Hu C, Zhao Y, Cheng H, et al. Graphene microtubings: controlled fabrication and site-specific functionalization. Nano Letters, 2012, 12(11): 5879-5884.

[40] Li X, Zhao T, Wang K, et al. Directly drawing self-assembled, porous, and monolithic graphene fiber from chemical vapor deposition grown graphene film and its electrochemical properties. Langmuir, 2011, 27(19): 12164-12171.

[41] Chen T, Dai L. Macroscopic graphene fibers directly assembled from CVD-grown fiber-shaped hollow graphene tubes. Angewandte Chemie International Edition, 2015, 54(49): 14947-14950.

[42] Li X, Sun P, Fan L, et al. Multifunctional graphene woven fabrics. Scientific Reports, 2012, 2: 395.

[43] Zang X, Chen Q, Li P, et al. Highly flexible and adaptable, all-solid-state supercapacitors based on graphene woven-fabric film electrodes. Small, 2014, 10(13): 2583-2588.

[44] Zeng J, Ji X, Ma Y, et al. 3D graphene fibers grown by thermal chemical vapor deposition. Advanced Materials, 2018, 30(12): 1705380.

[45] Schafhaeutl C. Ueber die Verbindungen des Kohlenstoffes mit Silicium, Eisen und anderen Metallen, welche die verschiedenen Gallungen von Roheisen, Stahl und Schmiedeeisen bilden. Journal für Praktische Chemie, 1840, 20(1): 465-485.

[46] Brodie B C. On the atomic weight of graphite. Philosophical Transactions of the Royal Society of London, 1859, (149): 249-259.

[47] Staudenmaier L. Verfahren zur darstellung der graphitsäure. Berichte der Deutschen Chemischen Gesellschaft, 1898, 31(2): 1481-1487.

[48] Hummers Jr W S, Offeman R E. Preparation of graphitic oxide. Journal of the American Chemical Society, 1958, 80(6): 1339-1339.

[49] Peng L, Xu Z, Liu Z, et al. An iron-based green approach to 1-h production of single-layer graphene oxide. Nature Communications, 2015, 6(1): 5716.

[50] 汪洪溟, 朱凌岳. 石墨烯在电化学储能领域应用的研究进展. 化学工程师, 2019, 7: 69-72.

[51] 智林杰, 方岩, 康飞宇. 用于锂离子电池的石墨烯材料——储能特性及前景展望. 新型炭材料, 2011, 26(1): 5-8.

[52] Zheng T, Xue J S, Dahn J R. Lithium insertion in hydrogen-containing carbonaceous materials. Chemistry of Materials, 1996, 8(2): 389-393.

[53] Ni K, Wang X, Tao Z, et al. In operando probing of lithium-ion storage on single-layer graphene. Advanced Materials, 2019, 31(23): 1808091.

[54] Yang S Y, Lin W N, Huang Y L, et al. Synergetic effects of graphene platelets and carbon nanotubes on the mechanical and thermal properties of epoxy composites. Carbon, 2011, 49(3): 793-803.

[55] Tang B, Hu G, Gao H, et al. Application of graphene as filler to improve thermal transport property of epoxy resin for thermal interface materials. International Journal of Heat and Mass Transfer, 2015, 85: 420-429.

[56] Inagaki M, Meng L J, Ibuki T, et al. Carbonization and graphitization of polyimide film "Novax". Carbon, 1991, 29(8): 1239-1243.

[57] Shen B, Zhai W, Zheng W. Ultrathin flexible graphene film: an excellent thermal conducting material with efficient EMI shielding. Advanced Functional Materials, 2014, 24(28): 4542-4548.

[58] Sui D, Huang Y, Huang L, et al. Flexible and transparent electrothermal film heaters based on graphene materials. Small, 2011, 7(22): 3186-3192.

[59] Dai W, Lv L, Lu J, et al. A paper-like inorganic thermal interface material composed of hierarchically structured graphene/silicon carbide nanorods. ACS Nano, 2019, 13(2): 1547-1554.

[60] Liu Y, Li P, Wang F, et al. Rapid roll-to-roll production of graphene film using intensive Joule heating. Carbon, 2019, 155: 462-468.

[61] Zang J, Ryu S, Pugno N, et al. Multifunctionality and control of the crumpling and unfolding of large-area graphene. Nature Materials, 2013, 12(4): 321-325.

[62] Curtin W A, Sheldon B W. CNT-reinforced ceramics and metals. Materials Today, 2004, 7(11): 44-49.

[63] Nieto A, Bisht A, Lahiri D, et al. Graphene reinforced metal and ceramic matrix composites: a review. International Materials Reviews, 2017, 62(5): 241-302.

[64] Novoselov K S, Fal'ko V I, Colombo L, et al. A roadmap for graphene. Nature, 2012, 490(7419): 192-200.

[65] Bae S, Kim H, Lee Y, et al. Roll-to-roll production of 30-inch graphene films for transparent electrodes. Nature Nanotechnology, 2010, 5(8): 574-578.

[66] Han T H, Lee Y, Choi M R, et al. Extremely efficient flexible organic light-emitting diodes with modified graphene anode. Nature Photonics, 2012, 6(2): 105-110.

[67] Deng B, Hsu P C, Chen G, et al. Roll-to-roll encapsulation of metal nanowires between graphene and plastic substrate for high-performance flexible transparent electrodes. Nano Letters, 2015, 15(6): 4206-4213.

[68] Zhang Z, Du J, Zhang D, et al. Rosin-enabled ultraclean and damage-free transfer of graphene for large-area flexible organic light-emitting diodes. Nature Communications, 2017, 8(1): 14560.

[69] Lin L, Li J, Yuan Q, et al. Nitrogen cluster doping for high-mobility/conductivity graphene films with millimeter-sized domains. Science Advances, 2019, 5(8): eaaw8337.

[70] Lv R, Chen G, Li Q, et al. Ultrasensitive gas detection of large-area boron-doped graphene. PNAS, 2015, 112(47): 14527-14532.

[71] Goossens S, Navickaite G, Monasterio C, et al. Broadband image sensor array based on graphene-CMOS integration. Nature Photonics, 2017, 11(6): 366-371.

[72] Wang F, Zhang Y, Tian C, et al. Gate-variable optical transitions in graphene. Science, 2008, 320(5873): 206-209.

[73] Liu M, Yin X, Ulin-Avila E, et al. A graphene-based broadband optical modulator. Nature, 2011, 474(7349): 64-67.

[74] Chen K, Zhou X, Cheng X, et al. Graphene photonic crystal fibre with strong and tunable light-matter interaction. Nature Photonics, 2019, 13(11): 754-759.

[75] Mueller T, Xia F, Avouris P. Graphene photodetectors for high-speed optical communications. Nature photonics, 2010, 4(5): 297-301.

[76] Gan X, Shiue R J, Gao Y, et al. Chip-integrated ultrafast graphene photodetector with high responsivity. Nature Photonics, 2013, 7(11): 883-887.

[77] Pospischil A, Humer M, Furchi M M, et al. CMOS-compatible graphene photodetector covering all optical communication bands. Nature Photonics, 2013, 7(11): 892-896.

[78] Qiu C, Liu F, Xu L, et al. Dirac-source field-effect transistors as energy-efficient, high-performance electronic switches. Science, 2018, 361(6400): 387-392.

[79] Huang X, Leng T, Zhang X, et al. Binder-free highly conductive graphene laminate for low cost printed radio frequency applications. Applied Physics Letters, 2015, 106(20): 203105.

[80] 高扬, 吴丁威, 殷广达, 等. 氧化石墨烯在生物医学领域的应用. 材料导报, 2016, 30(15): 144-150.

[81] Skoda M, Dudek I, Jarosz A, et al. Graphene: one material, many possibilities—application difficulties in biological systems. Journal of Nanomaterials, 2014, 2014: 1-11.

[82] Zhang Y, Nayak T R, Hong H, et al. Graphene: a versatile nanoplatform for biomedical applications. Nanoscale, 2012, 4(13): 3833-3842.

[83] Liu Z, Robinson J T, Sun X, et al. PEGylated nanographene oxide for delivery of water-insoluble cancer drugs. Journal of the American Chemical Society, 2008, 130(33): 10876-10877.

[84] 张勇力, 吴月妍, 陈素珍, 等. 石墨烯在生物医学中的应用. 大医生, 2018, 3(8): 116-117.

[85] 黄子致. 科学用械 医疗器械科普知识. http://www.zhecheng.gov.cn/xxgk/zdly/spypap/aqxf/2018-11-05/21057.html[2020-03-31].

[86] 刘凤珍, 范增杰, 王金清. 石墨烯类材料的制备及其在生物医学领域的应用. 中国材料进展, 2015, 34: 589-594.

[87] Anonymous. Graphene steps into biomedicine. Nature Materials, 2016, 15(5): 485-485.

[88] Singh D P, Herrera C E, Singh B, et al. Graphene oxide: an efficient material and recent approach for biotechnological and biomedical applications. Materials Science and Engineering: C, 2018, 86: 173-197.

[89] Zang Z, Zeng X, Wang M, et al. Tunable photoluminescence of water-soluble AgInZnS-graphene oxide (GO) nanocomposites and their application in-vivo bioimaging. Sensors and Actuators B: Chemical, 2017, 252: 1179-1186.

[90] 刘浩怀, 刘力飞, 卢嘉明, 等. 石墨烯及其衍生物的抗菌性研究进展. 中国测试, 2015, 41(3): 8-13.

[91] 张帅. 石墨烯基纳米材料的合成、表征及在生物中的应用. 苏州大学硕士学位论文, 2012.

[92] 尤培红, 王明伟, 杨仕平. 纳米氧化石墨烯在肿瘤显像和治疗领域的研究进展. 上海师范大学学报(自然科学版), 2015, (2): 228.

[93] 马依拉·克然木, 李首城, 胡天浩, 等. 石墨烯的电化学生物传感器研究进展. 材料导报, 2019, 33(A1): 57-61.

[94] 张韩洁, 侯晓琳, 郑梅琼, 等. 基于石墨烯的电化学基因传感器. 分析试验室, 2019, 38(4): 489-494.

[95] 范德增, 张兴凯. 石墨烯在生物医用领域的应用进展. 新材料产业, 2016, (10): 31-36.

[96] Wang Z, Zeng H, Sun L. Graphene quantum dots: versatile photoluminescence for energy, biomedical, and environmental applications. Journal of Materials Chemistry C, 2015, 3(6): 1157-1165.

[97] Zhou L, Jiang H, Wei S, et al. High-efficiency loading of hypocrellin B on graphene oxide for photodynamic therapy. Carbon, 2012, 50(15): 5594-5604.

[98] 庞文娟. 石墨烯-新型纳米材料在生物医药领域的应用. 甘肃科技, 2019, 35(22): 65-68.

[99] 王国权, 庞素秋, 林俊生, 等. 石墨烯及其衍生物在生物医药领域的研究进展. 华侨大学学报(自然科学版), 2018, 39(6): 7-13.

[100] Hsiao S T, Ma C C M, Tien H W, et al. Using a non-covalent modification to prepare a high

electromagnetic interference shielding performance graphene nanosheet/water-borne polyurethane composite. Carbon, 2013, 60: 57-66.

[101] Zhang H B, Yan Q, Zheng W G, et al. Tough graphene-polymer microcellular foams for electromagnetic interference shielding. ACS Applied Materials and Interfaces, 2011, 3(3): 918-924.

[102] Liang J, Wang Y, Huang Y, et al. Electromagnetic interference shielding of graphene/epoxy composites. Carbon, 2009, 47(3): 922-925.

[103] Chen Z, Xu C, Ma C, et al. Lightweight and flexible graphene foam composites for high-performance electromagnetic interference shielding. Advanced Materials, 2013, 25(9): 1296-1300.

第 4 章　中国石墨烯产业区域发展现状

中国是石墨烯新材料产业的全球引领者，以东部沿海地区为先导，全国超过 20 个省（自治区、直辖市）先后布局石墨烯产业。图 4.1 显示了迄今形成的中国石墨烯产业区域分布情况，总体上呈现出东部沿海地区高度集中的态势，特别是长江三角洲（简称长三角）、珠江三角洲（简称珠三角）、京津冀和山东等地区，因在人才、科技、资金等方面有较强的优势，起步早，已初步形成了产业集群，这些区域石墨烯相关企业占全国 70% 以上份额。另外，中西部地区以四川、重庆、广西为代表，也在快速崛起中。统计数据显示，中国的石墨烯相关企业数量仍在快速增长之中，且呈燎原之势。随着政策、环境的不断优化、投资力度的不断加大以及中美贸易摩擦和"一带一路"建设等国际因素的影响，中国石墨烯产业发展总体向好，面临着前所未有的发展机遇。

4.1　京津冀地区

4.1.1　区域基本情况

北京、天津和河北三省市都高度重视石墨烯产业，出台了相应政策来推进石墨烯产业的发展。目前，京津冀地区尚未就石墨烯产业进行统一的区域规划布局。北京市依托其丰富的高校和科研院所等研发资源，在石墨烯高技术研发方面遥遥领先，是京津冀地区乃至全国的产业核心所在（表 4.1）。与此同时，京津冀地区也有众多活跃的石墨烯企业。根据工商注册信息，据不完全统计，截至 2020 年 2

第4章 中国石墨烯产业区域发展现状

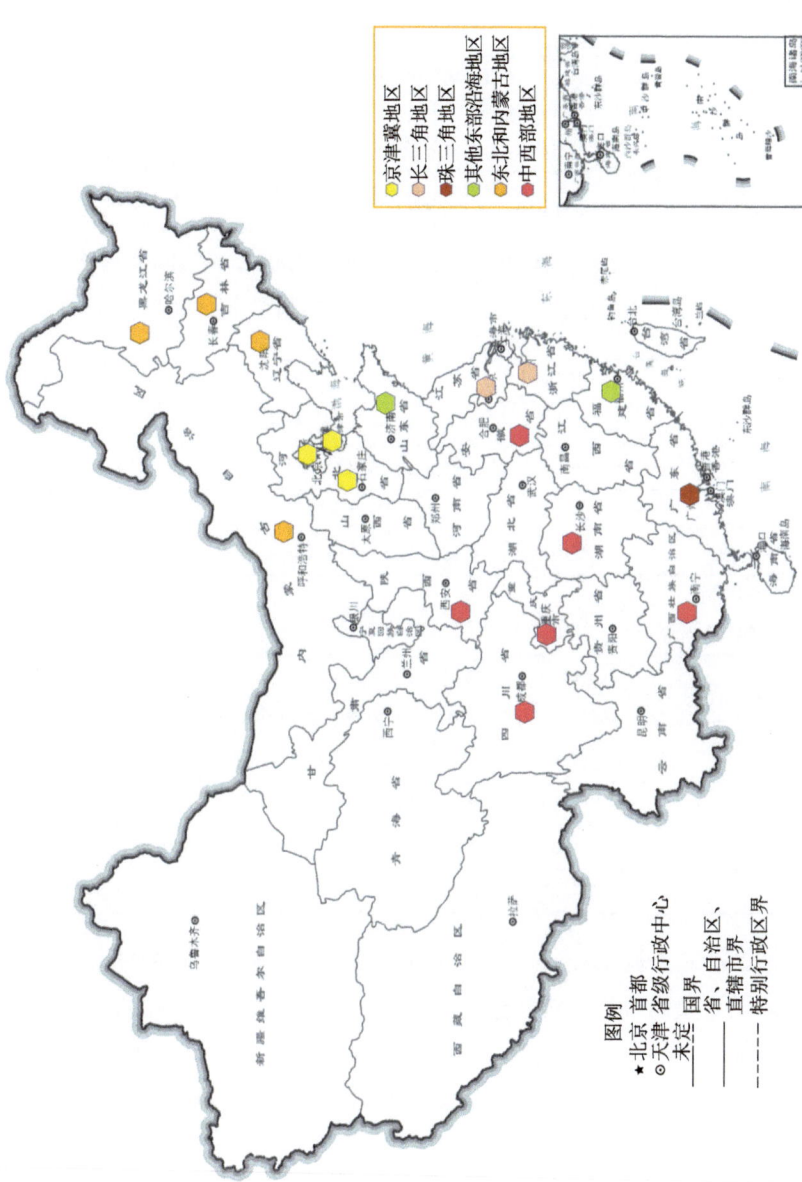

图4.1 全国石墨烯产业区域分布情况

表 4.1 京津冀地区主要石墨烯研发团队

序号	研发机构	团队	主要研发方向
1	中国科学院化学研究所	刘云圻团队	石墨烯薄膜生长及掺杂
2	北京大学	刘忠范团队	石墨烯薄膜生长及装备、超级石墨烯玻璃、超级石墨烯纤维、石墨烯LED、烯碳光纤
3		彭海琳团队	石墨烯薄膜生长及装备、批量转移技术
4		魏飞团队	三维介孔石墨烯粉体宏量制备、石墨烯导电添加剂和超级电容器
5	清华大学	曲良体团队	功能化石墨烯粉体材料与组装、石墨烯新能源器件
6		朱宏伟团队	石墨烯材料制备及其在光电转换、柔性器件、吸附过滤等领域的应用
7	国家纳米科学中心	智林杰团队	石墨烯透明导电膜、石墨烯储能技术
8	北京航空材料研究院	王旭东团队	石墨烯粉体、石墨烯金属复合材料
9	北京化工大学	张立群团队	石墨烯复合橡胶材料和轮胎
10	中国石油大学（北京）	于中振团队	石墨烯高分子复合导热材料
11		李永峰团队	材料化工、石墨烯的制备与应用
12	中国科学院半导体研究所	李晋闽团队	石墨烯LED照明器件
13		魏迪团队	石墨烯可穿戴器件、柔性电池和传感器
14	北京石墨烯研究院	高翾团队	石墨烯玻璃制备技术及其应用、石墨烯制备装备
15		尹建波团队	石墨烯太赫兹器件、石墨烯微纳光电器件
16	北京航空航天大学	沈志刚团队	石墨烯材料规模制备、石墨烯负极材料
17	天津大学	杨全红团队	石墨烯粉体材料组装、石墨烯锂电池和超级电容器
18	南开大学	陈永胜团队	石墨烯粉体材料制备、石墨烯新能源技术

月，京津冀地区涉及石墨烯相关业务的企业数量已达 906 家，主要从事石墨烯粉体材料生产以及石墨烯改性电池、电加热产品、石墨烯涂料等产品的开发和经营。有些石墨烯电加热产品得益于北方"煤改电"政策的需求牵引，使得该地区石墨烯产品的市场规模短期内快速增长。就现状来说，该地区的石墨烯产业尚处于起步和初级阶段，还无法形成真正有竞争力的市场。

1. 区域优势

1）北京市

北京作为全国科技创新中心，拥有丰富的科技创新资源，是全国石墨烯综合研究实力最强的地区。中国科学院化学研究所、北京大学、清华大学、国家纳米科学中心等有多个课题组从事石墨烯基础研究和技术研发工作，本区域代表性的研究机构还包括：北京航空材料研究院、中国石油大学（北京）、北京石墨烯研究院、北京化工大学等。北京在海淀、房山、丰台等区均有石墨烯产业布局，并拥有完整的企业孵化服务体系，帮助成果转化和产业落地。北京市科委在石墨烯领域有长期的规划布局，"十二五"初期开始布局相关科技项目，累计投入研发经费过亿元，重点支持领域包括石墨烯材料的规模化制备技术和装备研发、石墨烯复合材料、超级石墨烯玻璃以及石墨烯电子和光电子器件等。强大的研发能力和雄厚的技术积淀是北京最大的优势所在。在高品质石墨烯薄膜材料、单晶石墨烯晶圆、超级石墨烯玻璃、烯合金、烯碳光纤、石墨烯海水淡化膜等研发方面，北京居国际领先地位。值得强调的是，受京津冀一体化疏解北京非首都功能的影响，北京市的一般制造业逐步外迁，重点发展"高精尖"产业。因此，走高端发展路线既是北京石墨烯产业的特色，也是与其他地区所不同的挑战。

2）天津市

天津是潜力巨大的环渤海经济圈的心脏，是中国北方最大的沿海开放城市。在京津冀协同发展中的定位是着力提高先进制造业水平，成为科技成果转化和产业化基地，支撑和引领全国制造业发展。天津的石墨烯产业主要依托东丽区石墨烯产业化基地、天津滨海高新区石墨烯工程技术中心、宝坻区天津北方石墨烯产业研究院等构建石墨烯产业链，形成产业集聚区。2017年8月28日，天津滨海高新区与英国国家石墨烯研究院（NGI）签署合作协议，共同推进总预算为1000万英镑的5年研发计划。双方基于滨海高新区在新能源汽车方面良好的产业生态，将NGI的石墨烯技术与国能新能源汽车有限责任公司、天津天汽集团有限公司、天津力神电池股份有限公司等天津高新区企业在复合材料、动力电池领域进行产业化推广合作。

3）河北省

河北省作为京津冀协同发展的重要组成部分，其定位是建设重点产业技术研发基地。其充沛的载体供给以及资源储备，对生产制造业及北京外迁的一般制造业企业来说，都是企业选址和未来发展中不可或缺的要素。目前，河北省的石墨烯相关企业主要集中在石墨烯粉体生产领域。唐山市高新技术开发区自2013年以来，以科技创新为驱动，加快石墨烯产业的科学布局，打造集生产、研发、检验检测、融资服务等为一体的石墨烯产业集群。目前，唐山市高新技术开发区初步形成了 14 家石墨烯相关企业共同发展的产业集群,拥有河北省石墨烯产业院士工作站、石墨烯材料工程技术研究中心等研发机构,并与一批国内外石墨烯高精尖技术的汇集单位建立了合作关系。龙头企业唐山建华实业集团有限公司年产 100t 石墨烯的生产线自 2014 年 12 月投产以来,生产线带动、孵化下游产业链的效果显著,含石墨烯的润滑油、防腐涂料等产品研发和制造开始集群化发展;唐山市烯润科技发展有限公司投资 300 万元建立了石墨烯润滑油实验室。在河北高碑店市的石墨烯产业园,高碑店市隆泰丰博石墨烯有限公司年产 900t 石墨烯的 3 条生产线正在加速建设。以石墨烯制备为龙头,以石墨烯应用为目的,高碑店市将凭借生产技术和工艺的研发突破,努力建成我国最大的石墨烯产业基地。位于河北廊坊市的新奥集团股份有限公司,则通过构建"技术—材料—应用产品"的石墨烯产业链,推进石墨烯及下游产业布局和规模扩张。

2. 企业数量和产业规模

截至 2020 年 2 月,京津冀地区在工商部门注册的营业范围包含石墨烯相关业务的企业数量为 906 家,其中北京市 178 家、天津市 136 家、河北省 592 家(图 4.2)。

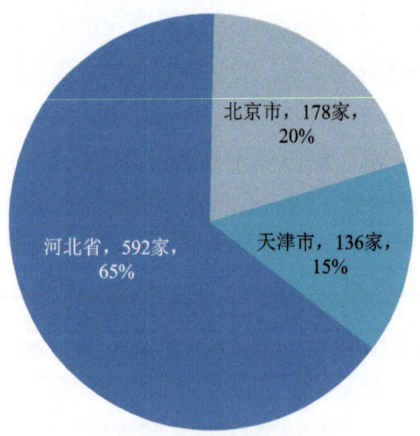

图 4.2　京津冀地区石墨烯企业分布

目前,京津冀地区石墨烯产业主要营收来自北京。据统计,2018 年京津冀地区的石墨烯产业规模为 2.6 亿元。但伴随着石墨烯领域的一些上市公司在 2019 年营业收入的整体萎缩,京津冀地区 2019 年的石墨烯产业规模呈下降趋势,约为 1.5 亿元。

京津冀地区涉及石墨烯业务的上市公司共 4 家:东旭光电(股票代码 000413)、

新奥股份（股票代码 600803）、爱家科技（股票代码 838385）和绿能嘉业（股票代码 100019）（表 4.2）。

表 4.2　京津冀地区石墨烯相关上市公司概况

序号	证券名称	股票代码	类别	地域	上市时间	领域
1	东旭光电	000413	A 股	北京	1996 年 9 月	新能源、节能环保
2	新奥股份	600803	A 股	河北	1994 年 1 月	新能源、化工领域
3	爱家科技	838385	新三板	北京	2016 年 8 月	石墨烯科技健康服饰
4	绿能嘉业	100019	新四板	北京	2017 年 8 月	石墨烯发热材料

3. 竞争力分析

京津冀地区的石墨烯产业是我国石墨烯产业的智力核心，研究水平在国内遥遥领先，以北京为龙头，进行石墨烯技术创新研发与产业协同推进，在高端石墨烯材料生产和装备制造领域优势明显。由于位于首都经济圈，国家政策支持，创新资源丰富，高端创新人才集聚，其石墨烯产业发展势头良好。2016 年 10 月 25 日，北京市批准成立新型研发机构北京石墨烯研究院，由北京大学牵头建设，打造全球领先的石墨烯新材料研发平台。2016 年 11 月，中关村石墨烯产业联盟成立，汇聚了国内知名高校、科研机构、重点应用及投资企业。2017 年 4 月 11 日，北京石墨烯产业创新中心在中国航空发动机集团有限公司北京航空材料研究院揭牌成立；同年 11 月 15 日，京津冀石墨烯产业国际峰会暨北京石墨烯产业创新中心专家委员会成立大会在京召开。2018 年 10 月 25 日，经过两年的建设筹备，北京石墨烯研究院正式扬帆起航，现已成为全球规模最大、最具影响力的综合性石墨烯高技术研发机构。总体上看，京津冀地区的石墨烯产业基础扎实，走高端发展路线，蓄势待发，发展潜力和发展空间非常大。

但是，京津冀地区的石墨烯产业发展优势尚未完全发挥出来。其关键问题体现在基础研究、技术研发和产业化推进的不平衡和脱节现象严重。从研发角度看，基础研究和核心技术研发团队绝大多数在高校和科研院所，研发成果很容易停留在论文和专利阶段，进一步的产业化推进缺少制度保障；从企业布局看，区域内的石墨烯相关企业大多属于初创小微企业，研发能力不足，相关产品研发和经营基本上走低端发展路线，科研与产业难以有效衔接，科技与经济"两张皮"现象严重。尽管这是国内高科技产业的通病，但在京津冀地区的石墨烯产业发展过程中，表现得尤为突出。

4.1.2 区域石墨烯产业载体

1. 北京市

2017年4月11日，在北京市经济和信息化委员会主导下，北京石墨烯产业创新中心成立，该中心主要依托于北京石墨烯研究院和北京航空材料研究院，致力于整合资源优势，构建多层次人才激励机制，建立"众智型"石墨烯研发模式和"共享型"产业化平台和基地。北京石墨烯产业创新中心的总体目标是打造"全球一流的石墨烯复合技术研究及产业孵化中心"，重点推进三大任务。

（1）瞄准国家重大需求，突破石墨烯应用材料复合化共性技术，实现现有材料升级换代，获得7个以上国际领先的石墨烯"杀手锏"级应用；

（2）解决石墨烯批量化制备及应用的通用技术，实现100t石墨烯低成本制备和应用，形成千亿级产业核心；

（3）瞄准国际前沿，掌握石墨烯颠覆性技术，推进10个"中国发明，世界第一"的石墨烯前沿技术，形成100项国际专利和国际标准，培养一支具有全球视野和国际竞争力的石墨烯高技术研发和产业化队伍。

作为北京石墨烯产业发展的重要平台，北京石墨烯产业创新中心将引导开展石墨烯前沿技术、石墨烯应用技术研发及成果转化工作，发挥地方政府产业引领示范和国家科研院所的技术优势，打造军民融合发展典范，立足京津冀协同发展，形成"北京创新主核心、京津冀大平台、全国大网络"的石墨烯产业创新发展体系，使北京成为全球石墨烯创新网络的关键枢纽、全国石墨烯产业创新发展的协同中心、石墨烯军民融合的示范区以及国家石墨烯高端产业的主引擎和主力军。

2. 天津市

天津市于2017年7月3日成立天津北方石墨烯产业研究院。研究院位于宝坻区，由京津新城建设管理委员会与天津宝坻紫荆创新研究院、烯旺新材料科技股份有限公司三方共同发起，结合北方地理与产业特点，进行石墨烯在电动车、设施农业、新农村建设、防腐涂料等领域的应用研发。

研究院设有石墨烯协同创新与产业化公共服务平台（包括技术评价、技术交易、检验检测、质量认证、人才培训等服务）；在科研和人才培养方面整合清华大学资源，结合宝坻石墨烯产业发展需要，面向政府、企业、用户开展石墨烯技术、产品、应用的教育培训工作，培养一批高水平石墨烯领域的工程技术、市场营销和管理人才；同时，宝坻科技小巨人培育计划和快速发展的新能源新材料产业，与企业合作开展在光电子器件、锂电池和超级电容器、导热材料、功能涂料以及环境治理等领域的应用研发。

目前，研究院已组建石墨烯防腐涂料研究中心、石墨烯电采暖研发中心、石墨烯功能服饰研究中心在内的 7 个研发平台，孵化并引进多家企业，并建有目前国内最大的石墨烯专业展示馆。

3. 河北省

唐山"石墨烯家"是河北省第一个省级石墨烯孵化器，隶属于唐山建华实业集团有限公司，成立于 2015 年 6 月 9 日，已入驻项目 5 家。其按照"石墨烯+"的思路，进行横向和纵向的结合，推动唐山石墨烯科技企业孵化器的发展，提高唐山石墨烯产业集群的专业化水平。通过横向发展"石墨烯+"，吸引京津冀乃至全国范围的"石墨烯创客"，不断扩大石墨烯下游产业化项目的规模和范围，研发、推广石墨烯在国民经济中更多领域内的应用；通过纵向发展"石墨烯+"，打造"苗圃—孵化器—加速器—产业基地"的一条龙服务模式，对优秀的中、小、微型石墨烯产业项目提供优质的软、硬件设施服务，通过资源共享、帮扶互助和良性竞争，使石墨烯项目能够获得更多技术支持和指导，朝着专业化、多元化迈进。

4.1.3 代表性企业

北京石墨烯研究院（BGI）。北京市政府最早批准建设的新型研发机构之一，由北京大学牵头建设，于 2016 年 10 月 25 日注册成立，2018 年 10 月 25 日正式揭牌运行；2017 年 12 月 26 日注册成立北京石墨烯研究院有限公司，注册资本 3.226 亿元。目前，拥有研发大楼两栋，总面积 2 万 m^2，研发人员近 300 人。北京石墨烯研究院现有 5 个核心技术研究部、1 个粉体技术研究中心、1 个装备研发中心、1 个质量检测中心以及 1 个石墨烯薄膜生产示范中心。北京石墨烯研究院推出"研发代工"新型产学研协同创新模式，积极推动与产业界的实质性合作，已与相关企业和科研院所建立 8 个研发代工中心、3 个特种领域联合实验室和 4 个协同创新中心。目前，已走出北京，布局全国，在山东济宁建设"BGI 石墨烯粉体材料生产基地",在福建永安建设"BGI福建产学研协同创新中心",在无锡建设"BGI长三角研究中心",在吉林长春建设"BGI长春产学研协同创新中心"等。此外,北京石墨烯研究院还与国家石墨烯产品质量监督检验中心全方位合作,推进石墨烯相关标准建设及产品质量检测工作。北京石墨烯研究院的核心优势是其强大的研发团队、雄厚的研究基础以及创新性的运行机制。其中,具有国际领先水平的研发成果有超洁净石墨烯薄膜、4in 单晶石墨烯晶圆、超级石墨烯玻璃、烯碳光纤、烯铝集流体、石墨烯基 LED 发光器件等,有关高品质石墨烯薄膜材料制备已经形成批量生产能力和装备自主研发能力。尽管其历史很短,但北京石墨烯研究院已成为国际知名的石墨烯综合研发机构和具有强大生命力的产学研协同创新平台。

北京石墨烯技术研究院（BIGT）。由中国航空发动机集团有限公司北京航空材料研究院在北京市政府支持下于 2017 年 3 月 20 日正式成立。北京石墨烯技术研究院依托其强大的航空航天和国防军工牵引背景,在石墨烯的工程应用方面做出了一系列引领性成果。已建成中国首条石墨烯应用技术中试基地,包括从石墨烯材料制备、工程应用到性能检测的全套实验设施,占地面积 $8800m^2$。其核心技术有石墨烯铝合金、石墨烯钛合金、石墨烯橡胶复合材料等。北京石墨烯技术研究院与中国航空工业集团有限公司、中国核工业集团有限公司等企业合作开发了 12 类 60 多种石墨烯新材料,多项石墨烯成果已在军工尖端装备上获得应用。其中,石墨烯电子封装材料作为"中国制造 2025"典型产品进入工信部新材料首批重点应用示范项目,石墨烯铝合金导线项目在"第二届中国军民两用技术创新应用大赛"中荣获金奖。北京石墨烯技术研究院在国际上率先实现石墨烯与金属的复合,制备出石墨烯增强或改性金属基复合材料,制备出石墨烯铝合金电缆。目前,已完成 12 项科技成果转化,合同总额达 7.5 亿元。

东旭光电科技股份有限公司。该公司是国内最早进军石墨烯领域的上市公司之一。早在 2014 年,东旭光电就全面启动石墨烯战略布局与国际合作。依靠"内生+外延"的战略发展模式,实现了石墨烯业务及技术创新、项目孵化、产业落地、投融资、并购等环节的无缝对接,构建国际领先的石墨烯"产投研一体化"格局。子公司北京旭江科技有限公司、北京旭碳新材料科技有限公司、上海碳源汇谷新材料科技有限公司和湖州明朔光电科技有限公司是东旭光电石墨烯事业部的主要组成部分。东旭光电在石墨烯基锂离子电池、石墨烯电热技术、石墨烯节能照明、石墨烯重防腐涂料等领域实现产业化应用落地。根据东旭光电 2019 年中报,石墨烯应用产品已获得 6252.25 万元的营业收入。与此同时,东旭光电石墨烯投融资平台以北京东旭华清投资有限公司为依托,通过石墨烯产业基金加速全球范围内优质石墨烯技术和标的的并购整合。东旭光电还与英国曼彻斯特大学开展深度合作,成为继华为公司和中国航空发动机集团有限公司北京航空材料研究院之后,第三个与曼彻斯特大学成为全球战略合作伙伴的中国高科技企业。

北京北方国能科技有限公司。公司成立于2014年,主要从事石墨烯杂化物等新材料批量制备与生产的高新技术企业,由清华大学魏飞团队提供技术支撑。经过清华大学十几年的研发、小试生产,其主要工艺技术已定型并达到国内国际领先水平。公司在怀柔区雁栖经济开发区中的国家级产业基地——北京纳米科技产业园内已建成占地18.79亩[①]的石墨烯杂化物生产基地。

北京绿能嘉业新能源有限公司。公司创立于2014年,注册资本5102.0408万元,是专注于石墨烯材料研究与应用,集研发、生产、销售于一体的国家高新技术企业。主要产品为石墨烯电暖画、地热膜。其中,石墨烯电暖器产品用于国家"煤改电"项目,已经完成北京顺义区和延庆区、陕西省宝鸡市、甘肃省武威市、河北省沧州市等区域的"煤改电"项目。公司已在全国36个省(区、市),与100多家合作伙伴建立经营合作网络,并已开拓欧洲等海外市场。2017年挂牌北京股市交易所新四板科创板(股票代码100019)。2018~2019年累计实现营收超过1亿元,年均增长超过40%。

北京创新爱尚家科技股份有限公司(简称爱家科技)。公司成立于2013年3月14日,注册资本1696.77万元。2016年登陆新三板,股票代码838385,自有品牌Aika爱家。主要产品为石墨烯纤维产品,助力传统服装品牌转型升级。爱家科技拥有自主知识产权的艾弗(AIHF)纤维核心技术,AIHF纤维复合了三维石墨烯复合纤维、导电纤维、骨架纤维等特种纤维,可达到10s速热,温度稳定度±1℃。目前,爱家科技拥有48项核心专利,已与福建七匹狼实业股份有限公司、波司登股份有限公司等近百服装品牌联合打造集"科技、健康、智能、大数据应用"为一体的石墨烯登山服、羽绒服、马甲、商务男裤等产品。同时还为2022年北京冬季奥运会提供服装、场地等保暖保障技术研发与配套产品。公司在2018年的营业收入达2007.91万元。

天津玉汉尧石墨烯储能材料科技有限公司。公司成立于2017年3月7日,注册资本3665万元,坐落于天津东丽经济技术开发区。目前,主要产品是石墨烯改性三元材料和导电浆料。前期技术主要依托于中国航空发动机集团有限公司北京

---

① 1亩≈666.67m^2。

航空材料研究院的石墨烯储能技术。公司通过自主研发，对石墨烯纳米片和磷酸铁锂、三元材料等进行有效复合，攻克了石墨烯难分散的技术难题，实现了石墨烯与正极材料的良好包覆。在天津投资约 1.8 亿元建设年产 3000t 动力电池及高端 3C[计算机（computer）、通信（communication）、消费电子产品（consumer electronic）]电子用锂离子电池正极材料示范生产线及研发中心。2018 年 4 月，完成石墨烯导电浆料年产 3000t 的生产线，同年 8 月建成年产 5000t 三元材料生产线，同年年底建成年产 15 000t 三元正极材料生产线。

天津普兰纳米科技有限公司。公司成立于 2009 年 6 月 22 日，注册资本为 895.85 万元。公司由南开大学陈永胜教授创建，已积累 50 余项纳米材料及应用发明专利。依托南开大学雄厚的研发实力，研制成功了高性能石墨烯超级电容器极片、石墨烯改性高性能钛酸锂负极材料，并建成超级电容器和钛酸锂电池生产线，稳定量产 0.1～4200F 超级电容器、16V500F／28V500F／48V165F 等超级电容器模组以及 4～200Ah 钛酸锂电池单体及模组等系列产品。公司拥有月产百公斤级石墨烯粉体材料生产线。该公司自主研发的钛酸锂负极材料采用独特的石墨烯包覆技术，利用石墨烯的高导电性、高比表面积、优良的机械性能和电化学稳定性优点，解决了传统钛酸锂电子电导率低、克容量和能量密度小、电池充放电过程中特别是高温工况下胀气严重等问题。

新奥石墨烯技术有限公司。公司成立于 2017 年，注册资本 1.5 亿元，总部位于河北廊坊，是新奥集团股份有限公司旗下的直属公司。现有员工 138 人，其中行业领军人才 3 人、万人计划 1 人、博士 15 人。公司致力于开发基于石墨烯及其应用技术的新材料，为客户提供低成本高性能材料和应用解决方案，已实现高品质石墨烯材料的规模化、清洁化生产，形成了石墨烯、碳纳米管等一系列纳米碳材料产品。下游应用产品聚焦于导热/导电功能复合材料、储能、电热等领域。该公司是国家标准化管理委员会（简称国家标准委）批准的"石墨烯国家高新技术产业标准化试点"企业（石墨烯领域唯一获批的国家级企业试点单位）。

唐山建华实业集团有限公司。唐山建华实业集团有限公司成立于 2013 年 8 月 21 日，注册资本 2000 万元，原主营业务为建筑检测。从 2010 年起，集团与北京交通大学何大伟团队合作，开展了石墨烯批量制备技术等课题攻关，并与中国工程院、中国航天科技集团有限公司、北京有色金属研究总院、澳大利亚莫纳什大学等机构建立了合作关系。集团还建立了河北省石墨烯产业院士工作站、石墨烯材料工程技术研究中心等研发机构。2014 年 12 月，唐山建华实业集团有限公司在北京交通大学国家 973 石墨烯科研项目成果的基础上，在高新区建成年产 100t

石墨烯生产线。集团还投资建设了唐山石墨烯科技企业孵化器，成立了石墨烯专业众创空间"石墨烯家"，专门扶持石墨烯中、小、微企业。已初步形成了唐山建华科技发展有限责任公司、河北宇轩纳米科技有限责任公司、唐山市烯润科技发展有限公司等14家石墨烯相关企业共同发展的产业集群,并陆续开发出石墨烯润滑油、石墨烯防腐涂料、石墨烯空气治理材料、石墨烯金属陶瓷涂料等20余项石墨烯产品。

4.1.4 产业特点分析

京津冀地区的石墨烯产业正在逐渐形成协同发展和错位发展态势。北京市着重于高端引领和技术创新平台建设，天津市重点定位石墨烯工程化平台建设，而河北省则致力于产业基地建设。

1. 北京市

北京市重点关注石墨烯产业的未来布局。石墨烯新材料产业仍处于发展的初级阶段，打好基础、面向未来极为重要。从发展现状和发展态势看，北京市重点从三方面进行产业推进。

（1）研发平台建设，重点推动建设北京石墨烯研究院和北京石墨烯技术研究院。这方面已经取得显著成效，例如北京石墨烯研究院已成为全球知名的石墨烯研发机构。

（2）抓好石墨烯产业的源头工作。高品质石墨烯材料是未来石墨烯产业的基石和核心竞争力。北京石墨烯研究院在这方面投入了大量的人力物力资源，并已取得国际公认的一系列重要突破。

（3）面向未来的高端石墨烯应用技术研发，这也是北京市科委的投入重点，在石墨烯光通信技术、石墨烯LED器件、石墨烯可穿戴器件以及石墨烯传感器等方面都有研发布局，并已取得很多突破性成果。

近年来，北京市推出了一系列政策支持石墨烯产业发展。2016年，国务院印发的《北京加强全国科技创新中心建设总体方案》明确指出，重点突破石墨烯材料等一批关键共性技术；2016年，北京市科委启动《北京市石墨烯科技创新专项（2016—2025年）》；2017年，《北京市政府工作报告》再次强调布局石墨烯新材料研究；等等。

2. 天津市

天津市的石墨烯产业主要围绕当地新能源汽车产业发展工程化应用，天津市已基本形成整车开发、动力电池、控制系统、试验检测和推广应用等较为完善的新能源汽车产业体系。拥有天津比亚迪汽车有限公司、天津一汽夏利汽车股份有限公司、天津清源电动车辆有限责任公司等新能源汽车整车企业，天津力神电池股份有限公司、天津巴莫科技股份有限公司、中信国安盟固利动力科技有限公司、天津市松正电动汽车技术股份有限公司等动力电池电控生产制造企业，聚集了中国汽车技术研究中心、中国电子科技集团有限公司第十八研究所等试验检测科研机构。因此，天津成立石墨烯工程技术中心，主要聚焦于石墨烯技术在电动汽车的电池及新材料领域的工程化应用。

3. 河北省

河北省的石墨烯产业主要围绕着石墨烯粉体及其应用相关产品展开。由于京津冀协同创新发展规划中，河北的定位是以疏解北京非首都功能为"牛鼻子"，调整产业结构和空间结构，推动三地产业、交通、生态环保的一体化。为了实现产业升级，许多传统的生产型企业纷纷进入石墨烯行业。一个典型的例子是唐山建华实业集团有限公司，其主业为传统的建筑检测，业务单一而且难以为继，为实现产业转型升级进入了石墨烯行业。同时也有一些北京的石墨烯企业在河北设立生产基地。例如，北京绿能嘉业新能源有限公司，响应京津冀协同发展，通过"京研冀造"的产业发展格局，满足公司长远发展需要，在中关村海淀创业园的对接下在河北枣强建立了电热膜生产基地。总体而言，河北省的石墨烯产业主要以生产型企业居多。

4.1.5 问题和挑战

1. 科研成果与下游产业应用脱节

京津冀地区在基础研究和应用研发方面实力雄厚，并有着明显的优势，已拥有一系列国际先进甚至领先水平的石墨烯相关研究成果。但是，这些成果大部分以学术论文和发明专利的形式躺在书架上，没有实现真正的产业化。基础研究成果的转化有两种渠道。一个是与下游企业对接，直接转移给感兴趣的企业。由于很多基础研究成果还缺少进一步的实用化研发和"中试阶段",尚未达到产业化成熟阶段,因此存在巨大的风险,导致下游企业兴趣不足。另一个是成果拥有者成立公司直接从事转化工作,这样造成了大量的初创型小微企业。"教授办企业"由于学非所用和经验不足,成功率并不高,而且还严重影响进一步的研发创新。毋庸置疑,当前的人才和学术评价机制也是一个重要原因,科研人员缺少将科研成果推进实用转化的动力。

2. 政府层面缺乏统一规划

京津冀协同发展石墨烯产业合作开展4年多来虽有一些亮点,但仍缺乏统一规划和配套政策,产业同质化问题仍难以解决。河北省高碑店市、廊坊市、唐山市均建有年产百吨级以上石墨烯粉体的生产线,且政府均给予了政策扶持,但企业目前均陷入经营困境。究其原因,主要在于政府层面缺乏统一规划,大肆新建石墨烯产业园。京津冀地区的石墨烯产业错位发展特色和优势是显而易见的,如果能够从更高的层面进行规划布局,将有助于石墨烯产业健康、有序和快速发展。

3. 社会资本参与度较低

当前石墨烯的整个产业链中,任何环节都需要各个阶段的金融产品进行对接,通过投融资方式支持石墨烯产业健康发展。然而,政府发起的石墨烯产业基金需要社会资本进行配资。相比珠三角区域,京津冀地区社会资本的活跃度较低,导致该地区石墨烯产业基金融资难度较大。

4.2 长三角地区

长三角地区是中国石墨烯产业发展最早的区域,其发展状况与优越的地理位置、便利的交通、雄厚的经济实力和有力的政策扶持有关。

根据区域产业发展特点及"一核两带多点"的总体空间格局,本节主要对江苏省、浙江省和上海市的石墨烯产业现状进行分析。2011年,江苏省常州市成立江南石墨烯研究院,率先开启了长三角地区石墨烯产业化之路。9年来,长三角地区的石墨烯企业数量增加非常迅速,总体规模很大。根据工商注册信息,据不完全统计，截至 2020 年 2 月，长三角地区涉及石墨烯相关业务的企业数量超过 2500 家，其中江苏省 1557 家、浙江省 694 家、上海市 264 家。该区域的石墨烯产业化水平在一定程度上反映了全国石墨烯行业水平及发展状况。

4.2.1 区域基本情况

1. 江苏省

江苏省石墨烯产业聚集地——常州市和无锡市先后发布了《常州市武进区人民政府关于进一步加快先进碳材料产业发展的若干政策》《关于促进无锡石墨烯产业发展的政策意见》等政策引导产业发展。截至 2019 年 9 月，常州石墨烯园区内石墨烯企业已达 137 家，其中包括 2 家新三板挂牌企业（表 4.3）。企业注册资本在 100 万元以下的企业 10 家，注册资本 100 万～1000 万元的企业 66 家，1000 万～1 亿元的企业 48 家，注册资本超过 1 亿元的企业共 10 家。江南石墨烯研究院是园区主管单位。园区已推动建成具有全国影响力的石墨烯粉体和薄膜材料规模化生产企业（新三板上市企业），并推动了石墨烯在热管理、储能、涂料、复合材料、电磁屏蔽材料、智能穿戴材料和传感器等产品应用研发和生产制造企业的建设和发展。其中，石墨烯散热产品已得到市场认可，具有较高的知名度。

无锡是江苏省的另一个石墨烯产业聚集区，起步也很早，全力推进石墨烯材料的产业化应用。致力于打造"一区二中心"格局，建设具有核心竞争力的研发创新技术平台，初步形成区域性石墨烯应用产业集群。目前，在无锡石墨烯示范区已经集聚了研发、应用型企业 50 余家，实现产业化企业 15 家，重点培育和发展超电储能、导电薄膜、导热发热材料、复合材料、电子元器件等五大应用领域的产业化项目。

表 4.3 江苏省石墨烯新三板挂牌企业

证券名称（股票代码）	主营石墨烯相关业务	上市类别
第六元素（831190）	新型碳材料研发、生产、销售及石墨烯膜、石墨烯粉体的制备与生产	新三板
二维碳素（833608）	应用于触摸屏、太阳能电池、柔性电子、OLED 领域透明电极的石墨烯薄膜材料的研发、技术服务、技术咨询；触摸器件与配件、光电触控面板、平板显示器与配件、石墨烯导电膜的制造、销售	新三板

2. 浙江省

浙江省的石墨烯产业布局主要集中在宁波。宁波市政府对石墨烯产业关注较早，重视度也很高。为推动石墨烯产业的发展，宁波市启动了"石墨烯产业应用开发"重大科研专项，发布《宁波市石墨烯技术创新和产业化发展中长期规划》《宁波市石墨烯产业三年攻坚行动计划》等配套文件，联合科研院所、重点企业和产业资本建立宁波石墨烯创新中心有限公司，大力支持石墨烯产业发展。结合宁波市产业发展特色和科研体系布局，在重视原材料开发的基础上，重点聚焦于导电材料、导热材料、复合材料、合金材料、储能器件和电子信息器件等六大石墨烯应用材料与功能器件领域开展应用技术研发。

杭州代表性石墨烯企业有两家：一个是杭州高烯科技有限公司，重点从事氧化石墨烯粉体和石墨烯复合纤维的规模化生产，技术支撑为浙江大学高超教授团队；另一个是杭州白熊科技有限公司，以石墨烯电加热产品设计为主要特色，产品推广模式颇具特色。

浙江省在宁波石墨烯创新中心有限公司的基础上，于2017年成立浙江省石墨烯制造业创新中心。

3. 上海市

上海市是全国的国际经济、金融、贸易、航运和科技创新中心，在人才、资金、技术方面具有显著的优势。上海市通过成立上海石墨烯产业技术功能型平台来孵化和培育石墨烯企业。目前，该平台已联合上海交通大学等高校和中国科学院上海微系统与信息技术研究所，以及上海利物盛企业集团有限公司、上海新池能源科技有限公司、上海烯望材料科技有限公司等企业，重点加强石墨烯产业上下游的合作，助力石墨烯产业化进程。依托中国科学院上海微系统与信息技术研究所的雄厚科研力量，在石墨烯薄膜制备、石墨烯粉体的规模化生产和石墨烯器件探索等方面有一定优势。产业发展重点集中在石墨烯复合材料、新能源电池材料等领域。总体上看，上海市的石墨烯产业规模不大，企业数量不多，在产学研协同创新方面尚有很大的提升空间。

4.2.2 区域石墨烯产业载体

1. 江苏省

常州石墨烯小镇以2011年成立江南石墨烯研究院为契机，开始发展石墨烯产业。常州石墨烯小镇于 2017 年 5 月入选江苏省首批 25 家省级特色小镇创建名单，目前已建成集"研究院-众创空间-孵化器-加速器-科技园"于一体的较为完善的创新创业生态体系，是国家石墨烯新材料高新技术产业化基地，并计划构筑"一轴一港两廊五区"的总体布局框架。迄今，园区内拥有多类型石墨烯粉体规模化生产和应用企业、高质量石墨烯薄膜规模化生产和应用企业共计 137 家，其中第六元素和二维碳素是在新三板挂牌的石墨烯企业。此外，石墨烯导热散热等热管理类产品、石墨烯锂电和超级电容器材料、石墨烯涂料类产品和石墨烯复合材料的生产制造企业构成了园区石墨烯企业的主力。主导石墨烯屏蔽材料、石墨烯可穿戴材料和石墨烯光栅等高科技、高附加值产品开发的企业在常州石墨烯园区也有一定数量和规模。常州石墨烯园区主管单位仍在以市场为导向，加快引进具有较高科技水平的企业和团队入驻。

无锡石墨烯产业发展示范区成立于 2013 年 8 月。该园区主要围绕培育和发展超电储能、导电薄膜、导热发热材料、复合材料、电子元器件等五大应用领域的产业化项目开展工作。通过建设专业化平台、引进专业化人才，打造众创空间-孵化器-加速器-产业园的创新创业发展链条。迄今，示范区内已引进培育了无锡格菲电子薄膜科技有限公司、烯晶碳能电子科技无锡有限公司等各类团队和企业共 50 余家，其中产业化企业 15 家。无锡已建成国家火炬石墨烯新材料特色产业基地——无锡石墨烯产业发展示范区和由国家质量技术监督检验检疫总局批准的国家石墨烯产品质量监督检验中心。此外，无锡与英国格拉斯哥大学合作成立了石墨烯英国格拉斯哥大学离岸孵化器，具有较好的国际化研发合作基础。

2. 浙江省

浙江省石墨烯制造业创新中心是由中国科学院宁波材料技术与工程研究所牵头，联合国内石墨烯行业前十名的骨干企业、产业链上下游企业、投资基金、产业资本以及中国石墨烯产业技术创新战略联盟等 10 余家股东单位共同出资成立的、具有独立企业法人资格的石墨烯产业技术创新平台。该平台重点面向电动汽车、海洋工程、功能复合材料、柔性电子、电子信息等领域，针对石墨烯及其改性材料的重大需求，计划 5 年投入 10 亿元，突破技术成熟度 4~6 级的石墨烯产业前沿技术和共性关键技术，打通石墨烯基础研究与产业需求之间缺失的关键创新环节，为石墨烯产业提供成套的系统性技术解决方案，并通过融合各创新要素完成向下游的技术转移扩散，促进传统产业的转型升级和先导产业的培养发展。

3. 上海市

上海市与宝山区市区联动，成立了石墨烯研发与转化功能型平台，是上海建设具有全球影响力科创中心的"四梁八柱"之一。上海超碳石墨烯产业技术有限公司是上海石墨烯产业技术功能型平台的运营主体。平台以石墨烯应用需求为牵引，着力构建石墨烯应用技术创新、中试及产业化的核心服务能力。通过"基地+基金+人才"模式，集聚并有效配置技术、人才、资本市场等创新资源，促进实验室成果的产业化，解决产业面临的共性技术问题，培育打造石墨烯产业集群。平台致力于打造与产业紧密结合的、国际知名的协同创新平台，实现"平台促科技、平台带产业"。目前，平台入驻团队有6家，分别来自中国科学院上海微系统与信息技术研究所、上海交通大学、上海第二工业大学、上海理工大学等单位，主要研发方向包括石墨烯薄膜材料、石墨烯量子点材料、多孔石墨烯材料、石墨烯金属复合材料以及石墨烯加热技术等。

4.2.3 代表性企业

常州二维碳素科技股份有限公司：成立于2011年12月，是一家专业从事大面积石墨烯薄膜及石墨烯触控模组研发生产的高科技上市企业。尤其在静态薄膜生长技术上有一定特色。目前，其载具最大尺寸为10in，最大转移尺寸为A4大小。单台产能为每年4万m^2，年总产能为20万m^2。薄膜主要应用在传感器领域。

常州第六元素材料科技股份有限公司。公司成立于2011年11月，由瞿研博士团队创立。公司是目前国内产能规模最大的石墨烯粉体生产企业之一，于2013年11月建成国内首条自动控制的年产10t氧化石墨烯粉体规模化生产线，公司于2013年11月建成国内首条自动化控制的年产10t氧化石墨烯粉体规模化生产线，现有氧化石墨烯年产能为300t。其全资子公司南通第六元素一期项目于2020年5月份正式投产，达到年产1000t氧化石墨烯的生产规模。已成功研发并生产出六大系列石墨烯粉体产品，分别为氧化石墨烯、储能型石墨烯、防腐型石墨烯、导电型石墨烯、导热型石墨烯和增强型石墨烯，广泛应用于涂料、塑料、树脂、锂电子电池等复合材料领域。截至2020年7月，公司累计申请专利204项，其中发明专利178项、已获授权114项、发明授权88项，位居石墨烯粉体生产型企业前列。

烯晶碳能电子科技无锡有限公司。2010年7月在无锡注册成立。公司自主研发的超级电容器，已受到国内外多个汽车巨头企业的认可并纳入供货体系。2018

年 5 月 29 日,中国汽车工业协会、中国汽车动力电池产业创新联盟联合公示了"汽车动力蓄电池和氢燃料电池行业白名单（第一批）",共 21 家企业入选,除了深圳市比亚迪锂电池有限公司、北京国能电池科技股份有限公司之外,烯晶碳能电子科技无锡有限公司也跻身于名单之列。

常州恒利宝纳米新材料科技有限公司。公司成立于 2016 年 4 月,注册资本 1076.47 万元,坐落于常州市武进区西太湖石墨烯产业园内,是一家致力于石墨烯功能化高分子材料研发、工业化生产及应用的高新技术企业,同时是中国石墨烯改性纤维及应用产业发展联盟的常务理事单位、江苏省新材料产业协会理事单位。公司是国内外第一家实现石墨烯原位聚合尼龙 6 切片工业化生产的企业。

无锡盈芯半导体科技有限公司。公司掌握多种二维材料大单晶 CVD 生长工艺、可控掺杂工艺、与二维材料工艺兼容的高 k 栅介质原子层沉积技术、高性能场效应晶体管微纳制备工艺、与 CMOS 工艺匹配的大面积射频晶体管制备技术、高灵敏二维材料光电传感器、化学传感器、生物传感器等核心原理与技术等。自主研发并制造了分子束外延系统,其核心部件均为自主设计、加工和制造,并建有一条完整的材料生长、异质结构建、微纳电子器件加工和性能测试平台。

无锡格菲电子薄膜科技有限公司。该公司是一家由海归博士团队创办的高科技企业,致力于石墨烯薄膜及器件研发和生产,并配备了各类高端研发仪器与设备。公司依托江苏数字信息研究院,与国内多所高校和多家下游企业建立了项目合作关系。

江苏墨泰新材料有限公司。该公司拥有专业的技术研发和管理团队,在石墨烯隔热、发热、散热等热管理技术领域拥有一定优势,已开发出系列拥有自主知识产权的石墨烯新材料产品。公司拥有发明专利 20 多项、实用新型和外观专利 10 余项。

宁波墨西科技有限公司。中国科学院宁波材料技术与工程研究所刘兆平团队成立的宁波墨西科技有限公司是北京墨烯控股集团股份有限公司旗下子公司。公司成立于 2012 年 4 月,坐落于宁波市慈东滨海区,占地 140 亩,注册资金 2.4 亿元。专注于石墨烯材料的生产、销售和应用技术研发,旨在成为全球领先的石墨烯材料供应商和应用技术解决方案提供者。通过引进中国科学院宁波材料技术与工程研究所的石墨烯产业化技术,于 2013 年底建成首期年产 300t 石墨烯粉体生产线。此外,还组建了石墨烯制备与应用技术研究院。

杭州高烯科技有限公司。创建于 2016 年,注册资本 3000 万元,由浙江大学高超团队提供技术支撑。公司占地面积 1 万 m^2,拥有研发中心和生产基地。公司致力于单层石墨烯及其宏观组装材料的研发、生产及技术服务，已申请专利 70 余项。迄今为止，已开发出单层氧化石墨烯、石墨烯多功能复合纤维、石墨烯电热布、石墨烯电池材料、石墨烯超级电容器、石墨烯液晶技术等石墨烯相关技术和产品。该公司研发的石墨烯复合纤维织物已通过国家纺织服装产品质量监督检验中心（浙江）检测。

上海烯望材料科技有限公司。依托中科院上海微系统所丁古巧石墨烯研发团队。公司拥有研发人员 20 人，由博士和硕士组成。产品包括：高质量石墨烯粉体材料、石墨烯浆料和石墨烯量子点。自主开发了石墨烯基超级电容器和新能源电池，并积极推进特种涂料和复合材料等应用产品的研发工作。

上海利物盛企业集团有限公司。该集团是张江高新区宝山城市工业园民营企业集团。于 2010 年聚焦石墨烯材料的低成本、高品质、规模化生产，致力于从传统制造业向高科技企业转型。目前，已实现年产 30t 石墨烯粉体规模化生产，并以江苏南通利物盛（海安）产业园为生产基地，全力推进石墨烯新材料技术和产品的产业化。

4.2.4 产业特点分析

长三角地区的石墨烯新材料产业发展较早，已初步形成产业集聚优势。两省一市根据各自地区优势和特点，在石墨烯产业聚集区成立了特色小镇、科技产业园和创新中心。例如，江苏省在常州高新区和无锡高新区分别建设了常州石墨烯小镇和无锡石墨烯产业园；浙江省在宁波成立了浙江省石墨烯制造业创新中心；上海则成立了旨在培育孵化石墨烯企业的石墨烯产业技术功能型平台。江苏省、浙江省和上海市都高度重视其总体规划和产业布局，推动石墨烯产业化基地和示范区建设，在全国率先打造了覆盖设备研发、原料制备、应用研发和产品生产的较完整的石墨烯产业链。

1. 江苏省

江苏省是中国石墨烯产业的先行者。从引进领军人才入手，积极扶持创办石墨烯高科技企业，带动新兴石墨烯产业快速发展。同时引导金融资源集成支持，构建产业创新发展的优良生态。培育出了以二维碳素、第六元素为代表的石墨烯领域高新技术企业和上市公司。江苏省自发展石墨烯产业之初，就先后由常州和无锡两市政府设立 2 亿元的"碳材料专项资金"，常州市更是明确成立总规模不少于 20 亿元的创业投资基金，通过补贴、配套、奖励和跟进投资等方式，支持石墨烯产业链上的企业发展。近年来，无锡通过实施"东方硅谷"海外人才计划，吸引石墨烯领域的高层次人才落户发展。该计划以项目为牵引引进人才，以人才为核心发展产业。

　　经过多年来的不懈努力和坚持，江苏省已成为长三角地区石墨烯产业发展的主力军。2019 年，由江南石墨烯研究院发起成立了江苏省石墨烯创新中心。该中心拥有 1.4 万 m^2 综合性研发平台、12 个重点实验室和省级分析测试中心以及外籍院士工作站，配套仪器设备 160 多台套，总值逾 3000 万元。中心集聚了 30 多个石墨烯研发团队和 18 家产业链骨干企业，其中包括：第六元素（常州）——全国首家挂牌的石墨烯粉体生产企业、二维碳素（常州）——全国首家挂牌的石墨烯薄膜生产企业、江苏天奈科技股份有限公司（镇江）——全球最大的碳纳米管生产厂家之一、江苏江山红化纤有限责任公司（南通）——国内首家石墨烯纤维企业、格瑞丰（苏州）——国内领先的石墨烯粉体制备及导电应用企业等。业务领域涵盖了石墨烯装备制造、原材料制备、产品下游应用等石墨烯产业的各个方面。此外，该中心还拥有科技服务业行业试点单位（科技部）、国家石墨烯标准化推进工作组基础通用组组长单位（国家标准化管理委员会）、全国钢标委薄层石墨材料工作组承担单位（国家标准化管理委员会）等多个公共服务品牌。在总体定位上，江苏以国家重点领域和石墨烯行业的发展需求为导向，实现突破制约产业链各环节发展的技术和机制障碍，开展石墨烯前瞻性技术研发，抢占全球未来制造业的制高点。

2. 浙江省

　　浙江省石墨烯产业聚集地宁波分别于 2014 年和 2017 年发布了《宁波市石墨烯技术创新和产业发展中长期规划（2014—2023 年）》和《宁波市石墨烯产业三年攻坚行动计划（2017—2019 年）》，2014 年投入 9000 万元财政资金支持石墨烯产业化应用重大科技专项。目前，已初步形成一些有石墨烯材料生产能力和上下游贯通的石墨烯企业。产品种类也比较丰富，包括石墨烯粉体材料、石墨烯导电浆料，以及石墨烯重防腐涂料、石墨烯纤维材料和电热织物等，其中石墨烯重防腐涂料已在沿海地区推广应用。有关石墨烯电热板和电采暖系列产品，已在民用住房内安装使用。总体上看，浙江省的石墨烯产业布局较为全面，涉及原材料生产、节能环保、新能源汽车、服装业等诸多领域，已逐渐形成自己的特色。

3. 上海市

上海市的石墨烯研发实力和技术储备雄厚，蓄势待发。依靠自身产业特色和优势，着力突破高端制造业和关键核心技术，强调发展具有自主知识产权的"上海制造"。从长三角区域整体看，上海市更偏重于高端石墨烯技术和高附加值产品研发，尽管区域内尚未总体布局整合石墨烯产业。相对而言，上海市的石墨烯企业数量较少，规模小，现有企业主要集中于原材料生产和设备制造上。中科院上海微系统所拥有雄厚的石墨烯研发实力，在高品质石墨烯薄膜生长方面做出了引领世界的基础研究成果，石墨烯光电器件研发也取得诸多突破。但其成立的上海烯望材料科技有限公司尚未完全发挥这方面的既有优势，需进一步加强基础研究成果向应用产品的转化工作。

4.2.5 问题和挑战

1. 江苏省

（1）与当地优势产业结合不够。绝大多数企业是石墨烯初创小微企业，关注更多的是石墨烯原材料生产及独特产品研发，基本上孤立于当地产业之外。以常州市为例，该市工业发达，其中传统工业，如建材、机械、冶金、纺织、化工是强项，而新能源、汽车零部件、轨道交通等领域增长态势良好。但是，作为全国最早成立石墨烯产业园的城市，其园区内只有常州恒利宝纳米新材料科技有限公司一家企业基于常州纺织业优势进行石墨烯产品开发。

（2）缺少真正的具有自主知识产权的主打技术产品，关键技术和核心技术有待突破。绝大部分企业的石墨烯相关产品处于石墨烯产业链的中低端，近60%企业研发产品属于低品质石墨烯原材料和简单作为添加剂应用的低附加值技术，技术门槛低、同质化竞争现象比较严重。仅就常州石墨烯小镇来看，其石墨烯热管理类产品的生产企业占20%以上，且主要集中于家庭供暖用加热膜。此外，由于对石墨烯产业发展的长期性和艰巨性认识不足，部分企业盲目扩大产能，导致了产能过剩等问题的发生。

2. 浙江省

（1）过度依赖市场的资源配置作用，绝大部分石墨烯业务活动是自下而上的个人兴趣和市场行为，政府对石墨烯产业的整体布局缺乏战略性的深度思考和具体规划。目前，石墨烯产业仍处于发展初期阶段，强化近期、中期和远期的合理规划布局极为重要。由于资本市场的逐利本性和中国企业的特点，人们更多关心的是迅速带来产值、带来利益的技术和产品，而缺少对核心技术的关注。这一点是我国石墨烯产业存在的普遍问题，而在浙江省表现得尤为突出。

（2）与江苏省类似，低水平重复和同质化竞争问题也存在于浙江省石墨烯企业中，与当地优势产业的积极融合也有很大的提升空间。从全国石墨烯产业来看，浙江省从政府到研发团队，再到企业，都积极介入石墨烯新材料领域的竞争，但尚未形成显著的区位优势。

3. 上海市

尚未充分展现出其强大的人才优势和基础研发优势，石墨烯新材料与区域经济和市场的融合尚未得到重视。作为中国经济最发达的城市，上海在石墨烯新材料领域的投入较少，同时缺少政府层面的整体规划布局。因此，从全国层面来看，上海的石墨烯研发活动并不突出，更未形成鲜明的区域特色。

4.3 珠三角地区

4.3.1 区域基本情况

广东省是我国石墨烯产业极为活跃的地区，也是石墨烯下游应用市场开拓较为迅速的地区。其主要特色体现在石墨烯材料在大健康、新能源以及电加热领域的示范应用上。根据工商注册信息，据不完全统计，截至2020年2月，广东省在工商部门注册的营业范围包含石墨烯相关业务的企业数量超过2500家，注册资本在5000万元以上的企业633家，高新技术企业37家，涉及石墨烯概念的上市企业15家。

1. 企业分布及特点

从图4.3可知，广东省涉及石墨烯业务的企业主要集中在广州和深圳两大城市，而其他城市分布较为分散，粤东西北地区石墨烯行业发展薄弱。这种分布态势是由两方面的原因造成的。一是广州和深圳对包括石墨烯在内的战略性新兴产业发展给予了强大的政策支持。广州市于 2016 年发布《广州市人民政府办公厅关于印发广州市战略性新兴产业第十三个五年发展规划（2016—2020 年）的通知》，提出重点做好软物质材料、超导材料、纳米材料、石墨烯等战略前沿材料的提前布局；深圳市先后出台《深圳市十大重大科技产业专项实施方案》和《深圳市人民政府印发关于进一步加快发展战略性新兴产业实施方案的通知》，前瞻布局石墨烯等新兴领域，重点发展石墨烯在电子信息、新能源领域的应用技术，将石墨烯列为十大重大科技产业专项进行重点布局。二是广深两地石墨烯产业链较为完整，依托石墨烯下游的新能源、电子信息等产业，在锂离子电池、超级电容器、智能可穿戴产品等领域具有较强的发展优势。

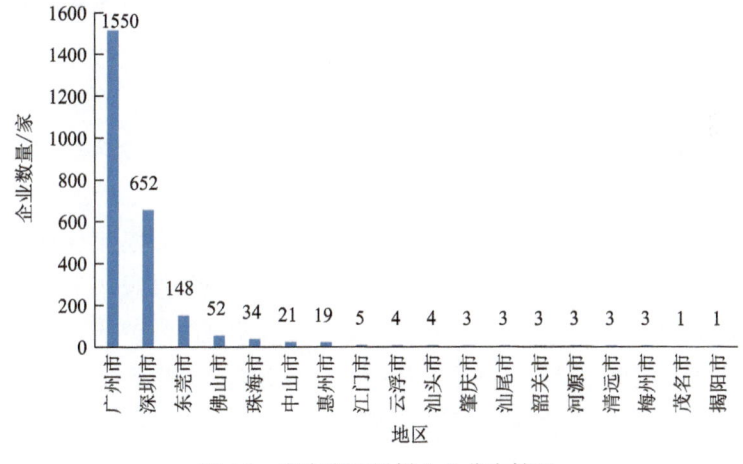

图 4.3　广东省石墨烯企业分布情况

2. 区域产业发展特色

广州市依托"国家石墨烯产品质量监督检验中心（广东）"，有针对性地研发石墨烯产品检验检测新技术，以技术创新来推动国家及行业标准的建立，推进成果转化和实际应用，为广东省以及全国石墨烯产业的发展与转型升级发挥技术支撑和引领作用。深圳市于 2018 年成立广东省石墨烯创新中心，由清华大学牵头，联合政府产业平台、高校与科研机构、民营企业和社会资本共同组建混合所有制新型创新平台，打造"石墨烯制造+计量检测+装备制造+终端应用"全产业链，发展目标是到 2025 年建成具有国际领先水平、引领石墨烯技术创新和产业发展的国家级石墨烯创新中心。

从石墨烯整体产业链来看，广东省主要布局在石墨烯粉体材料规模化生产和应用产品设计研发上。应用类企业众多且竞争激烈，销售、贸易、制备、研发、技术服务环节的企业数量占比较大，而设备研制、检测认证类企业相对较少。在企业创新能力方面，约 175 家企业拥有石墨烯相关的自主知识产权，是继江苏省之后拥有石墨烯自主知识产权企业最多的地区。

广东省历来注重产学研结合，高校与企业合作研究通道顺畅。在石墨烯领域的实例很多，例如华南理工大学邱志明副教授与摩登大道时尚集团股份有限公司在石墨烯复合纤维和导电织物领域的合作、清华大学深圳研究院杨全红/康飞宇团队与深圳石墨烯创新中心有限公司在锂离子电池和超级电容器领域的合作、中国科学院深圳先进技术研究院唐永炳研究员与深圳中科瑞能实业有限公司在混合超级电容器和新型离子电池领域的合作，以及华南师范大学周国富教授与深圳市国华光电科技有限公司在气敏材料、电润湿器件、量子点等领域的合作等。

深圳市作为广东省石墨烯产业重点发展基地，2012～2018 年在石墨烯基础研究和应用基础研究方面累计资助近亿元。经初步统计，截至 2018 年，深圳市已培育和引进 20 余个具有国际影响力的石墨烯研发团队，建设了 10 余家石墨烯相关科研创新载体，培育了 30 余家石墨烯相关企业。深圳市的石墨烯产业发展有两种基本模式。一是创造新市场。例如，为产品设计出炫酷的外观，让产品更高端，引领市场、引领消费。这是深圳的优势所在，高度重视终端产品设计。二是"依附"既有市场，"借力打力"找到产业突破口。深圳市南山区、坪山区和光明区都很重视石墨烯等高科技产业，但各有侧重。光明区重点布局人工智能、石墨烯、生物与生命健康、文化创意等新兴产业，未来将推进深圳市石墨烯制造业创新中心示范基地建设，打造开放式创新平台，争创国家级制造业创新中心；坪山区重点布局生物和中医药产业、新能源汽车、新一代信息技术及智能制造等；南山区则大力发展新材料、数字经济、新一代信息技术等战略性新兴产业以及文化创意产业。在政府政策的引导下，充分融合自身工业发展优势和产业需求，强化发展石墨烯产业特色。这种错位发展布局和发展战略是值得肯定和借鉴的。

3. 区域产业发展趋势

未来，广东省石墨烯行业发展将呈现三大趋势：①"强者愈强"，随着石墨烯产业化的推进和炒作热度"退烧"，一批石墨烯龙头企业将浮出水面，带动整体产业链发展和完善；②资源要素继续向广州、深圳及其周边优势地区汇聚，各地政府纷纷上马建设各种石墨烯研究院、产业园及示范基地,产业园区"遍地开花"，将石墨烯产业作为发展重点，推动形成粤港澳大湾区石墨烯产业集群；③产业政策将进一步完善，目前广东省正在对本省新材料产业情况进行调研，为"十四五"政策制定提供参考依据，政府适当的优惠政策和资金支持，将助力广东省抢占石墨烯产业化高地。

4.3.2 区域石墨烯产业载体

深圳市石墨烯制造业创新中心在深圳市政府和光明区政府支持下，由清华大学联合各高校、企业及科研机构共同成立。2018年9月获"广东省石墨烯创新中心"称号，2018年12月注册成立深圳石墨烯创新中心有限公司。2019年4月，广东省石墨烯创新中心成立大会在深圳举行，中心将充分利用粤港澳大湾区区域优势、政策优势、人才优势，汇集大湾区各高校、科研院所及石墨烯行业骨干企业等力量，着力建设服务于石墨烯产业技术创新的研发设计中心、测试评价中心和行业服务基地，打造粤港澳大湾区石墨烯行业发展新高地，成为粤港澳大湾区科技走廊上的一颗璀璨明珠。

2015年11月，由中国宝安控股子公司贝特瑞新材料集团股份有限公司联合发起成立深圳市先进石墨烯应用技术研究院，研究院立足深圳，旨在搭建国际领先的石墨烯应用技术研究平台，专注解决石墨烯材料的产业化应用问题，对推动深圳石墨烯产业发展具有重要意义。

2016年12月，国家质量监督检验检疫总局（简称国家质检总局）正式批建"国家石墨烯产品质量监督检验中心（广东）"，这是华南地区首家国家级石墨烯产品质检机构。中心规划实验室面积为$5000m^2$，下设8个检测实验室。目前，拥有检验仪器、设备达300多台（套），总价值4000余万元。检测服务内容涵盖石墨烯材料（包括石墨烯薄膜、粉体、浆料；石墨烯基电极材料；石墨烯重防腐涂料；柔性电子用石墨烯薄膜；石墨烯基散热材料），以及其他纳米碳材料（碳纳米管、碳纳米纤维、富勒烯）等。

4.3.3 代表性企业

广东省创新基础良好，应用市场广阔，产业链配套居于全国领先地位，依托良好的经济发展基础和创新创业政策，集聚了大批优秀人才和团队，为区域工业技术升级输送源源不断的能量。客观地讲，珠三角地区的石墨烯产业化之路起步晚于江苏，但呈后来居上之势，已涌现出一批以烯旺新材料科技股份有限公司、鸿纳（东莞）新材料科技有限公司、广东暖丰电热科技有限公司、深圳市深瑞墨烯科技有限公司、深圳六碳科技有限公司、深圳市国创珈伟石墨烯科技有限公司、深圳市本征方程石墨烯技术股份有限公司为代表的石墨烯应用和示范企业。

烯旺新材料科技股份有限公司。公司于 2015 年成立，一直专注于石墨烯发热技术研发及产品应用，产品覆盖保暖理疗、智能服饰、智能家纺、家庭供暖和石墨烯粉末涂料等多个领域，拥有自主知识产权专利近 300 项。

鸿纳（东莞）新材料科技有限公司。公司成立于 2012 年 5 月，注册资本 2087 万元，是一家专业从事纳米材料研发及生产的高新技术企业。公司通过机械剥离法制备少层石墨烯粉体及浆料产品，制备成本低，是稳定生产锂离子电池石墨烯导电浆料的企业之一。

深圳市深瑞墨烯科技有限公司。公司成立于 2017 年 3 月，为中国宝安旗下贝特瑞新材料集团股份有限公司的子公司，专门从事石墨烯材料产品在电子器件和电池领域散热方面的研发、设计和销售业务。

广东暖丰电热科技有限公司。公司成立于 2012 年 12 月，位于佛山，专注于电热膜技术研发及电热膜供暖系统的制造，拥有自主研发电热膜发热浆料的"技术专利"以及先进的智能化、自动化生产设备。年产电热膜达 2 亿片以上，超 5000 万 m^2。

深圳六碳科技有限公司。公司成立于 2012 年，专注于石墨烯薄膜材料的工艺研发和设备研制，尤其是化学气相沉积法的工艺研发和设备开发，为石墨烯下游应用产业提供高质量、低成本的石墨烯材料及应用解决方案。

深圳市国创珈伟石墨烯科技有限公司。公司成立于 2014 年，主要从事石墨烯粉体材料制备及其应用产品研发生产和销售。

广东墨睿科技有限公司（东莞市道睿石墨烯研究院）。公司于 2015 年 10 月成立，是一家专门从事石墨烯等先进材料应用开发的高科技新材料公司，拥有一支石墨烯领域国际一流的科研团队，掌握多种石墨烯制备技术及多项国际国内专利，是国内唯一能生产超精细石墨烯纳米带的科技企业。

深圳市本征方程石墨烯技术股份有限公司。公司成立于 2015 年 8 月，是由深圳市动力创新科技企业（有限合伙）、格林美股份有限公司、万利加集团控股有限公司旗下企业深圳市安利豪实业有限公司共同发起成立的一家高新技术企业。公司拥有独创的液相法制备高质量单层石墨烯技术，并申请了中国、美国、欧洲、日本等发明专利 40 多项。产品已投放市场，广泛应用于导电浆料、锂离子电池、铝空气电池、海洋船舶防污等领域。

4.3.4 产业特点分析

目前，绝大多数石墨烯企业规模较小，中小型、初创型企业占比较大，大型企业相对较少，缺乏龙头企业的带动，大型上市公司对石墨烯领域仍处于观望和布局阶段。

巨大的应用需求和市场牵引快速推动了该地区石墨烯产业的发展。例如，以比亚迪为主的新能源电池企业，带动了石墨烯导电剂产业链的发展。以华为、广东欧珀移动通信有限公司（OPPO）为代表的 5G 手机散热需求，带动了石墨烯散热膜应用领域的发展。以烯旺新材料科技股份有限公司为代表的大健康市场开拓，带动了透明石墨烯发热膜在健康理疗、家庭取暖领域的迅速应用。

珠三角地区尤其重视市场和技术的结合，企业和政府以示范性项目为抓手，在重点领域快速推动技术产业化落地。其以下三方面的特点值得肯定。

（1）政企合力，融合区域产业发展特色和工业基础。"政府搭台、企业唱戏"，政府制定详细的石墨烯产业规划，协调各方资源，有序推动石墨烯产业健康发展。此外，区域间的合作与协调发展在政府的宏观调控下，相互借力，差异化发展，在更多新兴领域挖掘石墨烯"杀手锏"级的应用产品。

（2）应用牵引，目标市场明确，市场投放周期短。深圳具有良好的市场优势和公平的营商环境，新材料与传统行业紧密结合，市场成熟度高，活跃的资本市场和整合机制助推新产品研发进入市场投放。

（3）工业设计创新活跃，产品与理念完美结合。各行各业的优秀人才集聚于此，多元化的设计与创新，雕琢出各种融入独特设计理念的石墨烯应用产品，凸显区域竞争优势。

4.3.5 问题和挑战

经过多年的努力和发展，珠三角地区已形成一批石墨烯优势研发平台和创新企业主体，并推动成立了广东省石墨烯创新中心。石墨烯在新能源、电加热、红外理疗等领域崭露头角，初步获得市场认可。但是，珠三角地区的石墨烯产业发展依然面临着既有共性，也有个性的挑战。

首先，大部分石墨烯企业属于初创型中小型企业和小微企业，既需要积累核心技术，更需要开拓市场通道，企业的可持续发展完全依赖于石墨烯业务本身，生存压力巨大。不可否认，目前大多数企业尚未真正在石墨烯业务上盈利，也缺乏稳定的资金支持，抗风险能力低，存在普遍的行业焦虑。传统优势行业的介入程度不高，培育机制有待完善。

其次，强调终端应用牵引是珠三角地区的特点和优势所在，同时也存在巨大的隐患。石墨烯产业毕竟处于初期阶段，原材料制备和规模化生产尚未过关，这也是未来产业健康发展的基础。与此同时，应用领域的核心技术还有待深入研发积淀和不懈坚持，需要巨大的原始投入，这与市场的逐利性并不一致。这些都是珠三角地区石墨烯产业健康发展的挑战，政府和企业都应予以重视。

最后，值得注意的是，以深圳市为龙头的珠三角石墨烯行业拥有极为活跃的企业、众多的平台和研发团队，但是基本上处于个人英雄主义状态，门派林立，尚未形成真正的合力来共同推进区域产业特色的形成和产业的健康发展。

4.4 其他东部沿海地区（山东、福建）

4.4.1 区域基本情况

1. 山东省

根据工商注册信息，据不完全统计，截至 2020 年 2 月，山东省涉及石墨烯相关业务的企业数量已经超过 1000 家。目前，青岛和济宁两市是山东省具有代表性的石墨烯产业聚集地。山东省对石墨烯新材料产业给予了高度重视，将其纳入《山东省"十三五"科技创新规划》。《山东省新材料产业"1351"工程实施方案（2018—2020 年）》围绕前沿新材料、关键战略材料、先进基础材料三大领域提出了发展重点和方向。其中，前沿新材料主要包括石墨烯、3D 打印材料、超高温材料、新兴功能材料等。作为抢占未来新材料产业竞争制高点的关键所在，山东正超前布局石墨烯产业发展，力求实现突破。2018 年 2 月，山东省出台《山东省新旧动能转换重大工程实施规划》，明确提出"推进石墨烯特色资源高质化利用，加强专用工艺和技术研发，打造济南、青岛、潍坊、济宁、威海、菏泽等石墨烯研发生产基地"。

青岛市是国内最早关注和发展石墨烯产业的城市之一，拥有一定的先发优势和产业基础。青岛市为发挥其资源、产业和海洋特色优势，在青岛高新区重点发展在储能技术、防腐涂料、海水淡化、橡胶复合材料、铝基复合材料等领域的石烯应用技术产品。截至 2018 年底，青岛高新区已累计引进石墨烯相关企业 52 家，其中资本市场挂牌企业 3 家、外商投资企业 3 家、青岛市"千帆计划"企业 10 余家。高度重视国内外石墨烯领域的优秀人才和创业团队引进工作，并取得了很好的成效，引进硕士、博士和副高级职称以上人才 70 人，包括海归人才 7 名、外国专家 11 名，以及"长江学者"和"泰山学者"等各 1 名。2018 年，青岛高新区内石墨烯相关企业已实现产值近 1 亿元。

济宁市是石墨烯新材料领域的后起之秀，近年来高度重视石墨烯产业布局，出台了一系列扶持政策。济宁高新区新材料产业园作为山东省发展高端新材料产业的省级开发区，重点发展"煤基新材料、石墨烯新材料、生物基新材料和高端精细化学品"四大产业集群。2019 年，高新区与北京石墨烯研究院签订战略合作协议，共同推进石墨烯高新技术在园区内产业落地，重点打造国际领先的石墨烯粉体材料和氧化石墨烯材料生产基地，推动石墨烯新材料与当地优势产业的有机融合。

2. 福建省

根据工商注册信息，据不完全统计，截至 2020 年 2 月，福建省涉及石墨烯业务的企业数量已超过 270 家。从资源开采—材料制备—下游应用—终端产品及相关配套的产业链布局中，福建省共有 40 多家石墨烯企业分布在石墨烯生产设备、石墨烯材料制备、电池电极材料、防腐涂料和环保材料等领域，位于福州、厦门、泉州和三明永安等地，产业集聚效应初显。

以福州和厦门为创新核心区，以厦门火炬高技术产业开发区（简称厦门火炬高新区）、泉州晋江和三明永安为产业集聚区的"两核三区"产业发展格局已经初步形成。厦门火炬高新区集聚了 30 多家石墨烯新材料企业，火炬公共平台为石墨烯初创企业提供材料检测等诸多便利；三明永安的园区全力打造"一中心两平台"，包括石墨烯产业孵化中心、福建永安市永清石墨烯研究院有限公司、石墨烯应用工程实验室，带动和促进一批研发项目落地和本地企业转型升级，已集聚 10 余家石墨和石墨烯应用企业入驻，引入了一批研发中试项目，既包含本地企业转型升级项目[如建新轮胎（福建）有限公司石墨烯轮胎研发项目、永安宝华林实业发展有限公司石墨烯连续纤维研发项目等]，又囊括招商引进的孵化项目（如石墨烯储能电极材料研发项目、英国兰卡斯特大学石墨烯芯片研发项目等）；泉州晋江石墨烯产业集聚区则主要加强石墨烯下游领域应用，依托晋江坚实的纺织鞋服应用市场基础，融合石墨烯技术，给传统优势产业的转型升级带来高科技活力。据报道，2017年，全省高端石墨和石墨烯产业实现产值约20亿元，下游应用相关产业实现产值近100亿元。

4.4.2 区域石墨烯产业载体

1. 山东省

2018年，《青岛市石墨烯产业发展规划（2018—2025年）》发布，大力推进石墨烯的技术攻关与产业化。青岛市的石墨烯产业以国家火炬青岛石墨烯及先进碳材料特色产业基地为依托，还成立了青岛市石墨烯科技创新中心，致力于完善上下游产业链，建设研发、检测及孵化载体，提供公共配套服务。已集聚一批石墨烯创新创业团队和优质项目，正全力打造海洋特色突出的石墨烯产业园区。

2. 福建省

（1）福州研发服务核心区。依托福州大学、福建师范大学、中国科学院海西研究院等高校、科研院所及相关应用企业，打造石墨烯检测、研发技术服务平台，在福州高新区承接石墨烯科技成果转化落地。

（2）厦门创新孵化核心区。依托厦门大学、华侨大学、中船重工725所厦门材料研究院等高校、科研院所及相关应用企业，设立开放实验室，构筑集研发、中试、产业化、成果评价、产品检测认证等于一体的综合性创新孵化平台。另外，还有厦门火炬高新区石墨烯产业聚集区：以现有在国内具有竞争优势的一批石墨烯骨干企业为主体，重点发展石墨烯导热、散热、防腐和微电子新材料产业，努力形成以石墨烯研发、设备、应用为一体的产业发展格局。

（3）泉州晋江石墨烯产业聚集区。以福建海峡石墨烯产业技术研究院有限公司、晋江市三创园、晋江龙湖石墨烯产业园为依托，结合晋江纺织、鞋服、建材、机械装备等传统产业基础，加强石墨烯下游领域应用，布局前瞻石墨烯半导体材料，加快科技成果转化。

（4）三明永安高端石墨及石墨烯产业聚集区。依托丰富的石墨资源，以清华大学、厦门大学、中国航空发动机集团有限公司等产学研用平台为支撑，重点发展石墨负极材料、等静压石墨、核石墨等高端石墨和石墨烯制备，在锂电、储能、橡胶改性等下游领域拓展应用，建设永安市石墨和石墨烯产业园、石墨特色小镇，逐步形成产业集聚。经过近几年的培育和快速发展，福建省涌现出了一批以厦门烯成石墨烯科技有限公司、厦门凯纳石墨烯技术股份有限公司、厦门泰启力飞科技有限公司为代表的石墨烯企业。

4.4.3 代表性企业

山东利特纳米技术有限公司。公司成立于 2011 年，创始人为侯士峰博士，是一家专注于石墨烯材料的研发、生产和推广的国家级高新技术企业。目前，拥有山东金利特新材料有限责任公司、山东利特纳米新材料有限公司、青岛瑞利特新材料科技有限公司三家子公司。目前，拥有年产 200t 氧化石墨烯生产线并实现了正常对外供货。公司通过与客户的密切合作，逐步实现石墨烯材料在基础先进材料、电池和超级电容器、汽车轻量化材料与聚合物复合材料、柔性电子和可穿戴设备、智能涂料与膜材料等领域的工业化应用。公司的目标是成为可信赖的石墨烯材料供应商，依靠专业的技术团队，通过制备与提供高品质的石墨烯，满足物联网、5G 通信和工业 4.0 的发展对各种先进材料日益增加的需求。

青岛华高墨烯科技股份有限公司。公司成立于 2012 年，是专业从事高品质石墨烯研发、生产、销售以及下游产品开发应用的高新技术企业。公司拥有 29 项专利技术和 12 种自主研发石墨烯产品，于 2016 年在新三板挂牌上市。公司与青岛森麒麟轮胎股份有限公司合作开发的石墨烯导静电轮胎已上市，研发的石墨烯导电浆料已被下游客户应用。

青岛赛瑞达电子科技有限公司。公司是集开发、生产、销售为一体的半导体工艺装备生产厂家，主要从事石墨烯产业化关键装备研发业务。同时负责"青岛国际石墨烯科技创新园"孵化器的运营管理工作。代表性石墨烯生长和转移装备有卷对卷动态化学气相沉积系统、双腔式真空沉积系统、卷对卷石墨烯转移系统等。旗下公司 2018 年实现产值 2000 余万元。

济南圣泉集团股份有限公司。公司前身刁镇糠醛厂始建于 1979 年，现拥有员工近 4000 名，专注于各类植物秸秆的研究开发与综合利用，涉足高性能树脂及复合新材料、大健康、生物质、生物医药、新能源等五大产业。旗下拥有 6 家高新技术企业，获得"国家技术创新示范企业"、"国家知识产权示范企业"、"农业产业化国家重点龙头企业"、首批国家级"绿色工厂"、"中国民营企业制造业 500 强"等荣誉称号。在石墨烯领域以"生物质石墨烯"品牌闻名，积极推进石墨烯新材料在纺织纤维产业的应用产品研发工作，近年来也在开展石墨烯改性超级电容器和电池业务。

青岛昊鑫新能源科技有限公司。 公司于2012年创立，投资1.2亿元，坐落于青岛平度高新技术产业园，占地面积4万m^2。公司目前以锂电池导电材料为主，年销售额在3亿元以上。公司专注于二次电池用碳材料的研发、生产和销售。

山东欧铂新材料有限公司。 公司成立于2014年9月，是山东海科控股有限公司旗下的高新技术企业，位于东营港经济技术开发区。拥有高新技术企业、省级"一企一技术"研发中心、东营市工程实验室、东营市重点实验室等多项资质。共申请专利77项，其中授权7项。2017年，公司成立了全国首家石墨烯标准研制与检测基地，并发布了石墨烯行业第一项团体标准。2018年，中国石墨烯产业技术创新战略联盟与公司共同成立"全球石墨烯研发合作平台"。

厦门凯纳石墨烯技术股份有限公司。 公司成立于2010年5月，集石墨烯研发、生产、销售和应用开发于一体。公司坚持机械剥离法制备石墨烯原材料，寻找市场应用方向。主要产品包括石墨烯粉体、石墨烯复合导电剂、石墨烯基高导热碳塑合金等。已建成年产200t石墨烯粉体、5000t石墨烯复合导电剂生产线。公司于2016年2月登陆新三板。2018年，实现石墨烯主营业务产值4062.44万元。

厦门烯成石墨烯科技有限公司。 公司成立于2012年9月，注册资金2000万元，是国内较早从事石墨烯制备设备及石墨烯产品应用开发的高科技企业之一，创始人为厦门大学蔡伟伟教授。产品包括石墨烯化学气相沉积系统、等离子体刻蚀系统、磁控溅射机以及石墨烯材料。

厦门泰启力飞科技有限公司。 公司成立于2012年，全资拥有永安市泰启力飞石墨烯科技有限公司。致力于石墨烯高导热复合材料及其应用产品的生产研发。基于企业自主研发的生产线与工艺流程，永安市泰启力飞石墨烯科技有限公司现已具备月产300t原材料，日产10 000套散热型材的生产能力。同时，永安市泰启力飞石墨烯科技有限公司还作为示范基地，为石墨烯高导热复合材料的下游应用企业提供培训和工艺孵化服务。

4.4.4　产业特点分析

1. 山东省

山东省属于石墨烯产业的先行者，尤以青岛市为典型实例。但是，由于石墨烯产业成熟度欠佳、区位人才吸引优势不足、配套支持和服务不能及时跟进等种种原因，从全国石墨烯产业发展全局来看，山东省目前并未形成明显特色，更未占据优势。尽管如此，山东省各级政府对石墨烯产业仍情有独钟，仍在不懈地努力之中，致力于打造"政产学研金用"一体化组织合作链条，探索"政府引导、体制保障、企业主体、产研融合、共促发展"的发展模式。

青岛高新区依然扮演着山东省石墨烯产业布局的领头羊角色。他们在机制探索方面做出了很多努力，譬如组建了智能制造与新材料事业部，将其作为政府与市场的接口，引入专业化人才，把招商引资变成产业组织的手段，努力建立扁平化决策、开放式运行的工作机制。青岛高新区还积极推动与清华大学、北京大学等高校科研院所共建石墨烯协同创新平台，提高配套性和工程化水平，为石墨烯高新技术的产业转化落地和规模化生产提供技术支撑。目前，青岛高新区还获批筹建省级石墨烯材料创新中心，进一步强化资源整合和综合性服务平台建设。为了构建石墨烯产业知识产权联合保护机制，山东省还在青岛高新区成立了山东省石墨烯产业知识产权保护联盟，促进产业快速健康发展。在发挥金融杠杆效应方面，青岛高新区建立了石墨烯天使投资基金，用于投资新材料相关企业，确保石墨烯产业可持续发展。

2. 福建省

福建省的石墨烯产业发展进程比江苏省常州市滞后四五年时间。但是，福建省是全国较早出台省级石墨烯专项发展规划的省份，决心举全省之力推动石墨烯产业发展，把石墨烯打造成福建省经济发展的先导产业。《福建省石墨烯产业发展规划（2017—2025年）》详细阐述了石墨烯产业的发展基础、总体要求、重点方向、重点任务、保障措施以及产业发展路线图，在全省层面给出了明确指引和规划。福建省政府出台了相关举措，着力打造石墨烯技术创新先导区、国际合作引领区、产业应用示范区，通过建立石墨烯产业发展的协调机制、设立石墨烯产业发展专项基金等一系列组合措施，促进创新链和产业链的对接，推动石墨烯产业快速发展。2017年，在福建省发展和改革委员会指导下，40多家石墨烯相关单位成立了福建省石墨烯产业技术创新促进会，打造以企业为主体、市场为导向、产学研结合的体系，提供行业咨询、标准制定、技术攻关、产业合作、项目申报、搭建平台等具体服务。

融合传统产业借力发展是福建省石墨烯产业的一个特色。很多石墨烯企业围绕并依托福建省成熟的下游产业发展。福州、厦门、泉州等地的石墨烯企业的产品，几乎都是依托其下游产业的纺织鞋服、LED、锂电、涂料等产品。通过将石墨烯新材料与传统产业深度融合，石墨烯产品更早地进入市场，并实现对传统产业的升级换代。因此，福建省的石墨烯产业起步较晚，但有后发优势，发展前景可期。

4.4.5　问题和挑战

1. 山东省

山东省的石墨烯产业可谓旗帜高扬，雄心依旧，但是其发展明显受制于技术和高端人才的缺乏。未来的石墨烯产业发展需应对挑战，积极探索适合自身特点的发展战略，打造区位特色和优势。

（1）石墨烯产业与地方优势产业融合严重不足。作为中国石墨烯产业的共性问题，现有石墨烯企业基本上属于初创期的小微企业，从事单纯的石墨烯业务，致力于无中生有地发展石墨烯材料所特有的新产品、新产业和新市场。显而易见，这是一个漫长的过程，不能一蹴而就。实际上，山东省拥有大量优质的传统行业龙头企业，其中海尔集团就是代表性的例子。再如，邹平拥有全球最大的金属铝生产基地等。在石墨烯产业发展初级阶段，如何通过与传统产业深度合作而借力发展，是一个极为重要的课题。传统产业的技术革新和产业转型升级也将得益于石墨烯新材料的融合发展。这方面值得其深入探索与实践。

（2）现有石墨烯企业研发力量和研发能力不足，缺乏发展后劲，并且同质化现象较为严重。当前的石墨烯产品大都集中在锂电导电添加剂、防腐涂料、橡胶复合材料、家居用品等领域，与其他地区基本雷同，缺乏亮点和特色。石墨烯新材料需要寻找"杀手锏"级的应用，不能满足于"味精"水平的添加剂角色，这是制约石墨烯产业发展的瓶颈所在。这种"杀手锏"级应用能够真正利用石墨烯独特的、不可替代的属性，从而创造出新的产业，并给传统产业带来变革性的突破。

2. 福建省

福建省的石墨烯产业尚处于培育和发展初级阶段，仍面临诸多制约因素：

（1）人才队伍建设和产学研深度融合。福建省拥有一定的人才优势，主要集中在厦门大学和中国科学院福建物质结构研究所。相对而言，从事石墨烯新材料研发的团队还不太多，而且很多从事基础研究，推进工程化、产业化的意愿尚需调动。由于地域原因，外部人才的吸引力也稍显不足。因此，从政策层面加强引进和培育石墨烯研发人才，引导基础研究向实用化技术研发和成果转化方向推进至关重要。

（2）各种资源平台要素重在整合。目前，福建省的石墨烯园区建设尚未真正成形，尤其缺少骨干团队、龙头企业和领军人物。进一步完善创新平台建设和综合性服务保障机制将有助于提高产学研协同创新能力和科技成果的转化效率。

（3）石墨烯新材料与传统产业的融合是新材料产业发展的必经之路。一个重要的前提是抓好基础材料关。目前，石墨烯材料制备本身尚有巨大的提升空间，工艺稳定性、性能可靠性以及性能价格比都有待新的技术、工艺和装备上的突破。更进一步，针对不同应用需求的材料修饰、改性、复合、集成等技术研发也是石墨烯原材料领域的重要课题。如何发挥自身优势，融合区域产业优势，打造区域产业特色，是福建省石墨烯产业面临的挑战。

4.5 东北三省和内蒙古地区

4.5.1 区域基本情况

1. 东北三省

作为中华人民共和国成立初期工业化和城镇化发展最快的区域，东北三省具有扎实的工业基础和完整的产业链。然而，目前东北三省的新兴产业力量薄弱，石墨烯产业起步较晚。据《2017 全球石墨烯产业研究报告》统计，截至 2016 年底，东北三省石墨烯相关企业数量超过 90 家，其中形成石墨烯业务的企业数量 30 余家。最近 3 年来发展有所提速。根据工商注册信息，据不完全统计，截至 2020 年 2 月，东北三省涉及石墨烯相关业务的企业达到 545 家，其中黑龙江省 230 家、吉林省 94 家、辽宁省 221 家，初步形成了石墨烯原材料生产制造、下游应用产品开发和销售的较完整的产业链。

东北三省尤其是黑龙江省作为资源大省，能源工业一度超过黑龙江规模工业比重的一半以上，其中煤炭、石油、石墨等不可再生的矿产资源又是其能源工业的重中之重。但是，受资源价格波动和产业结构调整的影响，黑龙江省经济近几年持续下滑。近年来，随着石墨烯这一"新材料之王"的横空出世，黑龙江省储量丰富的石墨矿产资源有了新的产业出路。石墨烯作为石墨的深加工产品，具有极高的使用价值和经济价值，对黑龙江省完成传统产业的转型升级意义重大。

因此，为抢占石墨烯产业创新链及价值链高端，培育一批石墨烯创新团队和优势企业，实现战略新兴产业重点领域突破，结合黑龙江省实际，黑龙江省科学技术厅和省工信委于 2016 年联合发布了省级专项规划《黑龙江省石墨烯产业三年专项行动计划（2016—2018 年）》，希望到 2018 年培育 10 个创新团队，构建其相应的"研发、成果转化及产业化"创新链及技术平台，筛选产业化前景明确的 30 个成果，培育和支持 10 家具有一定规模的石墨烯高新技术企业，总产值突破 10 亿元，带动百亿产业链发展。截至 2018 年底，该专项行动计划基本达成了预期目标，哈尔滨石墨烯及石墨新材料高端产品研发中心和鹤岗、鸡西两个石墨（烯）生产加工基地建设初具规模。万鑫石墨谷、鹤岗华升石墨烯股份有限公司、七台河宝泰隆等骨干企业，开展石墨烯绿色制备、石墨烯润滑油、石墨烯散热等重点产业化项目，推进石墨烯技术研发和生产应用，目前已初步形成了亿元的产业规模。哈尔滨工业大学、哈尔滨工程大学等高校积极孵化培育石墨烯吸附过滤、石墨烯金属复合材料、石墨烯在新能源领域中的应用等项目，促进石墨烯前沿技术研发和成果转化。同时，石墨烯军工应用委员会落户哈尔滨，加强石墨烯在军工领域以及军民融合领域的应用发展。

吉林省和辽宁省同黑龙江省情况有所不同，其仅有一些中小型的石墨矿床，很难像黑龙江省一样形成完整的石墨烯上下游产业链条。因此，其主要发展的是石墨烯下游的应用产品开发。例如，吉林云亭石墨烯技术股份有限公司重点开展石墨烯发泡聚苯乙烯（EPS）研发、石墨烯母料生产、石墨烯改性、石墨烯生产设备研制等业务，而辽宁百盈碳纤维有限公司主要致力于石墨烯电热膜等应用产品的开发。

2. 内蒙古自治区

内蒙古发展石墨烯产业的优势在于拥有得天独厚的资源，现探明天然石墨资源储量 2 亿多 t，占全国近 70%，大鳞片率超过 80%，均居全国第一位，主要分布在乌兰察布市、阿拉善盟、包头市、巴彦淖尔市等地区。兴和县天然石墨资源保有储量 4636 万 t，已形成采选能力 6 万 t 规模。阿拉善盟查汗木胡鲁矿天然石墨资源保有储量 1.3 亿 t，年产 8 万 t。同时，内蒙古天然石墨开采成本较低，电力装机居全国首位，蒙西电网形成了全国第一家省级电网独立输配电价格体系，输配电价可直接进行电力市场交易，发展石墨烯产业具有较强的成本竞争优势。

内蒙古的石墨烯产业起步较晚。2013 年，该自治区组建内蒙古石墨烯材料研究院有限公司，开始了石墨烯相关的科研活动，2016 年 7 月组建内蒙古石墨烯技术与应用协同创新中心、石墨烯标准研究中心。近几年来，内蒙古通过自治区科技重大专项大力资助石墨烯产业及应用关键技术研发，积极推进石墨烯新材料领域平台建设。2019 年 7 月 16 日，习近平总书记视察内蒙古时要求围绕石墨烯、稀土、氢能等五大重点方向加大前沿技术攻关力度，力争取得重大突破[①]。石墨烯产业已成为内蒙古地区着力发展的战略性新兴产业之一。目前，内蒙古涉及石墨烯相关业务的企业 221 家，石墨烯相关产业主要分布在资源集中的乌兰察布市、包头市、阿拉善盟以及呼和浩特市等，以石墨的开采和利用为起点，逐渐发展石墨烯相关业务。内蒙古矿业（集团）有限责任公司、内蒙古电力（集团）有限责任公司、杉杉集团有限公司、兴和瑞盛新能源有限公司、包头市金宝利格投资有限公司等骨干企业纷纷涉足石墨烯产业，重点在石墨烯制备、石墨烯复合硅负极材料、石墨烯导热垫、石墨烯超级电容器等领域开展应用研发。虽然政府的积极性很高，但目前项目落地很少，整个石墨烯产业处在刚刚起步的阶段。

4.5.2　区域产业载体

尽管近几年东北地区石墨烯产业的发展速度明显加快，然而由于起步晚于江浙、广东及山东等地，石墨烯产业的集群效应及协同效应并不明显，单依靠企业自身的力量，很难充分利用政府和市场资源发挥自身优势，因而区域性的石墨烯产业园区等产业载体应运而生。

1. 黑龙江省

在石墨烯产业园区建设上，黑龙江省依然走在了东北三省的前列。黑龙江省七台河市依托高品质石墨资源，坚持高起点进入、高标准建设，与周边地区错位发展，规划建设石墨烯产业园区。目前，园区已储备棚改腾空土地 500 多 hm^2，并已纳入省级七台河高新技术开发区建设范围，一期拟开发建设 $200hm^2$。2016 年底，宝泰隆 150t 石墨烯生产线建成投产，其石墨烯单层快速剥离、自动分离分

---

① 内蒙古自治区党委关于贯彻落实习近平总书记考察内蒙古重要讲话精神的决定．http://www.nmg.gov.cn/art/2019/8/26/art_365_277822.html[2020-05-15].

级、快速高效提纯和连续式规模化还原等多项关键技术居行业前列。2019年7月，牡丹江市政府发布消息称，正在规划石墨烯产业园项目，并将根据计划进行招商。该项目计划总投资52亿元，三期全部建成后，预期每年将实现销售收入78亿元，利润7.5亿元，纳税金额4.5亿元。该项目规划面积300亩，主要致力于打造围绕石墨精深加工为主体的研发、生产和应用的国际化产业园。一期（起步区）规划占地24亩，总投资10亿元，主要建设电池双极板项目、辅助电极项目、高纯石墨项目、高纯石墨烯粉体项目等4个基础性项目；二期规划总占地约200亩，主要引进碳材料深加工项目，总投资30亿元，主要包括年产12万t锂电负极材料、总容量25GW新型动力储能装备及总容量5GW动力锂电池项目；三期规划总占地28亩，建设石墨烯材料研发中心，总投资12亿元，主要研究对石墨烯材料的改性，为生产提供技术支持。

2. 吉林省

吉林省石墨烯产业园选址在长春长东北生物化工产业园区内，规划用地$0.41km^2$，由吉林云亭石墨烯技术股份有限公司与经济开发区联手打造，重点发展石墨烯、石墨烯EPS、石墨烯新材料等与传统产业应用相结合的产业，形成集公共技术服务平台、产业发展联盟、协同创新中心、石墨烯高新技术产业化基地为一体的国家先导性产业园区。项目总投10亿元，计划3年引入石墨烯关联项目30个，实现至少百亿级产值，预计带来税收10亿元，解决逾2000个就业岗位。总体目标是打造中国石墨烯产业创新发展集聚区和石墨烯新材料产业国家级示范基地。

3. 辽宁省

2019年后，辽宁省也有部分企业同地方政府合作规划建立石墨烯产业园区。辽宁恒通石墨烯科技有限公司正同凤城市共同推进辽宁恒通石墨烯新材料研发制备产业园项目的开发工作，主要从事高纯度石墨烯研发、制备及石墨烯下游产品的开发。目前，企业与有关单位建立了深度战略合作，依托科研单位的技术优势和企业的资源优势，推进建设石墨烯产学研一体化的高新技术项目。产业园项目占地面积110亩，分3期工程建设，达产后，将形成32条石墨烯提纯生产线，年产高纯度石墨烯320t，年产值可达160亿元，年利税40亿元。

4. 内蒙古自治区

2013年6月,内蒙古石墨烯材料研究院成立,在自治区科技重大专项的支持下,启动石墨烯相关研究,获支持经费2000万元。技术依托力量主要是清华大学和国家纳米科学中心。研究院通过"研发+中试+产业孵化"的发展思路,在青山区装备制造园区内建立了石墨烯产业化项目孵化基地,引进成立了内蒙古阿尔法科技创客中心有限公司、内蒙古中科石墨烯开发有限公司,围绕石墨烯及其复合材料的应用建设了一条年产100kg石墨烯粉体的示范线。该示范线技术先进,自动化程度高,可同时生产石墨烯粉体、石墨烯浆料、氧化石墨烯粉体和氧化石墨烯浆料等多种石墨烯衍生产品,产品已通过国家石墨烯产品质量监督检验中心测试,主要用于下游应用开发和芳纶中试项目使用。石墨烯复合芳纶已进入中试孵化阶段,正建设一条年产100t的石墨烯芳纶中试线。2016年8月,内蒙古矿业(集团)有限责任公司联合北京大学、厦门大学、中国科学院、中国运载火箭技术研究院等国内石墨烯和石墨新材料领域一流科研院所、领军企业共31家单位成立了内蒙古石墨产业发展联盟,面向国家重点发展领域,组织产学研用联合攻关,全面整合产业发展资源,着力完善石墨全产业链,加快推进自治区石墨产业转型升级和科技创新,将资源优势变为产业优势和经济优势,为石墨及石墨烯产业从研发、生产、加工到交易的一体化全产业链发展奠定基础。

4.5.3 代表性企业

七台河宝泰隆石墨烯新材料股份有限公司。公司成立于2003年6月,是集新能源、纳米新材料、煤基石油化工、发电、供热、煤炭开采和洗选加工于一体的大型股份制企业。2011年3月9日在上海证券交易所成功挂牌上市。公司从2015年开始布局石墨烯产业,并成立七台河宝泰隆石墨烯新材料有限公司。经过几年发展,在2017年已基本覆盖了从石墨烯原材料制备、产品开发到下游应用的全产业链。随着石墨烯制备技术不断成熟,进一步加快了产业化进程,在散热材料、超级电容器、锂电、结构材料等领域也不断推进。作为技术储备,宝泰隆与中国科学院苏州纳米技术与纳米仿生研究所南昌研究院签订了合作协议,确定的研究方向为锂电用石墨烯导电浆料、石墨负极材料和石墨烯导电油墨的开发。2018年10月25日,宝泰隆、七台河市政府和北京石墨烯研究院签署三方战略合作协议,全面开展石墨烯新材料领域的合作研发和产业化推进工作,并借助于"研发代工"

这一全新的产学研合作模式,在北京石墨烯研究院成立"宝泰隆石墨烯研发中心",进一步强化石墨烯应用核心技术的研发。

哈尔滨万鑫石墨谷科技有限公司。公司成立于2015年1月,由中国宝安及其旗下贝特瑞新材料集团股份有限公司共同投资成立。万鑫石墨谷主要从事石墨烯、碳纳米管及石墨新材料的开发和产业化。公司依托贝特瑞新材料集团股份有限公司的产业引领和哈尔滨工业大学的技术支撑,致力于从集团旗下鸡西石墨矿资源开采出发,推进天然石墨原料深加工以及石墨烯粉体材料生产和应用。目前,万鑫石墨谷应用于动力电池的石墨烯复合导电液已经成功实现量产,通过了国内外客户初步认证,开始批量销售,成为国际上首家量产成功石墨烯复合导电浆料产品的企业。万鑫石墨谷于2016年5月中旬启动了新的工业园建设,占地面积17万 m^2,一期建筑面积9.8万 m^2,用于未来扩产和研发基地建设。同时启动万鑫石墨新材料技术研究院的建设,以研发来推动未来产业发展。2015年12月11日,公司与北京大学刘忠范研究团队签署合作协议,共建"北大-宝安烯碳科技联合实验室",共同推进石墨烯新材料技术产业转化工作。2018年,公司与北京石墨烯研究院签署全面战略合作协议,以"研发代工"模式深化双方在石墨烯领域的实质性合作。

黑龙江省华升石墨股份有限公司。公司坐落于黑龙江省鹤岗市南山工业园区,是一家依托优质石墨资源,从事高端石墨产品、石墨烯新材料、石墨烯应用产品的研发、生产、销售三位一体的国家高新技术企业。公司已通过ISO9001质量管理体系认证、ISO14001环境管理体系认证、OHSAS18001职业健康安全管理体系认证。

内蒙古瑞盛新能源有限公司(内蒙古瑞盛天然石墨应用技术研究院)。公司注册在乌兰察布市,在自治区科技重大专项支持下启动了石墨烯研究,其技术支撑为清华大学深圳研究生院康飞宇研究团队。公司利用兴和县石墨矿资源,产业覆盖石墨采—选—深加工—石墨烯研发等全产业链,主要产品有高纯石墨、中碳石墨、锂离子电池负极材料等7个大类、20多个品种,在石墨烯、柔性石墨等领域积累了20多项核心技术。2018年突破石墨烯导电剂浆料及其在锂离子电池中的应用技术,完成年产200t的生产线建设,并与相关碳纳米管生产厂家合作,为国内排名前200家单位进行导电剂浆料供货。2019年开始建设石墨烯散热膜应用技术生产线。

内蒙古碳烯石墨新材料有限公司(内蒙古石墨烯应用研究院)。公司隶属内蒙古金彩实业集团有限公司,注册在呼和浩特市,拥有阿拉善左旗查汗木胡鲁石墨矿和乌拉特中旗高勒图晶质石墨矿。技术依托北京化工大学材料学院、中科院上海微系统所、上海烯望材料科技有限公司，现有科研人员27人。研究院下设"石墨烯制备及储能技术研究""核石墨制备及应用""特种石墨技术研究"三个科研团队。在石墨烯制备技术方面，可在常温条件下制备3~5层石墨烯，制备出的石墨烯导电液已经成功用于石墨烯增强磷酸铁锂电池中。

包头市石墨烯材料研究院。公司由宁波杉杉股份有限公司与包头市政府共建，通过与中国科学院宁波材料技术与工程研究所合作，采用独特的定向排列技术开发出石墨烯导热硅胶垫，可广泛应用于外挂式通信基站、大功率逆变器和动力电池Pack等领域。目前，通过与东南大学、上海交通大学、内蒙古大学等单位的产学研合作，正在开展石墨烯制备、石墨烯防腐涂料、石墨烯复合硅碳负极材料等产业化技术研发。

4.5.4 产业特点分析

1. 东北三省

前已述及，东北三省作为老工业基地，具有扎实的工业基础和完整的工业产业链，当年二战后留下的工业基础及资源丰富的特点均助力了东北三省自新中国成立后的产业发展。由于当年中国经济基础薄弱，物资匮乏，相当一部分产业都是卖方市场，在全国经济高速发展的年代，靠近煤铁产地的东北三省具有得天独厚的优势，基础设施建设在全国也名列前茅，特别是以工业化为先导的城市化，也是在东北三省最先完成的。然而，由于近年来其传统产业效益出现明显下滑趋势，过分依赖区域资源发展经济的模式弊端尽显，尽管资源优势依然存在，但仅仅依靠过去的模式已经无法保证区域经济的可持续发展。区域经济发展还有一个不可忽视的因素——人口。近年来东北三省人口流失严重，孔雀东南飞现象尚无停止趋势。另外，科研实力的退化也是东北三省目前产业陷入窘境的一个重要因素。人才匮乏是东北三省经济持续遇冷的深层次原因。

东北三省的产业发展现状不可避免地影响着该地区石墨烯产业的健康发展。如前所述，东北三省最大的优势是石墨资源丰富。石墨矿床主要分布在东部的鹤岗—鸡西一带，大兴安岭、伊春等地也有少量分布。根据目前的勘查程度，鹤岗市云山石墨矿储量最大，柳毛、马来山石墨矿是全国闻名的大型石墨矿床，吉林省和辽宁省也有一些中小型石墨矿床。长期以来，石墨产业处在原料加工阶段，缺少高附加值、深加工石墨制品。近年来，东北三省着力打造高端石墨产业，大力发展石墨烯的生产制造和应用产品开发，依托东北三省丰富的石墨资源，以石墨烯原材料的制备为基础，延伸石墨烯产业链条，逐步形成了以石墨烯粉体制备、石墨烯导电浆料和石墨烯电加热产品为主要特色的石墨烯产业。

2. 内蒙古地区

内蒙古地区也拥有石墨矿资源优势，但石墨烯产业刚刚起步。产业布局主要集中在呼和浩特、乌兰察布、包头等地，依托已形成的石墨资源储备、能源优势，为发展石墨烯新材料产业奠定了较好的基础。研究院、标准研究中心、产业联盟的成立为石墨烯新材料技术应用、科研成果的转化和产业深度发展提供了优质平台。但不可否认的是，该地区的研发能力和人才储备均处于劣势地位，所成立的诸多相关组织还需进一步整合，形成合力。加之地处偏僻的天然不足，石墨烯产业发展面临更大的挑战，需要更大的努力和不懈的坚持。

4.5.5　问题和挑战

丰富的石墨矿资源是东北三省和内蒙古地区发展石墨烯产业的最大优势。但是，必须指出的是，石墨矿和石墨烯并非存在着必然的产业关联，这里存在着巨大的认识误区。石墨矿是传统石墨产业的重要资源基础，有着巨大的发展空间。目前，我国天然石墨产品的深加工技术仍比较落后，很多产品处于产业链的中低端位置。因此，普遍存在着低价出口低端原材料、高价进口高端石墨材料产品的现象。

由此看来，重视石墨深加工产业，发展高附加值石墨材料及其产品应成为盘活本地区石墨矿经济的重要发展战略。显然，石墨烯新材料也是石墨深加工产业的重要组成部分。前面的章节已经阐述，粉体石墨烯材料有很多制备方法，其中包括从粉体石墨出发的氧化还原方法，该方法也是目前国内常用的主流方法。但是，这条技术路线制备的石墨烯质量不高，产品稳定性很差，尤其带来严重的环保压力，因此在综合性价比上并没有明显的竞争优势。换言之，不能简单地认为有了石墨矿，就有了发展石墨烯产业的天然优势。事实上，尽管石墨烯产业刚刚起步，由于盲目上马和"大炼钢铁"式的群众运动，石墨烯原材料生产已经出现严重的产能过剩问题，必须引起重视。

另外，同质化现象和低水平重复也是该地区石墨烯产业发展的挑战性问题。由于缺少技术研发力量，这种现象表现得甚至更为严重，而且尚无有效的解决方案。进一步加强人才引进政策和产学研协同创新机制探索，强化技术创新和成果转化平台建设和服务保障，以更为大胆的创新性模式吸引域外人才"为我所用"，是本地区未来石墨烯产业发展的关键所在。

4.6 中西部地区

以川渝、广西、陕西、安徽等为代表的中西部地区积极加快石墨烯产业推进的步伐，逐渐形成了各自的优势方向和产业特色，与京津冀、东南部沿海地区、东北部地区共同构成了我国石墨烯产业"一核两带多点"的区域发展格局。

4.6.1 区域基本情况

1. 四川省

四川省石墨烯研发起步较早，但多数以高等院校和科研院所为主，拥有四川大学高分子材料工程国家重点实验室和电子科技大学电子薄膜与集成器件国家重点实验室两个国家级重点实验室。为加快石墨烯产业发展，四川省经济和信息化委员会出台了《四川省石墨烯等先进碳材料产业发展指南（2017—2025年）》，结合高端成长型产业及战略性新兴产业发展需求，鼓励上下游协同，发展石墨烯等先进碳材料应用产品。据不完全统计，目前四川石墨烯相关企业共有315家，重点发展领域包括：石墨烯薄膜、石墨烯橡胶材料及轮胎、石墨烯功能化材料、石墨烯功能纤维穿戴产品等，推动实现在航空、汽车、安全防护、医疗卫生、防腐、核能、环境治理、电子信息、冶金建材、航天航空、石油化工等领域的创新应用。在总体布局上，推进形成一个产业应用开发创新中心（成都）、两个原料生产基地（攀枝花、巴中），以及一批产业化应用创新示范基地。

2. 重庆市

早在2013年，重庆市就将石墨烯定位为十大战略新兴产业之一，同年，重庆石墨烯产业园落户重庆高新区。依托重庆石墨烯产业园，逐步形成了从石墨烯原材料研发到元器件批量化制备再到终端应用的产业链布局。基于其在汽车、电子信息等方面的产业优势，石墨烯应用研发主要集中在智能终端项目、显示触控屏、锂电池电极材料、晶体管等领域。作为最早启动石墨烯产业布局的地区之一，重庆在石墨烯薄膜材料规模化制备、石墨烯柔性触控屏、石墨烯光电器件等领域形成了一定的先发优势。经多年来的不断发展，重庆市现有180多家从事石墨烯相关业务的企业以及多家从事石墨烯高技术研发的高校和科研院所，其中包括重庆墨希科技有限公司、中国科学院重庆绿色智能技术研究院、重庆大学、西南大学等。在平台建设方面也有许多举措，政府与科研院所共建重庆石墨烯研究院有限公司作为科技创新孵化器和众创空间，服务于重庆市石墨烯产业的快速发展。

3. 广西壮族自治区

广西壮族自治区也高度重视石墨烯产业发展，先后出台一系列政策，明确提出将石墨烯产业作为广西重点培育和发展的战略性新兴产业。2016年8月，广西成立了专门的石墨烯研究机构——广西石墨烯研究院。另外，依托南宁市高新区生态产业园，引进石墨烯相关企业，构建集产品研发、推广应用、技术服务于一体的石墨烯产业集群，重点支持石墨烯材料在电子信息、生物医药、新能源汽车等领域的应用技术和产品研发。广西在石墨烯标准制定方面也表现很好。2016年12月7日，由广西大学可再生能源材料协同创新中心起草的5项石墨烯系列地方标准在全国率先发布，涵盖了石墨烯三维构造粉体材料名词、术语、生产装备、生产技术和检测方法。

4. 湖南省

湖南省石墨烯相关企业数量不多，目前只有200多家。但湖南石墨资源条件和石墨烯复合材料研发方面具备较好的基础。湖南省隐晶质（土状）石墨矿占全国70%以上，2010年湖南省与中国建材集团有限公司建立战略合作关系，并在郴州签订《关于打造中国最大石墨产业基地的战略合作框架协议》。湖南在石墨烯及其复合材料研究方面有一定优势，国防科技大学、中南大学、湖南大学、湘潭大学、长沙理工大学等在石墨烯材料合成技术、复合材料等领域都开展了很多工作。湖南省于2016年在郴州高新技术产业园区建立了湖南省石墨烯产业基地和全国首个国家石墨产品质量监督检验中心，市级财政每年投入1000多万元，支持企业为主体的石墨产业技术研发和成果转化。

5. 陕西省

作为中西部地区的科教大省，陕西省具有较为突出的科技创新资源和人才、技术优势。陕南地区拥有大量的优质天然石墨资源，具备发展石墨烯产业的良好基础。早在2007年，西北大学就组织成立了"西北大学石墨烯制备技术与产业化应用课题组"，积累了石墨烯及其锂电复合电极材料的多种制备技术与产业化应用研究经验和成果。同时，西安电子科技大学在石墨烯器件、西安交通大学在高质量石墨烯制备、西北工业大学在石墨烯储能相关技术等方向上均取得了重要成果。陕西省政府一方面通过促进多个高校组建陕西省石墨烯联合实验室，凝聚各高校的优势资源推动石墨烯领域基础研究和技术创新，另一方面利用陕西省现有的各类重点实验室等资源开展石墨烯的基础与应用研究。目前，陕西省石墨烯企业数量已接近500家，但主营石墨烯相关产品的企业较少，且主要集中在石墨烯热管理、石墨烯粉体、石墨烯防腐涂料等少数几个产业方向上。

6. 安徽省

安徽省从事与石墨烯产品制备相关行业研发和生产的企业有400家左右，主要集中在合肥、马鞍山两地，多专注于石墨烯导热和散热功能的应用开发，主要产品包括石墨烯导电膜、石墨烯远红外可穿戴产品、石墨烯地暖等。安徽省的新材料科研和产业化以合肥为中心，规划将合肥建设成全省新材料产业策源地和集聚核，打造成重要的全国性创新中心和新材料制造基地。为此，安徽省结合合肥高校和研究所的研发资源，以需求为牵引，依托当地企业，着力推进石墨烯高端原材料制备、石墨烯柔性显示、石墨烯柔性触控以及石墨烯远红外发热等产品的应用示范，加速石墨烯终端产品的产业化进程。

4.6.2 区域石墨烯产业载体

1. 四川省

筹建中的四川省先进碳材料应用开发创新中心将是四川省石墨烯产业的重要平台载体。该平台依托成都市科技创新资源优势，集聚了一批科研机构，包括四川大学、电子科技大学、西南石油大学、西南科技大学、中国科学院成都有机化学研究所、四川蜀昊石墨烯应用技术研究院等，也吸纳了一批石墨烯企业，包括德阳烯碳科技有限公司、成都创威新材料有限公司、成都碳素有限责任公司、巴中意科碳素股份有限公司等。四川省先进碳材料应用开发创新中心将重点开展锂离子电池石墨负极材料、各向同性石墨、核石墨、高端石墨机械密封材料、石墨烯复合材料、石墨烯电子器件、石墨烯轨道交通部件、石墨烯涂料、石墨烯储能材料、石墨烯环保材料、石墨烯电子信息器件等应用研发、公共检测及技术交易服务。

2. 重庆市

重庆石墨烯产业园是重庆市石墨烯产业集聚地。该产业园于 2013 年落户重庆高新区九龙坡金凤电子信息产业园内，作为国家级高新技术产业基地和推动自主创新发展的重要载体，已成为石墨烯技术策源地、专业人才聚集地、科技成果转化基地和石墨烯企业孵化地。重庆石墨烯产业园规划占地 1000 亩，已建成石墨烯标准厂房 30 万 m^2。园区围绕石墨烯显示触控屏、石墨烯晶体管、石墨烯电子仪器等产业方向，依托"一园（重庆石墨烯产业园）、一院（重庆石墨烯研究院）、一基金（重庆石墨烯产业发展基金）"，打造以应用企业为主体、产学研紧密结合的石墨烯产业集群。该产业园现已入住一批石墨烯企业，如重庆墨希科技有限公司（中国科学院重庆绿色智能技术研究院与上海南江集团有限公司合作投资成立）、重庆石墨烯研究院有限公司、华碳（重庆）新材料产业发展有限公司、重庆启越涌阳微电子科技发展有限公司、重庆润动新材料科技有限公司、重庆格来非科技有限公司等。园区计划培育 20 家规模以上的石墨烯应用研发企业，引进和发展 100 家下游应用生产企业，力争形成年产值 200 亿元的全国石墨烯自主创新基地。

3. 广西壮族自治区

广西壮族自治区最大的工业地区柳州市鹿寨县在发展石墨烯产业方面着力很多，重点建设石墨烯小镇。目前，石墨烯粉体制备、石墨烯润滑系列产品、石墨烯改性聚苯乙烯泡沫和石墨烯改性发泡聚丙烯（EPP）四个产业化应用项目已落户鹿寨县。此外，烯旺新材料科技股份有限公司于 2017 年在广西投资建设了三个石墨烯项目：桂林石墨烯众创空间、广西中医药大学石墨烯生物医药应用技术研究院和广西烯时代科技有限公司，重点投资建设石墨烯健康椅、石墨烯光波房、石墨烯烘干箱等项目，助推广西大健康产业和现代特色农业发展。

4. 湖南省

湖南省内石墨烯研究和应用开发最活跃的产业集聚区是位于长沙市芙蓉区的隆平高科技园。园区培育引进 4 家专业研发石墨烯产品的企业，包括中蓝科技控股（湖南）股份公司、长沙七夕新材料科技有限公司、湖南元素密码石墨烯研究院和湖南元素密码石墨烯高科技有限公司。湖南省另一个石墨烯产业载体是位于郴州的湖南省石墨烯产业基地，拥有国家石墨产品质量监督检验中心、中国建材南方石墨公司新材料工程技术研究中心以及湖南国盛石墨科技有限公司石墨烯联合研究院。

5. 陕西省

陕西省石墨烯联合实验室是陕西省推进石墨烯科研和产业化的重要载体。该实验室由西安交通大学、西北工业大学、西安电子科技大学、西北大学联合成立，近年来在石墨烯新材料规模化制备技术、石墨烯光电信息技术、特种功能材料、太赫兹器件、锂电池、超级电容器等方面开展了大量研究工作。同时，陕西省还拥有陕西省碳/碳复合材料工程技术研究中心、陕西省先进功能材料及介观物理重点实验室、陕西省能源新材料与器件重点实验室等一批石墨烯相关省级创新平台。

6. 安徽省

安徽省发展和改革委员会于 2017 年批准成立了安徽省石墨烯复合功能薄膜新材料工程实验室。该实验室位于宿州市经济技术开发区，是安徽省首个以石墨烯复合功能薄膜新材料为研究对象的省级工程实验室。实验室致力于提高石墨烯复合功能薄膜材料的制造水平，并逐步发展成为支撑安徽石墨烯产业的省级重大研发平台。

4.6.3 代表性企业

德阳烯碳科技有限公司。公司成立于 2014 年 4 月，注册资本 1.6 亿元，占地 200 亩，与中国科学院金属研究所建立了全面合作伙伴关系，拥有全球领先的石墨烯粉体制备技术，年产 30t 高导电型石墨烯粉体材料已经实现稳定量产，导电率处于行业领先水平。公司与四川大学、西南交通大学、西南石油大学等院校及多家企业合作，相继开发出石墨烯防腐涂料、石墨烯导热硅胶垫、石墨烯导电油墨、石墨烯散热涂料、石墨烯发热膜、石墨烯导热复合材料等应用产品。

大英聚能科技发展有限公司。公司于2006年成立，位于四川省遂宁市，占地75亩，现有资产8000万元，是国家高新技术企业。公司团队主要由科研院所的专家、教授等组成。公司通过与科研单位的协作，成功开发了高表面功能化活性炭材料的生产技术，并已获得国家发明专利；针对高性能超级电容器及电池需求，开发了专用石墨烯材料。公司总投资3000万元，建设产能达年产500t的高表面功能化活性炭材料生产线。目前，一期工程已完成建设并成功投产，可满足每年200t的活性炭材料产能。公司已投资2000万元建成并投产规模为年产500t（浆料级）、100t（粉体级）超级电容器、锂离子电池等特种石墨烯生产线。

重庆墨希科技有限公司。公司2013年3月由上海南江集团有限公司与中国科学院重庆绿色智能技术研究院共同出资成立，注册资本2.67亿元，致力于石墨烯薄膜材料规模化生产及应用产品开发。2016年12月，重庆墨希科技有限公司成为华丽家族股份有限公司（股票代码600503）旗下科技板块的高科技公司。2013年12月建成完全自主知识产权的全球首条大面积单层石墨烯薄膜生产线。第三代石墨烯薄膜生产线于2017年6月正式投产，目前产能已经达到年产100万片。公司已先后商品化石墨烯透明导电薄膜、石墨烯触控屏、石墨烯智能手机、石墨烯电子书、石墨烯远红外面罩、眼罩等系列产品，其中石墨烯透明导电薄膜、石墨烯商务安全手机和石墨烯电子书被认定为重庆市高新技术产品。

重庆石墨烯研究院有限公司。公司成立于2016年6月12日，是由中国科学院重庆绿色智能技术研究院、重庆市科学技术委员会下属重庆科技金融集团有限公司和重庆高新区下属重庆金凤电子信息产业有限公司共同出资成立的独立法人企业，注册资本1.35亿元。公司以服务重庆市石墨烯产业集群发展为目标，兼具科研院所与科研化企业双重特征，定位为科技创新孵化器，兼具众创空间功能。目前，公司已经与中国科学院重庆研究院、山西煤炭化学研究所、美国阿利桑那州立大学、清华大学、南开大学、重庆大学、西南大学、四川大学、电子科技大学等60多家从事石墨烯科技创新的科研院所、企业建立了合作关系，围绕石墨烯在新能源、传感器、复合材料、生物医疗等领域的应用进行研发产业布局，已孵化出9个石墨烯材料应用公司。

湖南医家智烯新材料科技股份有限公司。公司成立于2016年，注册资本1000万元，位于湖南长沙高新区，是从事石墨烯发热应用研究、石墨烯电热膜研发、生产、销售及应用技术服务的高新技术企业。公司拥有多项发明专利，参编了3项国内石墨烯行业标准的制定，拥有自主品牌5个。公司建有省内首家石墨烯专业研究机构——长沙市湘江石墨烯应用研究院，同时，公司积极与中科院、清华大学、浙江大学、东南大学、中关村石墨烯产业联盟、中国石墨烯产业技术创新战略联盟、北京石墨烯研究院等科研院所、平台开展技术交流、战略合作。

中蓝科技控股(湖南)股份公司。 公司成立于2015年3月，注册资本1亿元，公司位于长沙市，目前实现了石墨烯浆料及粉体绿色智能环保低成本连续生产，生产的石墨烯导电浆料应用于锂离子电池，并通过了相关机构的检测；同时正在不断加大在石墨烯应用领域的研发力度，在石墨烯薄膜、石墨烯金属复合材料、吸波隐身涂料、消声材料、石墨烯催化剂等方面取得了技术突破，与相关领域的核心单位签署了战略合作协议。

陕西墨氏石墨烯科技有限公司。 公司成立于2017年4月18日，注册资本5000万元，占地10 652 m^2。公司专注于石墨烯水性发热材料、石墨烯油性发热材料、石墨烯自限温发热材料、石墨烯普通发热材料、石墨烯短纤维研究与应用，是一家集研发、生产、销售于一体的高新技术开发型企业，致力于自主研发及多渠道推广石墨烯取暖产品。

陕西金瑞烯科技发展有限公司。 公司成立于2016年11月，注册资本2000万元，是一家专注于石墨烯产品开发的公司。公司拥有专业的研发团队，现已开发出的石墨烯产品有石墨烯纤维、石墨烯羽绒服、石墨烯内绒牛皮靴、石墨烯家纺床品等。

合肥微晶材料科技有限公司。 公司成立于2013年1月，由中国科学技术大学博士团队创立，专业从事石墨烯和纳米银线等新材料应用开发的国家高新技术企业。核心产品包括石墨烯粉体（月产量为20t）、石墨烯纳米银线复合柔性透明导电膜、石墨烯远红外柔性发热模组及石墨烯原材料等。公司与多家国内大型液晶显示屏企业达成战略合作，推进石墨烯纳米银线复合柔性透明导电膜产品的产业化应用。目前，公司已取得数十项知识产权成果，承担了国家创新基金项目、安徽省发展和改革委员会重大新兴产业专项、安徽省科技厅重大科技攻关项目、合肥市高新区创新创业项目等多项科研项目。

安徽山川新材料科技有限公司。 公司成立于2016年9月，注册资金1200万元，位于安徽省宿州市高新科技园内，是一家专业从事石墨烯及相关领域的新材料、新能源、新型环保产品的研发、生产、销售及新技术成果转化的高新技术企业。

广西清鹿新材料科技有限责任公司。公司于 2017 年 10 月在柳州市鹿寨县注册成立，主要生产经营范围为特种石墨、石墨烯、活性炭等新型纳米碳材料及其复合材料、润滑油、润滑脂及润滑添加剂，包括研发、生产、销售及相关的技术转让、技术服务以及技术代理。项目一期工程包括：年产 15t 石墨烯粉体、50t 石墨烯导电浆料、300t 石墨烯润滑油和 20t 润滑油添加剂等研发生产线。

4.6.4 产业特点分析

1. 四川省

四川省的石墨烯产业相对较为分散，尤其缺少龙头企业，尚未形成鲜明的特色和标签性产品。代表性的石墨烯基础研究和技术研发团队主要分布在四川大学、电子科技大学和西南交通大学，他们在石墨烯高分子复合材料、石墨烯储能器件、特殊功能石墨烯复合材料等方面有很好的研究积累，有些已达到国际先进水平。在产业化推进方面也已形成较好的基础，中国科学院成都有机化学研究所建成了年产10t 石墨烯粉体的生产线，其纳米石墨片产品已应用于新能源汽车电池。德阳烯碳科技有限公司是国内最早掌握石墨烯规模化制备技术的企业之一，已形成年产 30t 石墨烯粉体材料生产线。成都创威新材料有限公司已建成世界第一条年产10t 的石墨烯橡胶复合材料生产线。四川环碳科技有限公司已建成年产10t 功能化石墨烯复合材料生产线。此外，四川省拥有丰富的石墨矿产资源，其集中在攀枝花和巴中南江两地，其中攀枝花占比 81%，巴中南江占比 19%。发展区域特色的石墨烯产业还有很大的提升空间。

2. 重庆市

重庆市的石墨烯产业发展很早，在全国也具有较大的影响力。从全球石墨烯产业发展来看，中国的石墨烯产业基本上处于产业链的较低端位置，更多关注的是立竿见影的实用化产品。重庆市在发展高端石墨烯技术产品方面走在了全国的前列，起到了很好的引领作用。中国科学院重庆研究院史浩飞团队在 2013 年率先实现了石墨烯薄膜的规模化生产。他们在提升产品质量的同时，致力于降低成本，目前薄膜生产成本已从每平方米 1000 元下降到 100 元。该团队在 2015 年发布全球首批量产石墨烯屏手机，在石墨烯光电器件研发方面也取得出色成果。

重庆市把石墨烯新材料作为重庆十大战略新兴产业，结合重庆电子器件制造集群化优势，重点布局石墨烯在电子信息产品终端的应用，让石墨烯产品制造的上中下游形成产业链集群发展。这些发展战略把握了石墨烯产业的关键所在，值得高度肯定。当然，由于石墨烯产业尚处于发展初级阶段，高端技术产品需要大规模的资金投入和不懈的坚持。在这方面，重庆市面临着巨大挑战。可持续发展能力已经成为诸多企业的当务之急。此外，重庆市在产学研协同创新机制探索方面也有很多举措，鼓励研发团队成立企业，明确各方的股权划分，有力提升了研发人员的创业热情，让企业目标牵引科学家的研发重点，更加明确科学家的投入回报。通过资本与技术的有机结合，推动石墨烯产业快速发展。

3. 湖南省

湖南省新材料总量规模位居全国第一方阵，居中部六省第一位。自 2013 年以来，湖南省经济和信息化委员会和统计局先后认定了 5 批新材料企业，企业数量超过 500 家。其先进储能材料品种最齐全、产业规模和市场占有率全国第一，硬质合金产量全国第一、世界第二，株洲形成亚洲最大的硬质合金高新技术产业化基地，岳阳绿色化工产业园已经建成世界最大的聚环己酮生产基地，一批科技含量高的新材料相继问世。湖南省的石墨资源禀赋较好，已探明的微晶石墨总储量占全国的 72.5%，然而目前湖南省从事石墨烯科研和产业化的团队较少，尚未形成成熟的区域性石墨烯产业链。目前，湖南烯能新材料有限公司的石墨烯润滑油及添加产品、湖南湘贤科技有限公司的石墨烯导电浆料和粉体材料、湖南医家智烯新材料科技股份有限公司的石墨烯发热材料和柔性石墨烯基电热膜材在市场上具有一定的技术特点和竞争优势。

4. 陕西省

陕西省依托于省内众多的高校和科研院所，在石墨烯科研领域具有较强的智力储备和科技创新能力，便于从石墨烯的基础研究和高端应用切入并挖掘其价值。陕西省在勉县—城固北部和丹凤北部拥有储量巨大的石墨矿产资源，资源禀赋突出。目前，陕西省的石墨烯企业较少，现有的几家从事石墨烯企业的产品也以石墨烯散热、石墨烯纤维产品为主，暂未涉足高端应用领域。

5. 安徽省

安徽省对本省包括石墨烯在内的新材料产业发展有清晰的规划和布局，新材料产业是安徽省确定的战略性新兴产业之一。安徽拥有数百家新材料企业，每年产值超过 2000 亿元，在新材料产业化领域拥有丰富的实践经验。同时，安徽积极依托本省汽车、家电、电子等优势产业，为石墨烯的高端应用探索出口。值得注意的是，安徽的石墨烯专利总数量达到 3797 项，排在全国的第三位，仅次于江苏和广东这两个石墨烯产业化最为领先的省份。此外，安徽省企业的石墨烯专利申请数占全国数量的 77%，企业从事的业务领域以环保、纺织、电缆、新能源行业居多，高校和科研院所的申请数仅占 12%，另有 10%左右为个人申请。

4.6.5 问题和挑战

1. 四川省

四川省石墨烯产业总体上发展势头较好，数个具有特色的产业创新示范区已露雏形，具备了进一步快速发展的基础和条件，目前也面临着技术成熟度不高、技术创新能力不足等现实问题，缺少具有自主知识产权的石墨烯核心技术。在全国的石墨烯产业大盘中，四川省的声音还很小，缺少引领性的研发团队，还没有形成自己的特色和拳头产品。目前，多数企业仍处于研发阶段，石墨烯原材料制备和规模化生产能力有待提高，下游应用产业链条尚未真正形成，更没有形成产业集聚的发展格局。

2. 重庆市

中西部地区的石墨烯产业发展以重庆市表现最为突出。其从科研到产业落地转化都比较早，并已形成自己的特色和优势，在全国也拥有一定的影响力。但是，拥有先发优势的石墨烯薄膜产业面临很多挑战。由于下游应用市场尚未成熟，产品缺少市场竞争力，导致石墨烯薄膜产能严重过剩。而且，石墨烯薄膜制备本身仍存在诸多基础科学、工艺稳定性以及配套装备问题，还需要长期的积累和大规模的研发投入。就现状而言，政府、企业和社会资本对石墨烯产业发展的长期性和艰巨性认识不足，有时甚至表现为过度功利性，导致企业在继续发展的关键阶段资金短缺，可持续发展能力受限。此外，高效的政产学研协同创新机制尚未完全建立起来，政府、企业、科研院所研发团队的角色定位和任务划分存在模糊地带，难以形成良性互动。这也是中国石墨烯产业乃至高技术产业的共性问题。

3. 广西壮族自治区

广西石墨烯产业在全国石墨烯产业大盘中还处于弱势地位，尚未形成自己的特色和影响力。除了诸多共性问题外，人才队伍缺乏、创新能力不足是该区域有待解决的问题。结合地方产业特色和优势，集中力量做出自己的局部特色将是广西石墨烯产业发展的不二出路。

4. 湖南省

湖南省当前尚未建立规模化的石墨烯产业创新平台或有效载体，未能形成从技术研发、企业孵化、产品开发到市场推广的一体化产业链条。湖南传统优势产业和战略性新兴产业诸多领域具备与石墨烯融合发展的空间，但是石墨烯产品在新能源电池、先进装备制造和电子信息等本地企业中的研发和应用较为缓慢，制约了石墨烯相关产业的集聚效应形成和辐射作用发挥，进而影响湖南省战略性新兴材料产业的竞争力提升。此外，如何结合本省优势的石墨矿资源和区域产业特点，确立湖南石墨烯产业的重点布局方向，也亟待从战略规划方面进一步梳理清晰。

5. 陕西省

陕西省现有的石墨烯相关产品偏向于散热功能等低端应用，但在石墨烯高端技术研发方面其实具备一定的优势。如何做好技术研发与产业化应用之间的衔接是需要当地政府部门和产业界思考的重要问题。受经济基础所限，在政府资金投入有限的情况下如何加快资源融通、资金引入，以及为科研人员建立有效的成果转化激励机制等方面均是陕西在石墨烯领域面临的问题和挑战。此外，陕西省较为丰富的石墨矿资源如何有效开发和深加工助力石墨烯产业的发展也是需要其解决的问题。

6. 安徽省

安徽省专门从事石墨烯基础科研的团队较少，企业多以中小型为主，如何与外省市科研单位和大型企业加强协作，推进基础关键技术研发和产业引导是安徽省发展石墨烯产业面临的挑战性工作。在安徽全省范围内，不同城市间的新材料产业发展水平相对不平衡，石墨烯产业主要集中在合肥、宿州和马鞍山。安徽省在汽车制造、家电制造、电子产品等领域占有优势地位。如何利用这些优势行业为石墨烯的产业化应用寻找出口是需要其解决的问题。

第 5 章 石墨烯产业政策分析

5.1 国家石墨烯产业政策

对于培育和发展战略性新兴产业来说,产业政策的引导至关重要,对于产业化初期的石墨烯新材料产业来说更是如此。欧盟、美国、日本、韩国等国家和地区均对石墨烯新材料产业发展予以高度重视,并纷纷出台了各自的石墨烯产业支持政策。欧盟将石墨烯研究和产业发展提升至战略高度,2013 年启动的"石墨烯旗舰计划"为期 10 年,总投资 10 亿欧元,共有 23 个国家参与,旨在建立一个学术–产业联合体,加快推进石墨烯的产业化进程。2006~2011 年,美国国家自然科学基金会和国防部立项支持了近 200 个石墨烯项目,包括石墨烯超级电容器应用,石墨烯等纳米碳材料连续大规模制备以及下一代超高速、低耗能的石墨烯晶体管等。日本政府对石墨烯研发给予积极支持,日本学术振兴会(JSPS)从 2007 年起开始对石墨烯材料与器件技术进行资助。韩国是石墨烯研究与产业化发展最为活跃的国家之一。韩国贸易、工业和能源部制订的 2014~2018 年产业技术开发战略将石墨烯材料与器件的商用化作为未来五大产业领先技术开发计划的重要一项。

我国石墨烯产业快速发展离不开国家政策的支持。2010 年以来,我国从国家层面相继出台了一系列石墨烯产业政策。在产业萌芽期(2010~2012 年),我国石墨烯产业促进政策较少且均为引导性政策,2012 年工信部发布的《新材料产业"十二五"发展规划》第一次明确提出支持石墨烯新材料发展,打开了我国石墨烯产业政策窗口。2013~2016 年,随着我国石墨烯产业进入高速膨胀期,国家相关部门密集发布了一系列石墨烯产业促进政策。其最具代表性的是 2015 年 11 月 20 日由工信部、国家发展改革委、科技部联合印发的《工业和信息化部 发展改革委 科技部关于加快石墨烯产业创新发展的若干意见》。这是我国第一个国家层面的石墨烯纲领性文件。该意见要求构建石墨烯材料示范应用产业链，引导提高石墨烯材料生产集中度，推进规模化引用进程，将石墨烯产业打造成先导产业。2017～2018 年，国家相继在"十三五"新材料产业和战略新兴产业发展系列规划中针对石墨烯产业发展提出意见建议和政策支持。这些政策对我国石墨烯产业发展起到了积极的推动作用（我国政府及有关部门颁布的部分石墨烯产业政策见表 5.1）。

表 5.1 我国政府颁布的部分石墨烯产业促进政策

时间	颁布部门	政策名称
2012 年 1 月	工信部	《新材料产业"十二五"发展规划》
2014 年 10 月	国家发展改革委、财政部、工信部	《关键材料升级换代工程实施方案》
2015 年 3 月	工信部	《2015 年原材料工业转型发展工作要点》
2015 年 5 月	国务院	《中国制造 2025》
2015 年 6 月	国家发展改革委、科技部、人社部、中国科学院	《关于促进东北老工业基地创新创业发展打造竞争新优势的实施意见》
2015 年 9 月	国家制造强国建设战略咨询委员会	《〈中国制造 2025〉重点领域技术路线图（2015 年版）》
2015 年 11 月	国家发展改革委、工信部、科技部	《工业和信息化部 发展改革委 科技部关于加快石墨烯产业创新发展的若干意见》
2016 年 3 月	工信部、国家发展改革委、科技部、财政部	《工业和信息化部 发展改革委 科技部 财政部关于加快新材料产业创新发展的指导意见》
2016 年 3 月	国务院	《国民经济和社会发展第十三个五年规划纲要》
2016 年 3 月	工信部	《建材工业鼓励推广应用的技术和产品目录（2016—2017 年本）》
2016 年 5 月	中共中央、国务院	《国家创新驱动发展战略纲要》
2016 年 5 月	国家发展改革委、工信部	《国家发展改革委 工业和信息化部关于实施制造业升级改造重大工程包的通知》
2016 年 8 月	国务院	《"十三五"国家科技创新规划》
2016 年 10 月	工信部	《石化和化学工业发展规划（2016—2020 年）》
2016 年 12 月	国务院	《"十三五"国家战略性新兴产业发展规划》
2016 年 12 月	国家发展改革委、国家能源局	《能源发展"十三五"规划》
2016 年 12 月	国家发展改革委、国家海洋局	《全国海水利用"十三五"规划》
2017 年 1 月	工信部、国家发展改革委、科技部、财政部	《新材料产业发展指南》
2017 年 1 月	工信部、国家发展改革委	《产业用纺织品行业"十三五"发展指导意见》

第5章 石墨烯产业政策分析

续表

时间	颁布部门	政策名称
2017年2月	国家发展改革委	《战略性新兴产业重点产品和服务指导目录》
2017年9月	工信部	《重点新材料首批次应用示范指导目录（2017年版）》
2017年4月	科技部	《"十三五"材料领域科技创新专项规划》
2017年4月	科技部	《"十三五"先进制造技术领域科技创新专项规划》
2017年5月	工信部办公厅、财政部	《工业和信息化部办公厅 财政部关于发布2017年工业转型升级（中国制造2025）资金工作指南的通知》
2017年9月	工信部、财政部、保险监督管理委员会	《关于开展重点新材料首批次应用保险补偿机制试点工作的通知》
2017年9月	中共中央、国务院	《中共中央 国务院关于开展质量提升行动的指导意见》
2017年11月	国家标准委、工信部	《国家工业基础标准体系建设指南》
2017年12月	国家发展改革委办公厅	《增强制造业核心竞争力三年行动计划（2018—2020年）》
2017年12月	工信部、科技部	《国家鼓励发展的重大环保技术装备目录（2017年版）》
2018年3月	国家质检总局、工信部、国家发展改革委、科技部、国防科工局、中国科学院、中国工程院、国家认监委、国家标准委	《新材料标准领航行动计划（2018—2020年）》
2018年6月	工信部	《建材工业鼓励推广应用的技术和产品目录（2018—2019年本）》
2018年9月	工信部原材料工业司	《重点新材料首批次应用示范指导目录（2018年版）》
2018年10月	工信部、科技部、商务部、国家市场监管总局	《原材料工业质量提升三年行动计划方案（2018—2020年）》
2018年11月	国家统计局	《战略性新兴产业分类（2018）》
2018年11月	工信部、国家发展改革委、财政部、国资委	《促进大中小企业融通发展三年行动计划》
2018年11月	工信部产业政策司	《产业转移指导目录（2018年本）》
2019年11月	工信部	《重点新材料首批次应用示范指导目录（2019年版）》

2012年1月，工信部发布的《新材料产业"十二五"发展规划》强调，加强纳米技术研究，重点突破纳米材料及制品的制备与应用关键技术，积极开发纳米粉体、碳纳米管、富勒烯、石墨烯等材料，积极推进纳米材料在新能源、节能减排、环境治理、绿色印刷、功能涂层、电子信息和生物医用等领域的研究应用。

2014年10月，国家发展改革委、财政部、工信部联合发布了《关键材料升级换代工程实施方案》。该方案提出，到2016年要实现20种左右重点新材料的批量稳定生产和规模应用。该方案还特别提到，在新一代信息技术产业发展急需的高性能功能材料领域，要支持实现高性能低成本石墨烯粉体及高性能薄膜的规模稳定生产，以及实现其在新型显示、先进电池等领域的应用示范。

2015年3月，工信部印发《2015年原材料工业转型发展工作要点》，提出推动战略新材料领域健康发展，制定石墨烯等专项行动计划，统筹部署研发、产业化、推广应用等创新环节，探索解决新材料创新发展中存在的重复和分散问题；发挥有关产业联盟作用，调动产业创新力量，组建碳纤维、石墨烯、稀土等新材料产业联合创新中心，重点突破共性技术、专用装备、高端品种等制约；促进军民新材料在研究、开发等环节有机衔接，加快军民共用新材料产业化、规模化发展。

2015年6月，国家发展改革委、科技部、人力资源社会保障部（简称人社部）、中国科学院联合发布《关于促进东北老工业基地创新创业发展打造竞争新优势的实施意见》，提出发展高纯石墨、石墨烯等高端产品，在鸡西、鹤岗等地建设石墨及深加工产业集群。

2015年9月，国家制造强国建设战略咨询委员会发布《〈中国制造2025〉重点领域技术路线图（2015年版）》，明确未来十年我国石墨烯产业的发展路径，总体目标是"2020年形成百亿元产业规模，2025年整体产业规模突破千亿元"。路线图还提出了石墨烯材料的几个技术目标：①电动汽车锂电池用石墨烯基电极材料，较现有材料充电时间缩短1倍以上，续航里程提高1倍以上；②海洋工程等用石墨烯基防腐蚀涂料，较传统防腐蚀涂料寿命提高1倍以上；③柔性电子用石墨烯薄膜，性价比超过ITO，且具有优异柔性，可广泛应用于柔性电子领域；④光/电领域用石墨烯基高性能热界面材料，石墨烯基散热材料较现有产品性能提高2倍以上；整体突破石墨烯的规模制备技术，石墨烯粉体的分散技术，石墨烯基电极材料的复合技术。

2015年11月，工信部、国家发展改革委、科技部发布的《工业和信息化部 发展改革委 科技部关于加快石墨烯产业创新发展的若干意见》中提出，坚持创新驱动和军民融合发展，以问题为导向，以需求为牵引，以创新为动力，着力石墨烯材料高质量稳定生产，着力石墨烯材料标准化、系列化和低成本化，着力构建石墨烯材料示范应用产业链，着力引导提高石墨烯材料生产集中度，加快规模化应用进程，推动石墨烯产业做大做强。该意见还要求，到2020年形成完善的石墨烯产业体系，实现石墨烯材料标准化、系列化和低成本化，在多领域实现规模化应用，形成若干家具有核心竞争力的石墨烯企业。

2016年2月，科技部发布《科技部关于发布国家重点研发计划纳米科技等重点专项2016年度项目申报指南的通知》，在该年度项目申报指南的纳米专项当中，石墨烯纳米带、高质量石墨烯（碳单层或少层）成为2016年优先支持方向。

2016年3月，工信部、国家发展改革委、科技部、财政部发布的《工业和信息化部 发展改革委 科技部 财政部关于加快新材料产业创新发展的指导意见》指出，到2020年加快发展先进基础材料，突破一批关键战略材料，积极开发前沿材料，包括石墨烯、增材制造材料、智能材料、超材料等基础研究与技术积累。对于新材料产业发展瓶颈，该意见提出了具体解决措施。

2016年3月，《国民经济和社会发展第十三个五年规划纲要》正式公布。其中提到，在高端材料领域，大力发展石墨烯、超材料等纳米功能材料，形状记忆合金、自修复材料等智能材料，磷化钢、碳化硅等下一代半导体材料，高性能碳纤维、钒钛、高温合金等新型结构材料，可降解材料和生物合成新材料等。

2016年3月，工信部发布了《建材工业鼓励推广应用的技术和产品目录（2016—2017年本）》，其中石墨烯粉体、石墨烯重防腐涂料等产品入选。

2016年4月，国务院新闻办公室举行新闻发布会，介绍2016年一季度工业通信业发展情况。《中国制造2025》五大工程中，国家制造业创新中心建设工程将在石墨烯等领域开展研究。

2016年5月，工信部原材料工业司在北京组织召开石墨烯产业发展座谈会。会议凝练了2016~2017年石墨烯产业化推进重点，提出了促进产业发展的措施建议。5月19日，中共中央、国务院印发了《国家创新驱动发展战略纲要》，提出发展引领产业变革的颠覆性技术，前瞻布局新兴产业前沿技术研发，力争实现"弯道超车"。该纲要还提出，开发移动互联技术、量子信息技术、空天技术，推动增材制造装备、智能机器人、无人驾驶汽车等发展，重视基因组、干细胞、合成生物、再生医学等技术对生命科学、生物育种、工业生物领域的深刻影响，开发氢能、燃料电池等新一代能源技术，发挥纳米、石墨烯等技术对新材料产业发展的引领作用。

2016年5月，国家发展改革委、工业和信息化部组织实施制造业升级改造重大工程包，其中要求重点发展石墨烯、3D打印材料、超材料等前沿材料，加快创新成果转化与典型应用。

2016年10月，工信部发布《石化和化学工业发展规划（2016—2020年）》，提出加快开发高性能碳纤维及复合材料、特种橡胶、石墨烯等高端产品，加强应用研究。

2016年12月，国务院发布《"十三五"国家战略性新兴产业发展规划》，提出加强类脑芯片、超导芯片、石墨烯存储、非易失存储、忆阻器等新原理组件研发，推进后摩尔定律时代微电子技术开发与应用，实现产业跨越式发展。

2016年12月，国家发展改革委和国家能源局发布《能源发展"十三五"规划》，提出示范试验石墨烯储能器件、光伏电池材料等一批有一定技术积累的技术。

2016年12月，国家发展改革委和国家海洋局发布《全国海水利用"十三五"规划》，提出开展正渗透、电容去离子、膜蒸馏、石墨烯膜制备等海水淡化技术研发。

2017年1月，工信部、国家发展改革委、科技部和财政部发布《新材料产业发展指南》，提出以石墨烯、金属及高分子增材制造材料，形状记忆合金、自修复材料、智能仿生与超材料，液态金属、新型低温超导及低成本高温超导材料为重点，加强基础研究与技术积累，注重原始创新，加快在前沿领域实现突破。

2017年1月，工信部和国家发展改革委发布《产业用纺织品行业"十三五"发展指导意见》，提出拓展高性能纤维、生物基纤维、产业用专用纤维，以及石墨烯、碳纳米管等功能新材料的应用。

2017年2月，国家发展改革委发布的《战略性新兴产业重点产品和服务指导目录》将石墨烯相关材料作为新兴材料纳入到该目录中。

2017年9月，工信部发布《重点新材料首批次应用示范指导目录（2017年版）》，将石墨烯薄膜、石墨烯改性防腐涂料、石墨烯导电发热纤维及石墨烯发热织物等纳入目录。

2017年4月，科技部发布《"十三五"材料领域科技创新专项规划》，提出研发石墨烯碳材料等技术，突破纳米材料宏量制备及器件加工的关键技术与标准，加强示范应用。该专项规划的石墨烯碳材料技术包括单层薄层石墨烯粉体、高品质大面积石墨烯薄膜工业制备技术，柔性电子器件大面积制备技术，石墨烯粉体高效分散、复合与应用技术，高催化活性纳米碳基材料与应用技术。

2017年4月，科技部《"十三五"先进制造技术领域科技创新专项规划》提出针对石墨烯等新型材料，开展新材料、新器件关键电子装备与核心部件研究；重点攻克石墨烯/类石墨烯大幅面制造过程中晶态生长监测及控制、石墨烯/类石墨烯薄膜大面积转移在线应力监测与控制技术，研制出大幅面石墨烯/类石墨烯制造成套设备。

2017年5月，工信部、财政部发布《工业和信息化部办公厅 财政部关于发布2017年工业转型升级（中国制造2025）资金工作指南的通知》。在工业强基方面提出，关键基础材料重点支持高温超导材料、生物基材料、石墨烯、特种陶瓷和人工晶体等新材料。

2017年9月，中共中央、国务院发布《中共中央 国务院关于开展质量提升行动的指导意见》，提出加强石墨烯、智能仿生材料等前沿新材料布局，逐步进入全球高端制造业采购体系。

2017年11月，国家标准委、工信部发布《国家工业基础标准体系建设指南》，提出开展非金属矿物材料、人工晶体、工业陶瓷、石墨烯及制品等产品性能与检验方法标准研制。

2017年12月，国家发展改革委办公厅发布《增强制造业核心竞争力三年行动计划（2018—2020年）》，提出重点发展汽车用超高强钢板、新型稀有稀贵金属材料、石墨烯等产品。

2017年12月，工信部、科技部发布《国家鼓励发展的重大环保技术装备目录（2017年版）》，提出将石墨烯/高分子复合材料透水膜浓缩装备、氧化石墨烯复合碳膜等重大环保技术装备列入目录。

2018年3月，国家质检总局、工信部、国家发展改革委、科技部、国家国防科技工业局（简称国防科工局）、中国科学院、中国工程院、国家认证认可监督管理委员会（简称国家认监委）、国家标准委联合发布《新材料标准领航行动计划（2018—2020年）》，提出制定石墨烯材料术语和代号、含有石墨烯材料的产品命名方法等国家标准。开展石墨烯材料相关新产品设计、研发、制备、包装储运、应用、消费等全产业链标准化研究。研究制定石墨烯物化特征和性能表征与评价方法标准，共同提出石墨烯国际标准提案。

2018年6月，工信部提出《建材工业鼓励推广应用的技术和产品目录（2018—2019年本）》，将石墨烯改性导静电轮胎列入目录。该产品基于开发适用于橡胶改性的石墨烯和石墨烯/胶料复合技术，生产石墨烯改性导静电轮胎，所产轮胎导静电性好，抗湿滑性能提升，滚动阻力下降。

2018年9月，工信部原材料工业司发布《重点新材料首批次应用示范指导目录（2018年版）》，将石墨烯改性防腐涂料、石墨烯薄膜、石墨烯润滑油、石墨烯导静电轮胎、石墨烯增强银基电接触功能复合材料、石墨烯导电发热纤维及石墨烯发热织物列入目录。

2018年10月，工信部、科技部、商务部、国家市场监督管理总局（简称国家市场监管总局）发布《原材料工业质量提升三年行动计划方案（2018—2020年）》，将石墨烯材料纳入建材行业，并提出工作目标：石墨烯材料生产达国际先进水平，先进无机非金属材料保障能力明显提升；建材部品化加速推进，水泥、平板玻璃质量保障能力大幅提升，矿物功能材料品种日益丰富，绿色建材在新建建筑中应用比重达到 40%。

2018 年 11 月，国家统计局《战略性新兴产业分类（2018）》以石墨烯粉体、石墨烯薄膜、碳纳米管为重点产品，将石墨及碳素制品制造纳入纳米材料制造、碳基纳米材料制造战略性新兴产业分类中。

2018 年 11 月，工信部、国家发展改革委、财政部、国务院国有资产监督管理委员会（简称国资委）联合发布《促进大中小企业融通发展三年行动计划》，提出鼓励中小企业参与"一带一路"投资贸易合作，围绕新材料等重点领域开展国际经济技术交流和跨境撮合，推动龙头企业延伸产业链，带动专精特新"小巨人"企业融入全球价值链。

2018 年 11 月，工信部产业政策司发布《产业转移指导目录（2018 年本）》，将石墨烯纳入新增的新材料行业中，并列入目录。

2019 年 11 月，工信部发布《重点新材料首批次应用示范指导目录（2019 年版）》在膜材料类别中新增高效能石墨烯散热复合膜；在前沿新材料类别中列入石墨烯改性防腐涂料、石墨烯改性润滑材料、石墨烯散热材料、石墨烯发热膜、石墨烯导热复合材料、石墨烯改性无纺布、石墨烯改性电池、石墨烯改性发泡材料。

与欧盟、美国、日本、韩国等发达国家和地区相比，我国的石墨烯相关产业政策具有显著不同的特征。欧盟的石墨烯政策制定起步早且系统性强，资金支持力度大，侧重于支持基础科学、健康与环境、电子器件、光电子器件、传感器、柔性电子、能量转换和存储、复合材料和生物医学设备等高端应用领域。美国的石墨烯政策主要由美国国家自然科学基金会主导，坚持集中、持续性的直接投入，重点面向基础性、战略性、前沿性的研究；在产业应用方面侧重于石墨烯材料规模化制备、集成电路、芯片、传感器、光电器件、医疗健康器件等高端领域。相比之下，我国的石墨烯产业政策系统性不强，缺乏明确的战略目标牵引和具体的政策措施支撑，在石墨烯产业培育引导方面偏重于粉体、涂料、热管理等领域，不利于石墨烯高精尖产业的发展。

5.2 地方石墨烯产业政策

近年来，各级地方政府对石墨烯产业发展高度重视，不但大力推进石墨烯产业园建设和产业化项目落地，在资金、人才、产业配套等方面也予以大力支持。以北京、江苏、浙江、山东等省市为代表的各地政府陆续推出了一批石墨烯基础研究及产业发展的专项政策。相较于国家层面的石墨烯产业政策，各级地方政府出台的石墨烯相关政策更加具体，在产业发展目标、资金补贴支持、人才引进和平台搭建上更加明确和细化。随着地方政府的积极介入，石墨烯产业初步形成了政府、科研机构、企业和用户共同推动的政产学研用协同创新合作机制。这一机制有助于石墨烯企业充分对接科研资源，享受资金支持、税收优惠、创新平台等地方扶持政策，有力地促进了所在地区的石墨烯相关科技研发及产业化应用，培育壮大了一批石墨烯企业。

5.2.1 北京市石墨烯产业政策

北京在石墨烯产业发展方面具有独特的优势。作为全国科技创新中心，北京拥有无可比拟的科技资源和人才优势，代表了我国石墨烯研究的最高水平。北京市对石墨烯科技与产业发展高度重视。

2015年12月5日，为深入贯彻《中国制造2025》，全面落实《京津冀协同发展规划纲要》，北京市人民政府印发了《〈中国制造2025〉北京行动纲要》，明确提出重点布局领域包括：超导材料、纳米材料、石墨烯、生物基材料等新材料产品。

2016年5月23日，为认真贯彻落实制造强国战略，深入实施《〈中国制造2025〉北京行动纲要》北京市经济和信息化委员会印发了《北京市鼓励发展的高精尖产品目录（2016年版）》，将石墨烯、碳纳米管等纳米材料纳入其中。

2016年7月，北京市科委牵头组织成立了北京市石墨烯科技创新专项专家委员会，并组织石墨烯领域专家编制了《北京市石墨烯科技创新专项（2016年—2025年）》，提出了北京石墨烯材料制备、应用技术及产业发展方向和目标，在石墨烯创新平台建设、石墨烯薄膜、粉体规模化绿色化制备及石墨烯材料应用技术、装备与检测等方面布局重点工作任务。

2016年10月25日，在北京市政府支持下，北京石墨烯研究院注册成立。北京石墨烯研究院依托于北京大学，位于中关村翠湖科技园智谷中心，一期建设面积2万m^2，人员规模500人，由北京市政府和社会资本共同出资建设。北京石墨烯研究院致力于打造引领世界的石墨烯新材料研发高地和创新创业基地，瞄准未来石墨烯产业，全方位开展石墨烯基础研究和产业化核心技术研发，推动中国石墨烯产业健康、快速发展。注册成立近4年来，北京石墨烯研究院发展非常迅速，已经成为继英国国家石墨烯研究院之后最受关注的全球引领性石墨烯材料研发机构。

2017年1月14日，在北京市第十四届人民代表大会第五次会议上，时任北京市代市长蔡奇代表北京市人民政府向大会做政府工作报告。他在工作报告中提出，北京作为全国科技创新中心建设战略的组成部分，要布局脑科学、人工智能、生物技术、石墨烯和第三代半导体等基础前沿研究。

2017年4月11日，北京市经济和信息化委员会推动成立了北京石墨烯产业创新中心。北京石墨烯产业创新中心主要由北京石墨烯技术研究院有限公司、北京石墨烯研究院和中关村石墨烯产业联盟等组成。该创新平台将引导开展石墨烯前沿技术、石墨烯应用技术和石墨烯产业技术研发，发挥地方政府产业引领示范和国家科研院所的技术优势，打造军民融合发展典范，立足京津冀协同发展，整合全国优势资源，牵头组建国家石墨烯制造业创新中心。

5.2.2　江苏省石墨烯产业政策

在 Geim 和 Novoselov 被授予诺贝尔奖的第二年，即 2011 年，常州就率先开启了石墨烯产业化之路。常州市、武进区两级政府出资 5000 万元，成立了江南石墨烯研究院。在江苏省石墨烯产业促进政策的带动下，江南石墨烯研究院、无锡石墨烯产业发展示范区、常州石墨烯科技产业园、南京石墨烯创新中心暨产业园、国家石墨烯产品质量监督检验中心（江苏）和一批石墨烯优秀企业代表相继出现并形成了较完整的石墨烯产业链。

2011 年 9 月，江苏省成立江南石墨烯研究院，同期启动建设集"研究院-众创空间-孵化器-加速器-科技园"多位一体的创业载体。

2016 年 3 月，江苏发布《江苏省国民经济和社会发展第十三个五年规划》，提出支持石墨烯领域超前部署基础前沿技术研究，着力在战略性新兴领域加快形成一批技术含量高、比较优势明显的创新成果。

2016 年 8 月 19 日，江苏省人民政府印发了《江苏省贯彻国家创新驱动发展战略纲要实施方案》，提到要培育形成纳米科技、石墨烯、高性能碳纤维等一批全球有影响、附加值高的产业创新集群。

1. 常州市石墨烯产业政策

常州石墨烯产业起步较早，在当前我国石墨烯产业发展中占据重要的位置。

其中，常州石墨烯科技产业园是常州西太湖科技产业园管委会建设的国家级石墨烯产业创新应用示范基地。目前，园区已经集聚石墨烯相关企业130多家，培育了第六元素、二维碳素等一批行业领军企业，建成了初具规模的石墨烯新材料产业化基地。

2014年5月，常州市武进区制定了《武进区加快先进碳材料产业发展的若干政策》，加大碳材料产业的扶持、培育力度，全力支持常州西太湖科技产业园及先进碳材料产业链内的企业，其中优先支持开展石墨烯业务的企业。

2016年10月，常州发布了《常州石墨烯产业"双创"方案（2016—2020年）》，详细规划了未来5年常州石墨烯产业的发展目标、思路与举措。

2017年4月，常州市委、市政府出台《常州市关于加快石墨烯产业创新发展的实施意见》。文件中明确提出，组建石墨烯产业发展专项资金，总规模每年5亿元，重点支持石墨烯相关产业应用示范、石墨烯相关龙头骨干企业发展、石墨烯材料规模化制备和产业化应用关键技术研发、终端产品应用示范推广项目等。

2017年7月，武进区政府发布《关于进一步加快先进碳材料产业创新发展的若干意见》，提出要加快武进区先进碳材料产业发展，打造国际一流的先进碳材料技术创新高地、人才集聚高地和产业发展高地，并出台了平台建设、研发机构建设、企业及高端人才引进、企业发展、科技金融创新、品牌提升等34条支持措施。

2. 无锡市石墨烯产业政策

无锡一直十分重视石墨烯产业的发展。2013年12月，无锡市政府印发了《无锡市石墨烯产业发展规划纲要（2013—2020年）》。其主要目标为，加强规划引导，完善产业发展环境，发挥相关核心企业的影响力和带动力，推动石墨烯产业成为无锡经济发展的战略先导产业和特色产业，将无锡建设成为石墨烯技术创新引领区、应用示范先导市。

2014年1月，无锡市政府印发《关于促进无锡石墨烯产业发展的政策意见》，明确提出加大石墨烯产业扶持力度，全力推动石墨烯产业健康快速发展，并在财政资金扶持、石墨烯研发应用平台建设、研发机构建设、石墨烯关键共性技术攻关、自主知识产权培育、企业发展和市场应用、人才引进和培育、重点项目建设、金融扶持力度等方面提出一系列相关优惠政策。

5.2.3 浙江省石墨烯产业政策

2015年12月31日,浙江省人民政府颁布了《中国制造2025浙江行动纲要》,指出要加强开发高性能玻璃纤维、碳纤维、石墨烯等新型无机非金属材料,建成国内领先的高性能纤维及复合材料产业基地,推动石墨烯产业化应用。

2016年9月2日,浙江省人民政府办公厅印发了《浙江省人才发展"十三五"规划》,提出重点建设一批石墨烯与碳纤维等新材料应用领域的优秀科技创新团队。

2013年,宁波市发展和改革委员会发布《宁波市新材料产业三年行动计划(2013—2015年)》明确提出打造石墨烯产业链,特别是在动力电池领域,重点谋划"热管理材料—新能源汽车、石墨烯原料—石墨烯复合材料—动力锂电池、高性能微电子器件"产业链。进一步促进打破关键核心技术瓶颈,尤其是规模化制备及应用方面,进一步巩固提升宁波新材料产业的核心竞争力,并以宁波墨西科技有限公司、宁波信远炭材料股份有限公司等企业为骨干,重点发展石墨烯新材料规模化量产及应用推广。

2014年5月,宁波市科技局、发展和改革委员会、经济和信息化委员会等三家联合编制发布《宁波市石墨烯技术创新和产业发展中长期规划(2014—2023年)》,明确提出,紧密结合宁波产业实际,围绕"以应用为牵引、以研发为支撑、以制备为核心"的发展思路,着力推进石墨烯上下游应用技术研发与应用产品示范推广,促进石墨烯全产业链规模化、高端化发展。

2017年3月,宁波市发布《石墨烯产业三年攻坚行动计划(2017—2019年)》,明确提出以应用需求为牵引,以关键技术为支撑,以产业体系建设为目标,加快石墨烯材料上下游应用技术研发、促进商业化应用与新产品示范推广,将宁波打造成为全国石墨烯技术研发与产业化应用的重要基地和创新示范区。

5.2.4 上海市石墨烯产业政策

2016年12月,上海市发布《上海促进新材料发展"十三五"规划》,将石墨烯材料列入前沿新材料的范畴。该规划的发展目标是实现石墨烯材料对传统材料的升级替代,实现对石墨烯要求较宽松应用产品的产业化;重点开展价廉质优的石墨烯微片在锂电池材料、特种防腐涂料、传感器等方面的应用研究;积极研发石墨烯薄膜连续制备工艺，探索其在电子元器件中的应用技术；重点发展石墨烯粉体、石墨烯高分子材料、石墨烯基特种防腐涂料、石墨烯基热界面材料、石墨烯薄膜和锂电池石墨烯基材等；在发展路径上，保证应用产品开发及市场推广，在石墨烯应用产品开发已取得突破性进展的基础上，加强产学研用结合，推广下游市场对石墨烯产品的应用；兼顾高品质石墨烯及其高端应用产品的技术研究，体现石墨烯核心价值，培育石墨烯材料在电子信息、航空航天等领域的高端应用。

5.2.5　广东省石墨烯产业政策

2017年9月，广东省人民政府办公厅发布《广东省战略性新兴产业发展"十三五"规划》，提出加快前沿战略材料突破发展，把握新材料技术与信息技术、纳米技术、智能技术等融合发展趋势，积极发展石墨烯、金属及高分子增材制造材料、形状记忆合金、自修复材料、智能仿生与超材料，以及液态金属、新型低温超导材料等，加快在前沿领域实现突破，积极做好前沿新材料领域知识产权布局，围绕重点领域开展应用示范，抢占未来新材料产业竞争制高点。

2017年8月，广东省发展和改革委员会发布《广东省加快战略性新兴产业发展实施方案》，提出在高端制造材料领域，把握新材料技术与信息技术、纳米技术、智能技术等融合发展趋势，积极发展石墨烯、金属及高分子增材制造材料、智能仿生材料、超材料、新型低温超导材料等前沿战略材料。

2019年4月，广东省石墨烯创新中心在深圳成立。该中心是在广东省政府的支持下，由清华大学牵头，联合政府产业平台、高校与科研机构、民营企业和社会资本共同成立的混合所有制新型创新平台。按照国家级创新中心的要求，该中心采取"公司+联盟"的形式，打造"政产学研用资"紧密合作的创新生态，推动产业链、创新链、资金链和政策链的深度融合。

2017年起，深圳专门实施了创新"十大行动计划"，明确把石墨烯作为"十大重大科技产业专项"和"十大制造业创新中心"的重点工作来抓，并积极推动市级石墨烯创新中心升级为国家级制造业创新中心。

5.2.6　山东省石墨烯产业政策

2015年3月，山东省经济和信息化委员会颁布了《山东省新材料产业转型升级实施方案》，提出根据山东省新材料产业发展状况，优先发展稀土新材料、石墨烯、新型半导体材料等新兴领域。

2015 年 4 月,山东省人民政府办公厅印发了《山东省推进工业转型升级行动计划(2015—2020 年)》,提出重点发展石墨烯等前沿材料,大力培植发展新兴产业,推进工业转型升级。

2016 年 12 月,山东省人民政府颁布了《山东省"十三五"科技创新规划》,对新材料产业化进行了战略部署,重点强调加强基础材料、高性能材料、特种新材料和前沿新材料的研发,研究石墨烯、富勒烯等纳米材料低成本制备及其在重点领域的应用技术。

2018 年 2 月,山东省出台《山东省新旧动能转换重大工程实施规划》,该规划在发展新兴产业培育形成新动能方面指出,要超前布局前沿新材料,明确提出"推进石墨烯特色资源高质化利用,加强专用工艺和技术研发,打造济南、青岛、潍坊、济宁、威海、菏泽等石墨烯研发生产基地"。

5.2.7 福建省石墨烯产业政策

2017 年 7 月,福建省人民政府办公厅发布《福建省石墨烯产业发展规划(2017—2025 年)》。该规划指出,立足福建省产业基础、资源禀赋和创新实力,坚持目标导向、需求导向、问题导向,着力构建以企业为主体、以高校和科研机构为支撑、产学研用协同促进的石墨烯产业技术创新体系,突破一批关键技术,建设一批服务平台,培育一批龙头企业,形成一批行业标准,推动福建省建成国际一流、国内领先的石墨烯技术研发和产业应用高地。其目标是到 2020 年,建成较为完善的石墨烯材料研发、制备、应用等产业发展体系。到 2025 年,石墨烯产业成为福建省经济发展先导产业,部分石墨烯材料应用达到国际领先水平,福建省成为全国石墨烯技术创新先导区、国际合作引领区、产业应用示范区。

2019 年初,福建省石墨烯办发布了 2019 年度石墨烯产业发展工作要点。一是促集聚,加大创新和产业资源融合对接,在政策共享、产业化飞地上力争取得突破,组织开展国内外专业化招商活动;二是重创新,加大研发投入和载体建设,安排专项资金支持各类平台和产业化项目,推动厦门大学能源与石墨烯创新平台建设,永安石墨烯园区"一中心两平台"投入使用;三是扩应用,推广"石墨烯+",促进纺织、鞋服、建材、涂料等产业开展石墨烯新材料应用示范;四是优服务,持续营造发展生态,继续办好第三届石墨烯高峰论坛、第二届中国(永安)石墨烯创新创业大赛等大型活动,提升石墨烯促进会交流服务水平,开展 2 次专题培训、12 场交流对接等，制定出台 1 项团体标准。通过以上举措，确保福建省 212 项各类石墨烯研发、产业化项目取得新进展，"两核三区"石墨烯产业快速发展，加快形成东南沿海石墨烯产业集聚区。

5.2.8　黑龙江省石墨烯产业政策

作为中国乃至世界石墨储量最多的省份，黑龙江省正致力于把石墨产业打造成新的支柱产业，建成全国乃至世界重要的石墨生产加工基地。

2016 年 9 月，黑龙江省出台《黑龙江省石墨烯产业三年专项行动计划（2016—2018 年）》，提出组建黑龙江省石墨烯协同创新中心，研究建立石墨烯产品首批次应用示范风险补偿机制，搭建技术服务与产业化平台。计划提出，到 2018 年，培育 10 个创新团队，培育和支持 10 家具有一定规模的石墨烯高新技术企业，带动百亿产业链发展；形成由"科学家+企业家"组成的创新创业团队；搭建石墨烯产业公共技术服务平台，构建"团队+项目+公司"的产业模式，搭建投融资平台，帮助企业完成天使基金、A 轮融资；扶持具备产业化条件的企业，尽快完成具有自主知识产权的专用装备样机研制与生产线建设工作。

5.2.9　内蒙古自治区石墨烯产业政策

内蒙古自治区非常重视石墨烯及石墨产业的发展，近年来，对石墨烯和石墨新材料产业给予了大力支持。通过设立自治区科技重大专项支持石墨烯产业及应用关键技术研发，自治区财政投入近 5800 万元支持内蒙古瑞盛新能源有限公司、内蒙古瑞盛天然石墨应用技术研究院、内蒙古石墨烯材料研究院等企业和科研机构开展高效储能电池、石墨烯导电剂技术研究与产业化、石墨烯规模化可控制备和示范应用、石墨烯及其复合材料的制备及性能研究等关键技术研发；在低成本石墨烯粉体制备技术及锂离子电池正极材料应用、石墨烯智能浆料制备及成膜工艺，石墨烯在催化剂领域和石墨烯薄膜在全碳光电与传感器件领域的应用上取得了一定的进展。

平台载体建设方面，内蒙古自治区积极推进阿拉善高新区升级为国家级高新区。认定内蒙古石墨碳素材料高新技术产业化基地为自治区高新技术特色工业产业化基地；认定内蒙古瑞盛新能源天然石墨研究开发中心为自治区级企业研发中心；支持和培育内蒙古瑞盛新能源有限公司、乌兰察布市大盛石墨新材料股份有限公司成为国家高新技术企业，享受相关税收优惠政策；支持内蒙古瑞盛新能源有限公司组建石墨新材料院士专家工作站，并通过科技计划项目支持其建设；支持建设内蒙古瑞盛天然石墨应用技术研究院和内蒙古石墨烯材料研究院等新型研发机构，提高自治区石墨行业科技创新水平。

内蒙古自治区积极实施特色新材料科技重大专项，其中石墨材料是其重点支持方向，通过重大专项的实施，支持石墨烯技术创新及应用、石墨资源开发的研究，强化石墨领域科技创新平台载体建设，为石墨产业发展提供强大的科技平台支撑，进一步推动自治区石墨资源开发和产业发展。

5.2.10 四川省石墨烯产业政策

2017年2月，四川省人民政府发布了《四川省"十三五"战略性新兴产业发展规划》。规划指出，加强纳米材料技术研发，重点突破纳米碳材料及制品的制备与应用关键技术，积极开发纳米粉体、碳纳米管、富勒烯、石墨烯等材料，推进纳米碳材料在新能源、节能减排、环境治理、绿色印刷、功能涂层、电子信息和生物医用等领域应用，加快石墨烯低成本批量制备及纯化技术和透明电极手机触摸屏研发产业化，推动石墨烯在航空航天、集成电路、平板显示、复合材料、新型电池等高端领域应用。

该规划对四川核心发展区进行了空间布局，其中攀枝花和凉山主要依托攀枝花钒钛高新区、创新开发区，重点发展钒钛、稀土、石墨烯等新材料产业，打造勘采产学研用一体的石墨烯产业体系，建设国家战略资源创新开发试验区；德阳重点发展新型金属材料、高分子复合材料、精细化工材料、生物医用材料、石墨烯等产业链，打造国家石墨烯产业技术研发和应用示范基地，建成新材料产业化综合基地。

在动力电池领域,四川省支持省内动力电池骨干企业开发高性能石墨烯电池、锂电池、储氢/镍氢电池和超级电容电池以及燃料电池、金属-空气电池、铁镍电池等，提升动力电池核心技术的工程化和产业化能力，开展新体系电池的研发，提升新一代动力电池新材料和关键技术的工程化研究能力和动力电池产品设计验证能力。

5.2.11　重庆市石墨烯产业政策

2016年11月，重庆市印发了《重庆市科技创新"十三五"规划》，提出在新材料技术领域，优化石墨烯制备工艺技术，降低单位成本，实现大规模工业化生产，引进石墨烯功能化、石墨烯器件组装等关键技术，强化石墨烯原材料、功能化器件和组件的研发能力；重点开展石墨烯薄膜低成本制备以及石墨烯纳米片、石墨烯纳米带、石墨烯量子点等石墨烯衍生品的绿色制备与分散、推广应用等技术研究；在重点产业技术创新平台方面，推进重庆高新区、中国科学院重庆绿色智能技术研究院、重庆墨希科技有限公司等单位共建实体研究机构，重点开展大面积石墨烯材料规模化制备，石墨烯薄膜导电性、低电阻等工艺研究，石墨烯薄膜膜层设计、光学设计、线路设计、屏蔽设计等触摸屏应用及加工工艺研究等关键领域研究；在国家级企业研发创新中心培育方面，推进新材料研发创新中心建设，大力引进和依托中国科学院重庆绿色智能技术研究院、重庆墨希科技有限公司等单位，重点开展石墨烯触摸屏、电池、传感器、柔性电子器件等石墨烯材料应用及加工工艺的研发创新和推广应用。

2019年4月，重庆市人民政府出台了《重庆市推动制造业高质量发展专项行动方案（2019—2022年）》，将石墨烯新材料作为重庆制造业高质量发展重点方向之一，着重发展石墨烯薄膜规模化连续稳定生产能力，尽快形成大面积石墨烯薄膜和石墨烯微片规模生产能力，推动石墨烯及碳基产品在触控显示、电池负极、特种涂料等领域的实际应用。

5.2.12　广西壮族自治区石墨烯产业政策

2018年9月，广西壮族自治区政府印发了《广西石墨烯产业发展工作方案》。该工作方案为广西石墨烯产业发展"三步走"制定了详细的进度安排，并详细划分了目标、任务及落实主体。

该工作方案的总体目标是，到2021年，初步形成具有广西特色，集产品研发、推广应用、技术服务于一体的石墨烯产业体系，石墨烯技术应用能力及产业化发展能力不断增强，产业集聚集约发展区域格局初步显现，力争广西石墨烯产业创新发展达到全国先进水平。

该工作方案提出了"六大重点任务"，分别为引进培育石墨烯产业骨干企业、建设石墨烯科技创新基地、开展石墨烯产业关键技术攻关、搭建产业发展服务平台、支持组建广西石墨烯产业技术创新战略联盟、加强宣传推广力度。

广西壮族自治区政府对该工作方案的实施制定了强有力的保障措施。在组织领导上，自治区副主席担任组长领导石墨烯产业工作，由自治区人民政府副秘书长和自治区工业和信息化委员会主任担任副组长。在职责分工上，自治区工信委负责石墨烯产业发展行业管理，推动石墨烯产业化发展；自治区发展和改革委员会负责指导项目业主开展前期工作，对符合条件的项目，适时列入自治区统筹推进的重大项目，并争取国家支持；自治区科技厅负责推进石墨烯技术研发体系建设，组织研究石墨烯产业技术路线图，支持石墨烯研发创新平台建设；自治区财政厅负责财政资金安排的石墨烯项目预算审核、资金监督管理等工作。在政策支持方面，从自治区工业和信息化发展、北部湾经济区重大产业发展等专项资金中安排资金支持石墨烯产业重点项目、基础设施、工业园区、人才队伍建设及技术研发、推广应用、招商引资、产业联盟组建、规划编制等工作。在投融资引导方面，引导各类资本参与石墨烯企业股权并购和高端项目开发；鼓励有条件的设区市设立产业发展专项资金、战略性新兴产业孵化资金；支持产融携手创新基于构建完整产业链、着眼终端产品推广应用的互惠合作融资模式；研究建立石墨烯产品首批次应用示范风险补偿机制，鼓励石墨烯产业化应用。

5.2.13 湖南省石墨烯产业政策

2017年1月，湖南省发展和改革委员会发布了《湖南省"十三五"战略性新兴产业发展规划》。该规划提出，加强前沿材料布局，优化新材料产业化及应用环境建设，推动新材料融入高端制造供应链；突破石墨烯产业化技术，拓展纳米材料在光电子、新能源、生物等领域的应用，开发智能材料、仿生材料、超材料、低成本增材制造材料，形成一批具有重大带动作用的创新成果。

2018年12月，湖南省印发《湖南创新型省份建设实施方案》，提出在石墨烯、量子计算、天地一体化信息网络、人工智能、大数据、智能机器人、高端装备新材料、智能电网、脑科学、精准医学、干细胞与再生医学、海洋科技、超高音速飞行器等前沿技术领域，形成远近结合、梯次接续的系统布局。

5.2.14 陕西省石墨烯产业政策

陕西省大力支持石墨烯领域关键技术创新研发，积极落实《陕西省"十三五"

科学和技术发展规划》《陕西省"十三五"战略性新兴产业发展规划》《〈中国制造 2025〉陕西实施意见》规划文件。近年来，省重点研发计划持续对石墨烯材料制备、器件开发等方向进行支持，设立了"石墨烯制备与应用技术""高性能特种材料"重点产业创新链。2018 年以来支持项目 20 余项，项目资金超过 1000 万元。

2016 年，陕西省科技厅支持由西安电子科技大学、西北工业大学、西安交通大学、西北大学、陕西汽车集团有限责任公司、陕西省科技资源统筹中心等 25 家机构和企业共同发起组建了陕西省石墨烯产业技术创新战略联盟。联盟围绕我国对石墨烯产业发展需求，积极推动打造陕西地区的石墨烯技术产业链、创新链和服务链，促进联盟成员之间的资源共享和互惠互利，提升联盟成员的群体竞争力，为陕西省石墨烯产业发展提供了重要支撑。

陕西省着重从三方面开展支持石墨烯科研和发展工作：一是加强石墨烯和新材料创新体系建设；二是继续加强石墨烯领域共性关键技术研发；三是推动建立中小企业研发服务体系。

5.2.15 安徽省石墨烯产业政策

2017 年 6 月，安徽省在《"十三五"节能减排实施方案》中提出，加快培育发展新兴产业，深入实施战略性新兴产业"十三五"规划，统筹推进"三重一创"建设，加快建设新能源汽车、新型显示、机器人、生物制药、语音技术等一批重大新兴产业基地，扎实推进太赫兹芯片、精准医疗等一批重大新兴产业工程，组织实施石墨烯、量子通信与量子计算、智能汽车等一批重大新兴产业专项，加快构建创新型现代产业体系。

2018 年 3 月，安徽省发展和改革委员会发布《安徽省新材料产业发展规划（2018—2025 年）》。规划提出，未来几年，安徽省将把合肥建设成全省新材料产业策源地和集聚核，打造成重要的全国性创新中心和新材料制造基地。该规划还提出，积极培育发展石墨烯、先进纳米材料等前沿新材料产业；到 2025 年，初步形成 5 个左右布局合理、特色鲜明、具有国际影响力的新材料创新集群。

2019 年，安徽省在《科技重大专项申报指南》中针对高性能材料领域，面向化工、环保等产业需求，开展环境友好型高性能催化剂和绿色润滑新材料、石墨烯材料、高值杂环化学品、绿色高性能橡塑助剂、绿色功能性涂料等精细化学品以及大宗可再生资源高值化利用技术研发。

2020年，安徽省发展和改革委员会发布的《安徽省实施长江三角洲区域一体化发展规划纲要行动计划》中提出，培育布局未来产业；面向人工智能、现代医疗医药、新材料等产业前沿领域，携手打造未来产业发展高地；加快新材料技术与信息技术、纳米技术、智能技术等融合，重点发展石墨烯、第三代半导体、金属铼等前沿材料产业，推动创新成果转化与典型应用。

第 6 章 中国石墨烯产业投融资现状

除了政策支持,国家和各级地方政府积极从科研基金、产业配套资金、产业基金等方面支持石墨烯产业发展。科研基金支持在石墨烯科技和产业起步阶段起到了重要的助推作用,这类支持主要来自科技部、国家自然科学基金委员会和地方科技主管部门。产业配套资金支持主要来自工信部等产业主管部门。例如,工信部不但出台了一系列政策将石墨烯作为国家大力支持和发展的先导产业,还从政策和资金和补贴上对进军石墨烯领域的企业和机构予以支持。

近年来,通过产业基金等市场化手段推动石墨烯产业发展的重要性受到广泛重视,各级地方政府联合产业界、投资机构纷纷成立了多个石墨烯产业基金,成为主导石墨烯科技成果转化和产业化的重要推手。企业方面对石墨烯产业的投融资行为主要以上市公司为主体,并通过直接投资、并购等手段介入石墨烯产业。

6.1 政府支持

6.1.1 科研基金支持

1. 国家层面石墨烯科研基金支持

科研基金支持对尚处于产业化初期的石墨烯行业具有重要的意义。科技部、国家自然科学基金委员会最早从 2009 年起陆续支持了一系列石墨烯研究项目,科技部国家重点基础研究发展计划(简称 973 计划)、国家高技术研究发展计划(简称 863 计划）、国家重点研发计划也将石墨烯材料列入支持重点方向之一，支持范围包括石墨烯材料制备、性质和应用研究等。工信部在工业强基专项中对石墨烯薄膜制备及产业化等项目进行了重点支持。据统计，2010 年以来，国家层面对石墨烯相关研究的支持金额超过 27 亿元（表 6.1）。

表 6.1　国家层面石墨烯科研基金支持情况

项目类别	资助单位	金额/亿元	项目数量/项	重点支持方向
国家自然科学基金	国家自然科学基金委员会	22（2010～2019 年）	4637	石墨烯理论基础研究
国家重点研发计划	科技部	4.4（2016～2019 年）	17	高质量石墨烯材料制备及应用
863 计划、973 计划	科技部	0.6	5	石墨烯可控制备及器件
工业强基专项	工信部	0.2	2	单层石墨烯薄膜制备及产业化

国家有关部门的支持有力地促进了我国石墨烯领域的科技进步。2011 年以来，中国发表的石墨烯相关学术论文总数一直雄踞全球首位，且呈遥遥领先之势。截至 2020 年 3 月，中国学者发表的石墨烯相关学术论文超过 10 万篇，而排名第二位的美国只有 3.48 万篇。在石墨烯相关专利申请方面也是同样的发展势头，截至 2019 年底，中国石墨烯申请专利总数占全球总数的 68%以上。

据统计，2010～2019 年，国家自然科学基金共立项 386 678 项，石墨烯相关的资助项目达到 4637 项，约占支持总项目数的 1.2%，资助石墨烯科研总金额达 22 亿元。其中，重大项目 12 项，共资助 8050 万元；重点项目 37 项，共 10 106 万元。从图 6.1 和图 6.2 可以看出，自 2010 年石墨烯发现者获得诺贝尔物理学奖之后，国家自然科学基金加大了对石墨烯项目基础研究的支持力度。所立项的石墨烯相关基金项目数量从 2010 年的 204 项快速增加到 2015 年的 590 项，增加了

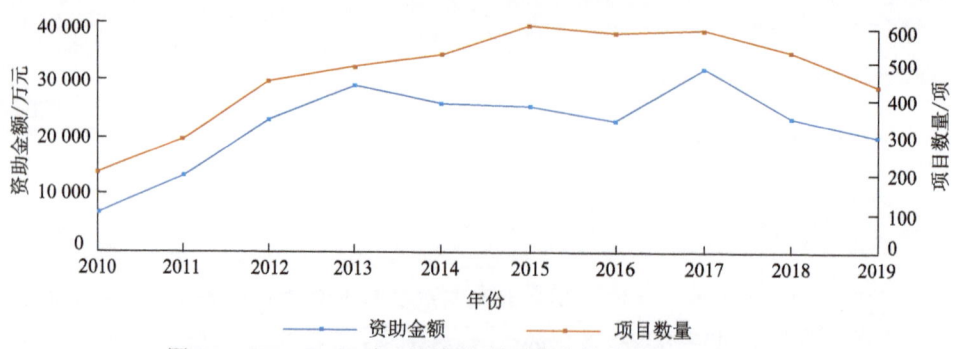

图 6.1　2010～2019 年石墨烯相关国家自然科学基金项目统计
注：资助金额共 220 951.9 万元，项目数量共 4637 项

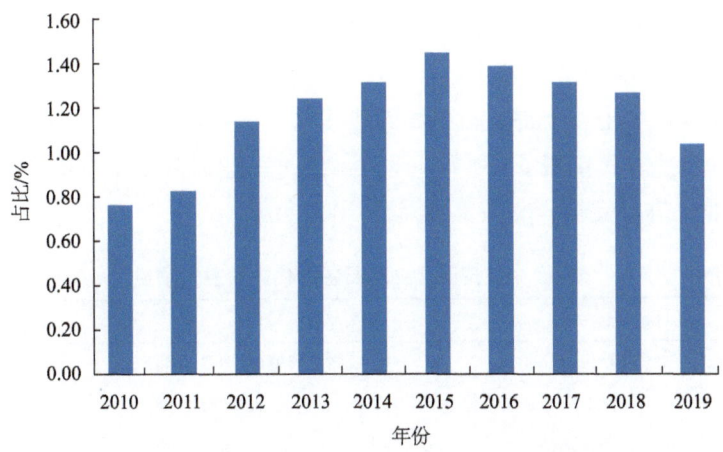

图 6.2　2010～2019 年国家自然科学基金资助石墨烯项目数量占比
资料来源：科学基金网络信息系统，CGIA Research

两倍多；支持经费也从 2010 年 6508 万元攀升到 2015 年的 2.53 亿元，经费额度增长了近 4 倍，这与我国石墨烯领域快速发展的高速膨胀期相吻合。2015 年后，国家自然科学基金立项的石墨烯项目数量缓慢下降，到 2019 年下降到 434 项，约占支持总项目数的 1%，经费支持额度也从 2017 年最高的 3.2 亿元缓慢降低到 2 亿元。当前，石墨烯基础研究已经过了高潮阶段，开始逐渐转向应用研究。

国家自然科学基金石墨烯相关项目的重点支持方向包括石墨烯复合材料、石墨烯理论计算、石墨烯传感器、石墨烯生物医药应用及石墨烯超级电容器。除此之外，国家自然科学基金石墨烯项目支持领域还有石墨烯制备、石墨烯界面性能、石墨烯半导体特性、石墨烯力学性能、石墨烯吸附性能、石墨烯太赫兹器件等。

从国家自然科学基金的支持单位所在区域分布来看，北京市作为创新资源最为丰富和创新团队最为集聚的地区，所获得的基金项目支持也是最集中的，无论数量、金额还是单项项目金额均位列第一。据统计，北京市石墨烯相关基金项目数量 688 项（占比 14.8%），涉及金额 4.1 亿元（18.6%），项目平均资助金额约为 60 万元/项。此外，华北、华东地区石墨烯基金项目数量约占总数 60%。资助单位方面，北京大学、清华大学、浙江大学为基金项目单位前三位。

2010 年以来，863 计划、国家科技重大专项、973 计划也围绕"石墨烯宏量可控制备""石墨烯基电路制造设备、工艺和材料创新"等方向部署了一批重大项目，取得了一批创新成果。"十三五"以来，科技部在国家重点研发计划的"国家质量基础的共性技术研究与应用"、"量子调控与量子信息"、"纳米科技"和"变革性技术关键科学问题"重点专项中，围绕石墨烯相关领域重大基础前沿科学问题进行前瞻部署。其中,2016~2019年部署与石墨烯相关的重大项目近20项,总经费超过4.4亿元。其重点支持方向包括石墨烯纳米碳材料的宏量可控制备、石墨烯光电和电子器件、石墨烯储能技术、石墨烯标准检测与认证等。部分项目名称及牵头单位如表6.2所示。工信部通过工业强基专项对单层石墨烯薄膜制备及产业化进行支持,支持额度达到2000万元。

表6.2 科技部已立项石墨烯相关的重大项目

项目名称	牵头单位	所属专项	年份
石墨烯可控制备、物性与器件研究	中国科学院物理研究所	973计划	2011
石墨烯材料的可控宏量制备及应用基础研究	清华大学	973计划	2012
二维原子晶体界面科学与器件基础	北京大学	973计划	2014
与硅技术融合的石墨烯类材料及其器件的研究	中国科学院物理研究所	973计划	2014
二维/三维石墨烯材料与光电器件的可控制备及示范应用	重庆墨希科技有限公司	863计划	2015
石墨烯等碳基纳米材料NQI技术研究、集成与应用	中国计量科学研究院	重点研发计划:国家质量基础的共性技术研究与应用专项	2016
石墨烯宏观体材料的宏量可控制备及其在光电等方面的应用研究	南开大学	重点研发计划:纳米科技专项	2016
纳米碳材料产业化关键技术及重大科学前沿	北京大学	重点研发计划:纳米科技专项	2016
半导体二维原子晶体材料的制备与器件特性	中国科学院物理研究所	重点研发计划:纳米科技专项	2016
化学能高效转化碳基纳米电催化剂结构设计、可控制备及应用研究	中国科学院上海高等研究院	重点研发计划:纳米科技专项	2017
低维异质结构的磁性和输运性质调控及其微纳器件	北京大学	重点研发计划:纳米科技专项	2017
新型纳米结构的高能量长寿命锂/钠复合空气电池	南开大学	重点研发计划:纳米科技专项	2017
新型二维量子功能材料的理论设计、可控制备、高精度表征和原型器件构筑	中国科学院大学	重点研发计划:量子调控与量子信息专项	2018
人工微结构的中红外光电耦合机理和雪崩探测器件及应用研究	中国科学院上海技术物理研究所	重点研发计划:量子调控与量子信息专项	2018
晶圆级二维电子材料的外延生长、异质结构筑及电子器件	国家纳米科学中心	重点研发计划:"变革性技术关键科学问题"重点专项	2018
面向高能量高功率储能的低维限域纳米材料缺陷协同调控机理研究	中国科学院上海硅酸盐研究所	重点研发计划:纳米科技专项	2019

注:NQI为国家质量基础的共性技术研究与应用英文简写

2. 地方政府石墨烯科研基金支持

地方政府对石墨烯科技发展也予以高度重视。例如,"十二五"初期,北京市科委就开始对石墨烯领域进行布局,重点支持方向包括高品质石墨烯薄膜制备、石墨烯玻璃、石墨烯光电器件、石墨烯射频天线、石墨烯装备等。据不完全统计,2012 年以来,北京市总计立项支持石墨烯科技项目超过 40 项,总支持额度达到 1.5 亿元。江苏省常州市武进区设立每年 6000 万元、3 年不低于 2 亿元的"碳材料产业科技创新专项资金"支持注册在常州西太湖科技产业园、实施先进碳材料产业链内项目的企业,其中优先支持实施石墨烯产业链内项目的企业。2017 年以来,深圳提出,前瞻布局石墨烯等新兴领域,重点发展石墨烯在电子信息、新能源领域的应用技术,将石墨烯列为十大重大科技产业专项进行重点布局,并成立了深圳市石墨烯制造业创新中心;截至 2019 年 4 月,该中心已完成 11 个项目的评审立项,累计总投资 2.55 亿元,其中政府资助支持 7915 万元。内蒙古自治区财政投入近 5800 万元支持相关企业和科研机构开展石墨烯规模制备、石墨烯导电剂等关键技术研发,在低成本石墨烯粉体制备技术及锂离子电池正极材料应用等方面取得了一定的进展。

6.1.2 产业资金支持

1. 国家层面石墨烯产业资金支持

在工信部办公厅、财政部办公厅于 2017 年 5 月 24 日联合发布的《工业和信息化部办公厅 财政部办公厅关于发布 2017 年工业转型升级(中国制造 2025)资金工作指南的通知》工业强基工程专项中,将石墨烯作为重点支持的关键基础材料之一。

2017 年 8 月 31 日,工信部、财政部、保险监督管理委员会三部委发布了《关于开展重点新材料首批次应用保险补偿机制试点工作的通知》,旨在运用市场化手段,对新材料应用示范的风险控制和分担作出制度性安排。通知要求,符合条件的投保企业,可申请中央财政保费补贴资金,补贴额度为投保年度保费的 80%。保险期限为 1 年,企业可根据需要进行续保。补贴时间按照投保期限据实核算,原则上不超过 3 年。

2018 年 8 月 14 日,工信部印发的《工业和信息化部关于发布 2018 年工业转型升级资金(部门预算)项目指南的通知》提出,打造不低于 5 个石墨烯示范应用产业链。补助比例不超过总投资的 50%,单个项目支持额度不超过 2 亿元。

2019 年 9 月 20 日,工信部发布《工业和信息化部办公厅关于组织开展 2019 年度工业强基工程重点产品、工艺"一条龙"应用计划工作的通知》,其中首次提出《石墨烯"一条龙"应用计划申报指南》。工信部将向国家开发银行、中信银行、中国工商银行、国家开发投资公司等金融机构推荐"一条龙"应用承担单位和示范项目。相关金融机构将按照监管要求和企业（项目）实际情况提供金融支持。

2. 地方政府石墨烯产业资金支持

地方政府出台的产业资金支持政策则更加明确和具体。例如，2013年浙江省宁波市实施"石墨烯产业化应用开发"重大科技专项，3年共安排9000万元财政资金以扶持与支撑石墨烯应用技术和产品研发相关的下游的应用企业。之后，宁波市在整合市级战略性新兴产业、新材料专项、人才、科技等相关资金的基础上，形成每年1亿元的石墨烯产业发展专项资金，加大对石墨烯产业研发、生产、创新平台建设的支持力度，并充分利用创业投资引导基金、天使投资引导基金，积极鼓励社会资本参与石墨烯产业项目投资。

江苏省常州市武进区在2014年制定了《加快先进碳材料产业发展的若干政策》，加大碳材料产业的扶持、培育力度。2017年7月，武进区发布《常州市武进区人民政府关于进一步加快先进碳材料产业创新发展的若干意见》，提出2017～2020年，设立20亿元先进碳产业发展基金，其中5亿元重点支持创业孵化项目，发挥政府引导投资方向的作用；其余15亿元重点支持产业基础设施建设，进一步巩固武进在国内石墨烯产业政策高地的地位，推动石墨烯产业做大做强，创成国家级石墨烯创新中心。

2017年4月，常州市出台《常州市关于加快石墨烯产业创新发展的实施意见》，明确提出组建石墨烯产业发展专项资金，总规模每年5亿元，重点支持石墨烯相关产业应用示范、重点企业和项目等。

2017年4月，深圳市出台相关政策扶持石墨烯制造业创新中心建设，安排政府资助资金总额2亿元，用于制造业创新中心的平台建设、技术研发、示范应用推广等项目，重点发展石墨烯在电子信息、新能源领域的应用技术，将石墨烯列为十大重大科技产业专项进行重点布局。

2018年10月，福建省永安市出台了《关于加快永安市高端石墨和石墨烯产业集聚发展的若干意见》，从2019～2023年，永安市每年安排2000万元设立高端石墨和石墨烯产业发展专项资金，对落户在石墨和石墨烯产业园区内企业的扩大投资、增产增效、孵化中试、公共研发等予以奖补，促进高端石墨和石墨烯产业集聚发展。

广西壮族自治区于 2019 年发布《广西石墨烯产业协同创新发展实施方案》，由自治区工业和信息化厅在年度财政性资金中安排 5000 万元，用于推广石墨烯产品应用，引导石墨烯产业高质量发展；落实金融促进经济发展有关政策，鼓励和引导金融机构加大对石墨烯产业自主创新的信贷扶持；引导全社会加大研发资金投入，支持广西石墨烯产业协同创新发展。

部分地方政府积极推进石墨烯项目的招商，从前期的企业入驻资金扶持到后期企业落地后生产设备和场所的提供，再到企业税金减免和人才引进，都给予了大力支持。例如，常州市对引进的符合条件的创新创业领军人才，给予一次性资助 20 万元至 100 万元项目启动费和 50 万元安家补贴；青岛市出台石墨烯产业密切相关的税收优惠政策，其中企业所得税优惠 23 项、个人所得税 8 项、房产税和城镇土地使用税 11 项、其他税种 18 项；深圳市将石墨烯高导热材料应用研究工程实验室列入深圳市新能源产业发展专项资金 2015 年第一批扶持计划；重庆市及高新区两级政府每年将会从财政中拿出不少于 3000 万元的资金对入驻园区的石墨烯相关材料企业给予补贴；重庆市九龙坡区设立了石墨烯产业发展专项资金，在厂房租赁、能源保障、高层次人才引进等方面给予扶持 1000 万元。

6.2 产业基金

产业基金作为金融服务体系中的一环，对于扶持中小企业发展来说，意义重大。通过设立产业基金，可以促进石墨烯产业技术研发、项目孵化、产品开发、科技成果转化和产业融合。借助资本的力量，可以培育更多的石墨烯创新型企业，提高企业融资能力和生存能力，帮助企业健康成长，以最快的速度实现石墨烯产业化，推动我国石墨烯产业快速提档升级。近年来，各级地方政府联合企业和社会资本，成立了多个石墨烯相关的产业基金，具体情况如表 6.3 所示。

表 6.3 石墨烯相关产业基金

基金名称	基金规模/亿元	出资方	投资领域
中国石墨烯产业母基金	200	深圳前海梧桐并购投资基金管理有限公司、国家发展改革委中国投资协会新兴产业中心、深圳天元羲王材料科技有限公司	石墨烯产业

续表

基金名称	基金规模/亿元	出资方	投资领域
青岛高创卓阳天使股权投资基金	1	山东省、青岛市及青岛高新区、社会资本	以石墨烯为代表的新材料及相关产业项目
常州西太湖新兴产业发展基金	50	常州西太湖科技产业园	以石墨烯为代表的先进碳材料产业、以医疗器械为代表的健康产业、互联网产业和文化创意产业,以及中以合作的产业领域等
江苏新材料产业创业投资基金	首期5亿元	江苏省、常州市政府、江苏省新材料产业协会、江苏金茂投资管理股份有限公司	碳纤维、纳米材料、石墨烯等
先进碳材料产业发展基金	20	江苏省常州市武进区	石墨烯基先进碳材料产业
东旭-泰州石墨烯产业发展基金	1	泰州市新能源产业园区、东旭光电科技股份有限公司	石墨烯产业
福建省石墨烯产业基金	10	福建省产业股权投资基金有限公司和基金管理机构	石墨烯产业
石墨烯产业股权投资基金	5	福建省永安市	石墨烯产业
厦门火炬石墨烯新材料基金	2	厦门火炬高新区与厦门烯成石墨烯科技有限公司	石墨烯新材料相关企业和孵化器项目
七台河市新材料产业发展投资基金	4	七台河市政府、宝泰隆新材料股份公司和其他社会资本	新材料产业及高技术企业
东旭(德阳)石墨烯产业发展基金	2	德阳市旌阳区人民政府、东旭光电科技股份有限公司	石墨烯领域创新型企业
内蒙古石墨(烯)新材料产业基金	10	内蒙古自治区发展和改革委员会、投资机构等	石墨(烯)新材料产业
江苏格瑞石墨烯创业投资基金	0.85	常州西太湖科技产业园管理委员会、江南石墨烯研究院	石墨烯创业团队
北京航动石墨烯创业投资基金	2.2	北京市科创基金、中国航空发动机集团有限公司、北京石墨烯技术研究院、北京燕和盛投资管理有限公司	石墨烯科技型初创企业
"邀问二期"创业投资基金	4	上海市宝山区政府、美国通用电气公司(GE)、三星电子、沙特基础工业公司等	新材料及其应用

2017年9月25日,由国家发展改革委中国投资协会新兴产业中心联合深圳天元羲王材料科技有限公司、深圳前海梧桐并购投资基金管理有限公司共同设立

的规模达 200 亿元的中国石墨烯产业母基金正式启动。该基金以"资本+产业"为核心，构建石墨烯生态圈，旨在解决石墨烯产业发展缓慢的问题，促进石墨烯产业的科研成果转化，推进下游应用开发，助力中国石墨烯产业创新发展，加快中国经济结构的转型，全面推动中国石墨烯产业确立国际领先优势。

除了国家部委层面，各地政府也较早地注重基金等金融资本的作用，陆续联合相关机构和企业建立起石墨烯产业基金，提供配套金融服务，扶持并助力石墨烯新材料企业和项目的健康发展。据不完全统计，近年来我国地方政府发起成立的石墨烯产业基金规模超过 100 亿元。其中，江苏省累计石墨烯产业基金规模约 26.8 亿元，对石墨烯产业的扶持力度最大。福建、内蒙古、黑龙江、上海、北京、四川、山东等也均具有一定的规模（图 6.3）。下面按区域介绍石墨烯相关产业基金情况，部分区域石墨烯产业基金处于计划筹备阶段。

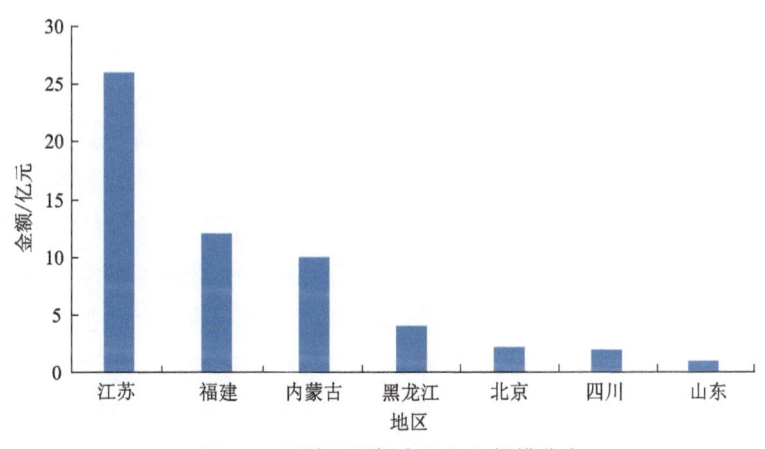

图 6.3 区域石墨烯产业基金规模分布

6.2.1 北京市

2017 年，北京市为加快全国科技创新中心建设，支持高精尖产业创新和前端原始创新，促进适合首都定位的高端科研成果在京落地转化，成立了总规模为 300 亿元的北京市科技创新基金，其中北京财政和 4 家国有企业共出资 200 亿元，金融机构出资 100 亿元。目前正在筹备 5 亿～10 亿元规模的石墨烯产业子基金，该基金最长存续期为 15 年，30%将投在科技成果转化环节，专注于科技创新领域投资，与天使投资、创业投资等社会资本形成合力。

位于北京市房山区燕山地区的北京石化新材料科技产业基地管理委员会把石

墨烯产业作为重要方向给予支持。2019年11月，北京石墨烯产业创新中心种子孵化园正式落户房山。为助推入驻孵化园企业快速发展，由北京市科创基金、中国航空发动机集团有限公司、北京石墨烯技术研究院有限公司、北京燕和盛投资管理有限公司共同发起的北京市首个石墨烯产业创业投资基金——北京航动石墨烯创业投资基金正式发布，该基金总规模2.2亿元，支持种子孵化园内的科技型初创企业的技术研发和产品开发，帮助企业快速成长。该基金是为新材料基地石墨烯种子企业孵化加速器项目建设与发展而设立的专项基金，将引导社会资本共同对石墨烯产业项目进行投资，持续提升石墨烯种子企业孵化加速器综合影响力和核心竞争力，助推燕山地区"一城两业"发展再上新台阶。

6.2.2 江苏省

江苏省常州市最先为石墨烯产业的发展提供基金土壤。2012年4月，常州西太湖科技产业园（武进经发区）管理委员会联合江南石墨烯研究院领衔设立了金额为8500万元的江苏格瑞石墨烯创业投资基金，为创业团队提供资金支持。之后设立3年2亿元的碳材料专项资金，每年专辟500万元设立"助保贷"基金，用于成长期石墨烯企业银行贷款的风险补偿。每年2000万元的碳材料天使引导基金也在常州西太湖科技产业园的引导下设立，专门用于石墨烯领域初创企业。

2013年9月，由江苏省、常州市两级政府和江苏省新材料产业协会、江苏金茂投资管理股份有限公司四方共同发起创立的江苏新材料产业创业投资基金在常州市创立，该产业基金落户武进区，首期规模5亿元，重点支持创新型新材料企业、规模化龙头企业，加快培育打造新材料产业链。2015年，常州市组建了注册资本5亿元的江苏江南石墨烯科技有限公司，为石墨烯产业提供资本支撑。依托西太湖科技"金融超市"，拓展了融资渠道，中国银行、苏州银行、江南银行、南京银行、兴业银行等5家银行作为首批入驻银行，为石墨烯中小企业提供低成本、便捷化融资服务。

常州西太湖科技产业园区整合现有产业基金资源，发挥国有资本杠杆作用，设立了常州西太湖新兴产业发展基金，计划总规模为50亿元，其中产业引导基金总规模1.5亿元、产业投资基金总规模48.5亿元。投资基金原则上围绕园区"4+1"特色产业进行组建，类别包括以石墨烯为代表的先进碳材料产业、以医疗器械为代表的健康产业、互联网产业和文化创意产业，以及中以合作的产业领域。

2017年7月，常州市武进区发布了《常州市武进区人民政府关于进一步加快先进碳材料产业创新发展的若干意见》，提出 2017~2020 年，设立 20 亿元先进碳产业发展基金，其中 5 亿元重点支持创业孵化项目，发挥政府引导投资方向的作用；其余 15 亿元重点支持产业基础设施建设，进一步巩固武进在国内石墨烯产业政策高地的地位；到 2020 年，力争全市规模以上石墨烯产业产值达 300 亿元以上，集聚石墨烯相关企业 300 家以上，推动石墨烯产业做大做强，创成国家级石墨烯创新中心。同时区政府每年投入天使投资进到基金 1000 万元、风险补偿基金 500 万元，进一步推动石墨烯产业升级和产业结构合理化，促进石墨烯产业发展。

2018 年，泰州市新能源产业园区与东旭光电科技股份有限公司合作设立东旭-泰州石墨烯产业发展基金，规模为 1 亿元，利用东旭光电的产业和平台优势加快聚拢一些石墨烯优质项目落户园区，加快石墨烯产业的集聚发展，打造石墨烯全产业链集群。

在金融服务方面，江苏省无锡市于 2016 年成立了科技金融中心，聚集了风险投资、证券机构、担保公司、商业银行等众多优质资本，针对企业提供孵化期银行融资、初创期的天使投资到成长期的风险投资，直至上市前后全生命期的可持续科技金融服务。截至 2018 年底，惠山开发区已引进、组建的各类创业投资基金 18 家，资本总规模超过 260 亿元，为精准医疗、石墨烯、智能制造等九大领域的 900 多家入驻企业提供资金支持和融资通道。

6.2.3　上海市

2016 年 10 月，上海市宝山区政府与通用电气公司、三星电子公司、沙特基础工业公司共同合作参与的"邀问二期"创业投资基金举行揭牌仪式，基金规模 4 亿元。这一基金是上海市第一支区政府与世界 500 强企业合作成立的新材料创业投资基金，基金主要投资领域为新材料及其应用，重点面向石墨烯项目，投资阶段对象以海归创业为主，海外技术引进为辅。通过财政资金，吸引海外投资，特别是世界 500 强企业资源，培育宝山区战略性新兴产业发展，为上海的科创中心建设以及宝山的转型发展增添助力。

6.2.4　山东省

2015 年，国内首支石墨烯天使投资基金在山东省青岛高新区设立，该基金命名为青岛高创卓阳天使股权投资基金，总规模1亿元。该天使基金由山东省、青岛市及青岛高新区携手社会投资共同创建（山东省、青岛市及青岛高新区共出资5000万元，社会筹措资金5000万元），专注于投资石墨烯及相关应用产业，主要投资处于种子期、初创期或成长期的科技型、创新型、符合青岛产业发展的、以石墨烯为代表的新材料及相关产业项目，以期破解科技型中小企业"融资难"的问题，培育孵化具有成长潜力的优质创业项目。

6.2.5 福建省

2017年5月，福建省产业股权投资基金有限公司和基金管理机构共同投资10亿元，在鼓楼区设立福建省石墨烯产业基金，首期投资5亿元。

2017年6月，福建永安市专门设立了5亿元的石墨烯产业股权投资基金。同时，由市国投公司作为发起人，联合社会资金设立总规模10亿元（首期5亿元）的三明市新兴产业投资基金，作为母基金重点投向氟化工、石墨、稀土和生物医药等重点新兴产业和孵化平台建设。

2019年12月，厦门火炬高新区创新创业园与厦门烯成石墨烯科技有限公司联合发起成立厦门火炬石墨烯新材料基金，基金总规模为2亿元，首期募集的5000万元基金，主要投资以石墨烯为代表的新材料领域项目，大力推进"石墨烯+"模式，培育一批新材料创新型企业做大做强。现已完成对5个石墨烯新材料相关企业和孵化器项目的投资，投资总金额达2933万元，并有2个项目完成后续融资，融资总金额超亿元。同时，该基金加大同厦门高新科创天使创业投资有限公司、厦门永和投资管理有限公司等专业投资机构开展战略合作，计划共同设立种子基金、天使基金、产业投资基金等，助推火炬高新区石墨烯新材料项目、企业加速成长。

6.2.6 四川省

2016年，四川省设立首支石墨烯产业基金——东旭（德阳）石墨烯产业发展基金，基金规模2亿元，由德阳市旌阳区人民政府与东旭光电科技股份有限公司共同发起，该基金将专注于石墨烯产业技术创新、项目孵化、产品开发及上下游关键应用领域、产业融合培育和成果转化，投资方式以股权投资为主，投资对象重点为在石墨烯领域拥有自主知识产权或核心技术的创新型企业。通过与东旭光电成立石墨烯并购产业基金的方式，利用东旭光电的产业和平台优势加快聚拢石墨烯优质项目落地德阳，实现产业集聚效应。

6.2.7　黑龙江省

2017年，黑龙江七台河市政府与宝泰隆新材料股份公司发起，联合其他社会资本成立七台河市新材料产业发展投资基金，首期募集资金为4亿元，其中七台河市政府出资5000万元，宝泰隆新材料股份公司出资5000万元，金融机构或社会资本募集3亿元，主要投向在七台河市域内投资建设的处于种子期、初创期、成长期及成熟期的新材料产业及高技术企业，重点投资布局石墨及石墨烯产业，推动研发创新成果落地转化，对新材料产业项目融资给予全力支持，助推七台河石墨烯产业发展。

6.2.8　内蒙古自治区

2017年，在内蒙古自治区发展和改革委员会主导下，内蒙古交通投资（集团）有限责任公司全资子公司内蒙古发展投资管理有限公司与同方金融控股（深圳）有限公司、邦信资产管理有限公司、包头交通投资集团有限公司联合发起内蒙古石墨（烯）新材料产业基金，总规模达10亿元，在政府提供优惠政策条件下，充分调动社会资方的投资积极性，推动石墨（烯）新材料产业经济加快发展，打造内蒙古自治区石墨（烯）新材料产业基地并培育新的经济增长动能。

6.2.9　陕西省

西安丝路石墨烯创新中心是为践行"一带一路"倡议，由中国石墨烯产业技术创新战略联盟牵头，在西安高新区设立的石墨烯产业创新创业服务平台，于2019年1月正式投入运营。西安丝路石墨烯创新中心通过实施西安石墨烯创新"五个一"工程，先后设立了"中国国际石墨烯创新大会秘书处"、组建了"西安石墨烯产业发展专家委员会"、成立了"西安石墨烯产业联盟"、建设"石墨烯产业创新基地"，并将发起成立"西安丝路石墨烯产业投资基金"，以期推动陕西石墨烯创新成果的不断涌现及转化。

6.2.10 广西壮族自治区

广西柳州市鹿寨县石墨烯创新创业小镇总投资约 30 亿元，占地 2000 亩，计划 2019~2022 年完成石墨烯新材料产业基地一期建设，依托钢铁、工程机械、汽车、装备制造等产业优势，结合石墨烯下游产业链，集中建设石墨烯车辆应用研究院、石墨烯产业园，并成立石墨烯产业发展引导基金，一期设立 5 亿元，重点引进培育石墨烯产业骨干企业，积极推进关键技术产业化攻关，不断建设完善石墨烯产业发展服务平台，进一步加快石墨烯产业应用示范基地建设，力促石墨烯产业规模化、高端化、集群化发展。

6.3　企业投资并购

6.3.1　石墨烯上市公司情况分析

2010 年以来，石墨烯以其优异的性能和巨大的产业前景引起了资本市场的高度关注，一度成为资本市场的宠儿，不少上市公司、投资机构纷纷涉足石墨烯产业，掀起了石墨烯投资热潮。其中，不乏部分企业只是借机炒作、抬高股价，但真正投入石墨烯产业的资金并非很多。据不完全统计，以石墨烯概念上市 A 股、港股、科创板、新三板和新四板的公司超过 80 家（表 6.4、表 6.5），其中 A 股 52 家、港股 3 家、科创板 1 家、新三板 19 家、新四板 14 家，但真正以石墨烯业务为主业的公司不到 20%。除了上市公司，全国各地相关机构和有实力的企业争先恐后投资石墨烯项目，各种经济类型投资相继进入石墨烯行业。

表 6.4　石墨烯概念股上市公司名单（不完全统计）

序号	证券名称	类别	地域	上市时间	股票代码	领域	所属行业
1	中国宝安	A 股	广东	1991 年 6 月	000009	新能源领域	综合
2	新金路	A 股	四川	1993 年 5 月	000510	新能源领域	化工
3	悦达投资	A 股	江苏	1994 年 1 月	600805	石墨烯材料制备	交通运输
4	华金资本	A 股	广东	1994 年 1 月	000532	电子信息	非银金融
5	渝三峡 A	A 股	重庆	1994 年 4 月	000565	化工领域	化工
6	智慧能源	A 股	青海	1995 年 2 月	600869	节能环保	电气设备

续表

序号	证券名称	类别	地域	上市时间	股票代码	领域	所属行业
7	新华锦	A股	山东	1996年7月	600735	石墨烯材料制备	轻工制造
8	东旭光电	A股	河北	1996年9月	000413	新能源领域、节能环保	电子
9	西藏城投	A股	西藏	1996年11月	600773	石墨烯材料制备	房地产
10	美都能源	A股	浙江	1999年4月	600175	新能源领域	综合
11	华丽家族	A股	上海	2002年7月	600503	电子信息	房地产
12	方大炭素	A股	甘肃	2002年8月	600516	石墨烯材料制备	有色金属
13	中天科技	A股	江苏	2002年10月	600522	化工领域	通信
14	四川路桥	A股	四川	2003年3月	600039	电子信息	建筑装饰
15	中泰化学	A股	新疆	2006年12月	002092	石墨烯材料制备	化工
16	莱宝高科	A股	广东	2007年1月	002106	电子信息	电子
17	乐通股份	A股	广东	2009年12月	002319	石墨烯材料制备	化工
18	中科电气	A股	湖南	2009年12月	300035	新能源领域	电子
19	正泰电器	A股	浙江	2010年1月	601877	石墨烯材料制备	电气设备
20	格林美	A股	广东	2010年1月	002340	石墨烯材料制备	有色金属
21	伟星新材	A股	浙江	2010年3月	002372	石墨烯原材料	建筑材料
22	南都电源	A股	浙江	2010年4月	300068	新能源领域	电气设备
23	天原集团	A股	四川	2010年4月	002386	新能源领域 电子信息	化工
24	长信科技	A股	安徽	2010年5月	300088	航空航天领域 新能源领域	电子
25	*ST康得	A股	江苏	2010年7月	002450	新能源领域	化工
26	金洲管道	A股	浙江	2010年7月	002443	石墨烯材料制备	钢铁
27	百川股份	A股	江苏	2010年8月	002455	化工领域	化工
28	中超控股	A股	江苏	2010年9月	002471	石墨烯材料制备	电气设备
29	大富科技	A股	广东	2010年10月	300134	石墨烯材料制备	通信
30	锦富技术	A股	江苏	2010年10月	300128	石墨烯原材料 石墨烯材料制备	电子
31	宝泰隆	A股	黑龙江	2011年3月	601011	新能源领域	采掘
32	欣旺达	A股	广东	2011年4月	300207	石墨烯材料制备	电子
33	金城医药	A股	山东	2011年6月	300233	石墨烯材料制备	医药生物
34	融钰集团	A股	吉林	2011年10月	002622	电子信息	传媒

续表

序号	证券名称	类别	地域	上市时间	股票代码	领域	所属行业
35	德尔未来	A股	江苏	2011年11月	002631	石墨烯材料制备	轻工制造
36	珈伟新能	A股	广东	2012年5月	300317	石墨烯原材料	电气设备
37	道氏技术	A股	广东	2014年12月	300409	节能环保	化工
38	杭电股份	A股	浙江	2015年2月	603618	新能源领域 化工领域	电气设备
39	碳元科技	A股	江苏	2017年3月	603133	化工领域	化工
40	沃特股份	A股	广东	2017年6月	002886	新能源领域	化工
41	康盛股份	A股	浙江	2010年6月	002418	新能源领域	家用电器
42	新疆众和	A股	新疆	1996年2月	600888	新能源领域	有色金属
43	华控赛格	A股	广东	1997年6月	000068	新能源领域	节能环保
44	玉龙股份	A股	江苏	2011年11月	601028	新能源领域	机械设备
45	安利股份	A股	安徽	2011年5月	300218	化工领域	化工
46	厦门信达	A股	福建	1997年2月	000701	新能源领域	商业贸易
47	爱旭股份	A股	上海	1996年8月	600732	新能源领域	电气设备
48	中国动力	A股	河北	2004年7月	600482	国防军工	国防军工
49	杉杉股份	A股	浙江	1996年1月	600884	电子信息	电子
50	彤程新材	A股	上海	2018年6月	603650	化工领域	化工
51	东方材料	A股	浙江	2017年10月	603110	化工领域	化工
52	斯迪克	A股	江苏	2019年11月	300806	化工领域	化工
53	中国烯谷	港股	香港	1986年2月	00063.HK	新能源领域	地产建筑
54	允升国际	港股	香港	2012年1月	01315.HK	新能源领域	地产建筑
55	日成控股	港股	香港	2015年1月	03708.HK	新能源领域	地产建筑

注：至截稿时"*ST康得"正处于停牌状态。
资料来源：同花顺股票查询网站

表6.5 科创板、新三板、新四板石墨烯上市公司名单（不完全统计）

序号	公司名称	上市类型	注册资本/万元	成立日期
1	江苏天奈科技股份有限公司	科创板	23 185.811 6	2011年1月6日
2	济南圣泉集团股份有限公司	新三板	69 371.68	1994年1月24日
3	大同新成新材料股份有限公司	新三板	13 681	2007年8月3日
4	常州第六元素材料科技股份有限公司	新三板	10 366.666 5	2011年11月14日
5	深圳市鑫昌龙新材料科技股份有限公司	新三板	10 098	1996年10月10日

续表

序号	公司名称	上市类型	注册资本/万元	成立日期
6	平顶山东方碳素股份有限公司	新三板	8 700	2006年2月21日
7	辽宁利浩管业股份有限公司	新三板	8 700	2012年3月6日
8	光合新兴产业控股集团股份有限公司	新三板	7 586.296 2	1997年10月27日
9	湖南中科星城石墨有限公司	新三板	6 400	2001年5月24日
10	山西光宇半导体照明股份有限公司	新三板	5 882.353	2009年2月20日
11	邯郸市飞翔新能源科技股份有限公司	新三板	5 600	2012年3月7日
12	深圳市今朝时代股份有限公司	新三板	5 333.333 3	2009年8月6日
13	常州二维碳素科技股份有限公司	新三板	4 898.700 4	2011年12月27日
14	厦门凯纳石墨烯技术股份有限公司	新三板	3 610	2010年5月13日
15	深圳市俊武科技有限公司	新三板	3 000	2006年6月14日
16	安徽朗越能源股份有限公司	新三板	2 630	2012年6月18日
17	河南玉兰光电股份有限公司	新三板	2 600	2013年8月12日
18	青岛华高墨烯科技股份有限公司	新三板	1 230.003	2012年12月3日
19	河北圣佳科技股份有限公司	新三板	1 111	2009年10月28日
20	北京创新爱尚家科技股份有限公司	新三板	1 696.77	2013年3月14日
21	北京绿能嘉业新能源有限公司	新四板	5 102.040 8	2014年8月19日
22	深圳大唐盛世绿色善行科技股份有限公司	新四板	100 000	2016年8月17日
23	郴州博太超细石墨股份有限公司	新四板	72 569.26	2002年9月19日
24	深圳金田弘科技开发有限公司	新四板	10 000	2009年9月29日
25	喀什浩翔光电科技有限公司	新四板	10 000	2011年8月15日
26	鹤岗市汇泽新材料科技有限公司	新四板	5 000	2016年3月21日
27	广东万爱建筑科技有限公司	新四板	3 300	2013年8月15日
28	广东和润新材料股份有限公司	新四板	3 000	2006年1月24日
29	厦门中凯新材石墨烯科技有限公司	新四板	1 688	2017年5月18日
30	肇庆科顺生物科技有限公司	新四板	1 000	2006年5月31日
31	郴州市及莉工贸有限责任公司	新四板	1 000	2009年6月22日
32	东莞市垠星科技发展有限公司	新四板	1 000	2004年6月16日
33	广东东谷通能源设备有限公司	新四板	500	2015年5月26日
34	东莞市普万光电散热科技有限公司	新四板	312.5	2012年9月21日

资料来源：天眼查

6.3.2 主营石墨烯上市企业及运营情况

目前，上市公司中以石墨烯为主营业务的主要有 5 家，均为新三板挂牌公司，分别是第六元素、二维碳素、凯纳股份、华高墨烯和爱家科技（第六元素和华高墨烯于 2020 年初先后在全国中小企业股份转让系统终止股票挂牌）。这些企业的整体状况在一定程度上反映了石墨烯行业目前的真实状态。我们对上述企业的营收能力、盈利能力和运营能力等整体经营状况进行了分析，以期从一个侧面对中国石墨烯产业现状进行更深入的了解。

1. 主营石墨烯上市企业

1）第六元素（股票代码 831190）

常州第六元素材料科技股份有限公司成立于 2011 年，注册资本 1.03 亿元，主要从事石墨烯粉体及其他新型碳材料的研究、开发、生产和销售，是同时拥有氧化还原法和 CVD 法制备石墨烯产品的企业。2014 年 11 月 12 日，第六元素在全国中小企业股份转让系统举行挂牌仪式，正式宣告成功登陆新三板，成为国内第一家真正以石墨烯产品为主营业务的上市公司。先后成立两家全资子公司：南通第六元素材料科技有限公司（曾用名：南通烯晟新材料科技有限公司）（注册资本 6000 万元），无锡第六元素电子薄膜科技有限公司（注册资本 1000 万元）；参股 10 家下游公司：无锡格菲电子薄膜科技有限公司、常州中超石墨烯电力科技有限公司、常州富烯科技股份有限公司、江苏道蓬科技有限公司、青岛蓝湾烯碳材料科技有限责任公司、江苏恒昱新材料股份有限公司、吉林云亭石墨烯技术股份有限公司、宿州第六元素石墨烯产业发展有限公司、江苏江南烯元石墨烯科技有限公司和宁波杉元石墨烯科技有限公司，进行石墨烯相关材料的研发、生产和销售，打造石墨烯产业链。第六元素目前主要产品是石墨烯粉体和石墨烯薄膜，相关宏量制备技术日趋成熟，并投建了规模化生产线，是具备石墨烯粉体和薄膜规模化生产能力的企业之一。其中，石墨烯粉体是其主打产品，包括氧化石墨烯粉体、氧化石墨烯浆料、导电导热型石墨烯 SE1231、增强型石墨烯 SE1430、防腐型石墨烯 SE1132。

第六元素近五年的财务情况如图 6.4 所示。2018 年营业收入下降，主要是无锡格菲电子薄膜科技有限公司产品结构调整，缩减了毛利率偏低的石墨烯触摸传感器业务以及石墨烯加热膜业务收入减少所致。公司 2018 年净利润的下降，主要是公司最大客户常州富烯科技股份有限公司定向生产的产品工艺较为复杂，公司产能提升需要过程，导致单位成本偏高，毛利率低且其销售额占总销售额比例较高所致。子公司无锡格菲电子薄膜科技有限公司由于石墨烯触控屏业务减少，产能利用率不足导致被摊销的单位固定成本增加，毛利率降低。2018 年，第六元素已完成业务的战略调整，大幅缩减了毛利率偏低的石墨烯触控屏业务，并于 2019 年顺利剥离了石墨烯加热膜业务，聚焦主业石墨烯粉体的发展。截至 2019 年 6 月 30 日，第六元素累计亏损 4124 万元，累计亏损缩小且经营活动产生的现金流量净额开始转正。

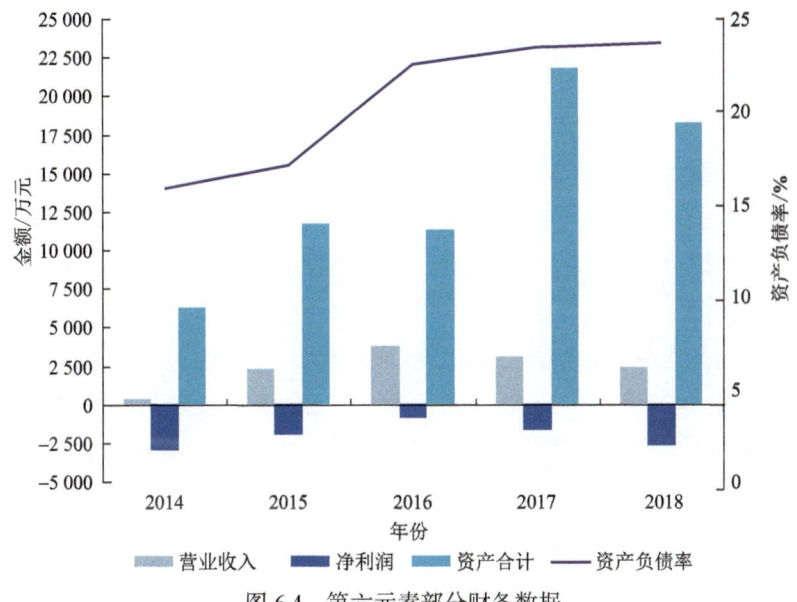

图 6.4　第六元素部分财务数据

由表 6.6 可知，第六元素石墨烯粉体的营收近 3 年间一直在 1200 万元以上，占营业收入的比例由 2016 年的 35.52%上升至 2018 年的 63.17%。石墨烯触摸传感器的营收 2017 年大幅减少，较上年同期减少 81.02%，而石墨烯加热膜业务营收较上年同期增加了 37.91%。这是由于 2017 年第六元素对子公司无锡格菲电子薄膜科技有限公司业务进行了重大调整，大幅缩减了石墨烯触摸传感器业务，转向了附加值更高的石墨烯加热膜业务，到 2018 年石墨烯触摸传感器的营收只有 303 882.87 元。石墨烯浆料产品 2018 年收入金额也在下降，从 2017 年的 2 275 940.05 元下降至 2018 年的 467 746.05 元。

表 6.6　第六元素细分产品收入表

类别	2018 年		2017 年		2016 年	
	年收入金额/元	占营业收入比例/%	年收入金额/元	占营业收入比例/%	年收入金额/元	占营业收入比例/%
石墨烯粉体	14 651 909.81	63.17	12 931 669.47	41.82	13 429 614.55	35.52
石墨烯触摸传感器	303 882.87	1.31	3 018 917.29	9.76	15 903 572.36	42.07
石墨烯加热膜	6 486 483.39	27.96	11 652 827.43	37.68	8 449 818.02	22.35
石墨烯浆料	467 746.05	2.02	2 275 940.05	7.36	—	—
石墨烯手环	1 100 494.84	4.74	973 710.51	3.15	—	—

近几年，第六元素对外投资行为包括：投资江苏江南烯元石墨烯科技有限公司 231 万元；投资常州富烯科技股份有限公司 750 万元；投资宿州第六元素石墨烯产业发展有限公司 200 万元；投资宁波杉元石墨烯科技有限公司 260 万元；投资子公司江苏道蓬科技有限公司 442.28 万元。根据未来生产布局，第六元素的全资子公司南通烯晟新材料科技有限公司于 2018 年 12 月启动投资建设"一期年产 150t 石墨烯微片、500t 氧化石墨（烯）生产项目"，总投资估算 1.84 亿元。

2019 年 9 月，第六元素将持有的常州富烯科技股份有限公司 1.2 亿股股份以每股 4 元的价格售出，在常州富烯科技股份有限公司的持股比例由 15% 降至 3%。2019 年 11 月，第六元素将持有的吉林云亭石墨烯技术股份有限公司 19 万股股份以 100 万元的价格全部转让；将持有的宁波杉元石墨烯科技有限公司 200 万元股权以 900 万元的价格售出，在宁波杉元石墨烯科技有限公司的持股比例降至 5%。

2020 年 1 月 8 日，第六元素股票在全国中小企业股份转让系统终止挂牌。

2）二维碳素（股票代码 833608）

常州二维碳素科技股份有限公司成立于 2011 年 12 月，注册资本 4898 万元，专门研发、制造大面积石墨烯薄膜及石墨烯触控模组，现已成功将石墨烯薄膜应用于触摸屏领域并实现批量生产和销售。2014 年，二维碳素石墨烯薄膜的生产能力达到 20 万 m^2 并成立石墨烯下游应用企业——常州二维光电科技有限公司，专注于石墨烯触控产品的研发生产；2015 年，其石墨烯触控产品在智能穿戴、车载触控、工业控制、家电等领域已实现千万元规模的主营业务收入。2015 年 9 月，二维碳素在新三板挂牌，2017 年出资 100 万元成立子公司常州二维暖烯科技有限公司，专注于石墨烯电加热膜的生产制造和下游应用产品的研发，产品获得供暖行业施工等级证书、绿色建筑选用产品标志。此外，二维碳素还拥有控股子公司深圳市碳晶科技有限公司、江苏江南烯元石墨烯科技有限公司、上海二维敏烯传感技术有限公司。二维碳素的主要产品包括石墨烯发热壁画、石墨烯手机、石墨烯气体隔膜、石墨烯手环、发热保暖马甲、石墨烯触控屏、工业化石墨烯透明导电膜等。

二维碳素近5年的财务情况如图6.5所示。2017年、2018年二维碳素的营业收入分别是1509万元、1661万元，同期增长10.07%，主要原因是2018年公司的产品战略调整。触控屏产品在受行业影响下，其取消毛利偏低的传统产品，转向温控产品上布局发展。受此影响，其触控屏产品的销售额较去年同期降低了41%，与此同时温控产品销售额较去年同期增幅达到了80%，二维碳素的销售实现了小幅增长。

图6.5　二维碳素部分财务数据

据二维碳素财报显示，2017年、2018年二维碳素的经营活动产生的营业总收入分别是1676.23万元、18.7万元，表现为经营活动现金由持续净流出转为净流入，说明公司的经营性活动获取现金能力较往年有了很大的改善。其主要原因是2018年加热产品的销售在取得了较大的发展后，招商工作顺利开展，获取了足额的现金流入。

2019年上半年，二维碳素产品销售比去年同期增长了27.09%，毛利偏低的触摸屏业务销售额大幅缩减，实现销售184万元，只占到总销售收入的17%；毛利率较高的石墨烯加热膜实现销售863万元，占销售收入的81.03%。虽然公司仍处于亏损局面，但产品毛利率较上年同期提升巨大，展现良性的发展势头。随着主营温控产品的市场布局不断完善，公司销售渠道逐步建立，公司盈利状况会得到不断改善。

3）凯纳股份（股票代码 836410）

厦门凯纳石墨烯技术股份有限公司位于福建省厦门市海沧区，注册资本 3610 万元。凯纳股份由国家科学技术进步奖二等奖获得者赵立平先生和华侨大学陈国华教授发起，自 2006 年启动石墨烯产业化进程，正式成立于 2010 年 5 月，集石墨烯的研发、生产、销售和应用开发于一体，在技术水平、品牌知名度等方面位居行业前列，于 2016 年 2 月登陆新三板。凯纳股份的核心技术是物理机械剥离法制备石墨烯粉体材料，据称可把石墨烯成本降为 1 元/g。现已推出锂电池导电剂、碳塑合金、石墨烯散热器等系列成熟应用产品，其锂电池导电剂作为正极导电剂、负极导电剂、涂碳铝箔浆料，已成功导入国内多家大型锂电池企业和涂布铝箔企业；其高导热碳塑合金材料，以优异的导散热性能成为替代金属铝散热器的首选材料。

凯纳股份近 5 年的财务情况如图 6.6 所示。2018 年凯纳股份营业收入 3296 万元，较上年同期增加 824.7%，表明公司主营业务销售开始实现规模化。其石墨烯粉体大规模制备、锂电池专用石墨烯导电剂及碳塑合金三大核心产业化进程顺畅，保持其领先性。以石墨烯制备技术为核心，其产品在新能源、热管理两大优势应用领域上市销售，并不断升级、丰富优化产品系列，获得相关行业龙头企业的认可和批量订单，拉动了主营业务收入的突破性增长。2018 年，凯纳股份净利润 -1334 万元，较上年同期下降 82.08%。其主要因为公司处于快速发展阶段，在产线建设、人员储备、研发、市场开发等方面的支出处于进一步加大投入阶段，导致公司仍旧处于亏损状态。

图 6.6　凯纳股份部分财务数据

2019年上半年，凯纳股份营业收入1159万元，较上年同期增加23.35%，石墨烯粉体、锂电池专用石墨烯导电剂及碳塑合金等产品皆不断升级、丰富优化产品系列，获得相关行业龙头企业的认可和批量订单，拉动了主营业务收入的持续增长。2019年6月，公司单月实现盈利，公司2019年1~6月净利润441万元，较上年同期增加27.64%。公司年产5000t石墨烯产品产线已建设完成并顺利投产，石墨烯应用产品已推向市场，石墨烯粉体、石墨烯导电剂和碳塑合金等三大主要产品均已实现批量化销售。

4）华高墨烯（股票代码835672）

青岛华高墨烯科技股份有限公司于2012年12月成立，注册资本1230万元，面向海洋与军工两大领域，主要进行复合材料、安全防护、热管理等方向上石墨烯的技术与产品开发。华高墨烯的核心技术在于石墨烯改性，可根据应用需求优化材料性能，实现最佳应用效果。华高墨烯于2016年1月在新三板挂牌，是北方第一家主营石墨烯的新三板挂牌企业。2018年，华高墨烯进入产业化投产阶段，扩建石墨烯复合导电浆料生产线，相关产品正式投产。同时，其石墨烯加热相关产品研发成熟进入市场并被市场所初步接受。华高墨烯的主要产品为导电浆料、石墨烯电加热产品、石墨烯电热救生衣等。

华高墨烯近5年的财务情况如图6.7所示。2017年、2018年公司实现的营业收入分别为216.52万元和566.67万元，2018年收入较2017年增加了161.72%，实现了大幅成倍增加。这是由于2018年度，华高墨烯完成了石墨烯复合导电浆料产线投产工作，标志着石墨烯由制备到下游产业化应用的突破。公司进入产业化

图6.7 华高墨烯部分财务数据

投产阶段之后，订单金额大幅增加，尤其是石墨烯加热产品 2018 年度新增收入 306 万元，占营业收入比例一半以上。公司 2018 年产业化投产时间偏短，营业成本偏高，受此因素影响，净利润与上年相比变动 –107.11%，属正常波动。

由表 6.7 可以看出，物理法石墨烯、化学法石墨烯粉体和石墨烯理疗产品 2018 年收入相比 2017 年均有大幅度下降，而石墨烯应用产品如油性石墨烯导电浆料和石墨烯电加热产品收入则有大幅度增加。由此可见，2018 年度公司收入结构有所变动，不仅石墨烯复合导电浆料正式投产，石墨烯电加热相关产品研发成熟也开始进入市场，并得到了市场的认可。这两项收入在公司营业收入中占比较大，分别为 37.71% 和 53.96%。

2020 年 2 月 21 日，华高墨烯股票在全国中小企业股份转让系统终止挂牌。

表 6.7 华高墨烯细分产品收入

类别/项目	2018 年		2017 年	
	年收入金额/元	占营业收入比例/%	年收入金额/元	占营业收入比例/%
化学法石墨烯粉体	17 696.95	0.31	195 059.84	9.01
物理法石墨烯	17 696.95	0.31	691 410.31	31.93
氧化石墨烯粉体	12 865.00	0.23	32 641.02	1.51
油性石墨烯导电浆料	2 136 982.80	37.71	131 000.00	6.05
水性石墨烯导电浆料	8 393.45	0.15	79 829.06	3.69
石墨烯理疗产品	335 668.95	5.92	812 307.68	37.52
石墨烯电加热产品	3 057 873.28	53.96	—	—

5）爱家科技（股票代码 838385）

北京创新爱尚家科技股份有限公司成立于 2013 年，注册资金 1696.77 万元，是以新材料、新科技、新应用为驱动的科技公司。公司以石墨烯为基点，研发新材料并结合智能化、互联网做产品应用和行业解决方案，服务服装、健康穿戴、家居家纺等行业，打造石墨烯科技健康美好生活。爱家科技在 2016 年 7 月登陆新三板，成为首家登陆新三板的石墨烯轻应用领域的科技公司。公司于 2016 年完成基础材料研发、石墨烯类产品投入生产工作，同时积极与服装、健康穿戴等相关领域的企业开展合作。公司主要收入来源包括石墨烯产品（石墨烯科技健康暖宫、石墨烯科技健康护具、石墨烯科技健康发热马甲、石墨烯科技健康发热眼罩、石墨烯科技健康发热地毯、石墨烯智能模组等）的销售收入，客户类型包括工厂、电商、电视购物、大客户、礼品公司、服装企业、护具行业品牌客户等。自 2017

年度开始至今,公司的石墨烯电光热技术在服装、健康穿戴、家居家纺等行业得到市场验证。

爱家科技近 5 年的财务情况如图 6.8 所示。其主营业务收入中各分产品类别的销售收入为:石墨烯产品 2017 年的收入为 1951 万元,占主营业务收入的比例为 94.19%,2018 年的收入为 1725 万元,占主营业务收入的比例为 85.92%;石墨烯产品的供电电源等电子产品 2017 年的收入为 120 万元,占主营业务收入的比例为 5.81%,2018 年的收入为 283 元,占主营业务收入的比例为 14.08%。公司营业利润亏损逐渐减少,原因是在保证石墨烯产品收入的同时,公司进一步控制费用,从而使亏损大幅度减少。截至 2018 年 12 月 31 日,爱家科技累计亏损 2511 万元,归属于爱家科技的净资产 180 万元。

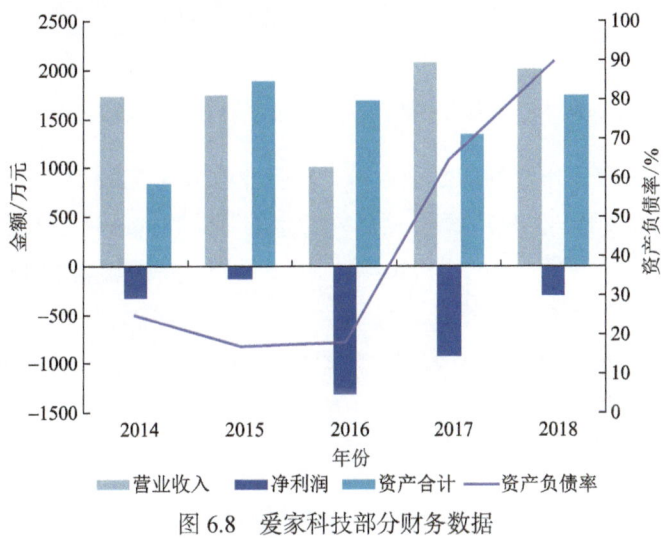

图 6.8 爱家科技部分财务数据

2019 年上半年,爱家科技实现主营业务收入为 659 万元,比上年同期降幅 23.56%,原因是公司由分散化小流量渠道向大流量集中渠道进行调整,由多产品组合向少量爆品调整,其上半年经营重点落在爆品开发和大客户开发上。

2. 整体经营状况

1)营收能力分析

根据上市公司财报,5 家主营石墨烯业务上市公司的年度营业收入合计见图 6.9。2014 年度营业收入合计 2440.26 万元,2015 年度营业收入合计 5262.97 万元,同比增长 115.7%;2016 年度营业收入合计 6488.01 万元,同比增长 23.3%;2017 年度营业收入合计 7250.22 万元,同比增长 11.7%;2018 年度营业收入合计 9851.28 万元,同比增长 35.9%。从整体营收数据变化趋势上来看,5 家主营石墨烯上市公司整体营收在 2015 年呈现爆发式增长,2016 年和 2017 年呈稳步增长趋势,2018 年又向上迈了一大步。

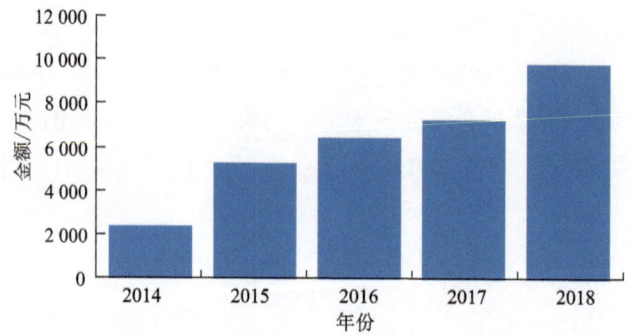

图 6.9　5 家主营石墨烯业务上市公司的年度营业收入合计

2018 年营业收入最高的为凯纳股份,其营业收入为 3295.69 万元,同比增长 824.7%,几乎是 2017 年的 10 倍。而第六元素的营业收入由过去的领先地位略有下滑,2018 年同比下降 25.0%,名列第二位。另外,华高墨烯 2018 年营业收入相比 2017 年也有较大幅度的增长,增幅达 161.7%。爱家科技和二维碳素 2018 年营业收入基本和 2017 年持平,增幅、降幅均不明显,具体情况如图 6.10 所示。

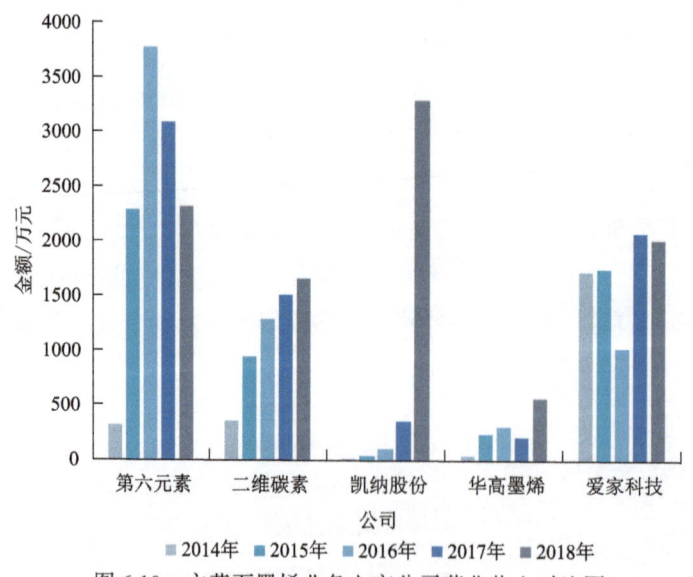

图 6.10　主营石墨烯业务上市公司营业收入对比图

第 6 章　中国石墨烯产业投融资现状

2）盈利能力分析

虽然 5 家主营石墨烯业务上市公司的营业收入呈增长趋势，但从净利润上分析（图 6.11），目前其依然处于亏损状态，呈现增收不增利的现象。虽然 2018 年营业收入总额达到最大，但亏损也是最多的，净利润合计达 –6018.99 万元，较 2017 年亏损增加了 25.86%。其中，第六元素、凯纳股份和华高墨烯 2018 年的亏损规模相比 2016 年、2017 年还在扩大，二维碳素 2018 年亏损金额比 2017 年稍有增加，只有爱家科技一家公司 2018 年亏损相比 2016 年、2017 年大幅度减小（图 6.12）。

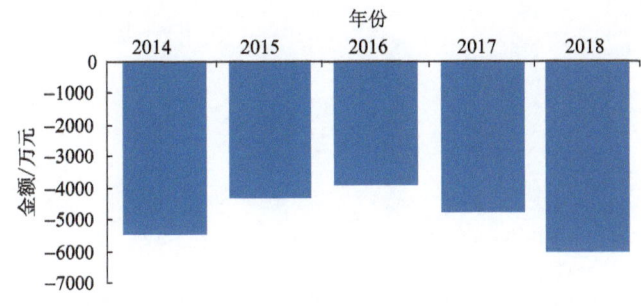

图 6.11　主营石墨烯业务上市公司年度净利润合计

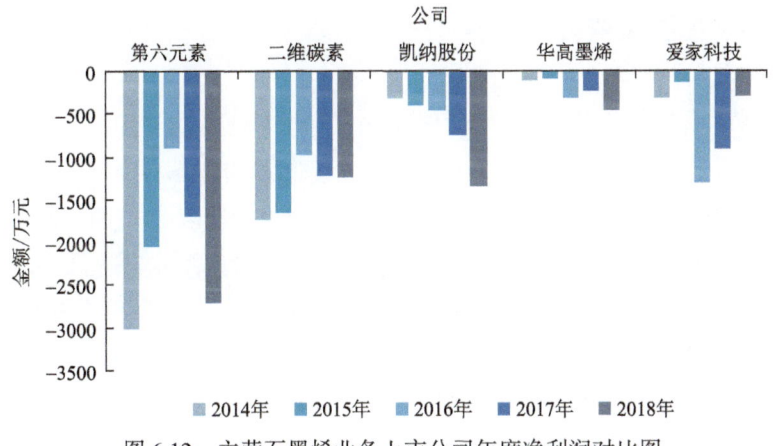

图 6.12　主营石墨烯业务上市公司年度净利润对比图

3）营运能力分析

如图 6.13 所示，5 家主营石墨烯业务上市公司 2014～2018 年平均存货周转天数为分别为 378.19 天、209.28 天、149.96 天、136.08 天、163.27 天，2018 年虽有

— 185 —

波动但较 2014 年的存货周转天数明显降低。这说明，随着石墨烯产业的发展，企业供应链管理逐渐成熟，下游应用市场逐渐打开，石墨烯产品适销对路，存货管理工作的效率明显提高。同时，2014~2018 年 5 家公司平均应收账款周转天数分别为 40.62 天、45.67 天、59.27 天、81.65 天、85.96 天，2018 年的应收账款周转天数有 2014 年的两倍之多。这说明石墨烯产品的去库存效应已经显现。

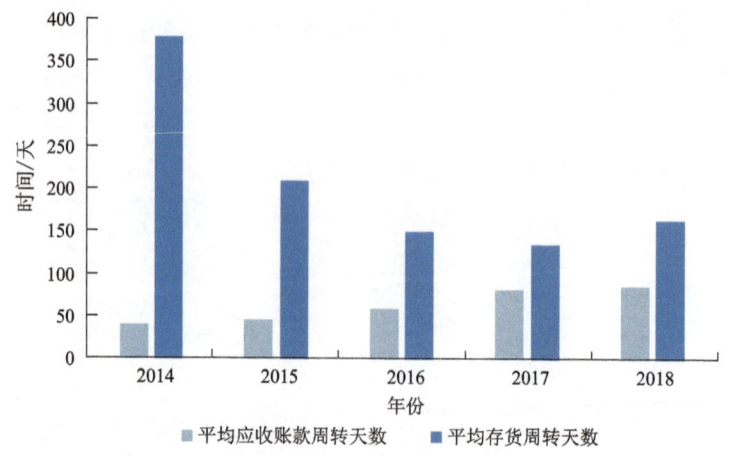

图 6.13　主营石墨烯业务上市公司平均应收账款周转天数与平均存货周转天数

6.3.3　主要投资并购事件

近年来，石墨烯相关上市企业的投资并购事件频发。据 CGIA Research 统计，从 2012 年到 2019 年，上市企业发生石墨烯相关投资并购事件共 53 项，涉及金额近 101.25 亿元。从 2012 年到 2017 年，石墨烯产业投资并购金额持续增长，且 2017 年投资并购金额达到最大，达 42.9 亿元；2018 年投资并购金额降低，为 15.32 亿元。2017 年石墨烯上市公司投资并购事件达 20 余件，典型案例主要有东旭光电收购上海申龙客车有限公司、第六元素收购南通烯晟新材料科技有限公司、东旭光电收购明朔（北京）电子科技有限公司 51%股权等。2018 年，国内石墨烯领域上市公司的投资并购事件数量相比 2017 年大幅下降，金额比较大的主要有道氏技术拟 1.8 亿元收购青岛昊鑫新能源科技有限公司 45%剩余股权，玉龙股份以股权转让和现金增资的方式投资天津玉汉尧石墨烯储能材料科技有限公司（投资后公司持有天津玉汉尧石墨烯储能材料有限公司 33.34%的股权）等。近年来，石墨烯行业重要投资、并购事件如表 6.8。

从投资和并购所占的比例来看，2013~2016 年投资项目所占比重较大，2017

年则以并购为主。可见在2016年之前,石墨烯项目以新建为主,但随着石墨烯产业发展,并购比例逐渐加大,到2017年并购涉及金额占据了大部分份额,说明2017年开始产业链进一步整合,石墨烯产业开始大规模洗牌。

表6.8 石墨烯行业重要投资、并购事件

时间	企业	事件	金额/万元
2018年12月	方大炭素	全资子公司成都炭素有限责任公司合资成立四川铭源石墨烯科技有限公司,认股30%的份额	1 500
2018年12月	第六元素	公司全资子公司南通烯晟新材料科技有限公司建设一期年产150t石墨烯微片、500t氧化石墨(烯)生产项目	18 500
2018年8月	道氏技术	向王连臣和董安钢发行股份、向魏晨支付现金购买其合计持有的青岛昊鑫新能源科技有限公司45%的股权全资控股青岛昊鑫新能源科技有限公司	18 000
2018年6月	玉龙股份	控股子公司天津玉汉尧石墨烯储能材料科技有限公司增资全资子公司宁夏汉尧,仍是天津玉汉尧石墨烯储能材料科技有限公司全资控股	30 000
2018年6月	第六元素	增资江苏道蓬科技有限公司,增资后占股12.20%	442.28
2018年3月	玉龙股份	玉龙股份拟以股权转让和现金增资的方式投资天津玉汉尧石墨烯储能材料科技有限公司,投资后公司持有天津玉汉尧石墨烯储能材料科技有限公司33.34%的股权	78 966.32
2018年2月	第六元素	A股增发融资,本次募集资金全部用于补充公司流动资金和公司产品的研究、开发,优化公司财务结构	9 600
2017年12月	宝泰隆	联合投资设立北京石墨烯研究院有限公司	4 840
2017年11月	第六元素	增资常州富烯科技股份有限公司,直接持股25%	750
2017年11月	二维碳素	投资设立常州二维暖烯科技有限公司	1 000
2017年9月	宝泰隆	投资年产量50t物理法石墨烯项目	6 620
2017年8月	宝泰隆	投资成立七台河宝泰隆密林石墨选矿有限公司	5 000
2017年5月	东旭光电	收购明朔(北京)电子科技有限公司51%股权	8 000
2017年4月	宝泰隆	建设年产量5万t锂电负极材料石墨化项目和年产量2万t锂电负极材料中间相炭微球前躯体项目	68 000
2017年4月	圣泉集团	投资设立山东圣泉新能源有限公司	20 000
2016年12月	第六元素	投资成立江苏江南烯元石墨烯科技有限公司	1 050
2016年12月	华丽家族	收购北京墨烯控股集团股份有限公司100%股权	75 000
2016年10月	华西能源	收购恒力盛泰(厦门)石墨烯科技有限公司15%的股权	135 000
2016年8月	德尔未来	收购厦门烯成石墨烯科技有限公司	24 154

续表

时间	企业	事件	金额/万元
2016年5月	道氏技术	增资青岛昊鑫新能源科技有限公司，增资完成后拥有其20%股权	6 000
2016年3月	东旭光电	收购上海碳源汇谷新材料科技有限公司部分股权并增资上海碳源汇谷新材料科技有限公司，增资完成后持有上海碳源汇谷新材料科技有限公司50.5%的股权	7 345.45
2016年1月	正泰电器	增资西班牙公司Grabat Energy, S.L.25%股权	3 040（欧元）
2015年12月	第六元素	A股增发融资	15 000

资料来源：CGIA Research

注：方大炭素新材料科技股份有限公司，简称方大炭素；广东道氏技术股份有限公司，简称道氏技术；华西能源工业股份有限公司，简称华西能源；德尔未来科技控股集团股份有限公司，简称德尔未来

第 7 章　石墨烯专利及论文发展态势分析

2010 年以来，石墨烯一直是新材料领域关注的重点，围绕石墨烯新材料的论文发表和专利申请在全球范围内呈现出高速增长态势。本章的目的是通过研究石墨烯相关论文和专利情况，了解国内外的石墨烯研发技术发展趋势以及不同区域的技术分布情况，进而为石墨烯产业发展现状和趋势研判提供科学依据。

本章专利部分分析所采用的数据自 2000 年 1 月 1 日起，检索的日期截至 2018 年 12 月 31 日。由于 2018 年的专利申请存在未完全公开的情况，2018 年的数据不代表该年的全部申请。其中，专利数据来源于国家知识产权运营公共服务平台。

7.1　全球石墨烯专利情况

7.1.1　专利类型分布情况

专利按类型划分有发明专利、实用新型专利和外观设计专利 3 种。发明专利常用于保护方法发明及产品发明，保护周期相对较长，一般为 20 年。实用新型专利侧重于保护产品的形状、构造以及组合方法，保护周期相对较短，常见的保护周期为 10 年或 15 年。通过对全球石墨烯领域专利申请的类型分布情况进行分析，可以看出石墨烯相关技术侧重的发明内容比例。截至 2018 年 12 月 31 日，全球总计 68 234 件石墨烯领域专利申请，其中发明专利 62 065 件，占比约 91.0%；实用新型专利 6020 件，占比约 8.8%；外观设计专利 149 件，占比低于 1%，如图 7.1 所示。

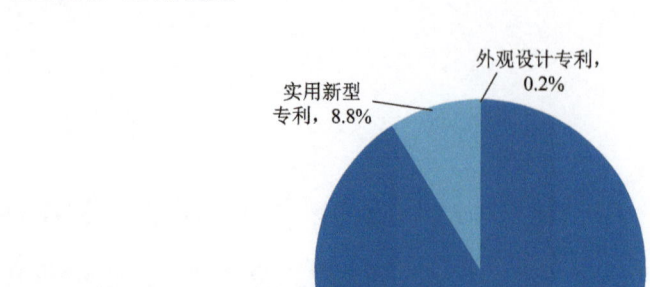

图 7.1　全球专利申请按类型分布统计

7.1.2　全球石墨烯专利申请趋势及授权情况

专利的申请趋势与该技术的经济领域发展常常息息相关。通过对全球石墨烯领域 2000~2018 年专利申请及授权情况进行分析，可以了解到全球石墨烯专利技术发展趋势及变化情况（图 7.2）。

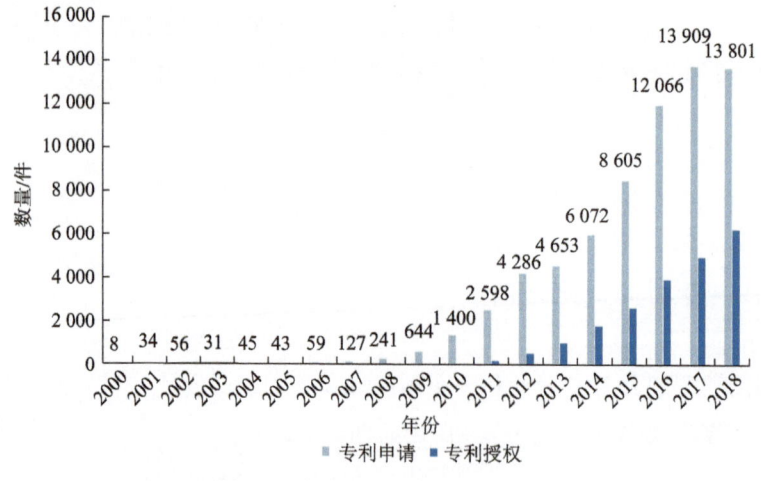

图 7.2　全球专利申请及授权趋势

近 20 年来石墨烯专利技术发展历程可以大致分为三个阶段。

第一阶段：专利萌芽期（2000~2008 年）。这一时期的石墨烯专利申请数量较少，随后慢慢增加，但总的专利申请量维持在一个较低的水平。

第二阶段：专利快速增长期（2009~2016 年）。这一时期的石墨烯的专利申请数量开始急剧增长，2010 年后石墨烯专利数量进入快速发展活跃期，2016 年全球石墨烯相关专利数量为 12 066 件，同比增长 40%，说明石墨烯的相关技术成为研究的热点。

第三阶段：专利平稳期（2017 年至今）。从专利申请量的发展趋势来看，这一时期的全球石墨烯领域的专利申请量依然保持增长态势，但其增长速度整体低于第二阶段专利快速增长期的迅猛态势。

从全球石墨烯专利授权情况来看，从 2011 年起，授权数量开始平稳提升，保持较为稳定的增长态势。

7.1.3 全球石墨烯专利申请技术领域分布情况

从全球石墨烯专利申请技术领域分布情况来看（图 7.3），石墨烯专利申请可粗分为制备和应用两大类。制备领域主要包括：石墨烯原材料，石墨烯高分子复合材料，石墨烯陶瓷、混凝土复合材料，石墨烯纤维或其复合材料纤维，石墨烯合金复合材料等。石墨烯原材料制备相关的专利占大半以上，其次是高分子复合材料居多，再次是陶瓷、混凝土复合材料。石墨烯应用领域专利涵盖面很宽，按专利数量从多到少的次序包括：能源电池，半导体器件，固体吸附剂、催化剂、

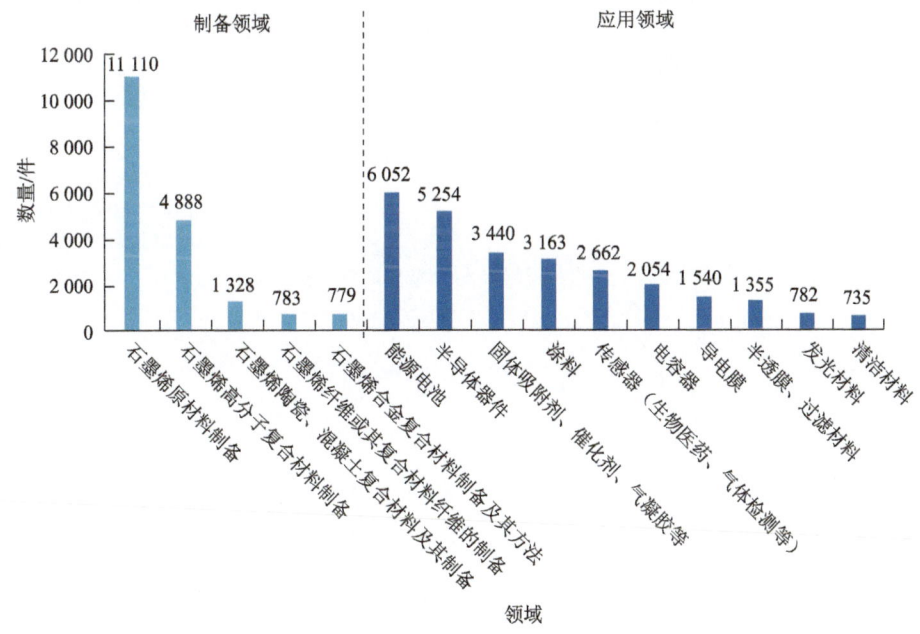

图 7.3 全球石墨烯专利申请技术领域分布

气凝胶等，涂料，传感器，电容器，导电薄膜，半透膜、过滤材料，发光材料和清洁材料等。其中，能源电池的专利数量居首位，紧随其后的是半导体器件相关的专利，固体吸附剂、催化剂、气溶胶等，和涂料相关的专利也比较多。

专利的数量及份额都表明，石墨烯原材料和石墨烯高分子复合材料制备是科研开发和商业投资关注的重点，而能源和电子技术是石墨烯产业竞争较为激烈的领域。

7.1.4　全球石墨烯专利技术主要来源国家和地区

通过全球石墨烯专利技术主要来源分布情况分析，可以了解到目前积极进行石墨烯专利布局的国家和地区。在检索到的全球 68 234 件专利申请中，有 48 235 件来自中国（其中，台湾地区 841 件），占比 70.69%；其余 19 999 件专利申请来自中国以外的其他国家和地区，占比 29.31%，主要来源于韩国、美国、日本、英国、欧洲、德国、印度、法国等（图 7.4）。显而易见，中国的石墨烯专利申请数量居遥遥领先地位，其次是韩国和美国，三者都超过了 6000 件；而作为石墨烯材料发源地的英国专利占比并不高，不足 1000 件。

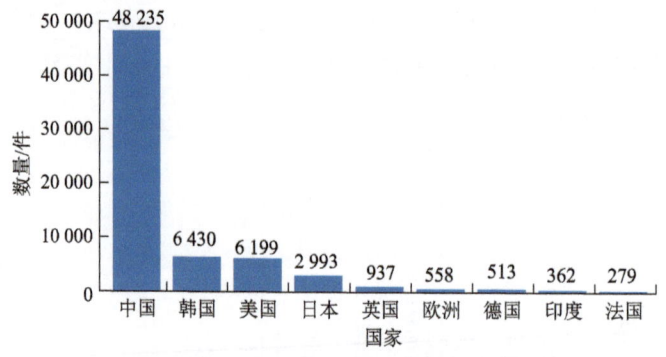

图 7.4　全球石墨烯专利数量位居前列的国家

7.2　国际石墨烯专利情况

这里的国际专利指的是，全球所有专利审查机构中除了中国国家知识产权局（CNIPA）以外的其他专利审查机构审查的专利与我国《中华人民共和国专利法》中第二十条规定的国际申请的专利的总和。针对这些石墨烯相关的专利对历年申请及授权情况、专业技术领域分布情况等进行了分析。

7.2.1 国际石墨烯专利历年申请及授权情况

通过对国际石墨烯领域 2000～2018 年专利申请及授权情况进行分析，可以了解国际石墨烯专利技术发展趋势及变化情况（图 7.5）。近 20 年的石墨烯专利技术发展历程可以大致分为四个阶段。

第一阶段：专利萌芽期（2000～2006 年）。这一时期的石墨烯专利申请数量较少，随后慢慢增加，但总的专利申请量维持在较低水平。

第二阶段：专利发展期（2007～2011 年）。这一时期的石墨烯的申请数量开始迅速增长，说明石墨烯的相关技术进入研究的热点领域。

第三阶段：平台期（2012～2015 年）。2012～2014 年，石墨烯的申请量基本持平，并在 2015 年出现短暂的高峰。

第四阶段：下滑回稳期（2016 年至今）。从专利申请量的发展趋势来看，国外石墨烯相关专利申请量逐渐下降。

从国际石墨烯专利授权情况来看，从 2010 年起授权数量开始平稳提升，并未出现平台和下滑期，与专利申请存在发展态势方面的差异。

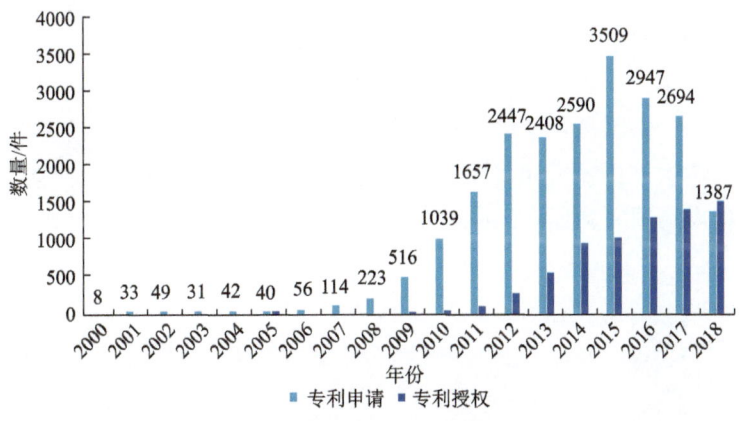

图 7.5　国际石墨烯专利申请及授权趋势

7.2.2 国际石墨烯专利申请技术领域分布情况

从国际石墨烯专利申请技术领域分布情况来看（图 7.6），同样可以划分为制备和应用两大类。在制备领域，石墨烯原材料制备超过 5000 件，遥遥领先于石墨烯层状复合材料和石墨烯高分子复合材料，也有 200 余件石墨烯纤维或其复合材料纤维相关专利。在应用领域，半导体器件居遥遥领先地位，领先于能源电池领域，其他方面包括传感器（生物医药、气体检测等）、导电膜、固体吸附剂、催化剂、气凝胶、电容器、半透膜、过滤材料、涂料等均超过 300 件，但不足 700 件。

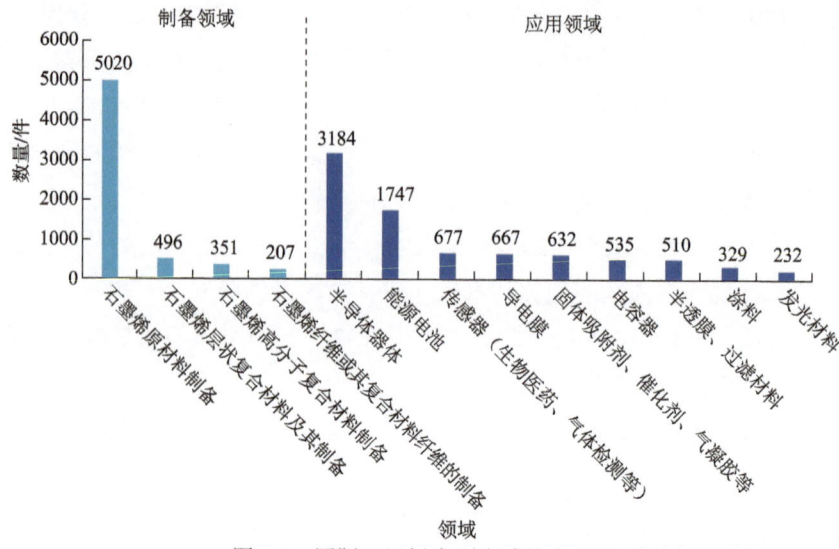

图 7.6　国际石墨烯专利申请技术分布

7.2.3　中国申请的国际专利及申请单位情况

毫无疑问，中国是石墨烯技术领域专利申请最多的国家，但基本上是本土专利。我们来看看国内研究单位和企业在国际上的专利布局情况[①]。为了明确中国的主要目标申请国家和地区，此部分分析的国际专利不包括中国向世界知识产权

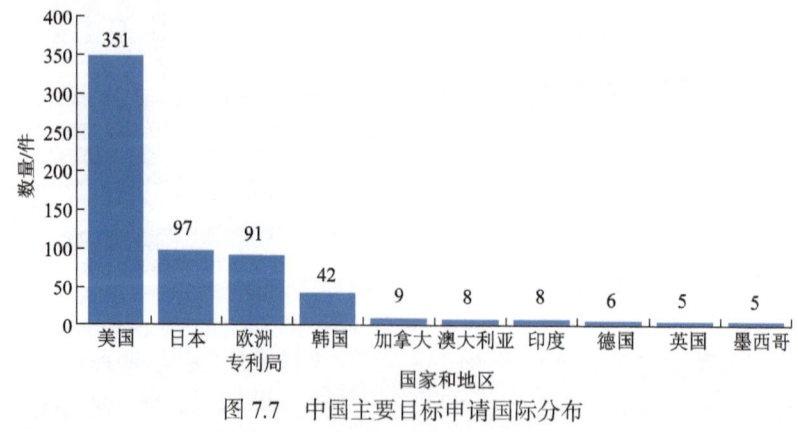

图 7.7　中国主要目标申请国际分布

---

① 本部分数据统计的为中国国家知识产权局受理的国际申请。

组织申请的747件专利合作条约（PCT）专利。如图7.7所示，中国石墨烯领域专利的目标申请国家和地区主要是美国、日本和欧洲，约占中国申请国际专利总数的80%，其中美国是最主要的目标申请国家，约占国际专利申请总数的52%。

图7.8给出了来自中国的国际专利申请机构信息。TCL华星光电技术有限公司（公司曾用名为深圳市华星光电技术有限公司）和京东方科技集团股份有限公司居显著领先地位，国际专利申请均超过100件。紧随其后的4家机构是济南圣泉集团股份有限公司、清华大学、华为技术有限公司和鸿海精密工业股份有限公司，分别是71件、55件、49件和41件。前6家机构约占国际专利申请量的64%，其余均不足40件专利申请量。

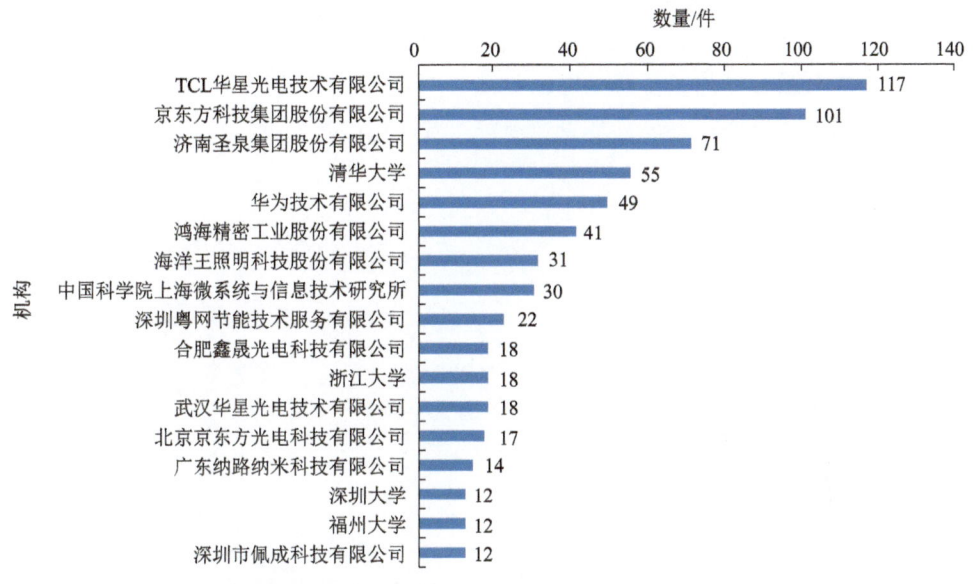

图7.8 中国申请国际专利的主要申请机构及数量

7.3 中国石墨烯专利情况

这里讨论的是中国国家知识产权局受理的石墨烯相关专利申请和授权情况。本节分别从历年的申请及授权情况、专利技术领域分布情况、按省市区域划分的专利情况等方面进行了分析。

7.3.1 中国石墨烯专利历年申请及授权情况

通过对中国石墨烯领域 2000～2018 年专利申请及授权情况进行分析，可以了解中国石墨烯专利技术发展趋势及变化情况。如图 7.9 所示，近 20 年的石墨烯专利技术发展历程可以大致分为两个阶段。

第一阶段：专利萌芽期（2000～2009 年）。这一时期石墨烯专利申请数量非常少。

第二阶段：专利成长期（2010～2018 年）。随着近年来政府对石墨烯产业的持续重视，石墨烯的申请数量开始逐年增加，石墨烯相关技术进入研究的热点领域。2015 以后专利申请增长速度进一步加快，至今仍然保持着高数量和迅猛增长势头。也就是说，从专利申请角度看，中国的"石墨烯热"仍在燃烧之中。

从中国石墨烯专利授权情况看，从 2012 年起授权数量开始平稳提升，与专利申请大致保持同步增长态势。基于专利授权有一定的滞后性，可以看出国内专利在石墨烯领域的申请授权率在收紧。

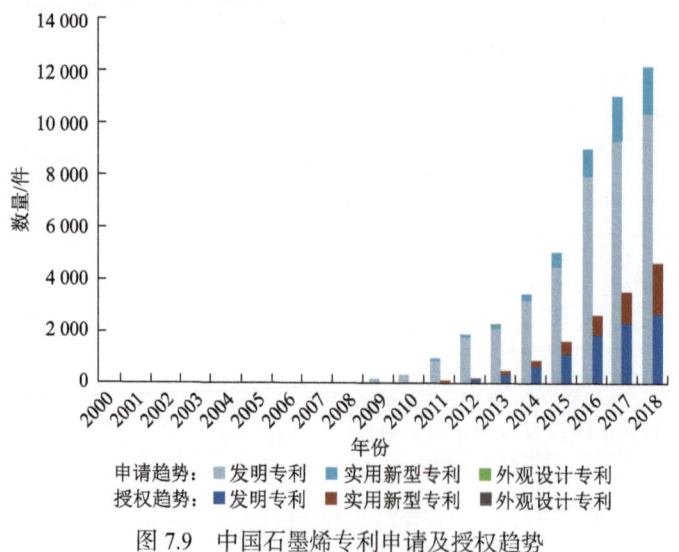

图 7.9 中国石墨烯专利申请及授权趋势

从中国石墨烯专利申请类型分布来看（图 7.10），在所有石墨烯专利申请中，发明专利占比约 87%，实用新型专利占比约 13%，外观设计专利占比不到 1%，这与全球专利申请类型分布基本一致。

第 7 章　石墨烯专利及论文发展态势分析

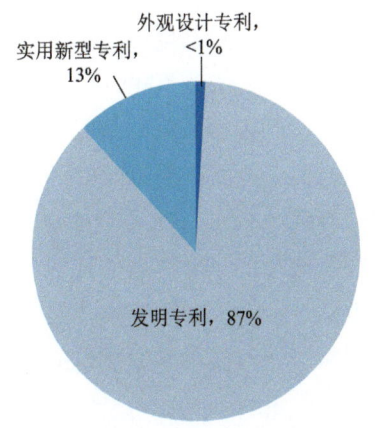

图 7.10　中国石墨烯专利申请类型占比

7.3.2　中国石墨烯专利申请技术领域分布情况

通过对中国石墨烯技术领域分布分析，可以了解国内石墨烯技术研发及专利布局的重点领域。

从国内石墨烯专利申请技术领域分布情况来看，如图 7.11 所示，制备技术和应用方面均受到高度重视。在制备方面，石墨烯原材料制备相关专利超过 6000 件，反映出国内石墨烯领域对原材料制备技术的重视程度非常高。事实上，原材料制备和规模化生产是中国石墨烯新材料领域的一大特色和优势，在全球中占有

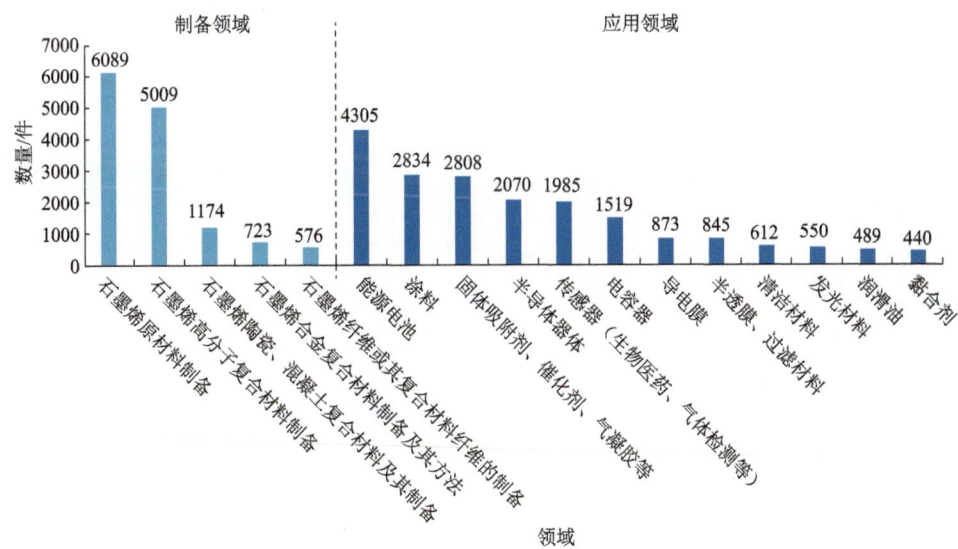

图 7.11　中国石墨烯专利申请技术领域分布统计

举足轻重的位置，产能规模上甚至超过其他国家和地区的总和。石墨烯高分子复合材料在国内也受到广泛重视，专利超过 5000 件。在石墨烯应用方面，中国的关注重点与国外有着显著差异。专利占比最高的是能源电池、涂料以及固吸附剂、催化剂、气凝胶等，三者总数将近 10 000 件。而在半导体器件领域专利相对较少，总数 2070 件。另外，有关石墨烯润滑油和黏合剂的专利申请接近 1000 件。显然，从应用角度看，国外更重视未来型的半导体器件技术，而国内的石墨烯研发倾向于短期内投资可以快速见效的产业。相对于半导体器件而言，能源电池、涂料以及固体吸附剂、催化剂、气凝胶等对石墨烯原材料的品质要求略微低一些，产业化周期也相对较短。

7.3.3　中国石墨烯专利的区域分布

针对国内不同地域的石墨烯专利领域分类及分布情况进行分析，可以了解不同省（区、市）地区对石墨烯关注重点的差异和技术布局情况。

如图 7.12 所示，中国石墨烯专利主要申请地区中，江苏、广东、安徽、浙江、北京居全国排名前 5 位，其中江苏省的申请量显著领先，占中国石墨烯专利申请总量约 18%。江苏是中国石墨烯产业的先行者，在专利申请方面也走在全国前列。广东表现也很突出，代表着中国石墨烯产业的第一梯队。相比之下，内蒙古、重庆、黑龙江等近几年对石墨烯产业关注很多的地区对专利的表现并不突出。安徽似乎是个特例，石墨烯专利总量排名第三位，但石墨烯相关企业和研究团队的影响力并不大，各级政府对石墨烯产业的重视程度也相对有限。

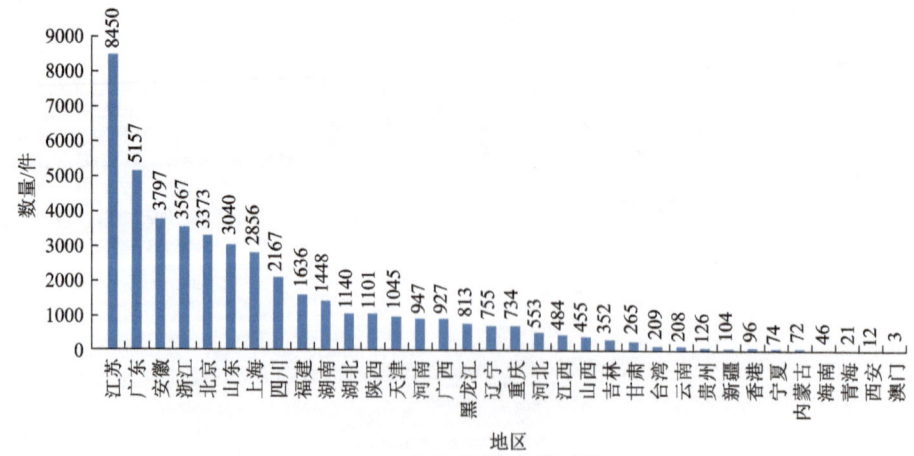

图 7.12　中国石墨烯专利申请区域分布

如表 7.1 所示，从专利申请反映出的各省市地区的关注热点不尽相同。江苏在各领域的表现都比较突出，从石墨烯原材料制备、高分子复合材料制备，到能源电池、涂料以及各种器件技术，呈全面开花之势。广东则以能源电池应用和石墨烯制备技术为主。安徽的石墨烯高分子复合材料专利非常突出，其次是涂料，而对石墨烯原材料制备关注不多。浙江的专利布局也较为集中在石墨烯原材料制备、高分子复合材料制备以及能源电池领域。北京以石墨烯原材料制备技术为主，其次是半导体器件技术，对能源电池关注也相对较多。

表 7.1 中国专利区域技术热点分布

技术领域	国际专利分类	江苏	广东	安徽	浙江	北京	山东	上海	四川	福建	河南
石墨烯原材料制备	C01B	1001	590	196	386	585	341	509	366	221	130
石墨烯高分子复合材料制备	C08L	786	415	1023	381	176	275	160	263	148	70
能源电池	H01M	549	748	180	365	284	240	306	165	140	227
涂料	C09D	510	369	568	191	129	194	80	210	117	82
固体吸附剂、催化剂、气凝胶等	B01J	544	183	112	188	216	237	209	103	81	122
半导体器件	H01L	317	218	74	114	350	49	245	87	39	47
传感器（生物医药、气体检测等）	G01N	327	134	49	159	138	282	140	70	45	50
电容器	H01G	236	227	77	82	85	67	152	54	40	37
石墨烯陶瓷、混凝土复合材料及其制备	C04B	239	92	177	93	47	94	43	57	41	19
导电膜、发光器件、黏合剂	H01B	227	91	56	53	60	31	45	47	24	26

7.3.4 国外进入中国的石墨烯专利及申请单位情况

专利具有时间性和地域性特点，通过分析国外企业及研究单位的在华专利情况，可以了解其他国家和地区对中国石墨烯市场的关注重点以及技术布局方向。

如图 7.13 所示，在中国进行石墨烯专利技术布局的国家以美国、日本和韩国为主，这 3 个国家的在华专利申请量占总在华专利申请数量的 70%。

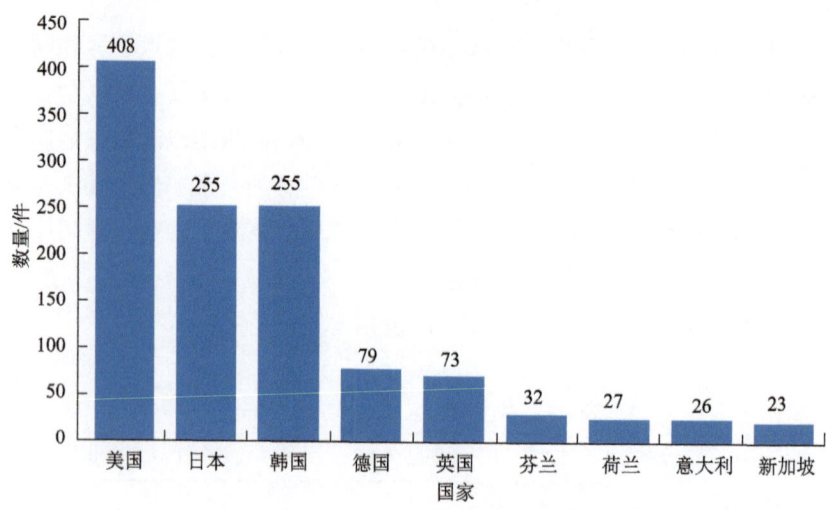

图 7.13　在华专利申请的主要国家分布

如图 7.14 所示,在华申请专利数量的前五名机构是:韩国三星电子株式会社、日本株式会社半导体能源研究所、美国 IBM 公司、纳米技术仪器公司和积水化学工业株式会社。从申请技术领域可以看出,国外企业及大型科研机构最看好的商业领域是电子、半导体和复合材料应用。

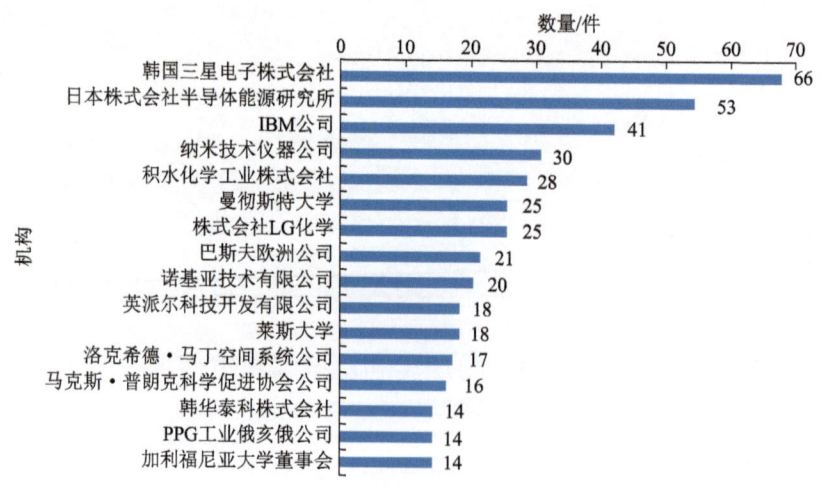

图 7.14　在华主要申请机构及数量分布

总的来讲,从关注的主要领域来看,中国与全球其他国家和地区基本一致,涵盖了石墨烯新材料潜在应用的各个方面。当然,其中一个重要的原因是中国石墨烯专利申请总量的全球占有比重非常大，在很大程度上左右着统计分析的大趋势。如果仔细分析比较各技术领域的分布细节就会看到，中国更关注的是立竿见影的实用性技术。一方面，表现在石墨烯原材料制备技术上，无论是专利数量，还是已经拥有的实际产能都居国际领先地位；另一方面，表现在应用技术产品研发上，中国主要关注石墨烯电池导电添加剂、石墨烯涂料和石墨烯电热产品。然而，国外石墨烯企业和研发单位，尤其是国外知名大企业，更多关注的是未来型的石墨烯技术产品，石墨烯电子产品、石墨烯传感器、石墨烯光电器件等都是这方面的典型例子。换言之，尽管石墨烯产业仍然处在发展初级阶段，中国在行动上已经将自己置于石墨烯产业链的中低端，而国外主要发达国家和地区则置身于石墨烯产业链的中高端。这一点与其他高技术产业的发展趋势并无二致。

必须指出的是，中国石墨烯专利申请数量存在着严重的"虚高""泡沫"现象。由于中国科技界广泛存在的"数字化"评价体制问题，许多大学和科研院所鼓励并从政策上支持大量发表文章和申请专利，客观上导致了近年来中国石墨烯论文和专利数量的暴涨。国家已经出台一系列纠偏政策，强调科技界要"破四唯"，专利领域的泡沫趋势会得到相应抑制。因此，不能简单地从中国石墨烯专利申请数量来判断产业的成熟度，更不能简单地得出中国石墨烯产业领先世界的错误结论。

我国专利制度起步较晚，虽然近些年成长较快，但是从专利的整个运行体系而言，基础尚且浅薄，在专利的撰写质量、专利权的有效保护范围、专利的稳定性等方面都有着巨大的提升空间。

7.4　石墨烯相关论文分析

7.4.1　全球石墨烯相关论文增长趋势

从全球石墨烯论文发表数量的年度分布趋势来看，自 2010 年两位石墨烯发现者 A. K. Geim 和 K. S. Novoselov 荣获诺贝尔奖之后，石墨烯相关论文数量开始快速上升，表明石墨烯新材料已经成为全球瞩目的热点（图 7.15）。2010~2015 年，每年论文发表数量增长都在 50%左右。2015 年以后，虽然增长速度有所放缓，但绝对增长数量保持了较高水平。近 3 年来论文发表数量依然保持上升态势，表明石墨烯的研究热潮尚未消退。

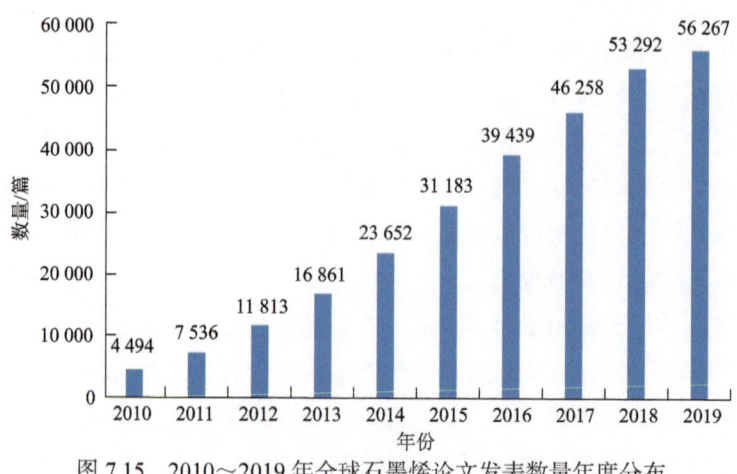

图 7.15　2010～2019 年全球石墨烯论文发表数量年度分布
资料来源：Web of Science 数据库

7.4.2　主要国家和地区的石墨烯论文发表情况

截至 2020 年 3 月 20 日，全球共发表石墨烯论文 307 185 篇。从石墨烯论文产生的国家和地区分布上看（图 7.16），前五位分别是中国[①]、美国、韩国、印度和日本，其中中国、美国、韩国论文总数超过全球论文总数的 50%，中国的论文数量达 101 913 篇，占全球石墨烯论文总数的 1/3，接近第二名美国（37 147 篇）的 3 倍。从论文数量增加趋势上看，美国和日本发表相关论文较早，从 2012 年开始趋于平稳；韩国和印度保持逐年缓慢增长趋势；而中国自 2010 年起呈现爆发式增长态势。

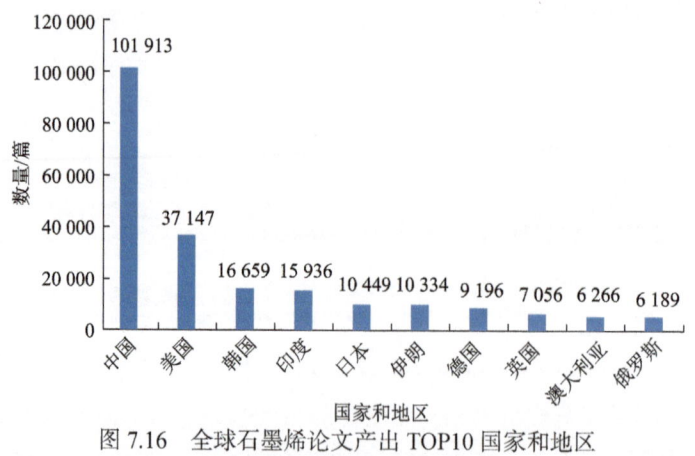

图 7.16　全球石墨烯论文产出 TOP10 国家和地区
资料来源：Web of Science 数据库

---

① 本部分数据统计中不包含台湾省、香港特别行政区和澳门特别行政区相关数据。

图7.17 显示了全球石墨烯论文产出排名前 15 名的研究机构，中国占据 8 个，在数量上居领先地位。这些石墨烯研究机构中，80%以上为高校和科研院所，表明高校科研院所是中国石墨烯研究的主力。

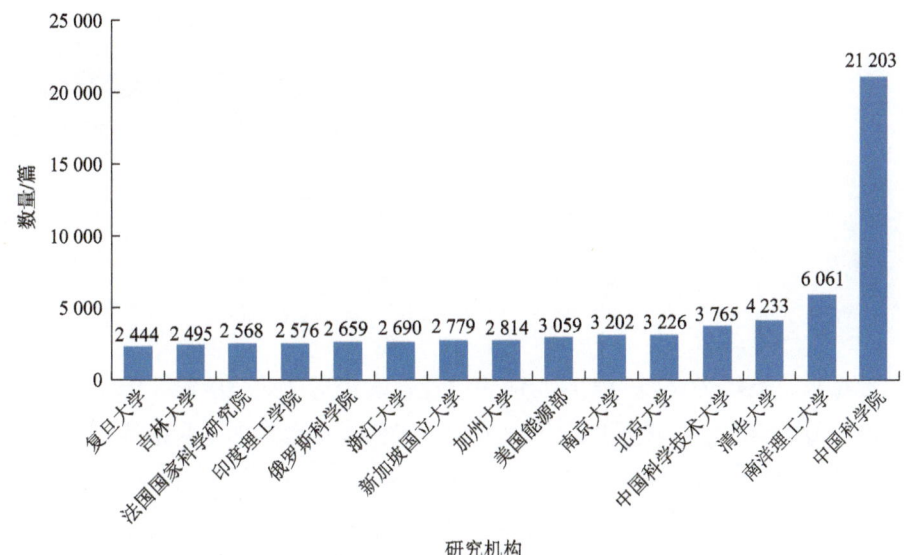

图 7.17　全球石墨烯研究论文发表数量 TOP15 研究机构

从近 3 年石墨烯相关论文发表情况看，目前石墨烯新材料依然是人们关注的热点领域，尽管有渐渐趋于平稳之势，但尚无衰退迹象，而中国处于全球领跑地位。这些研究论文涵盖面很宽，涉及制备和表征技术、电子和光电子、能源和节能环保、热管理技术、先进复合材料以及航空航天和国防军工等几乎所有高科技领域。中国学者关注较多的是新能源、传感器件、材料制备技术、高性能复合材料等，美国更侧重于电子和光电子器件、半导体器件等，韩国则关注石墨烯薄膜材料制备及其高端应用领域。

第 8 章 石墨烯标准建设

近年来，石墨烯材料的生产与应用已经逐步迈进产业化阶段。但是，相关标准建设明显没有跟上石墨烯产业快速发展的步伐。这也是中国石墨烯产业诸多乱象、鱼龙混杂的根源所在。事实上，目前国内外在石墨烯材料和相关产品的定义、性能、检测方法等一系列基本和核心问题上尚没有形成统一的标准规范，这已经成为制约石墨烯产业健康发展的基本问题。因此，石墨烯新材料和产业的相关标准建设已成为业界的迫切需求。近几年来，国内外各级标准化主管部门、技术组织、行业社团等都积极组织开展了各类标准化活动及标准制订工作。

8.1 国际石墨烯标准的研制现状

石墨烯相关制备、检测、应用技术属于纳米科技范畴，因此石墨烯领域在国际上最有影响力的官方标准化组织是国际标准化组织纳米技术委员会（ISO/TC 229）以及国际电工委员会纳米电工产品与系统技术委员会（IEC/TC 113）。

ISO/TC 229 秘书处设在英国标准协会（British Standards Institution，BSI）。ISO/TC 229 目前有 34 个 P.成员国（Participating member，具有有效投票权的成员国），中国为其中之一，由全国纳米技术标准化技术委员会（SAC/TC 279）作为对口单位，统一管理协调中国参与 ISO/TC 229 的各项标准化工作。现 ISO/TC 229 已发布 73 个标准，在研 38 个项目。其中，已发布的与石墨烯相关的标准有 2 个（表 8.1），在研的石墨烯标准项目有 3 个（表 8.2）。

第 8 章 石墨烯标准建设

表 8.1　ISO/TC 229 已发布的国际石墨烯相关标准

序号	标准号	标准名称	发布日期
1	ISO/TS 80004-13:2017	Nanotechnologies-Vocabulary-Part 13:Graphene and Related Two-Dimensional（2D）Materials	2017 年 9 月 6 日
2	ISO/TR 19733:2019	Nanotechnologies-Matrix of Properties and Measurement Techniques for Graphene and Related Two-Dimensional（2D）Materials	2018 年 12 月 12 日

注：上表由全国纳米技术标准化技术委员会低维纳米结构与性能工作组（SAC/TC279/WG9）秘书处调研提供

表 8.2　ISO/TC 229 在研的国际石墨烯标准项目

序号	项目号	项目名称
1	IEC/CD 62565-3-1	Nanomanufacturing-Material Specifications-Part 3.1: Graphene-Blank Detail Specification
2	ISO/CD-TS 21356-1	Nanotechnologies-Structural Characterization of Graphene-Part 1: Graphene from Powders and Dispersions
3	IEC/AWI 62607-6-3	Nanomanufacturing-Key Control Characteristics-Graphene-Part 6-3: Characterization of Graphene Domains and Defects

注：上表由全国纳米技术标准化技术委员会低维纳米结构与性能工作组秘书处调研提供

IEC/TC 113 秘书处设在德国，主席（chair）为 Akira Ono，秘书长为 Norbert Fabricius。IEC/TC 113 目前有 16 个 P.成员国，中国为其中之一，由全国纳米技术标准化技术委员会作为对口单位，统一管理协调我国参与 IEC/TC 113 的各项标准化工作。现 IEC/TC 113 已发布 37 个标准，在研 58 个项目。其中，已发布的与石墨烯相关的标准有 1 个（表 8.3），在研的石墨烯标准项目有 28 个（表 8.4）。

表 8.3　IEC/TC 113 已发布的国际石墨烯相关标准

序号	标准号	标准名称	发布日期
1	IEC/TS 62607-6-4:2016 Edition 1.0	Nanomanufacturing-Key Control Characteristics-Part 6-4: Graphene-Surface Conductance Measurement Using Resonant Cavity	2016 年 9 月 28 日

注：上表由全国纳米技术标准化技术委员会低维纳米结构与性能工作组秘书处调研提供

表 8.4　IEC/TC 113 在研的国际石墨烯标准项目

序号	项目号	项目名称
1	PWI 113-93 ED1 IEC/TS 62565-3-3	Nanomanufacturing-Key Control Characteristics-Part 7-1: Nano.Enabled Photovoltaics Measurement of the Electrical Performance and Spectral Response of Tandem Cells
2	PWI 113-94 ED1 IEC/TS 62565-3-4	Nanomanufacturing-Material Specifications-Part 3.4: Graphene Film-Sectional Blank Detail Specification: Bilayer Graphene
3	PWI 113-95 ED1 IEC/TS 62607-6-15	Nanomanufacturing-Key Control Characteristics-Part 6-15: Sample Preparation for the Reliability Test of Sheet Resistance and Contact Resistance for Graphene and Two-Dimensional Materials

续表

序号	项目号	项目名称
4	PWI 113-109 IEC/TS 62607-6-17	Nanomanufacturing-Key Control Characteristics-Part 6-17: Graphene Materials-Spatial Order Parameter: XRD and TE
5	PWI 113-110 IEC/TS 62607-6-18	Nanomanufacturing-Key Control Characteristics-Part 6-18: Graphene Powder-Functional Groups: TGA-FTIR
6	PWI 113-114 IEC/TS 62607-6-22	Nanomanufacturing-Key Control Characteristics-Part 6-22: Determination of the Ash Content of Graphene-Based Materials by Incineration
7	PWI 113-115 ED1 IEC/TS 62565-3-5	Nanomanufacturing-Material Specifications-Part 3-5: Graphene-Sectional Blank Detail Specification for Graphene Powder
8	PWI 113-118 IEC/TS 62607-6-23	Nanomanufacturing-Key Control Characteristics-Part 6-23: Graphene Film-Sheet Resistance, Carrier Density, Carrier Mobility: Hall Bar
9	PNW/TS 113-497	Nanomanufacturing-Key Control Characteristics-Part 6-12: Graphene Film-Number of Layers: Raman Spectroscopy, Optical Reflection
10	PNW/TS 113-545	Nanomanufacturing-Key Control Characteristics-Part 6-7: Graphene Material-Sheet Resistance: van der Pauw Method
11	PNW/TS 113-546 ED1	Nanomanufacturing-Key Control Characteriastics-Part 6-8: Graphene Material-Sheet Resistance: In-Line Four-Point Probe
12	IEC 62565-3-1 ED1	Nanomanufacturing-Material Specifications-Part 3-1: Graphene-Blank Detail Specification
13	IEC/TS 62565-3-2 ED1	Nanomanufacturing-Material Specifications-Part 3-2: Graphene-Sectional Blank Detail Specification for Nano-Ink
14	IEC/TS 62607-6-1 ED1	Nanomanufacturing-Key Control Characteristics-Part 6-1: Graphene Powder-Volume Resistivity: Four Probe Method
15	IEC/TS 62607-6-2 ED1	Nanomanufacturing-Key Control Characteristics-Part 6-2: Graphene-Evaluation of the Number of Layers of Graphene
16	IEC/TS 62607-6-3 ED1	Nanomanufacturing-Key Control Characteristics-Part 6-3: Graphene Material-Domain Size: Surface Oxidation
17	IEC/TS 62607-6-5 ED1	Nanomanufacturing-Key Control Characteristics-Part 6-5: Graphene Materials-Contact and Sheet Resistance: Transfer Length Method
18	IEC/TS 62607-6-6 ED1	Nanomanufacturing-Key Control Characteristics-Part 6-6: Graphene-Uniformity of Strain Analyzed by Spatially-Resolved Raman Spectroscopy
19	IEC/TS 62607-6-9 ED1	Nanomanufacturing-Key Control Characteristics-Part 6-9: Graphene Material-Sheet Resistance: Eddy Current Method
20	IEC/TS 62607-6-10 ED1	Nanomanufacturing-Key Control Characteristics-Part 6-10: Graphene Film-Sheet Resistance: Terahertz Time-Domain Spectroscopy
21	IEC/TS 62607-6-11 ED1	Nanomanufacturing-Key Control Characteristics-Part 6-11: Graphene Film-Defect Density: Raman Spectroscopy
22	IEC/TS 62607-6-13 ED1	Nanomanufacturing-Key Control Characteristics-Part 6-13: Graphene Powder-Oxygen Functional Group Content: Boehm Titration Method
23	IEC/TS 62607-6-14 ED1	Nanomanufacturing-Key Control Characteristics-Part 6-14: Graphene Powder-Defect Level: Raman Spectroscopy
24	IEC/TS 62607-6-19 ED1	Nanomanufacturing-Key Control Characteristics-Part 6-19: Graphene Powder-Elemental Composition: CS Analyzer, ONH Analyzer
25	IEC/TS 62607-6-20 ED1	Nanomanufacturing-Key Control Characteristics-Part 6-20: Graphene Powder-Metallic Impurity Content: ICP-MS

续表

序号	项目号	项目名称
26	IEC/TS 62607-6-21 ED1	Nanomanufacturing-Key Control Characteristics-Part 6-21: Graphene Powder-Elemental Composition, C/O Ratio: XPS
27	IEC/TS 62876-3-1 ED1	Nanomanufacturing-Reliability Assessment-Part 3-1: Graphene Materials-Stability Test: Temperature and Humidity
28	ISO/TS 21356-1 ED1	Nanotechnologies-Structural Characterization of Graphene-Part 1: Graphene from Powders and Dispersions

注：上表由全国纳米技术标准化技术委员会低维纳米结构与性能工作组秘书处调研提供

虽然 IEC 在 2016 年已经发布了第一个石墨烯测试标准，然而石墨烯领域的基础术语、定义标准却被一直悬而未决。2017 年 9 月，经过多方协调，石墨烯领域第一个达成国际广泛共识的基础术语标准 ISO/TS 80004-13:2017 Nanotechnologies-Vocabulary-Part 13: Graphene and Related Two-Dimensional（2D）Materials 正式发布。该标准首次明确地定义了石墨烯、石墨烯层、二维材料等概念。其中，石墨烯是碳原子单层，而双层/三层/少层石墨烯是含有若干个石墨烯层的二维材料。此外，该标准还总结定义了常见的制备、检测、表征方法，为石墨烯的测试和验证提供依据和标准，为石墨烯相关制造商、供应商、非政府组织、产业联盟和学术界提供参考依据。

8.2　国内石墨烯标准的研制现状

我国石墨烯标准化工作得到了国家有关部门的大力支持。石墨烯术语及定义属于该领域首批四项国家标准计划项目之一。

2018 年 12 月，国家标准 GB/T 30544-13—2018《纳米科技 术语 第 13 部分：石墨烯及相关二维材料》正式发布。该标准是我国正式发布的第一个石墨烯国家标准，为石墨烯的生产、应用、检验、流通、科研等领域提供统一技术用语的基本依据，是开展石墨烯各种技术标准研究及制定工作的重要基础及前提。此标准规定的术语及定义与国际标准 ISO/TS 80004-13: 2017 Nanotechnologies-Vocabulary-Part 13: Nanotechnologies-Vocabulary-Part 13: Graphene and Related Two-Dimensional（2D）Materials 保持一致，与国际国内广泛共识完全吻合。

这个国家标准首次明确回答了石墨烯上下游相关产业共同关注的核心热点问

题：什么是石墨烯？什么是石墨烯层？石墨烯最多可以有几层？双层/三层/少层石墨烯是不是石墨烯？氧化石墨烯最多可以有几层？还原氧化石墨烯最多可以有几层？什么是二维材料？其内容不仅充分考虑了国内各界的意见和建议，同时也和国际标准基本保持一致。

该标准主要由中国国际石墨烯资源产业联盟（CIGIU）标准委员会秘书长单位——泰州巨纳新能源有限公司和东南大学等单位联合起草。

截至 2019 年 10 月 1 日，我国已立项的石墨烯相关国家标准计划有 10 个，详见表 8.5。

表 8.5　中国已立项的石墨烯相关国家标准

序号	计划号	项目名称	项目状态
1	20191896-T-491	纳米技术 石墨烯材料的化学性质表征 电感耦合等离子体质谱法（ICP-MS）	正在起草
2	20191895-T-491	纳米技术 氩气吸附静态容量法（BET）测定石墨烯材料的比表面积	正在起草
3	20170324-T-491	石墨烯薄膜的性能测试方法	正在起草
4	20160465-T-491	石墨烯材料电导率测试方法	征求意见
5	20160757-T-491	纳米技术 石墨烯材料比表面积的测试 亚甲基蓝吸附法	正在批准
6	20160467-T-491	纳米技术 石墨烯材料表面含氧官能团的定量测定 化学滴定法	正在批准
7	20140889-T-491	纳米技术 石墨烯相关二维材料的层数测量 光学对比度法	正在起草
8	20140894-T-491	纳米技术 氧化石墨烯厚度测量 原子力显微镜法	正在批准
9	20140890-T-491	纳米技术 石墨烯相关二维材料的层数测量 拉曼光谱法	正在起草
10	20140893-T-491	纳米科技 术语 第 13 部分：石墨烯及相关二维材料	已发布

注：上表由全国纳米技术标准化技术委员会低维纳米结构与性能工作组秘书处调研提供

除国家标准外，各社会团体也在开展石墨烯团体标准的制修订工作。截止到 2019 年 10 月 1 日，在全国团体标准信息平台备案的团体标准有 15 个，详见表 8.6。

表 8.6　全国团体标准信息平台备案的现行团体标准

序号	团体名称	标准编号	标准名称	公布日期
1	中关村华清石墨烯产业技术创新联盟	T/CGIA 013—2019	石墨烯材料中硅含量的测定-硅钼蓝分光光度法	2019 年 9 月 24 日
2	中关村华清石墨烯产业技术创新联盟	T/CGIA 012—2019	石墨烯材料中金属元素含量的测定-电感耦合等离子体发射光谱法	2019 年 9 月 24 日
3	中关村华清石墨烯产业技术创新联盟	T/CGIA 31—2019	工程机械用石墨烯增强极压锂基润滑脂	2019 年 9 月 24 日

续表

序号	团体名称	标准编号	标准名称	公布日期
4	中关村华清石墨烯产业技术创新联盟	T/CGIA 011—2019	石墨烯材料碘吸附值的测定方法	2019年8月24日
5	中关村材料试验技术联盟	T/CSTM 00028—2019	石墨烯改性无溶剂导静电涂料	2019年2月15日
6	中国纺织工业联合会	T/CNTAC 21—2018	纤维中石墨烯材料的鉴别方法 透射电镜法	2018年12月10日
7	中关村石墨烯产业联盟	T/ZGIA 103—2018	石墨烯涂层导电纤维	2018年10月31日
8	中关村石墨烯产业联盟	T/ZGIA 102—2018	石墨烯改性刚性电热板	2018年10月31日
9	中关村华清石墨烯产业技术创新联盟	T/CGIA 001—2018	石墨烯材料术语和代号	2018年7月13日
10	中关村华清石墨烯产业技术创新联盟	T/CGIA 002—2018	含有石墨烯材料的产品命名指南	2018年7月9日
11	中关村石墨烯产业联盟	T/ZGIA 101—2017	石墨烯改性柔性电热膜	2018年4月20日
12	中国涂料工业协会	T/CNCIA 01004—2017	水性石墨烯电磁屏蔽建筑涂料	2018年2月27日
13	中国涂料工业协会	T/CNCIA 01003—2017	环氧石墨烯锌粉底漆	2018年2月27日
14	中关村标准化协会	T/ZSA 9001.01—2017	石墨烯改性柔性电热膜	2018年1月17日
15	中关村华清石墨烯产业技术创新联盟	T/CGIA 030—2017	石墨烯印刷油墨型红外辐射电热膜	2017年8月23日

注：上表由全国纳米技术标准化技术委员会低维纳米结构与性能工作组秘书处调研提供

河北、江苏、广西、黑龙江等地也在积极开展石墨烯地方标准的制修订工作。截至2019年11月30日，已备案的部分地方标准如表8.7所示。

表8.7 部分省（自治区）已经备案的地方标准

序号	标准号	标准名称	省（自治区）	批准日期
1	DB13/T 2768.1-2018	石墨烯粉体材料检测方法 第1部分：灰分的测定	河北省	2018年7月16日
2	DB13/T 2768.2-2018	石墨烯粉体材料检测方法 第2部分：碳、氮、氢、硫、氧元素含量的测定	河北省	2018年7月16日
3	DB13/T 2768.3-2018	石墨烯粉体材料检测方法 第3部分：电导率的测定	河北省	2018年7月16日
4	DB13/T 2768.4-2018	石墨烯粉体材料检测方法 第4部分：比表面积、孔容和孔径 BET法	河北省	2018年7月16日
5	DB13/T 2768.5-2018	石墨烯粉体材料检测方法 第5部分：热扩散系数的测定 闪光法	河北省	2018年7月16日
6	DB13/T 5025.1-2019	石墨烯-碳纳米管复合导电浆料测定方法 第1部分：固含量的测定	河北省	2019年7月4日

续表

序号	标准号	标准名称	省（自治区）	批准日期
7	DB13/T 5025.2-2019	石墨烯-碳纳米管复合导电浆料测定方法 第2部分：水分含量的测定	河北省	2019年7月4日
8	DB13/T 5025.3-2019	石墨烯-碳纳米管复合导电浆料测定方法 第3部分：磁性异物含量的测定	河北省	2019年7月4日
9	DB13/T 5025.4-2019	石墨烯-碳纳米管复合导电浆料测定方法 第4部分：金属元素含量的测定 电感耦合等离子体发射光谱法	河北省	2019年7月4日
10	DB13/T 5026.1-2019	石墨烯导电浆料物理性质的测定方法 第1部分：浆料黏度的测定 旋转黏度计法	河北省	2019年7月4日
11	DB13/T 5026.2-2019	石墨烯导电浆料物理性质的测定方法 第2部分：浆料细度的测定 刮板细度计法	河北省	2019年7月4日
12	DB13/T 5026.3-2019	石墨烯导电浆料物理性质的测定方法 第3部分：浆料极片电阻率的测定 四探针法	河北省	2019年7月4日
13	DB32/T 3459-2018	石墨烯薄膜微区覆盖度测试 扫描电子显微镜法	江苏省	2018年11月9日
14	DB32/T 3596-2019	石墨烯材料 热扩散系数及导热系数的测定 闪光法	江苏省	2019年4月8日
15	DB32/T 3595-2019	石墨烯材料 碳、氢、氮、硫、氧含量的测定 元素分析仪法	江苏省	2019年4月8日
16	DB45/T 1421-2016	石墨烯三维构造粉体材料名词术语和定义	广西壮族自治区	2016年11月30日
17	DB45/T 1422-2016	石墨烯三维构造粉体材料生产用聚合物	广西壮族自治区	2016年11月30日
18	DB45/T 1423-2016	石墨烯三维构造粉体材料的检测与表征方法	广西壮族自治区	2016年11月30日
19	DB45/T 1424-2016	石墨烯三维构造粉体材料生产用高温反应炉的设计规范	广西壮族自治区	2016年11月30日
20	DB45/T 1425-2016	石墨烯三维构造粉体材料生产技术	广西壮族自治区	2016年11月30日
21	DB23/T 2492-2019	石墨烯材料 碳、氮、氢、硫、氧元素含量测试方法	黑龙江省	2019年11月20日

注：上表由全国纳米技术标准化技术委员会低维纳米结构与性能工作组秘书处调研提供

8.3 问题和挑战

8.3.1 术语使用混乱

尽管国际标准 ISO/TS 80004-13: 2017 Nanotechnologies-Vocabulary-Part 13: Graphene and Related Two-Dimensional（2D）Materials、国家标准 GB/T 30544-13—2018《纳米科技 术语 第 13 部分：石墨烯及相关二维材料》已分别于 2017 年、2018 年发布，然而由于标准语言比较专业以及篇幅所限，社会各界对上述标准所规定的核心术语、定义仍未能完全理解并融会贯通。为此，国家标准 GB/T 30544.13—2018《纳米科技 术语 第 13 部分：石墨烯及相关二维材料》主要起草人特撰稿发表于 2019 年《中国标准化新材料标准领航增刊》，介绍该标准中定义的核心术语，并深入阐述和说明社会各界普遍关注的石墨烯、石墨烯层、双层石墨烯、氧化石墨烯等容易引起误解的术语及其定义（详见《中国标准化新材料标准领航增刊》）。

事实上，该文涉及的相关术语和基本概念读起来相当拗口，甚至对专业人员来说也是如此。有些是历史遗留问题，毕竟 graphene 这个英文单词早在 20 世纪 80 年代就出现了，其定义早在 20 世纪 90 年代就已由国际纯粹与应用化学联合会完成。当时"石墨烯"这个词尚未具有真正意义上的"材料"含义，仅仅停留在定义层面或者作为理解富勒烯、碳纳米管的一个结构单元而已。显然，当年的定义已经无法应对当今"石墨烯材料"遇到的诸多问题。有些还涉及英文翻译问题，例如 graphene layer 的准确中文翻译，字面上看似很简单，就是"石墨烯层"，但这样对应起来不甚符合中文语言习惯。这些问题还有待更深入的思考，有待更多专家的参与和共识，也需要一段磨合和接受的时间。

8.3.2 标准缺口巨大

首先，自 2014 年石墨烯相关国家标准开始立项制定以来，至 2019 年 10 月 1 日，仅 GB/T 30544.13—2018《纳米科技 术语 第 13 部分：石墨烯及相关二维材料》一项国家标准已颁布实施，同期立项的其他几项标准未能按计划完成。此外，目前石墨烯相关标准特别是国家标准的立项审核非常严格，每年立项的石墨烯相关标准很少，标准立项方面没有按照专业或应用领域考虑标准需求，导致当下已实施的石墨烯相关国家标准、地方标准与产业发展不匹配。

其次，石墨烯标准研制方面没有顶层设计，现有的石墨烯标准（包括正在研制的石墨烯标准）没有形成完备的标准化体系，没有形成系列标准，因此对产业的规范和引导还不足。另外，随着近年来石墨烯研究的不断深入，石墨烯薄膜和粉体、浆料等材料工业化生产已经具备一定的规模，其后端应用（发热膜、涂料、纺织品等）也在不断开发当中，现有标准已不能适应石墨烯相关材料和产品的工业化发展。

因此，社会各界应积极提出石墨烯产业发展急需的标准化项目，在国家有关部门的统筹协调下，按计划有序推进石墨烯相关标准的制定工作，逐步充实完善我国石墨烯标准，让标准真正起到对石墨烯产业的规范和引领作用。

第 9 章 中国石墨烯产业发展的特点、趋势及问题

9.1 国内外石墨烯产业发展比较

目前,全球已有 80 多个国家和地区布局石墨烯产业。虽然我国石墨烯研究相比于英国、美国等发达国家起步稍晚,但近年来我国石墨烯论文发表和专利数量都已快速跃居全球首位,进入了全球第一梯队。石墨烯产业化进程也极为迅速,在国家政策、企业与社会资本的共同推动下,产业规模迅速扩大,企业数量快速增长,产业链条不断完善,区域特色逐步显现。2018 年,中国经济信息社发布的全球石墨烯指数报告显示:中国和美国在全球石墨烯产业中处于领先地位,中国石墨烯综合发展实力连续 4 年稳居全球首位;第二梯队国家的石墨烯产业水平与第一梯队相比差距不大,澳大利亚、德国、韩国和日本紧随其后。

石墨烯产业是以新材料为核心的高科技产业,有其固有的、独特的产业发展规律。石墨烯材料制备技术的突破需要深厚的研究积淀,石墨烯的基础性能研究需要扎实的理论支撑,石墨烯的应用探索需要大胆的创新精神以及与现有产业方向的深度融合,石墨烯产业的壮大更是需要政产学研各方面的通力协作。

虽然我国在石墨烯论文数量、专利数量、企业数量和产业规模上处于绝对领先地位,但这并不意味着中国在未来的石墨烯产业竞争中能够脱颖而出。核心技术的掌握、产业特点的把握、产业方向的布局、产业模式的确立、资源的有效配置才是决定石墨烯未来产业竞争的核心要素。相比较于欧洲、美国、日本、韩国等国家

和地区，我国在石墨烯领域相关的概念和标准、产业主体、研究应用方向、产业发展模式方面存在显著差异。这种差异对产业竞争力的打造有着至关重要的影响。

9.1.1 概念与标准差异

2017 年 9 月，由国际标准化组织纳米技术委员会发布的石墨烯领域第一个达成国际广泛共识的基础术语标准 ISO/TS 80004-13:2017 Nanotechnologies-Vocabulary-Part 13: Graphene and Related Two-Dimensional（2D）Materials 正式发布，首次明确定义了石墨烯、石墨烯层、二维材料等概念。其中，石墨烯是碳原子单层，而双层/三层/少层石墨烯是含有若干个石墨烯层的二维材料。严格意义上讲，只有单层石墨片才称之为石墨烯材料。国际上包括美国在内的发达国家普遍认为，石墨烯是单层石墨，其优异特性主要体现在单层结构上，随着层数的增加，诸多优越性能都会降低或消失。我国产业界对石墨烯的界定不是十分明确，通常将十层以下的少层石墨片统称为石墨烯材料，包括单层石墨烯、双层石墨烯、少层石墨烯、多层石墨烯等。由于缺乏统一的认识和检测标准，很多企业打着石墨烯的旗号从事其他产品的开发和市场推广。例如，有些地区和企业将石墨矿、石墨粉和相关产品也纳入石墨烯产业范畴，导致石墨烯行业鱼目混珠现象十分突出，也导致了公众对石墨烯产业的概念混淆，甚至形成了一些负面认识，非常不利于石墨烯产业的健康发展。

9.1.2 产业主体差异

石墨烯产业作为技术、资金密集型的高科技产业，不但需要长期持续的研发投入，更需要与主导产业的紧密结合。科研投入和产业政策的支持必不可少，同时龙头企业的大力参与也极为重要。纵观美国、欧盟、韩国等国家和地区，龙头企业在石墨烯产业发展过程中均发挥了重要作用。美国拥有 IBM、英特尔、波音等众多行业巨头，这些企业依托自身在半导体、航空航天等领域巨大的影响力，针对性地布局石墨烯在晶体管、芯片、航空材料等方面的应用研究；同时，其良好的创业环境也催生了众多小型石墨烯企业，石墨烯产业布局呈多元化，形成了从制备到石墨烯产品生产，直至石墨烯产品下游应用的产业链条。欧盟拥有诺基亚、Aixtron 等大型企业以及众多小型专业化石墨烯企业，对石墨烯技术的开发各有侧重。韩国石墨烯产业发展主要围绕三星电子开展，重点围绕电子器件、光电显示、新能源等领域开展石墨烯全产业链的布局，以确保韩国石墨烯产业在全球的竞争优势。

而我国石墨烯产业则以中小微企业为主体，90%以上均为中小型初创企业，年销售额大多不超过百万元量级；我国石墨烯企业数量虽多，但竞争力普遍不强。其次，缺乏龙头企业引领，以石墨烯概念上市 A 股、科创板、新三板和新四板的公司超过 80 家，虽数量可观，但真正以石墨烯为主业的公司不到 20%，且目前的石墨烯业务多数处于亏损状态。除了上市公司，其他大公司的参与度也不高，龙头企业的牵引对石墨烯技术应用推广和产业拓展显得极为重要。目前，只有华为等极少数大公司在零星布局石墨烯应用技术，介入形式主要以与科研机构合作为主。

9.1.3　研究及应用方向差异

我国与美国、欧盟等发达国家和地区在石墨烯研究和应用方向上有着明显差异。例如，美国研究应用的重点主要集中在更小、更快的下一代电子器件，如石墨烯晶体管、石墨烯太赫兹器件和新型量子器件，以及石墨烯基航空结构材料、石墨烯超级电容器等方向，专利布局的重点主要集中在集成电路、晶体管、传感器、信息存储、增强复合材料等领域。欧盟"石墨烯旗舰计划"所布局的 13 个领域，除了石墨烯制备和能源、复合材料外，基本以光电器件、传感器、医疗器件、柔性电子产品储能器件等领域为主，与美国的研究方向大体一致。日本、韩国则主要集中在 CVD 石墨烯制备及其在触摸屏、柔性显示等方面的应用（表 9.1）。

表 9.1　主要发达国家和地区石墨烯研究应用重点方向

国家和地区	石墨烯研究应用重点方向
美国	更小、更快的下一代电子器件，如石墨烯晶体管、石墨烯太赫兹器件和新型量子器件，以及石墨烯基航空结构材料、石墨烯超级电容器等方向
欧洲	注重新兴领域的提前布局，涉及材料的制备、光电器件、传感器、医疗器件、柔性电子产品、储能器件、复合材料等
日本	集中在 CVD 石墨烯批量合成技术、硅基石墨烯材料/器件、石墨烯透明电极等
韩国	集中在 CVD 石墨烯薄膜的规模化制备及其在半导体、触摸屏、柔性显示、可穿戴设备等领域的应用开发

我国石墨烯产业的研究及应用方向则主要集中在石墨烯材料制备、热管理、防腐涂料、储能、大健康、复合材料等领域，总体上技术含量和产品附加值不高，

对未来高精尖产业的拉动能力有限。石墨烯材料制备方面，除北京石墨烯研究院、重庆墨希科技有限公司等少数单位在高品质石墨烯薄膜制备技术上具备一定的优势，多数企业均以石墨烯粉体和氧化石墨烯制备为主。应用方面，从事石墨烯电加热、防腐涂料、导电添加剂这几类产品开发的企业占据了国内石墨烯企业的绝大部分。此外，还有少数企业在开展触摸屏、石墨烯导电膜、石墨烯传感器等电子器件开发，但由于缺乏应用端的牵引，市场化推进都处于比较艰难的状态。

9.1.4 产业发展模式差异

美国、欧盟等发达国家和地区作为典型的市场经济国家，在推动石墨烯产业的发展过程中，较好地处理了政府与市场的关系，一方面充分发挥私营非营利中介组织的作用，给予地方和企业充分的自由竞争空间；另一方面政府这只"看得见的手"也扮演着重要角色，从基础研究到应用研究再到商业化整个过程始终发挥着引导、支撑和支持的作用。例如，美国在推动新技术应用推广和新兴产业发展方面，已经形成了一套较为完善的产业组织体系，研究机构、孵化器、大学技术转让办公室、非营利机构和企业等各个主体分工明确且协同有序。同时，政府充分发挥引导、支撑和支持作用，对石墨烯的研究扶持坚持集中、持续性的直接投入，尤其对基础性、战略性、前沿性的研究更是如此。

我国石墨烯产业"企业+研发机构+孵化器/创新中心"的发展模式尚在摸索起步阶段。从目前来看，各地推进石墨烯产业发展的思路大同小异，比较常见的是政策引导加产业园模式，基本属于自发性的群众运动模式。虽然政府和企业都有意愿发展壮大石墨烯产业，但是由于对前端的技术培育和后端的产业牵引重视不够，具体表现在研发投入力度小、支持部门分散、持续性不强、缺乏龙头企业带动，导致了企业核心竞争力不足，石墨烯产品低端化、同质化现象严重。

9.2 产业发展趋势

9.2.1 产业发展"强者愈强"，资源要素继续向优势地区汇聚

京津冀、长三角地区、大湾区、山东、福建作为目前国内石墨烯产业发展较

快的地区，高校及科研院所众多，企业分布密集，产业氛围良好，并且拥有资金、研发、市场等优势，已经初步形成了技术、应用与产业相互促进的良好态势，石墨烯产业发展的要素将进一步向这些区域聚集，呈现"强者愈强"的发展态势。

9.2.2 产业呈现"特色化、差异化"发展，区域分工格局更加明晰

目前，国内石墨烯产业分布已经呈现相对集中的发展态势，未来随着石墨烯产业化规模的不断壮大及下游应用领域的不断拓展，不同区域的石墨烯产业发展将呈现更加突出的"特色化、差异化"特征，使得区域分工进一步明确。例如，北京将依托独特的研发资源，抢占全国石墨烯研发高地；长三角地区基于坚实的产业基础，逐步加快在复合材料、储能材料、新一代显示器件等方面的产业化推进步伐；福建、广东等东南沿海地区则依托广阔的市场空间和灵活的体制机制，在储能、热管理、大健康等领域逐步显现出优势；东北三省、内蒙古等地区依托其丰富的资源优势，在原料制备方面加强攻关。这些重点区域将充分发挥其先发优势，使其产业地位更加稳固。

9.2.3 资本投资开始降温，市场更加趋于理性

石墨烯自面世以来，一直引起资本市场的高度关注。不少上市公司、投资机构纷纷涉足石墨烯概念股，有些涨幅甚至超过2倍以上，掀起了石墨烯投资热潮。但其中大部分公司只是借机炒作、抬高股价，真正投入石墨烯产业的资金并不多。总体看来，一方面，石墨烯产业整体仍处于产业化突破前期，距离成熟还有相当长的一段时间；另一方面，石墨烯下游应用进展缓慢，下游产品尚处于市场探索过程中，至今尚未出现突破性、颠覆性的"杀手锏"级应用，集成电路、晶体管等高端应用领域短期内难以突破，石墨烯产业正在回归理性。从资本市场角度来看，由于石墨烯商业价值短期内难以体现，市场期望值逐渐降低，预计石墨烯今后的投资将变得更加冷静和谨慎。

9.2.4 传统企业将逐步介入，"石墨烯+"战略步伐有望加快

新材料石墨烯应用于传统行业中，一方面技术相对较为成熟，对现有生产工艺改变不大，市场易于接受；另一方面应用前景广泛，市场需求量大。为此，工

信部组织实施了"石墨烯+"行动,利用石墨烯独特的优异性能,助力传统产业改造升级,以问题为导向,采用"一条龙"模式,以终端应用为龙头,着力构建上下游贯通的石墨烯产业链,推动首批次示范应用,对列入工业强基工程示范应用重点方向的石墨烯改性橡胶、石墨烯改性触点材料、石墨烯改性电极材料及超级电容器等予以重点推进,不断增品种、提品质、降成本、创品牌、增效益,上述政策和措施的出台将会加快推动更多传统企业介入石墨烯产业,为"石墨烯+"战略形成有益带动。

9.2.5 国际交流与合作日渐深入,逐步走向国际化合作共赢之路

石墨烯的发现带来了 21 世纪产业革命的新希望,成为新材料领域的重点发展方向,必将有力推动全球产业结构的调整。由于中国在全球石墨烯产业化中的领跑地位,以及中国巨大的市场空间,加强与中国的合作已成为全球石墨烯研发机构和企业的共识。因此,越来越多的国际组织加快了同中国合作的步伐。同时,中国政府也将继续鼓励本土企业走出去,将国外的先进技术和高端企业引进来,为国外先进企业进入中国市场搭建桥梁,共同建设合作共赢之路,开启中国乃至全球石墨烯产业发展的新篇章。

9.3 产业发展存在的问题

9.3.1 缺乏顶层设计

石墨烯作为新兴产业,发展时间短、理论体系不成熟、企业创新能力弱,要抢占行业制高点,必须从国家层面去加强布局、引导和资源整合。目前,虽然国家对石墨烯产业的发展高度重视,出台了一系列的政策文件,给予了一定的资金加以支持和引导,但是在关键技术研发、成果转化、产业布局、上下游衔接、配套措施等方面缺乏统筹协调。由于各地资源禀赋不同、研发基础差异较大、产业特点也不尽相同,在石墨烯产业支持政策上绝不能搞"一刀切",而是要根据实际情况进行顶层设计。此外,各地政府在政策引导下积极布局石墨烯产业,但是由于对石墨烯产业的认识不够,缺乏明确的产业推进思路,未能根据当地资源禀

赋、研发基础和产业特点进行针对性的布局，甚至出现建设的产业园区简单重复等问题，造成了大量的资源浪费。

9.3.2 小微企业居多，大企业参与少，竞争力和可继续发展能力有限

目前，国内从事石墨烯生产和应用开发的企业多为小微企业，很多上市公司只是通过参股或控股参与石墨烯产业，并未作为主营业务有实质性投入。小企业虽然经营灵活，但综合实力弱，大部分都没有自己的研发团队，只能采取合作或委托研发的模式，关注的也是一些投入小、产出快的领域，比如电加热、大健康、复合材料等，企业研发能力和核心竞争力非常有限，很难实现可持续发展。反观发达国家，涉足石墨烯产业的都是三星电子、IBM、巴斯夫等行业巨头，研发投入巨大，关注的都是相对来讲比较高端、前沿的领域，如可穿戴技术、芯片、光电器件、生物医药等高端领域，这也是造成国内外石墨烯行业差异巨大的原因之一。

9.3.3 产业园重复建设，市场产品同质化竞争严重，造成中低端恶性竞争

我国大部分省（区、市）都在积极发展石墨烯产业。据不完全统计，截至2018年底，我国各地成立50余家石墨烯产业园/创新中心/生产基地，掀起了轰轰烈烈的"造烯运动"。但是，其中大部分项目都未经过严密的科学论证，同质化建设非常严重，技术水平参差不齐，不能和当地原有产业充分结合，造成了极大的资源浪费。此外，从应用现状来看，石墨烯虽然基本实现了初步应用，并在部分领域实现产业化生产，但大多数的产品仍然属于利用石墨烯与原有材料结合的方式来提升产品性能。受制于技术、市场等因素，近八成下游产品集中在石墨烯电加热、石墨烯理疗产品、石墨烯涂料、石墨烯导电添加剂等领域，技术门槛相对较低，同质化现象严重，产品附加值偏低，再加上石墨烯制备成本相比传统材料仍然偏高，目前的应用产品并不具备太强的市场竞争力。

9.3.4 资本市场炒作，市场产品鱼龙混杂

石墨烯由于其优异的性能，成为资本市场的宠儿，资本市场对石墨烯的投资热度持续高涨，不少上市公司、投资机构纷纷涉足石墨烯概念股，而且稍有利好

消息，石墨烯概念股便有可能集体涨停。在资本市场的推波助澜下，大量企业通过发展低端产能赚快钱或借热度进行资本炒作，大量产业基地圈地挂牌盲目跟风。此外，市场上石墨烯产品鱼目混珠、质量参差不齐的现象非常严重，这些都对石墨烯产业造成了极为不利的冲击。

9.3.5 应用市场未打开

石墨烯从发现至今仅有 15 年的时间，是一种"年轻"的材料，从应用现状来看，大多数的产品属于利用石墨烯与传统材料结合的方式来提升产品性能，技术门槛相对较低，且多数以样品和实验室产品为主，尚未真正形成商品。而且，下游应用企业要应用石墨烯替代那些已经达到极佳性价比的传统材料，不仅需要支付研发、改变生产工艺和生产线、培训员工、市场推广等方面费用，还要承担石墨烯应用效果不确定所带来的风险，市场认可度不高。更为重要的是，石墨烯"杀手锏"级应用仍然有待突破，石墨烯大规模的应用市场尚未打开。

第10章 推动中国石墨烯产业健康发展的对策建议

石墨烯是 21 世纪的战略新兴材料，有着无与伦比的特性和发展潜力。石墨烯新材料产业将是未来全球高科技竞争的重要领域，必须引起足够的重视。但是，作为新材料和高新技术产业，石墨烯产业有其固有的、独特的发展规律，既不能无动于衷，也不能操之过急。

石墨烯新材料产业尚处于发展的初级阶段，绝非产业攻坚阶段，需要打"持久战"，需要政产学研用各个层级的耐心和坚持。就现状而言，石墨烯原材料制备技术尚未真正过关，其规模化生产技术更是一块硬骨头。这是未来石墨烯产业的基石，其重要性怎么强调都不为过。碳纤维产业的半个世纪之久的艰辛发展历程就是一块极好的历史"铜镜"。另一方面，石墨烯的真正的"杀手锏"级应用还在探索之中，这是未来石墨烯产业的强大生命力所在。现阶段，在绝大多数的应用技术产品中，石墨烯仅仅是"味精"而已，甚至是可有可无的存在，并没有真正发挥出其本征的、独特的性能。这就需要不断地探索，需要大胆地创新，需要强大的基础研究实力，更需要产业需求强有力的牵引。

石墨烯新材料产业是一个重大的历史机遇，更是一个巨大的挑战。它挑战着我们的原始创新能力，挑战着我们的政产学研用协同创新能力，挑战着我们的耐心和可持续发展能力，挑战着中华民族在下一个百年高科技产业领域的全球引领能力。我们应抓住机遇，科学地应对挑战。以下是几点建议，希望能够对中国石墨烯产业的健康发展有所助益。

10.1 发挥制度优势，加强顶层设计

石墨烯新材料的特点决定了发展石墨烯产业的长期性和艰巨性，因此需要做好战略性、全局性的规划设计，这一点正是我们的制度优势所在。首先，从时间维度上，制定石墨烯产业发展路线图，通过五年规划、十年规划、二十年规划，稳步推进石墨烯产业可持续发展；其次，从空间维度上，科学合理地规划全国石墨烯产业布局，避免低水平重复建设和恶性竞争。这些都是其他国家或地区无可比拟的中国石墨烯产业的核心竞争力。

事实上，强化政府对石墨烯产业发展的引导也是中国企业的特质所决定的。前已述及，与国外相比，中国的石墨烯产业缺少有实力的大企业参与，导致缺少可持续发展能力。对于需要大规模、持续投入的未来型石墨烯高科技产业来说，一个个小微企业根本无法面对国外大企业的技术和市场竞争。目前，央企和国企是产业和市场的主导力量，而由于诸多根本性的原因，他们缺少对新材料、新技术和高新技术产业的敏感度，更缺少相关的参与度和投入度。因此，在石墨烯产业发展过程中，强化政府角色和担当不仅是重要的，而且也是必需的。

加强石墨烯产业顶层设计，需要理性审视和评估我国石墨烯产业的发展现状和存在的问题。深入研究美国、欧盟、日本、韩国等国家和地区的石墨烯发展战略、重点方向、研发布局等，真正把握住石墨烯产业发展的主流脉络。尤其需要强调的是，要充分依靠专家，兼听科技界、产业界、地方政府等各方面的意见，力避偏听偏信和"拍脑门"现象。在此基础上，制定相应的发展战略、规划和路线图，对各阶段的发展目标、产业布局、重点企业培育、关键技术突破、下游应用行业、政策等进行统一部署，合理规划产能和发展路径，推进石墨烯差异化、特色化、集群化发展，避免低水平同质化的重复建设。尤其不能只关注短期利益，要分阶段长远布局，确保未来的核心竞争力。同时，将石墨烯重点研究方向与制造业强国战略相统一，围绕新一代信息技术、航空航天装备、节能新能源汽车、生物医药等重点领域的发展需求，从国家层面进行前沿性和战略性方向、核心技术、专利和产品的布局，充分体现国家意志。

10.2 聚焦"卡脖子"技术，加大支持力度，培育核心竞争力

制备决定未来。石墨烯原材料是未来石墨烯产业的基石，也是石墨烯产业发

展的"牛鼻子"。石墨烯原材料之于未来石墨烯产业的重要性，就像碳纤维材料之于当今碳纤维产业的重要性。高质量石墨烯的制备也是目前制约石墨烯产业健康发展的"卡脖子"问题。就石墨烯原材料生产的产能来说，中国已经高居全球榜首，并且已经有产能过剩的风险。但是，质量关根本未过，很难展示石墨烯材料的理想特性。由于工艺稳定性很差，不同批次性能无法区分，不同厂家更没有可比性，因而造成当前石墨烯产业的诸多乱象乃至信任危机。因此，必须整合资源，加大投入力度，久久为功，突破石墨烯原材料生产的核心技术和"卡脖子"问题，为未来中国石墨烯产业奠定坚实的基础，为参与石墨烯产业的全球竞争打造核心竞争力。

与此同时，布局未来，探索石墨烯材料的"杀手锏"级应用，这是未来石墨烯产业的另一个核心竞争力。我们不能只关注现在，只重视立竿见影的"味精"水平的应用产品。真正意义上的战略新兴材料有两种表现形式：或者创造全新的产业，或者给现有产业带来变革性的飞跃，石墨烯材料有望兼而有之。前已述及，中国石墨烯产业的关注重点与国外有很大的差别。我们只关注现在，导电添加剂、涂料、大健康是代表性的三大件；而国外更关注未来，如可穿戴和物联网器件、高性能电子和光电子器件、新一代复合材料等。这些未来型的应用产品才能够真正体现石墨烯的优异特性，真正形成"杀手锏"级的竞争力。从基础研究出发，加大投入力度，坚持不懈地创新创造，是避免产生新的"卡脖子"问题、引领全球石墨烯高科技产业竞争的不二路径。

此外，明确政府和市场的角色分工极为重要。政府通过政策引导来助力市场牵引的试错性初级应用，放手调动企业、社会资本和个体的主观能动性，而不能反客为主，过度介入市场。实际上，在全国各地盲目上马石墨烯产业园、石墨烯小镇等，造成了低水平同质化竞争，甚至石墨烯原材料的产能过剩现状，这些正是各级和各地政府操之过急、过度介入市场所带来的后果。另一方面，市场缺少兴趣的、对产业发展有着至关重要的基础性和关键性技术研发，政府须及时布局，持续投入，真正体现国家意志。整合各类创新资源，搭建政产学研用高效协同创新平台，兼顾近期、中期和远期的协调发展，是中国石墨烯产业健康发展的关键所在，也是各级政府必须高度重视的战略性问题。

10.3 释放政策红利，培育创新生态

石墨烯产业是处在发展初级阶段的高科技产业，需要及时有效的政策引导，

极大限度地释放政策红利，打造创新性的文化环境和高科技研发生态。

高科技产业发展的核心要素是具有创新能力、掌握核心技术的专业人才。如何最大限度地调动这些专业人才的主观能动性，最大限度地释放他们的创造力，决定着未来石墨烯产业的核心竞争力。中国拥有最大规模的石墨烯研发力量和产业化大军，以及遥遥领先的石墨烯相关论文和发明专利。但是，由于现行人才和科技成果评价机制方面的原因，这些统计数字上的优势并没有形成真正的产业竞争优势，绝大部分所谓的成果都是躺在书架上，科研人员缺少推进成果转化的动力和勇气。国家已陆续出台新的人才和科技评价政策，相信"破四唯"改革会给石墨烯产业带来新的发展动力。同时，放眼全球，积极参与石墨烯领域的全球人才竞争，打造开放性的、国际化的人才聚集地和创新创业高地。

石墨烯产业的可持续发展需要雄厚的资金支撑。要充分发挥政策和资金的引导作用，鼓励社会资本参与，共同设立产业基金，建立完善的投资和培育机制，实现人才、资金等资源向优质企业和科研单位汇聚。在这方面，通过软性和硬性的政策引导，吸引更多的具有资源优势和成熟市场通道的大企业参与至关重要。过去10年来，波及全国的"石墨烯热"造就了一大批中小微型石墨烯企业，其中不乏具有创新能力和发展潜力的骨干企业。但是，这些企业多数面临着可持续发展的危机，需要政府支持，度过危机，这是当前中国石墨烯产业界面临的严峻挑战，需要从政策层面突破困境。

此外，真正有效的产学研协同创新平台建设以及在运行机制上的不断完善极为重要。目前，各省（自治区、直辖市）已进行了大量的探索实践，需要交流经验，总结经验，探索适合我国国情的协同创新机制。同时需要完善相关服务支撑体系，让创新创业人员把更多的精力用在刀刃上。

综合起来讲，这是一个高科技产业发展过程中的创新性文化生态建设问题，也是培育真正具有国际竞争力的石墨烯产业的根本问题。这方面还有很大的改革提升空间，也需要积极借鉴美国等西方发达国家的成熟经验。

10.4 加快石墨烯标准体系建设，建立行业准入标准

一是加快石墨烯材料和产品的国家标准、行业标准和团体标准建设，完善石墨烯标准体系，鼓励有条件的企业和研究机构参与制定工作，尤其对下游应用较为成熟的复合材料、涂料、锂电池等应用领域，尽快完善相关产品定义、检测和

使用标准。二是加快研究制定石墨烯行业准入标准,从产业布局、生产工艺与装备、清洁生产、质量管理等方面加以规范,使石墨烯的应用及其产品有标准可依,有规范可循。三是加强国际交流合作,积极参与国际标准制定,确保石墨烯标准体系与国际接轨。

10.5 建立国家级石墨烯产业创新中心,以"研发代工"整合全国科技创新资源

经过 10 年的发展,中国的石墨烯产业已遍及全国众多省(区、市)和地区,初步形成了"一核两带多点"的空间分布格局。以北京为核心的"一核"集聚了国内最强的石墨烯核心技术研发力量,东部沿海地区和东北三省、内蒙古地区形成的"两带"分别在石墨烯产业聚集和资源禀赋上各具优势,重庆、广西等地构成的"多点"也形成了各自的产业特色。不同于产业模式较为成熟的集成电路产业和需求牵引极为明确的动力电池产业,石墨烯尚处于产业发展的初级阶段,需要探索适合其自身发展特点的产业推进模式。

目前,组建国家级的石墨烯产业创新中心的时机已经成熟,建设统领全国、服务全国的石墨烯产业国家队势在必行。该创新中心应集成代表中国石墨烯基础研究、高技术研发以及产业化应用最高水准的骨干企业和研究团队,同时吸纳社会资本和具有产业引领能力的大型央企、国企和私企参与,共同打造中国石墨烯产业的旗舰。

同时,建议以"研发代工"模式,在国家石墨烯产业创新中心框架内,实现优质科创资源、企业及市场的有机融合和高效协同创新。"研发代工"是近几年引起人们广泛关注和肯定的全新的政产学研协同创新模式,已经在北京石墨烯研究院得到成功实践。相对于传统的产品加工生产代工模式,"研发代工"是科技研发机构或研发团队充当企业的"研发"代工角色。针对企业的需求,高校和科研院所等具有雄厚研发实力的科研机构,组建专门的研发团队,开展"定制化"的研发,通过全过程利益捆绑,长期稳定地服务于企业的高技术研发,共同打造品牌产品,实现从基础研究到产业化落地的无缝衔接。

"研发代工"是适合中国国情的产学研协同创新模式,可有效避免科研人员"闭门造车"、研究成果不接地气的问题,也回避了"教授办企业"存在的高风险,

同时解决了企业研发力量不足、核心竞争力欠缺的难题。在国家石墨烯产业创新中心这一新的平台上，实践与丰富"研发代工"模式，对推动我国石墨烯产业健康发展具有现实意义，对探索中国高科技产业发展之路也具有重要的示范作用。

附　　录

附录一　中国石墨烯百家企业

序号	单位	所在区域
1	北京石墨烯技术研究院有限公司	北京
2	北京石墨烯研究院有限公司	
3	东旭光电科技股份有限公司	
4	北京创新爱尚家科技股份有限公司	
5	北京绿能嘉业新能源有限公司	
6	北京北方国能科技有限公司	
7	北京清大际光科技发展有限公司	
8	北京现代华清材料科技发展中心	
9	常州第六元素材料科技股份有限公司	江苏
10	常州富烯科技股份有限公司	
11	常州二维碳素科技股份有限公司	
12	常州中超石墨烯电力科技有限公司	
13	国成仪器（常州）有限公司	
14	常州恒利宝纳米新材料科技有限公司	
15	常州墨之萃科技有限公司	
16	常州市碳索新材料科技有限公司	
17	常州瑞丰特科技有限公司	
18	江苏道蓬科技有限公司	
19	江苏先丰纳米材料科技有限公司	
20	江苏墨泰新材料有限公司	
21	江苏江山红化纤有限责任公司	

续表

序号	单位	所在区域
22	江苏红东科技有限公司	
23	无锡格菲电子薄膜科技有限公司	
24	无锡云亭石墨烯技术有限公司	
25	南京吉仓纳米科技有限公司	
26	南京鼎腾石墨烯研究院有限公司	江苏
27	南京科孚纳米技术有限公司	
28	泰州巨纳新能源有限公司	
29	烯晶碳能电子科技无锡有限公司	
30	苏州格瑞丰纳米科技有限公司	
31	苏州高通新材料科技有限公司	
32	杭州白熊科技有限公司	
33	杭州高烯科技有限公司	
34	宁波墨西科技有限公司	
35	宁波柔碳电子科技有限公司	
36	宁波杉元石墨烯科技有限公司	
37	宁波富理电池材料科技有限公司	浙江
38	宁波中车新能源科技有限公司	
39	杭州牛墨科技有限公司	
40	浙江华正新材料股份有限公司	
41	浙江王点科技有限公司	
42	超威电源集团有限公司	
43	青岛德通纳米技术有限公司	
44	青岛昊鑫新能源科技有限公司	
45	青岛华高墨烯科技股份有限公司	
46	青岛墨金烯碳新材料科技有限公司	
47	山东欧铂新材料有限公司	山东
48	山东玉皇新能源科技有限公司	
49	山东利特纳米技术有限公司	
50	山东中厦电子科技有限公司	
51	济南圣泉集团股份有限公司	

续表

序号	单位	所在区域
52	广东墨睿科技有限公司	
53	广东暖丰电热科技有限公司	
54	深圳市深瑞墨烯科技有限公司	
55	深圳市国创珈伟石墨烯科技有限公司	
56	深圳石墨烯创新中心有限公司	
57	深圳市本征方程石墨烯技术股份有限公司	
58	贝特瑞新材料集团股份有限公司	广东
59	鸿纳（东莞）新材料科技有限公司	
60	烯旺新材料科技股份有限公司	
61	珠海聚碳复合材料有限公司	
62	广州奥翼电子科技股份有限公司	
63	深圳天元羲王材料科技有限公司	
64	深圳烯创先进材料研究院有限公司	
65	上海利物盛企业集团有限公司	
66	上海超碳石墨烯产业技术有限公司	
67	上海烯望材料科技有限公司	上海
68	上海新池能源科技有限公司	
69	多凌新材料科技股份有限公司	
70	南通强生石墨烯科技有限公司	
71	厦门凯纳石墨烯技术股份有限公司	
72	厦门烯成石墨烯科技有限公司	
73	永安市泰启力飞石墨烯科技有限公司	福建
74	信和新材料股份有限公司	
75	福建翔丰华新能源材料有限公司	
76	国烯（福建）新能源科技有限公司	
77	七台河宝泰隆石墨烯新材料股份有限公司	
78	黑龙江省华升石墨股份有限公司	黑龙江
79	哈尔滨万鑫石墨谷科技有限公司	
80	德阳烯碳科技有限公司	
81	绵阳麦思威尔科技有限公司	四川
82	大英聚能科技发展有限公司	

续表

序号	单位	所在区域
83	重庆墨希科技有限公司	重庆
84	重庆石墨烯研究院有限公司	
85	新奥石墨烯技术有限公司	河北
86	唐山建华实业集团有限公司	
87	中节能（唐山）环保装备有限公司	
88	高碑店市隆泰丰博石墨烯有限公司	
89	湖南医家智烯新材料科技股份有限公司	湖南
90	湖南金阳烯碳新材料有限公司	
91	长沙暖宇新材料科技有限公司	
92	中蓝科技控股（湖南）股份公司	
93	天津普兰能源科技有限公司	天津
94	天津中健国康纳米科技股份有限公司	
95	合肥微晶材料科技有限公司	安徽
96	广西清鹿新材料科技有限责任公司	广西
97	中金态和（武汉）石墨烯科技股份有限公司	湖北
98	陕西燕园众欣石墨烯科技有限公司	陕西
99	陕西金瑞烯科技发展有限公司	
100	陕西墨氏石墨烯科技有限公司	

注：按省市排序，排序不分先后

附录二　全国主要石墨烯研发团队

序号	机构	团队	主要研发方向
1	中国科学院金属研究所	成会明团队	石墨烯粉体及薄膜材料制备技术、石墨烯薄膜剥离与转移技术、石墨烯储能技术、石墨烯导电薄膜
2	中国科学院化学研究所	刘云圻团队	石墨烯薄膜生长和掺杂方法
3	北京大学	刘忠范团队	石墨烯薄膜制备技术及规模化装备、超级石墨烯玻璃、超级石墨烯纤维、石墨烯LED、烯碳光纤
4		彭海琳团队	石墨烯薄膜生长及装备、石墨烯规模化转移技术

续表

序号	机构	团队	主要研发方向
5		魏飞团队	三维介孔石墨烯粉体宏量制备技术、石墨烯导电添加剂和超级电容器
6	清华大学	曲良体团队	功能化石墨烯粉体材料与组装技术、石墨烯新能源器件
7		朱宏伟团队	石墨烯材料制备技术、海水淡化、石墨烯柔性器件
8	天津大学	杨全红团队	石墨烯粉体材料组装、石墨烯锂电池、超级电容器
9	清华大学深圳研究生院	康飞宇团队	石墨烯粉体材料、石墨烯基能量存储和转化技术
10	中国科学院宁波材料技术与工程研究所	刘兆平团队	石墨烯粉体和薄膜材料规模化制备、锂离子电池材料
11		王立平团队	石墨烯防腐涂料
12	中国科学院上海微系统与信息技术研究所	谢晓明团队	石墨烯单晶晶圆、石墨烯/超导异质结、超导量子干涉器件
13		丁古巧团队	石墨烯粉体规模化制备技术及应用
14	南开大学	陈永胜团队	石墨烯粉体材料制备、石墨烯新能源技术
15	中国科学院重庆绿色智能技术研究院	史浩飞团队	石墨烯薄膜规模化生产、石墨烯传感器件、石墨烯光电器件
16	浙江大学	高超团队	石墨烯化学与宏观组装、石墨烯纤维
17	国家纳米科学中心	智林杰团队	石墨烯基锂离子电池和超级电容器
18	中国科学技术大学	朱彦武团队	石墨烯及其他新型碳材料制备、石墨烯高性能能量转换和存储技术
19	北京航空材料研究院	王旭东团队	石墨烯粉体制备、石墨烯/金属复合材料
20	厦门大学	蔡伟伟团队	石墨烯CVD生长装备、石墨烯薄膜器件
21	大连理工大学	邱介山团队	石墨烯基功能碳材料制备及应用

续表

序号	机构	团队	主要研发方向
22	北京石墨烯研究院	魏迪团队	石墨烯可穿戴器件、传感器、柔性电池
23		高鹏团队	石墨烯玻璃制备装备及其应用
24		尹建波团队	石墨烯太赫兹器件、石墨烯光电器件
25	中国科学院山西煤炭化学研究所	陈成猛团队	石墨烯粉体制备及电化学储能技术
26	东华大学	朱美芳团队	石墨烯在纤维及织物领域的应用
27	中国中车集团有限公司	阮殿波团队	石墨烯超级电容器
28	中国科学院半导体研究所	李晋闽团队	石墨烯LED照明器件
29		陈弘达团队	石墨烯光电子与射频电子器件
30	东南大学	孙立涛团队	石墨烯等新型纳米材料在能源、环保和微纳器件上的应用
31	中国科学院苏州纳米技术与纳米仿生研究所	刘立伟团队	石墨烯可控制备及其储能、电磁防护、传感器件
32	上海交通大学	张亚非团队	巨吸附与敏感材料、新型石墨烯器件
33		郭守武团队	纳米材料原位可控合成、组装及器件化
34	北京化工大学	张立群团队	石墨烯、碳纳米管橡胶复合材料
35		于中振团队	石墨烯高分子复合导热材料
36	山东大学	侯士峰团队	粉体石墨烯制备、石墨烯涂料
37	兰州大学	拜永孝团队	石墨烯和类石墨烯二维材料制备及其复合材料、石墨烯储能技术
38	北京航空航天大学	沈志刚团队	射流空化法石墨烯粉体规模化制备、石墨烯负极材料

续表

序号	机构	团队	主要研发方向
39	广西大学	沈培康团队	石墨烯粉体制备、石墨烯沥青、能源技术
40	西北大学	王惠团队	石墨烯基锂/钠离子电池、石墨烯改性太阳能电池
41	中国石油大学（北京）	李永峰团队	石墨烯粉体材料规模化制备
42	华侨大学	陈国华团队	石墨烯粉体材料制备及复合技术
43	复旦大学	卢红斌团队	石墨烯纳米片制备、石墨烯复合材料及储能技术
44	青岛大学	曲丽君团队	氧化还原法石墨烯规模化制备、石墨烯改性导电纤维及纺织品
45	中国石油大学（华东）	吴明铂团队	石墨烯粉体材料、超级电容器、锂离子电池

注：排序不分先后

附录三　全国各地成立的石墨烯产业园

序号	园区名称	所在区域
1	常州石墨烯科技产业园	江苏
2	无锡石墨烯产业发展示范区	江苏
3	无锡石墨烯科技产业园	江苏
4	南京石墨烯创新中心暨产业园	江苏
5	青岛石墨烯产业园	山东
6	中英石墨烯产业园	山东
7	宁波石墨烯产业园区	浙江
8	金华石墨烯应用研究产业园	浙江
9	重庆石墨烯产业园	重庆
10	永安石墨烯和石墨烯产业园	福建
11	厦门火炬高新区	福建
12	泉州晋江石墨烯产业聚集区	福建
13	厦门石墨烯工业化量产基地	福建

续表

序号	园区名称	所在区域
14	高碑店石墨烯产业园	河北
15	攀枝花石墨烯产业园	
16	遂宁石墨烯产业园	四川
17	自贡石墨烯产业园	
18	江西共青城石墨烯产业园	江西
19	凌源石墨烯产业园	辽宁
20	大同石墨烯+新能源储能产业园	山西
21	西安丝路石墨烯创新中心	陕西
22	宝鸡石墨烯产业基地	
23	上海石墨烯产业化技术功能平台	上海
24	长沙石墨烯产业集群基地	湖南
25	桂林石墨烯众创空间	广西
26	石墨烯创新创业小镇	

注：按省市排序，排序不分先后

附录四　全国各地成立的石墨烯研究院

序号	单位	成立时间	单位性质	所在区域
1	北京石墨烯研究院	2016	新型研发机构	
2	北京石墨烯技术研究院	2017	企业	北京
3	北京华科讯能石墨烯新技术研究院	2016	企业	
4	江南石墨烯研究院	2011	事业单位	
5	南京鼎腾石墨烯研究院	2017	企业	
6	德尔石墨烯研究院	2015	企业	江苏
7	江苏集智石墨烯研究院	2018	企业	
8	如东高新石墨烯产业研究院	2016	企业	
9	新华石墨烯发展研究院	2016	—	
10	深圳先进石墨烯应用技术研究院	2015	社会组织	广东
11	深圳市烯旺石墨烯研究院	2017	社会组织	

续表

序号	单位	成立时间	单位性质	所在区域
12	深圳华新石墨烯研究院	2019	社会组织	广东
13	东莞道睿石墨烯研究院	2016	社会组织	
14	深圳市前海科创石墨烯新技术研究院	2019	社会组织	
15	深圳市石墨烯应用研究院	2016	企业	
16	河南煜和石墨烯应用技术研究院	2019	企业	河南
17	河南石墨烯产业研究院	2016	—	
18	洛阳宏坤石墨烯科学技术研究院	2018	企业	
19	内蒙古石墨烯材料研究院	2013	社会组织	内蒙古
20	包头市石墨烯材料研究院	2015	企业	
21	内蒙古矿业集团石墨烯与储能技术研究院	2017	企业	
22	成都石墨烯产业应用技术研究院	2017	企业	四川
23	乐山创新石墨烯产业技术研究院	2017	企业	
24	碳谷（青岛）石墨烯研究院	2016	企业	山东
25	军能石墨烯研究院	2019	企业	
26	青岛萃升石墨烯研究院	2016	企业	
27	青岛博士石墨烯研究院	2016	企业	
28	新泰泰山石墨烯产业应用研究院	2016	社会组织	
29	新泰市晶泰星石墨烯应用研究院	2017	企业	
30	厦门大学石墨烯工程与产业研究院	2014	—	福建
31	福建永安市永清石墨烯研究院	2018	企业	
32	泉州信和石墨烯研究院	2016	企业	
33	福建海峡石墨烯产业技术研究院	2016	企业	
34	泉州华盛石墨烯产业应用研究院	2016	企业	
35	晋江石墨烯产业技术研究院	2016	企业	
36	中金态和（武汉）石墨烯研究院	2018	企业	湖北
37	宜昌石墨烯产业研究院	2017	—	
38	广丰石墨烯研究院	2017	—	江西
39	天津北方石墨烯产业研究院	2017	社会组织	天津

续表

序号	单位	成立时间	单位性质	所在区域
40	长沙市湘江石墨烯应用研究院	2018	社会组织	湖南
41	湖南元素密码石墨烯研究院	2012	企业	
42	重庆石墨烯研究院	2016	企业	
43	重庆新恒力盛泰石墨烯新材料研究院	2017	企业	重庆
44	烯成石墨烯材料应用研究院	2016	—	
45	天航黑金石墨烯研究院	2019	企业	
46	德通石墨烯研究院	2019	企业	
47	宝鸡燕园众欣石墨烯研究院	2017	企业	
48	陕西未来三沃石墨烯技术研究院	2018	企业	陕西
49	西安安聚德石墨烯技术研究院	2019	企业	
50	华清海康（西安）石墨烯医疗应用研究院	2019	企业	
51	广西石墨烯研究院	2016	—	广西
52	石墨烯生物医药应用技术研究院	2017	—	
53	黑龙江省乐新石墨烯研究院	2017	社会组织	黑龙江
54	黑龙江省盛奎石墨烯应用技术研究院	2018	企业	

注：按省市排序，排序不分先后

附录五　全国各地成立的石墨烯创新中心

序号	单位	重点方向	成立时间	所在区域
1	北京石墨烯产业创新中心	石墨烯复合技术研究及产业孵化	2017	北京
2	浙江省石墨烯制造业创新中心	电动汽车、海洋工程、功能复合材料、柔性电子、电子信息	2017	浙江
3	宁波石墨烯创新中心	石墨烯产业前沿技术、共性关键技术研发供给、转移扩散和首次商业化	2017	
4	青岛国际石墨烯创新中心	石墨烯工艺装备、工艺技术、材料宏量制备技术的研发与产业化应用	2014	山东
5	山东省石墨烯制造业创新中心	技术研发、创新孵化、检验检测、产业标准化等	2019	

续表

序号	单位	重点方向	成立时间	所在区域
6	广东省石墨烯创新中心	整合石墨烯新材料产业的创新资源，致力于解决"材料制备+计量检测+装备制造+终端应用"全产业链中关键技术的首次商业化应用问题	2019	广东
7	西安丝路石墨烯创新中心	军工、汽车、电加热、建筑、医疗、节能等石墨烯产业应用推广	2018	陕西
8	江苏省石墨烯创新中心	从顶层设计、政策、公共服务平台等方面系统部署，培育打造特色优势产业基地和产业集群	2019	江苏

注：排序不分先后

附录六 全国各地成立的石墨烯检测中心

序号	单位	基本情况	成立时间	所在区域
1	国家石墨烯产品质量监督检验中心（无锡）	依托江苏省特种设备安全监督检验研究院筹备建设，是经国家质检总局和国家认监委联合批准成立，具备石墨烯及其制品检测认证资质的国家级石墨烯质检中心，中心在石墨烯等新材料领域具备国际一流的检测和研究能力。中心占地20亩，总投资1.3亿元，设备总值6000余万元，拥有11个涵盖石墨烯及其制品、纳米材料、新型复合材料等多种材料的热学、电学、力学、形貌、成分等性能检测、分析实验室。中心拥有一支由教授级高工领军、以博士和硕士为主体的高素质石墨烯及新材料检测研究团队，设立石墨烯生产制备、功能复合材料等多个应用研发实验室，科研项目获得"国家质量基础的共性技术研究与应用"专项支持	2016	江苏
2	国家石墨烯产品质量监督检验中心（广东）	由国家质检总局同意广州特种承压设备检测研究院负责筹建（国质检科〔2016〕566号）的国家级石墨烯产品质检机构。中心坚持以国内外技术标准为依据，完善的检测技术和先进的设备为基础，完整的质量体系为保证，真实客观地建设石墨烯材料、纳米材料两大类产品的检测和研究工作。中心规划实验室面积为5000平方米，共有8个检测实验室。实验室目前拥有检验仪器、设备达300多台（套），总价值4000余万元。中心现有员工35人。中心主要承担政府行政管理部门下达的产品质量监督检查等指令性任务；并为全社会及企业提供授权范围内的产品质量监督检验、委托检验、仲裁检验、质量咨询、技术分析等多方面的服务	2016	广东
3	泰州石墨烯研究及检测平台	泰州石墨烯研究及检测平台是泰州市人民政府与泰州巨纳新能源有限公司在2011年8月共同成立的石墨烯性能测试与结构表征的综合性研究及检测机构，是国内首个石墨烯检测平台。平台总面积超过3000平方米，目前建有近千平方米的检测洁净室，拥有高分辨拉曼光谱仪、原子力显微镜、三维共聚焦显微镜、电子束曝光系统、近场光学显微镜等国际先进的新材料性能检测及结构表征设备	2011	江苏

附录七　全国各地成立的石墨烯产业联盟

序号	联盟名称	成立时间	所在区域	成员单位
1	中国石墨烯产业技术创新战略联盟	2013	北京	截至2019年已发展到127家，其中高校28家、科研院所12家、企业86家、政府1家
2	中关村石墨烯产业联盟	2016	北京	清华大学、北京大学、中国科学院国家纳米科学中心中关村发展集团等多家单位发起，截至2019年会员单位96家
3	中国国际石墨烯资源产业联盟	2016	北京	由高校、科研院所及石墨烯企业、金融投资机构、协会等组成
4	国家石墨烯材料产业技术创新战略联盟	2016	四川	四川聚能仁和新材料有限公司、四川大学、西南交通大学、青岛蓝鲸新材料产业园发展有限公司等17家产学研单位联合发起成立
5	中国北方石墨（烯）新材料产学研用创新联盟	2017	包头	由清华大学深圳研究生院牵头组建，内蒙古石墨（烯）新材料产业基金由同方股份牵头设立
6	中国石墨烯改性纤维及应用开发产业发展联盟	2017	山东	由民营企业圣泉集团发起，成员单位有80多家
7	中关村华清石墨烯产业技术创新联盟	2015	北京	由北京现代华清材料科技发展中心、北京科技大学等单位自愿联合发起成立
8	江苏省石墨烯产业技术创新战略联盟	2013	江苏	由江南石墨烯研究院、常州二维碳素科技有限公司等石墨烯骨干企业，南京大学、常州大学等院校联合发起
9	山东省石墨烯产业技术创新战略联盟	2013	山东	由山东大学、青岛大学、济南墨西新材料科技有限公司等20多所大学和企业组成
10	京津冀石墨烯产业发展联盟	2015	北京	国家纳米科学中心、清华大学、北京大学、东旭集团有限公司、唐山建华实业集团有限公司等100余家石墨烯研发产业化机构组成
11	福建省石墨烯产业技术创新战略联盟	2016	福建	永安市石墨与石墨烯产业园管理委员会、厦门市火炬高新区管理委员会、中船重工725所厦门材料研究院、厦门信达股份有限公司等19家企事业单位、高校、科研院所发起
12	陕西省石墨烯产业技术创新战略联盟	2016	陕西	由西安电子科技大学、西北工业大学、西安交通大学、西北大学、陕西汽车集团有限责任公司、陕西省科技资源统筹中心等25家机构和企业共同发起

注：排序不分先后

附录八 项目组石墨烯产业解读与相关观点

专访中科院院士刘忠范：石墨烯不能搞"大炼钢铁"式"大跃进"[①]

自2010年石墨烯的制备者获诺贝尔奖起，石墨烯在产业界的"热度"就一发不可收拾。因其具有优良的光、电、力学等性能，石墨烯被称为"新材料之王""超级材料"等。近两年来，中国的石墨烯产业园区以及石墨烯基地在各地开花，各种各样所谓的"石墨烯"产品不断推出。同时，资本市场也在热炒石墨烯概念股，昔日私募大佬徐翔也曾通过热炒华丽家族（600503）等石墨烯概念股获利颇丰。

针对当前石墨烯产业的发展现状及问题，澎湃新闻于近日专访了中国科学院院士、北京大学化学学院教授刘忠范。刘忠范称，目前中国石墨烯产业发展出现了"一拥而上"的群众运动，类似当年"大跃进"时期的"大炼钢铁运动"。产业集中度也是问题。比如，国外做石墨烯的很多是大型企业，而中国基本上都是一些小型的初创企业。

刘忠范对此表示担忧，他说目前石墨烯产业仅仅是产业化初级阶段，刚露出一点端倪，群众运动式的发展方式并不能有效带动石墨烯产业的发展。如果中国不改变当前石墨烯产业的发展方式，未来石墨烯领域的核心产业有可能会被国外占领。石墨烯产业的发展要有国家意志，国内的大企业尤其是央企要有战略布局。

中国石墨烯产业一拥而上，类似"大跃进"时期的"大炼钢铁运动"

澎湃新闻：你曾多次提到目前中国石墨烯产业发展一拥而上，有点像当年"大跃进"时期的"大炼钢铁运动"。目前石墨烯产业具体发展的具体情况如何，会让你有这样的看法。

刘忠范：目前中国拥有世界上最为庞大的石墨烯研发队伍。从2011年起，中国学者发表的石墨烯论文已位居全球榜首，至今已遥遥领先；在专利申请方面，截至2016年9月30日，中国在全球的占比已超过68%。现在全国到处都在建石墨烯产业园和研发基地。我有一张石墨烯产业园分布地图，一直在不断更新之中，目前至少有二十家了。最早在常州发起，继而宁波、重庆、青岛等地，呈星火燎

[①] 本文原刊载于"澎湃新闻"（2017年1月30日），作者王灿，参见：https://www.thepaper.cn/newsDetail_forward_1609803_1。

原之势，从发达地区扩散到欠发达地区。最近一个时期，我到处呼吁不能这么做事，因为任何一种新材料都不可能靠群众运动去做。大家误认为石墨烯的门槛很低，进去就可以赚大钱，这是一个严重的认识误区。

我经常讲，历史知道答案。迄今为止，什么材料是靠群众运动做出来的？如果说过去有过这种情形，那就是1958年的"大炼钢铁"。这段历史大家都知道，结果可想而知，浪费了大量的资源，造出了一堆废铁。我对现在的"造烯运动"也有这种感觉。人们的一个误解是石墨烯产业已经到了大发展阶段，遍地"黑金"。实际上，石墨烯材料才刚刚走出实验室，至多处于产业化初期，远未成熟，更不是遍地黄金，而是遍地陷阱。根据高德纳公司的技术成熟度曲线分析，石墨烯新材料目前应该处于泡沫顶峰期，承载了人们过度的期待。接下来将是所谓的死亡谷，因为从基础研究到成熟的技术，再到产业需要漫长的时间，不可能一蹴而就。从2004年的第一篇石墨烯热点文章至今，满打满算才十二年多一点，不能期待太高。实际上，石墨烯未来是否一定成为一个大产业，没人能够保证，因为有诸多不确定因素存在。

中国的石墨烯行业存在很多不正常现象。股票市场盲目炒作，利用石墨烯名目圈钱；地方政府盲目上马，圈地建产业园；还有一批不负责任的石墨烯玩家炒概念，究竟有多少人真正关注石墨烯产业本身就不得而知了。这样做的结果是苦了那些真正想做事的人，因为大家的期待落空之后，就会从一个极端走向另一个极端，从盲目轻信，到全盘否定。就像当年炒作纳米，忽悠了快二十年。现在一说到纳米，很多人就摇头。

任何一个新材料或新技术产业发展都没有那么简单，碳纤维就是一个很好的例子。早在20世纪60年代初，日本人就提出了工业化制备碳纤维的方法。到20世纪70年代初，日本东丽公司才真正开始小规模的工业化生产，每月一吨左右而已。当时的碳纤维档次很低，只能做钓鱼竿。到2003年为止，东丽公司投入了1400多亿日元，一直在做亏本生意。直到波音公司把他们的碳纤维用到新一代大飞机上，转机才出现。要知道，这个时候的碳纤维已经不可同日而语，档次有了大幅度提升。从1971年到2003年，东丽公司坚持了32年，这就是工匠精神。假如没有东丽公司的坚持，很难说碳纤维产业多大，至少不会发展的这样迅速。所以说，一种材料是否能够催生一个产业，常常需要核心人物或核心企业在推，而不是群众运动式的淘金，因为在真正成为成熟的产业之前，还无金可淘。我们常常擅长于复制成熟的技术，而不是开发新技术，表现过于浮躁和功利。碳纤维材料形成今天的产业走过了近半个世纪的旅程。石墨烯材料满打满算才十二年。不能说石墨烯产业一定需要半个世纪，但是十二年是绝对不可能的。

"今天的石墨烯不等于未来的石墨烯"

澎湃新闻：中国现在很多做石墨烯的公司都是小公司、一些初创企业，他们如何投入大量资金和精力去常年坚持做研发呢？

刘忠范：确实，现在的石墨烯玩家大多是小微企业，基本上是个体户性质。这就决定了企业发展的功利性，否则无法生存。石墨烯产业需要国家意志和大企业参与，因为在产业化初期，需要大量的投入，小微企业是做不到的。

澎湃新闻：就这些年石墨烯的发展来看，中国出现了类似当年东丽公司的那种企业了吗？

刘忠范：我还没有看到这种迹象，中国的企业文化也决定了很难出现像东丽公司这样的"一根筋"企业。当然，我们也有制度上的优势和顶层设计，动用国家力量去做大石墨烯产业。

澎湃新闻：这两年出现了很多所谓的石墨烯衣服等产品，您怎么看？

刘忠范：目前的石墨烯产品炒作成分太多，鱼目混珠，很难一概而论。尽管不能简单地说低端产品和高端产品，但至少当下炒作的东西不可能成为石墨烯产业的未来发展方向。如果这么简单，也就无所谓战略新兴材料了。打个比方说，我们炒菜时会加点味精调味，但我们不会说这道菜是味精，更不会说今天吃了味精。仅仅在某种材料里面加上一点石墨烯，或许会改变一些性质，但不会成为颠覆性的东西。

澎湃新闻：现在石墨烯确实好像有种沦为"工业味精"的感觉，放哪都好使？

刘忠范：这主要是被大家炒烂了，它的作用远不止如此。

澎湃新闻：那石墨烯未来的发展可能是怎样的呢？

刘忠范：我给石墨烯材料设计了三种可能的未来。第一种未来类似于碳纤维，不至于日常生活离不开它，但在某个行业中担当着"杀手锏"级的角色。现实的石墨烯材料并不等同于未来的石墨烯材料，档次还远远不够。但是，随着石墨烯材料的制备水平无限接近于理想情况，其成为某个行业的"杀手锏"级应用绝非不可能。

第二种未来类似于塑料。20世纪初发明的塑料现在已经无处不在，极大地便利了人类的生活。这种可能性对于石墨烯材料来说，也不是梦想，它的潜在用途极其广阔，尽管成为现实需要付出艰苦的努力。

第三种未来类似于硅材料。硅材料是集成电路的基石，将人类带入了信息化时代，极大地改变了人类的精神生活。石墨烯的卓越特性如果全部挖掘出来并得以应用，前途不可限量。在将来的某一天，造就一个"石墨烯时代"也不是幻想。

澎湃新闻：哪一种最有可能是石墨烯的发展方向呢？

刘忠范：这几种可能性都有，但我认为最现实的是第一种，即类似于碳纤维的未来。假如能够把石墨烯材料做到极致，拥有最好的导热性和导电性，强度是钢的200倍，谁会不用呢？石墨烯材料的发展路径将与碳纤维类似，随着性能的不断提升，标号不断提升，用途也越来越大。我的团队致力于研制未来的石墨烯材料。我们相信，制备决定未来。希望通过我们的不懈努力，为未来的石墨烯产业打好材料基础。未来的石墨烯产业有多大，取决于是否有人能够把原材料做到极致，而不是将就着用，我的团队愿意担当这个大任。

澎湃新闻：就比如说真能按照第一种碳纤维的发展方式，石墨烯的哪种性能可能会发挥极致的作用呢？

刘忠范：这还不太好说，或者说看不太清楚。个人觉得石墨烯作为热管理材料很有前途，相对来说也比较简单，作为散热材料和发热材料是一个很现实的方向；其次是石墨烯力学性能的应用，作为复合材料的重要组成部分，用作轻质高强材料；第三个前景是其优良的电学特性的应用，抗静电、触摸屏，甚至未来的集成电路材料等，尤其在柔性器件、智能穿戴器件领域将有着广阔的应用前景。

澎湃新闻：虽然目前下游市场的应用并没有打开，但是各地的产业和园区在不断推出，你去很多地方调研过，目前这些产业园区实际上是什么情况？

刘忠范：这种石墨烯产业园区就像一个百货商场，里面有很多摊位，有卖鞋的，有卖衣服的，还有卖帽子的，琳琅满目。每个园区建立之后，需要招商引资，需要吸引诸多从事石墨烯研究开发的团队进驻，自然很难做到统一布局、统一意志，因此也难以避免简单重复现象，导致特色不清晰。而每个小摊主基本上属于小微个体户，很难坚持核心技术的研发工作，理想被现实所淹没是正常的事情。

若不改目前产业发展模式，石墨烯核心领域或被国外占领

澎湃新闻：目前国外的石墨烯产业是什么情况呢？

刘忠范：国外也在做，而且很多有实力的大企业也参与其中，并起着主导作用，例如韩国三星公司从本世纪初就开始布局，拥有近500个石墨烯核心专利。我注意到，在国外特别现实的石墨烯产品反而宣传的很少，而宣传报道的大多属于未来型技术。这一点与我们差别很大，我们很少做未来的布局，而满足于炒作

现在的石墨烯商品。显然，面向未来的东西都是在探索"杀手锏"级的用途，一旦突破就将是颠覆性的。另外，还有专利保护的问题。虽然目前中国的石墨烯专利占全球第一，但真正的核心专利究竟占多少是个大大的问号，值得大家重视。

澎湃新闻：现在国外做这块研究的都是些巨型企业吗？

刘忠范：国外很多有实力的大企业都有前瞻性的布局，当然并非没有小微企业和新企业做石墨烯。我们的石墨烯玩家常常是新成立的小公司，在石墨烯淘金热中建立起来的，缺少技术积淀和综合研发实力，其竞争力可想而知。

澎湃新闻：这些国外大公司对石墨烯的研究主要集中在哪一领域？

刘忠范：我们现在看到的常常都是比较遥远的和感觉不太靠谱的东西。但是，这些看似不靠谱的东西如果搞定的话，就是颠覆性的，成为未来石墨烯产业的核心竞争力。

澎湃新闻：如果中国没有这种大型企业来做这件事的话，这块市场可能又会被国外给占掉了？

刘忠范：这么说吧，我们到现在为止，哪个新技术真正源于自己的独创？绝大多数时候，都是别人有重大突破，我们再去复制。正因为这样，我经常会反问，为什么期待石墨烯材料会特殊呢？如果不是做法和观念的改变，凭什么石墨烯会成功呢？相对于我们这些小作坊式的石墨烯玩家，一旦国外大企业在某个方面取得突破，跑到中国来投资建厂，一次投10亿美元，你根本竞争不过，一切的努力都可能会付之东流。我们现在需要改变做法。不能提倡"大炼钢铁"和群众运动式的方式。要发挥制度优势，整体布局，体现国家意志和企业意志。不能仅仅关注立即赚钱的东西，要布局未来的核心技术。

澎湃新闻：不过，中国也有像华为这样的大公司在做这一块的研究。

刘忠范：是的，但华为还局限于把石墨烯用到手机上，这也不会是石墨烯的主流发展方向。就现状而言，让中国的企业做大规模的投入不太现实，需要国家发力，整体布局，有序发展，这是中国的强项。

此外，现在大家在认识上有一个极大的误区，有石墨矿的地方都发展石墨烯产业。客观地讲，从石墨矿出发制备石墨烯仅仅是粉体石墨烯制备技术的一个选项，而且也未必是最佳选项。因为石墨矿有很多伴生杂质，很难提纯，制备过程常常产生严重的环境污染，所以综合各种因素未必划算。虽然我们国家的石墨矿占全球探明储量的75%以上，但我们的纯化技术很差，卖出去的价格也就千把块钱一吨，然后人家提纯之后再卖给我们就到了几十万甚至上百万元一吨。我们连这个技术都没解决，要做更高端的石墨烯材料（困难）可想而知。

总而言之，如果不改变当前的发展模式，未来的石墨烯核心产业还会被他人占领，这绝非危言耸听，须引起人们的高度重视。

刘忠范院士：让中国从石墨烯论文大国走向研发强国①

【石墨烯，从2010年的诺贝尔物理奖颁给石墨烯的发现者后，国内外都加大了对这种新材料的研发力度和成果转化。那么，我国石墨烯产业现状如何？未来如何做大做强？《环境与生活》杂志记者走进北京石墨烯研究院，对我国石墨烯领域领军人物刘忠范院士进行了采访。】

10月25日，北京石墨烯研究院在中关村揭牌成立。该研究院是由北京市政府、产业界和社会资本共同出资建立，计划于10年内投资20亿元，打造国内石墨烯领域政产学研融通合作的平台。由该研究院主办的"2018北京石墨烯论坛"也趁势于10月24至26日举行。在听到此信息的10月14日，《环境与生活》杂志记者就提前参观了北京石墨烯研究院并采访该院院长刘忠范。

我国石墨烯学术研究"井喷"

刘忠范院长现在是北京大学纳米科学与技术研究中心主任、中国科学院院士，同时还担任全国政协常委、九三学社中央副主席和北京市政协副主席。早在2008年，刘忠范院士便带领他的团队投入石墨烯领域的研究。他对《环境与生活》记者分析了眼下我国石墨烯产业的现状及发展方向。

刘忠范院士介绍，自2010年石墨烯诺贝尔奖诞生之后，我国出现了"石墨烯热"，目前有5000多家企业宣称涉足石墨烯业务。全国各地成立了40多家石墨烯研究院、石墨烯产业联盟和研发中心。相应地，我国石墨烯的学术研究也出现了"井喷"，从2011年开始，我国发表关于石墨烯的学术论文跃居世界第一位，总数近6万篇，而第二名的美国才2万余篇。据今年3月份的专利统计，中国申请的石墨烯专利总数占全球54.14%，第二名美国是11.53%。

亮眼数据背后的问题

刘院士说："然而，这些数据能证明我国在石墨烯领域领先世界吗？没那么

---

① 本文原刊载于《环境与生活》（2018年11月号），作者郑挺颖、季江云，参见：https://www.sohu.com/a/276887454_119490。

简单，数据背后的问题让人忧心。"他介绍，国内石墨烯行业非常急功近利，过于关注短平快的东西，从石墨烯电暖画、石墨烯电池、石墨烯涂料，到石墨烯口罩、石墨烯内衣内裤，甚至石墨烯首饰等等。据统计，仅从事石墨烯涂料的企业就超过700家，可谓是"群雄混战"。不可否认，中国的石墨烯行业，拥有一大批兢兢业业的耕耘者，同时也的确存在着良莠不齐的现象，其中不乏背离科学的、投机性的概念炒作，影响了石墨烯产业健康发展。

"鸡蛋模型"打造石墨烯核心技术策源地

《环境与生活》记者问，国内石墨烯产业出现一些乱象，那么现在国际上是怎样发展石墨烯产业的？

刘院士介绍，欧盟有个著名的"石墨烯旗舰计划"，2013年启动，十年内投资10亿欧元，通过产学研协同创新，引导石墨烯新材料从实验室走向产业。英国在2015年初投资约6亿元人民币在曼彻斯特大学成立了国家石墨烯研究院（NGI），致力于石墨烯的应用基础研究。"今年初，在西班牙巴萨罗那召开的世界移动通信大会上，专门设了一个石墨烯展厅，展出了国际上的最新研发产品，包括：石墨烯调制器和光探测器、柔性逻辑电路、柔性微波通信器件、太赫兹传感器、广谱红外传感器、柔性NFC天线、石墨烯汽车以及石墨烯海水淡化技术等。与国内关注的重点根本不在一个频道上。这些高大上的东西显然暂时还带不来实际利益，但是体现了石墨烯材料的真正价值所在，必将成为未来石墨烯产业的关键技术。"

刚刚揭牌成立的北京石墨烯研究院可谓高端大气，邀请诺贝尔奖获得者康斯坦丁·诺沃肖洛夫爵士担任名誉院长。针对研究院未来怎样发展的问题，刘院长表示："我们成立北京石墨烯研究院，目的就是打造未来石墨烯产业的核心竞争力。研究院的定位是，石墨烯产业核心技术策源地、石墨烯原材料制备技术和装备研发基地、面向企业的"研发代工"平台以及政产学研高效协同创新的新型研发机构示范区。我们绝不争抢眼前利益和一时的产值，而是践行工匠精神，制备最好的石墨烯材料，探索石墨烯的"杀手锏"级应用途径。希望能够创出一条新路，让科学家更有成就感和获得感，让企业更有竞争力。"

对如何创新机制，打造核心竞争力，掌握"杀手锏"，刘院士很形象地用"鸡蛋模型"来加以说明。他解释，鸡蛋模型的核心"蛋黄部分"是面向未来石墨烯产业的核心技术研发团队，布局今后5年、10年，甚至20年的石墨烯核心技术研发，充分体现国家意志；"蛋清部分"是面向企业的"研发代工"平台，解决企业的石墨烯研发需求；"蛋壳"则是面向真正的市场，扎实推进产业化落地，而不是满足于发表文章和申请专利。刘忠范指出，北京石墨烯研究院正在探索一条全新的政产学研协同创新之路，通过政府和社会资本的共同投入实现"双轮驱动"。一方面，通过坚持不懈的原创性和颠覆性技术研发，争夺未来石墨烯产业核心竞争力，体现国家意志和战略布局；另一方面，通过"研发代工"直接对接市场需求，确保研究院的"市场牵引"特色和可持续发展能力。

刘院长向《环境与生活》记者介绍，北京石墨烯研究院目前主要有四大业务板块：石墨烯原材料规模化制备技术和装备研发；面向未来石墨烯产业的核心技术研发；面向当前市场的企业研发代工；吸纳全球研发资源的石墨烯众创空间。刘院长说，"面向企业的研发代工，是北京石墨烯研究院的重要机制创新。"

研发代工，就是针对特定企业的研发需求，组建由高水平专业人员构成的专门研发团队，面向市场需求开展定制化的技术研发。与用户通过全过程利益捆绑，长期稳定地服务于企业的高技术研发，实现从基础研究到产业化落地的无缝衔接。刘院士指出，"研发代工"可以有效解决企业，尤其中小型企业研发力量的不足、缺少核心竞争力的难题。通过这种全新的合作模式，企业建立了专属于自己的研发平台，破解了偏远地区企业人才吸引力不足和研发文化匮乏的难题。与此同时，可有效解决我国基础研究与产业脱节严重、成果转化率低的难题。研发代工团队直接对代工企业负责，有着明确的技术和市场目标，避免了当前高校和科研院所"闭门造车"、成果不接地气因而难以转化的现实问题。他指出，北京石墨烯研究院将努力推进研发代工平台建设，对接全国的石墨烯研发需求，成为中国石墨烯产业的基石和推进器。

改变小微企业群雄乱战局面

针对我国石墨烯行业当前面临的短板，刘忠范院士说："石墨烯被认为是21世纪的战略新兴材料，有望给许多产业带来革命性的变化。我们要争夺石墨烯产业的核心竞争力，需要的是体现国家意志和战略布局。不能一哄而上，低水平竞争。这样的结果必然是一哄而散。"政府部门要在当前的"石墨烯热"中保持冷思考，既不能头脑发热，搞全民"大跃进"；也不能无动于衷，错失发展新兴产业的良机。

"我们宝贵的石墨矿资源都白菜价卖掉了"

除了国家从战略层面上重视石墨烯外，刘忠范院士还建议科研评价机制要改革，跟上时代的发展。他说："一定要改变当前盲目追求发表论文为导向的科研评价机制，引导广大科研人员去从事真正有价值的研究，或者上货架，或者上书架，让国家对石墨烯研发的投入开花结果，而不是花大笔钱从国外买一大堆昂贵的设备，制造出一堆所谓的高水平论文，发到国外期刊上。"

刘院长强调，石墨烯新材料研究必须克服严重的科技与经济两张皮现象。一堆人在盲目地发文章，另一堆人在急功近利地开发廉价的石墨烯产品。针对未来石墨烯产业的关键技术问题，从扎扎实实的基础研究做起，坚持下去，真正打造石墨烯产业的核心竞争力，这一点极为重要。

刘院长说，很多人有一种错误的认识，把石墨烯与石墨矿混为一谈。从石墨矿出发，经过复杂的物理化学过程，可以制备出石墨烯。这是制备石墨烯的一种工艺方法，但绝非唯一的方法，也未必是最优的技术路径。实际上，我国拥有最丰富的石墨矿资源，天然石墨矿占世界探明储量的75%，石墨原材料供应也占全球市场的70%以上。刘院士不无痛心地说："我们的石墨原材料都廉价出口了，几千块钱一吨，而我们的高端石墨用户又花十倍到几十倍的价格从国外进口，令人叹息。"刘院士还透露，北京石墨烯研究院的股东和合作伙伴拥有三个大型石墨矿，将布局石墨原材料的深加工，形成从石墨矿到石墨、石墨烯的全链条研发体系。

石墨烯产业的三种未来

如果国家从战略上重视石墨烯，并给予积极的扶持，政产学研协力推进，石墨烯这个产业究竟会如何发展？

刘院士认为有三种发展前景，第一个是"碳纤维模式"。经过半个世纪的发展，碳纤维已成为航空航天和国防军工领域的"杀手锏"级材料。理论上讲，石墨烯材料在诸多方面优于碳纤维，如果能够在材料制备上做到极致，未来的石墨烯材料必将成为某些领域的"杀手锏"级存在。

第二个是"塑料模式"。100多年前，人们发明了塑料，给人类生活带来了极大的便利。石墨烯有着诸多优异的性能，显示出极为广阔的应用前景。在不远的将来，或许能够像塑料一样，浸透到人类生活的方方面面。

第三个是"硅材料模式"。硅是集成电路的核心材料，硅材料把人类带入了信息化时代，极大地改变了人类的精神生活。石墨烯的载流子迁移率远高于硅材料，有望成为下一代集成电路的支柱材料。或许未来的某一天，我们会进入"石墨烯时代"。

采访最后,《环境与生活》记者问起北京石墨烯研究院未来将扮演何种角色。刘忠范院长强调:"发展石墨烯新材料产业没有捷径可走,需要不屈不挠的坚持和敢为人先的气魄。北京石墨烯研究院将勇于担当,肩负起时代赋予的重任,做石墨烯产业的铺路石和开拓者。"

刘忠范:石墨烯在等待"杀手锏"应用[①]

近期,中国科学院院士、北京大学化学学院教授刘忠范接受了《高科技与产业化》杂志专访。作为石墨烯研究领域的专家,他认为,中国石墨烯研究一方面需要加强顶层设计,增加基础研究的投入强度,避免撒"胡椒面"式的项目支持以及"小作坊"式的零散研发;另一方面需要产业链与创新链的紧密融合,真正突破核心技术,才能避免以往材料研究"起大早,赶晚集"的窘境,为中国新材料研发提供可借鉴的经验。

"诺奖效应"

《高科技与产业化》:近些年,石墨烯引起了大众的广泛关注。您认为这种背景的原因有哪些?

刘忠范:石墨烯现在的确非常热。我认为主要的原因有二:一是"诺奖效应",从2004年Andre Geim和Konstantin Novoselov公开发表关于石墨烯的第一篇文章,到时隔6年之后获颁诺贝尔奖,对石墨烯热潮起到了很重要的推动作用。从最初的纯粹基础研究,到现如今的产业化发展,不过10年多一点时间。虽然现在还谈不上产业化有多大突破,但发展速度确实非常之快;二是跟石墨烯材料本身的优良特性有直接关系。石墨烯号称是新材料之王——具有最高的热导率、极高的导电性以及远高于钢铁的机械强度,并且质量非常轻和柔性,从本性上就决定了它的光明前途。在这一进程中,中国无论是石墨烯基础研究还是产业化,都是世界上规模最大的,对于推动整个行业发展的贡献不容忽视。

《高科技与产业化》:目前中国在石墨烯研究和产业化方面有哪些特色?

刘忠范:现阶段国内关于石墨烯的研究有两个方面比较突出。第一方面是制备,无论是基础研究,还是规模化、产业化制备,在国际上都处在第一方阵中。

[①] 本文原刊载于《高科技与产业化》(2016年1月号),作者王玲、侯锐、吕学谦。

石墨烯可分为两大类：一类是粉体石墨烯，国内现在可达到每年千吨级产能规模；还有一类是薄膜石墨烯，国内的产能接近百万平方米/年。从这个意义上讲，制备应该是我国的一大特色，也有一定优势。

第二方面就是石墨烯材料的应用研发。最有代表性的是锂离子电池的导电添加剂和超级电容器，其研发队伍非常庞大。应该说，此类工作门槛相对较低，市场也相当大。另外石墨烯薄膜的应用研发也是中国石墨烯研究的一大亮点。

产业化短板

《高科技与产业化》：国内许多企业并不具备自主研发能力，像远期的集成电路等技术，他们认为门槛特别高，发源地应该是在高校和科研院所，由高校和科研院所先做出这种高端的技术，再慢慢转移辐射到企业来。您怎样看？

刘忠范：我不太赞成这种说法。实际上国内一直在提倡产学研结合，实现创新链与产业链的真正融合。当然，就现实而言，这种真正有效的融合还有很长的路要走。一般来说，从基础研究到产业化的链条中有一个中间环节，主要是技术的熟化和工艺放大工作。大学科研团队的骨干力量是研究生，他们更愿意，也更适合做一些具有挑战性的基础研究课题，这样可以发好文章，将来到国外继续深造。这里产生的某些具有应用前景的研究成果需要做大量的工艺放大实验以及装备研制工作，而这常常是大学科研团队的短板，研究生时间有限、背景单一且兴趣不浓。对于承担产业化主体的企业来说，又不甚愿意承接这种过于基础性的研发任务，他们更愿意寻找技术上和工艺上都十分成熟的研究成果。这就造成了中间环节的严重缺失，这也是当前我国基础研究领域和产业界的巨大鸿沟所在。

撒胡椒面不可取

《高科技与产业化》：核心竞争力有赖于好的顶层设计，有人提出国家应该建立石墨烯领域共性的技术平台，类似于工程中心，对这种技术平台，您有什么建议？

刘忠范：我觉得这是一个好的做法，可以减少重复性投入。当你有一个高端平台的时候，可以集中投入，集中体现产学研相衔接的各个环节，体现国家意志。反观我国的石墨烯研究，尚无专门的支持计划，相关投入加起来也就是十亿元量级，支撑着世界最大的石墨烯研究团队。这种撒胡椒面式的投入，导致大家只能"小打小闹"和大量低水平的重复劳动，难有大的作为，同时造成巨大的浪费。换句话说，缺少顶层设计和规划，将很难实现关键技术上的突破。

制备决定未来

《高科技与产业化》：从实验室成果到产业化应用，您也在推动。实际上不仅是石墨烯，中国的整个材料研发领域都缺失中间环节。您如何看待这个问题？

刘忠范：制备决定未来，这是我的看法。实际上，人们所描述的石墨烯性质都是理想情况，现实的石墨烯产品差距非常大。石墨烯应用究竟能走多远，很大程度上取决于制备技术的发展。如果只关注简单的放量生产，几千吨、几百万平方米，就只能做些门槛低的、附加值也很低的应用，高端材料和核心应用还是会掌控在国外企业手中。

《高科技与产业化》：基础材料一直都是我国的短板，作为材料领域的专家，在推动产业化过程中，您认为哪些路径是我们可以尝试的？如何从评级机制着手，让科学家通过几十年来做一个东西，真正成为顶尖的关键的核心技术？

刘忠范：石墨烯或许可以作为一个样本，推动中国新材料研发体系的改革。石墨烯，至少是薄膜石墨烯的制备仍然存在许多挑战，自然也充满机会，就像当年的碳纤维一样。这里面既涉及非常基础的科学问题，也涉及生长工艺问题，还要体现在生长装备上。我们国家的装备研制尤其是弱项，投入也严重不足。石墨烯材料将来必定要走标号化的道路，而长期稳定的基础研究、技术和工艺研发以及装备研制是决胜未来的必经之处，这里需要统筹和总体布局，目前尚看不到这种迹象，令人担忧。

"杀手锏"应用还未出现

《高科技与产业化》：石墨烯这个行业并不像大家看着这么好，您是怎么看待近两年石墨烯的热？您预计会在哪个领域首先发现石墨烯这种"杀手锏"级的应用？

刘忠范：表面上看石墨烯的门槛很低，但是要做好很难。石墨烯看似"万金油"，放在哪里都好使，其实这是不可能的。人们对石墨烯的关注点应该放在其不可替代性方面，即离开石墨烯不行的"杀手锏"级的用途，这种用途到现在为止，还没有人找到。

对于"杀手锏"级应用这个不好说，我当然希望我们开辟的超级石墨烯玻璃领域成为这种"杀手锏"级的应用。经过数年的默默努力，我们已经攻克了在各种玻璃上生长石墨烯薄膜的关键技术。这种石墨烯玻璃不改变玻璃自身的原有形态，但却彻底改变了玻璃的性质，赋予了玻璃导电、导热、疏水、高强度以及生物相容性等诸多神奇的特性，在智能窗、触摸屏、透明电路、透明加热片、除雾器、雨雾收集、智能建材、实验器皿等领域有着广阔的应用前景。因此我们称之为超级石墨烯玻璃。我们的发展战略是，让石墨烯搭乘玻璃载体走向实际应用，走进日常生活，走向世界。我们期待着通过石墨烯带来传统玻璃行业的革命。

当然，"杀手锏"级的应用常常是出乎意料的，也许我们现在正在研究或者正在尝试的东西都不是石墨烯"杀手锏"级的应用。纵观材料的发展历史，我们会发现：有些应用很简单，却占领了市场，走进了千家万户，那才是"杀手锏"。

标准化，高端化

《高科技与产业化》：产业化还有一个很重要的问题是标准，石墨烯目前标准并不是很完善，未来石墨烯的标准将如何发展？

刘忠范：从产业化的角度来讲，标准是极其重要的，在去年九月初召开的中国国际纳米科技大会期间，我组织了一次石墨烯标准问题讨论会。很多基本的定义和术语大家说法不一，反映了规范制定石墨烯相关标准的迫切性。

严格地讲，早期关于石墨烯的定义是指由单层 sp^2 杂化的碳原子构成的最薄的二维材料。但现实情况是，双层石墨烯也不能不算是石墨烯材料。后来大家达成的妥协或共识是，将10层以内的石墨烯定义为通常意义上的石墨烯材料，尽管并不具有严格的物理意义。

众所周知，碳纤维是有标号的，实际上就是一种标准。我们现在正在探索石墨烯标号的问题。想象一下，我们每天制备石墨烯，不断改进，未来的石墨烯一定会越来越好，但如何定义这种"好"，"好"到哪种程度？我认为一种可能的办法是使用类似于碳纤维的标号。我们希望通过制定标号对各种品质和性能的石墨烯进行区分，这不仅让我的团队有了不断追求的目标，也解决了标准问题。未来石墨烯制备一定会朝着高端发展，而高端化没有标准就很难实现。

《高科技与产业化》：关于石墨烯的未来，您有什么预期？

刘忠范：我个人认为，石墨烯材料有三种可能的未来：第一个未来类似于碳纤维，在特定领域有着不可替代的作用；第二个未来是类似于塑料，进入人类生活的方方面面；第三个未来类似于硅材料，通过集成电路成为一个时代的标签，也就是我们常说的"硅时代"。未来石墨烯的发展造就一个新的"石墨烯时代"，并非完全不可能。

用"研发代工"打造产学研相结合的新型研发机构[①]

近年来,石墨烯成为大众熟知的一个词语,开始逐渐应用到生活中。石墨烯是一种新型的二维蜂窝状纯碳材料,具有优异的导电性和导热性以及极高的机械强度,在能源、信息通信、节能环保、生物医学以及国防和航空航天领域有着广阔的应用前景。新兴石墨烯新材料产业发展迅猛,势头抢眼,以前所未有的速度从实验室走向产业化。在北京市科委和北京大学共同推动下,北京石墨烯研究院异军突起,大踏步前进,已经打造出一支石墨烯行业的权威研发团队,迅速成为中国石墨烯产业的领头羊。

北京石墨烯研究院(以下简称 BGI)院长刘忠范在接受新华网专访的时候表示:"石墨烯产业前景广阔,有可能应用到人类生活的方方面面。成立北京石墨烯研究院本身,就代表着我对石墨烯新材料产业的信心以及全力推动未来石墨烯产业发展的坚定信念。"

北京石墨烯研究院于 2016 年 10 月注册,两年后的 2018 年 10 月 25 日正式揭牌成立。研究院大楼坐落在中关村智谷中心,是专注于石墨烯产业核心技术研发、企业"研发代工"服务,以及科技成果孵化转化的新型研发机构。研究院对接石墨烯产业发展需求和国家重大需求,全方位布局石墨烯新材料的近中远期技术研发工作,打造石墨烯产业的基石和核心竞争力。

刘忠范的核心团队脱胎于北京大学,从 2008 年进入石墨烯领域至今,已经走过十年的研发旅程。他表示:"如果不突破传统的做法,未来十年只会在北大造出更多的文章和专利而已。我们希望真正能够往前走,为石墨烯新材料的产业化做点事情。石墨烯是个好东西,但是其产业化之路充满荆棘,没有捷径可走。要尊重产业发展规律,摒弃不切实际的宣传和忽悠,科学地推进石墨烯产业健康发展。"

十年来,刘忠范带领他的团队,砥砺前行,不断突破。为推进石墨烯产业化进程,他在北京市科委支持下,成立了石墨烯工程中心,随后又与合作企业成立联合实验室和联合研发中心。在此基础上,最终北京石墨烯研究院破土而出,勇敢地迈出关键的一步。他满怀信心地讲:"从大学实验室到石墨烯研究院,这是一个勇敢的跳跃。而从研究院走向未来,这将是一次腾飞,我们充满期待。未来十年,BGI 将达到千人规模。这是一个开放式的大研发平台,知识共享,技术专

[①] 本文原刊载于新华网(2019 年 1 月 18 日),作者谷雨,参见:http://www.xinhuanet.com/tech/2019-01/18/c_1124004286.htm。

有。'工匠精神'将让我们走得更远，'研发代工'将让我们走得更快。"

知识共享是指研究人员要不断学习，在石墨烯领域里不断探索新知，成为真正的石墨烯专家。而这些专家在BGI这个开放式的大平台上，实现信息互通，共同进步，激发无限潜能，形成规模化的专家队伍。技术专有是BGI核心竞争力的集中体现，通过探索产学研融合发展新模式，直接对接特定企业的产业需求，开展定制化的技术研发，这些技术研发成果为"研发代工"伙伴所专有。BGI作为一个开放式的大型研发服务平台，对接全国企业乃至走向世界。"鸡蛋模型"是BGI在机制创新和运营模式上的一大亮点。基于全新的机制和创新理念，政产学研真正协同发力，全力以赴推动技术创新，引领石墨烯产业发展，聚集海内外石墨烯高端人才，融通石墨烯产业资源，打造"高精尖"产业创新创业的高地。

刘忠范说："鸡蛋的核心部分是蛋黄，对应于我设计的150到200人的核心技术研发团队。这些人面向未来，追求卓越，扎扎实实地深耕未来石墨烯产业的核心技术，充分体现国家意志。我们不能只关注现在，否则会失去未来。与此同时，我们也不能只盯着未来，否则很难走到未来。所以，我们提出了'研发代工'的概念，对应于鸡蛋的蛋清部分。这是一个全新的产学研结合模式，针对企业的特定需求，组建由高水平专业人员构成的专门研发团队，做定制化的研发，形成从基础研究到产业化落地的捆绑式一体化合作模式。蛋壳部分就是实实在在的市场，不搞花样，一切都是市场需求引领的技术研发，有的是当下的市场需求，有的是未来的市场需求而已。我们既关注现在，又关注未来，与企业形成命运共同体，这是BGI独创的新发展模式。"

"研发代工"是北京石墨烯研究院在体制机制创新方面的重要尝试。在这个模式下，研究人员有了清晰明确的技术需求牵引和市场目标，避免了当前高校和科研院所的研究人员"闭门造车"、研究成果不接地气因而很难落地的现实问题。对于代工企业而言，其从此就有了真正的研发团队和研发力量，确保企业自身的核心竞争力和可持续发展能力。刘忠范表示："这种产学研协同创新模式还有助于改变以盲目追求发表论文为导向的当前科技评价体制，引导广大科研人员从事真正有价值的研究，让国家不断增长的科技研发投入能够真正开花结果。"

经过十年的研究积淀，北京石墨烯研究院自主研发的超级石墨烯玻璃、第三代+半导体照明技术、烯碳光纤、超洁净石墨烯薄膜制备技术以及四英寸无褶皱单晶石墨烯晶圆制备技术都得到石墨烯同行们的广泛认可。其中，超级石墨烯玻璃赋予了传统玻璃所不具备的导电、导热、生物相容性等诸多优异特性，将大幅拓展玻璃应用领域，全面推动玻璃产业转型升级；烯碳光纤将成为传统光纤领域的变革性技术,有望在电光调制器、超快激光器、光纤探测器和传感器,以及光纤通信领域得到重要应用;将石墨烯作为第三代半导体材料的外延生长缓冲层,显著降低半导体薄膜的缺陷浓度,有望成为下一代半导体照明核心技术。

对刘忠范而言,石墨烯三个字已经深深地根植于他的灵魂,他的成长和石墨烯技术的成长已经融为一体。用他的话讲,"我现在满脑子都是石墨烯"。他表示:"我敢于迈出这一步,义无反顾地往前走,得益于北京市科委的鼎力支持。北京市科委不仅仅给予我们经费上的大力支持,还帮助我们整合资源,尤其是给了我们极大的自由度进行体制机制探索。这是我们的勇气之源,也体现了北京市科委的魄力和战略眼光。"

对石墨烯行业未来的发展,刘忠范充满信心,他坚信通过扎扎实实的研发工作,将有力带动产业发展,让"中国创造"的石墨烯产品在世界舞台上真正有竞争力,有影响力。"作为北京全国科创中心的一部分,我们愿意和科创中心一起成长,做一个有实力、有担当的新型研发机构,共同推进中国高精尖产业的发展。基于全新的体制机制,踏踏实实地做"有用的"科研,让我们既有成就感、也有获得感,让我们的研究成果真正造福百姓、造福人类。"

附录九 项目组区域产业报道

常州石墨烯产业八年"取经"路[①]

江苏省常州市是中国石墨烯产业发源地之一。从常州市武进区西太湖科技产业园驱车向北,抵达石墨烯小镇不过 10 分钟。路两旁新栽的樟树四季常青,不像市树广玉兰每到冬季会变得光秃。从 2011 年至今,常州的石墨烯产业之路历经 8 年之久,未来它能否如樟树一样四季常青呢?

明知山有虎

作为中国改革开放的先发地区,常州是"苏南模式"发源地之一,以良好的工业基础而有"工业明星城市"的美誉。资料显示,20 世纪 80 年代初,常州通

---

① 本文原刊载于《经济》(2019 年第 5 期),作者黄芳芳。

过产业集群模式,打造了柴油机及手扶拖拉机、灯芯绒、化纤、收音机、自行车等"九条龙"产业链条,拥有100多个处于领先地位的优质工业产品。时光飞逝,日新月异。有着良好工业基础的常州一直在谋求新兴产业之路。

不过,石墨烯在落地常州前,相关人士预判石墨烯产业化是一件遥遥无期的事。

2011年,时任常州市委书记范燕青偶遇深圳清华大学研究院原院长冯冠平。范燕青对石墨烯兴趣颇浓,向其询问石墨烯的情况,冯冠平回应道:"石墨烯是一个好材料,但仍在实验室阶段,产业化可能需要七八年甚至更长时间。"尽管如此,范燕青仍然表示常州愿意培育这类新兴产业。随后,常州吸纳了冯冠平推荐的两个石墨烯创业团队。

"这两个团队只有'脑子'(技术),没有票子(资金),没有房子(创业场所),更没有其他创业条件。当时,为了帮助这两个团队推进石墨烯的研发和产业化,常州专门成立了江南石墨烯研究院为这两个团队提供公共配套服务,并利用常州'龙城英才'计划等政策提供一系列政府扶持,同时还成功推荐了社会风投、创投机构为其提供创业资金。"江南石墨烯研究院院长、常州西太湖科技产业园管委会副主任张铭向《经济》记者讲述当年二维碳素和第六元素两家企业"落户"西太湖科技产业园的缘起。

"当年我到常州,曾有人说石墨烯离产业化很遥远,建议政府不要投了。当时范燕青书记却说:'产业升级不要说是8年、10年的事情,就是20年、50年能做好也实属不易,政府不做长期投资,谁来做?'"江苏省石墨烯创新中心总经理、常州第六元素材料科技股份有限公司董事长瞿研向《经济》记者回忆当年的情景,"中国中小企业居多,无力支撑长期性产业的发展。江苏省是集体经济和苏南模式的发源地,政府在战略新兴产业的引导上起了很大作用。"

2012年初,时任中央组织部部长、江苏省省委原书记李源潮调研西太湖时,建议在这里建一座以集聚高科技企业为目标的科技新城。此后,经过多轮研讨,常州市和武进区两级政府提出了建设常州西太湖科技产业园的设想,并将园区的特色产业定位为先进碳材料产业,它包括石墨烯、碳纤维、碳纳米管、人造金刚石等,旨在打造一个与美国硅谷相媲美的"东方碳谷"。

2013年,二维碳素和第六元素分别做出了石墨烯产业化中试线,前者是全球首条年产3万平方米的石墨烯透明导电薄膜生产线,后者是全球首条年产100吨的石墨烯粉体生产线。因为当时全球在规模化制备石墨烯方面还都在摸索阶段,但是规模化制备的问题,常州率先给出了解决方案。

此后,常州西太湖科技产业园围绕碳材料产业规划进行产业招商,大量集聚以石墨烯为代表的先进碳材料产业项目。到 2018 年底，园区引进了各类石墨烯相关企业 150 多家，形成了覆盖制造装备、原材料制备和下游应用于一体的较为完善的产业链。

"2013~2014 年，我们重点招引采用不同制备方法制备石墨烯原材料的团队，引进了包括二维碳素、第六元素、碳世纪、墨之萃、国成科技和瑞丰特科技等 6 家原材料制备工厂，它们的原材料制备方法齐全。当时石墨烯价值 2000 元/克，我告诫大家不要高兴得太早，因为没有人会把钻石当作工业材料。2014 年后，随着石墨烯原材料制备更加成熟，我们进一步围绕石墨烯应用引进项目，涉及涂料、电缆、加热、散热、环保、生物、能源等领域，产品种类多达上百种，形成了一个十分丰富的石墨烯应用圈，也给石墨烯带来了令人期待的市场空间。"张铭表示。

石墨烯发展热潮

2014 年 12 月 13 日，习近平总书记考察江苏省产业技术研究院，江南石墨烯研究院名誉院长冯冠平教授向习近平总书记汇报常州石墨烯产业情况。习近平总书记指出，石墨烯产业前景广阔，希望大家继续在石墨烯应用领域进行更广泛探索。2015 年 12 月 23 日，习近平总书记在参观曼彻斯特大学国家石墨烯研究院时提出，中英在石墨烯研究领域完全可以实现"强强联合"。

2013~2015 年，石墨烯成了资本界和科技界关注的焦点。2014 年，常州市也加大了对石墨烯产业的支持，武进区出台了三年 2 亿元的专项扶持计划，重点支持江南石墨烯研究院建设、石墨烯人才团队落户和石墨烯下游应用等方面，同时集聚了总规模 20 亿元的各类风投、创投基金在常州石墨烯科技产业园内。与此同时，全国各地掀起了石墨烯产业的发展热潮，很快就覆盖到全国 30 多个省、区、市，形成了京津冀、长三角、珠三角等多个石墨烯产业发展区域，石墨烯企业、人才资源分布在全国各地。

产业的"新陈代谢"

每年三四月份，樟树会掉落部分老叶。《经济》记者随石墨烯战略调研组在常州调研走进一家石墨烯工厂。满地樟树叶，旁边堆了一些物料，因为产品滞销，工厂呈停工状态。

石墨烯产业发展过程中，就像樟树的新陈代谢一样，有的企业生命力旺盛，有的则零落成尘。

"8年了,我们尝试了很多应用方向。今年我终于不焦虑了。"瞿研将第六元素定位为氧化还原石墨烯供应商。为了推进石墨烯产业化进程,它参股了7家下游公司。其中,参股最多的一家名为常州富烯科技股份有限公司(以下简称"富烯科技"),入股1500万元。富烯科技目前为全球前五的手机厂商提供石墨烯散热膜。这也曾是2018年最令瞿研焦虑的事情之一。

"该手机厂商要在全球发布这款有石墨烯散热膜的手机,但当时我们的产能跟不上。那阵子我每天熬到凌晨两三点,生怕把握不住石墨烯应用在大厂商产品上的机会。"瞿研认为只有进入世界五百强的供应商采购清单,石墨烯产业才有希望。"2019年可能是石墨烯的爆发年。石墨烯防腐涂料、石墨烯散热膜等销售额有可能让我们实现盈利。"

之所以采取参股下游公司的策略,是因为只有真金白银才能让下游企业下决心开发石墨烯应用产品。另一方面,瞿研希望以此来建立一个产业生态系统,形成产业链壁垒。"如果只是简单地卖原材料,这种模式很快会被竞争对手复制。"瞿研认为,高科技公司只有在一定时期内形成技术壁垒,才会产生高额利润。而企业要做的就是尽可能延长壁垒的时间,获得更多的利润来补充下一代产品的研发经费。

学城市规划出身的常州恒利宝纳米新材料科技有限公司总经理蒋焱2008年投资了一个纳米材料实验室。2010年,开始做石墨烯材料。"一开始我们想用石墨烯做防弹衣,后来又有客户希望用石墨烯做渔网。但是我对渔网行业不了解,最终没有往下走。"蒋焱回忆道。

对于传统产业来说,石墨烯是一个"不速之客"。石墨烯赋能传统产业,尤其是在石墨烯并不成熟的阶段,恐怕只能说是一厢情愿。蒋焱认为,石墨烯锦纶作为一种新材料与传统的纺织工艺有很大区别,它在结晶速率、导热系数、结晶取向等方面与传统材料有很大不同。这要求纺丝工艺及纺织设备进行局部的改动,所需费用10万~50万元不等。在纺织行业中,尤其是上规模的传统企业不愿意改动传统工艺。因而蒋焱不得不布局产业链:从石墨烯制备到原位聚合反应再到纺丝,最后到终端应用产品。

2017年9月,常州恒利宝纳米新材料科技有限公司入股江苏江山红化纤有限责任公司。随后,年产2万吨规模的石墨烯尼龙PA6切片的生产线在江山红生产基地正式启动。"当时选择生产基地落户南通海安县。主要考虑南通是全国三大锦纶产业基地之一,这与当地产业规划布局相吻合。同时,考虑各项成本问题,我们最终选择了海安县。但是研发总部仍然放在常州。"蒋焱说。

不过，做现代纺织面料不是他的终极目标，现在所做的产品只是为了活下来。他希望市场回笼的资金继续支持下一步的研发。他更希望石墨烯这种新特性的材料冲破原有尼龙家族行业巨头所形成的垄断格局。

石墨烯企业如果能够打通技术和市场这两大"命脉"就会活得很潇洒。2012年，二维碳素发布了世界首款石墨烯电容式触摸屏。2015年，二维碳素发布了世界首款石墨烯压力触控传感器。多年来，二维碳素董事长金虎尝试开拓传感器市场。但他发现，传感器这一小众市场不足以证明石墨烯产业化的成功。也就是说，传感器所用的石墨烯材料不足以支撑石墨烯材料企业的生存。按照这个逻辑，金虎看准了电采暖这一千亿级市场。他认为，地暖膜提供了一个良好的石墨烯生态。而这个巨大的市场，能够拉动石墨烯材料持续出货，让产业链条稳固。在金虎看来，产业化就是做企业，生态链的成功才算是真正的产业化。2018年，二维碳素旗下的常州二维暖烯科技有限公司达到盈亏平衡。"电采暖有两大市场，一是有采暖刚需的北方，二是将采暖作为享受的南方。"2019年，金虎希望通过电采暖市场的拓展，让二维碳素实现盈亏平衡，甚至是盈利。

石墨烯创新的未来在何方

方向比努力更重要。石墨烯行业每个从业者都渴望走在正确的产业道路上。

2017年底，常州市委市政府启动江南石墨烯研究院改制工作，目的是构建"政府引导、市场主导和企业主体"的全新研发体系，期望用全新的体制机制激发石墨烯创新创业人员的活力。围绕这一目标，常州打造"三位一体"的全新发展模式，江南石墨烯研究院作为公共服务平台为石墨烯产业提供基础条件，江苏省石墨烯创新中心则重点用市场化的方式解决石墨烯行业关键共性技术难题，江苏江南石墨烯科技有限公司则为石墨烯技术成果转化提供资本支撑。

通过改革并构建研发体系，常州希望将最大的利益赋予创业团队，政府则将精力集中于优化产业生态上，同时通过市场化的有效机制，多方撬动社会资本，以多元化的研发投入进一步增强常州创新研发实力。未来3～5年，常州希望打造一条由政府平台做支撑、社会资本做资金投入、好的市场机制做创新动力的常州新模式。

共同的困境如何突围

石墨烯市场鱼龙混杂，缺乏行业标准和国家标准，亏损状态的科技企业融资难，适应市场需求的产品不多等是常州石墨烯产业界普遍反映的难题。

据中国石墨烯产业技术创新战略联盟统计数据，我国石墨烯产业市场规模由2015年的6亿元增长到2017年的70亿元。但是这70亿元的数据是如何构成的呢？行业人士猜测，石墨烯加入电缆或汽车中，统计者可能将整个电缆或汽车的价格算作石墨烯产业的市场规模，但是，石墨烯的用量可能只有一点点。这引发的另一个问题是，石墨烯在这类产品中到底占多少比例？起了多少作用？是否是真的石墨烯？现在还没有确切的结论。石墨烯产品的规范性、第三方检测机构的公正性都因为缺乏标准而受到质疑。因而，行业人士呼吁应尽快出台石墨烯国家标准。

"我们的客户认可国标，但目前石墨烯还没有国标。特殊行业和高端客户使用高品质的石墨烯不计成本，但用量不大。能够大规模使用石墨烯的客户，十分在意成本。我们花了很大力气做市场推广，客户逐渐接受我们的产品，但利润较薄。"常州中超石墨烯电力科技有限公司常务副总陆洲说。

"太理想无法生存，太现实没有未来。"北京石墨烯研究院院长、中国科学院院士刘忠范指出，常州在石墨烯产业发展具有先驱性和先导性，在产业探索上走得很远。然而，不可复制的石墨烯产品还不多，产业缺少核心竞争力。这不仅是常州面临的难题，更是摆在中国制造业面前的难题——我们的核心产业均被国外公司垄断。另一方面，石墨烯产业链缺少精细的技术分工，"高大全"的小作坊难与国外大巨头竞争。

高科技产业若想获得可持续发展，需要长期的投入。时间越长，成功的概率越高。他建议，构建相互关联、相互依存的产业链生态。同时，在组织机制、模式上进行创新，解决研发投入大、企业资金不足等共性问题。

最后，石墨烯产业发展不仅要体现国家意志，也要以市场为牵引，石墨烯不仅要有逻辑性应用，也要多尝试非逻辑性应用。也就是说，石墨烯用得出其不意。"举例来说，常州瑞丰特科技公司研发的石墨烯光栅让人眼前一亮，这有可能是未来"卡脖子"的技术。我们应该多探索这样的应用。"刘忠范说。

石墨烯是一种年轻的新材料，材料和产业本身的成熟尚需时日。千年前出土的陶瓷无法与现代精瓷相媲美，这是时间积淀的缘故。对于石墨烯产业而言，其只要方向把握对了，剩下的就是坚持和耐力以及些许的运气。

在通往石墨烯小镇的路上，新栽种的樟树在春风中抖落老叶，就如石墨烯产业中的星星点点的企业，生死往复，却又生生不息。

深圳石墨烯产业：除了应用市场，还有什么？[①]

深圳是一座充满活力和给人希望的城市。多年前，前沿新材料石墨烯如一颗种子落在依山傍海的"设计之都"——深圳。2019年4月10~11日，石墨烯产业发展战略研究课题组（以下简称"课题组"）赴深圳、佛山调研。在粤港澳大湾区建设和战略性新兴产业不断激发新动能的大背景下，正在形成深圳特色的石墨烯产业将如何可持续发展？

目标导向看前景

在星罗棋布的战略新兴产业中，石墨烯只是其中一颗闪耀的星。2017年以来，深圳先后出台《深圳市十大重大科技产业专项实施方案》和《深圳市关于进一步加快发展战略性新兴产业的实施方案》，提出前瞻布局石墨烯等新兴领域，重点发展石墨烯在电子信息、新能源领域的应用技术，并将石墨烯列为十大重大科技产业专项进行重点布局。

从2019年广东省和深圳市的政府工作报告来看，新材料等战略性新兴产业均被列为重点发展的产业。4月10日，课题组走访了南山区、坪山区、光明区的部分石墨烯相关企业。从三个区的政府工作报告来看，它们对新兴产业的布局存在差异。

其中，光明区政府重点工作之一是布局人工智能、石墨烯、生物与生命健康、文化创意等新兴产业。未来将推进深圳市石墨烯制造业创新中心示范基地建设，打造开放式创新平台，争创国家级制造业创新中心。

坪山区政府未来重点布局生物产业、中医药产业、新能源汽车产业、新一代信息技术及智能制造等。南山区政府将大力发展新材料、数字经济、新一代信息技术等战略性新兴产业以及文化创意产业。

从区政府的产业导向来看，也为未来深圳市石墨烯产业的集聚释放了较强的信号。经初步统计，截至2018年，深圳市培育了30余家石墨烯相关的企业。在石墨烯粉体制备、石墨烯复合储能材料、石墨烯发热膜、石墨烯电子信息材料等方面取得了较大进展，积累了较强的产业基础，相关产品应用在电子信息、新能源和复合材料领域优势明显。

[①] 本文原刊载于经济网（2019年4月18日），作者黄芳芳，参见：http://www.jingji.com.cn/html/news/djxw/144917.html。

相较而言，常州石墨烯产业主要集中在武进区西太湖科技产业园，园区的特色产业是先进碳材料产业，石墨烯产业是其中之一。园区围绕碳材料产业规划进行产业招商。到 2018 年底，常州西太湖科技产业园引进了各类石墨烯相关企业 150 多家，涉及涂料、电缆、加热、散热、环保、生物、能源等领域。

产业基础做铺垫

2018 年，常州市、深圳市先后获批省级制造业创新中心试点。两个试点各自以江苏江南烯元石墨烯科技有限公司、深圳石墨烯创新中心有限公司为载体，并分别设在常州武进区、深圳市光明区。

从两个区的产业基础来看，光明区前身光明新区成立于 2007 年 8 月，是深圳市设立的第一个功能新区。光明区是一个生态型高新技术产业新城，拥有国家级高新技术企业 988 家、规模以上企业 1315 家，战略性新兴产业产值占工业总产值的 61%。2018 年，光明区生产总值达 921 亿元，规模以上工业总产值 2206 亿元。

位于武进区的西太湖科技产业园的前身是 20 世纪七八十年代江苏省最大的稻麦育种繁育基地之一的"武进县滆湖良种繁育场"。记者在产业园区调研时，依然能够看到园区周围田地里盛开的油菜花。该园区是在农业基础上发展起来的。常州市武进区 2019 年政府工作报告显示，2018 年武进区预计完成地区生产总值 2380 亿元。"五新三高两智能"十大产业链完成规模以上工业总产值 1620 亿元。

"深圳有农业，没农村，城镇化率近 100%。"深圳区光明区副区长张宗平这样告诉《经济》记者。相较而言，2018 年常州的城镇化率达到 72.5%。然而，深圳是一个典型的移民城市。移民城市吸引了大批优秀人才。资料显示，截至 2018 年，深圳市已培育和引进了 20 余个具有国际影响力的石墨烯研发团队，建设了 10 余家石墨烯相关科研创新载体。

来到深圳的外乡人工作更"拼命"。因为他们所在的环境促使他们奋斗不息。常州的一位石墨烯企业家向《经济》记者比较两地员工的工作状态："深圳的电子产业等迭代速度快，大家都在抢时间。常州生活节奏慢，员工不会那样拼。如果工作压力大，顶多会换一份工作。在深圳不行，除非他换一个地区。"

深圳的民间投资较为活跃。深圳市统计局发布的数据显示，2013～2017 年深圳民间投资累计完成 8085.49 亿元，年均增长 30.1%。其中，2017 年全市民间投资 2627.29 亿元，同比增长 22.5%，占全市固定资产投资比重为 51.0%。

"5 年前，光明区的房价不到 1.5 万元/平方米。这几年，我抵押了两套房投到企业的研发中。话说回来,当年我若投资房产,相信收益一定比现在创业更可观。"一位在光明区创业的石墨烯企业负责人这样告诉记者。"深圳的民间投资较为活跃,找投资人较为容易,一人拿出 1000 万元,5 个人就能凑 5000 万元。"另一位石墨烯企业家说。

市场探索是驱动

潜力巨大的应用市场以及活跃的民间资本为石墨烯产业扎根深圳打下了良好的基础。

2015 年,深圳清华大学研究院创始院长冯冠平在深圳创办了石墨烯应用企业——烯旺新材料科技股份有限公司(以下简称"烯旺科技")。因为他认为,深圳有石墨烯的应用市场。

从课题组调研的区域来看,深圳、佛山的应用市场潜力较大。石墨烯应用进入市场有两种途径。一是创造出一个新市场。比如,烯旺科技以石墨烯为抓手,无意间打开了一条热管理的应用之路。经过多年发展,它已经成为深圳为数不多的规上石墨烯企业。烯旺科技以参股的方式请公司隔壁的设计团队为产品设计出炫酷的外观,让产品更高端,颇有引领市场、引领消费的意味。而这在常州是少见的注重终端产品设计的做法。

二是"依附"原有的市场。比如,用石墨烯提升传统产品的性能。在润滑油行业深耕多年的深圳烯材料科技有限公司总经理裴嵩峰告诉《经济》记者,他看好石墨烯代替硫磷氮作为润滑材料添加剂的前景。他希望用石墨烯提高原有产品质量并代替传统环境不友好的材料。另一个案例是来自佛山的广东暖丰电热科技有限公司。与其说,董事长贾玉秋是一名企业家,不如说他是一名工匠。他花了大半辈子琢磨电热产品,经常研究科研人员的论文,寻找提高电热产品性能的新材料。目前,他正在尝试利用石墨烯的性能让电热产品发挥更优的功能。无论是润滑油还是电热产品,这些企业原有的产品已打开了较为成熟的销售市场,甚至是海外市场。这是石墨烯"借力打力"突围市场的借鉴经验之一。但这并不意味着,石墨烯找到了科学家追求的"杀手锏"级应用。

"石墨烯的应用点都在深圳,只是没有爆发。"深圳市工业和信息化局副局长胡晓清表示,深圳有良好的市场优势和公平的营商环境,人才、创投行业集聚于此。"企业唱戏、政府扶持。我们会详细制定石墨烯产业规划,调动各方资源,推动产业大放异彩。"

行业焦虑感较浓

经过多年的发展，石墨烯正在从能用向好用过渡。石墨烯为主导的产品也渐露曙光。

"从2013年开始，我们参与了常州二维碳素、第六元素、烯旺科技等一系列石墨烯项目投资。"令深圳紫荆汇富投资管理有限公司执行董事代淑香感触最深的是，2013年前后，企业能制备出少量石墨烯，由于当时下游没有应用，石墨烯不能大规模应用。从去年开始，下游开始有石墨烯的应用了。但存在的问题是，企业找不到高质量的石墨烯提供商提供标准的石墨烯。"比如，一些美国公司看好石墨烯在重防腐涂料的应用，也在与国内几家企业进行接洽。但是高质量石墨烯的制备似乎又成了当下的制约因素。"

"今年，我们在石墨烯负极材料、复合材料等方向上可能会熬出来。但是我每天加班到凌晨十二点，经历了几百次的测试，这就是民企做研发的现状。你们没有看过我们研发时的艰苦和艰辛，但是我还会坚持做下去。石墨烯未来前景广阔，但产业不是一天或一两家企业能做成的，这可能需要一两代人要做的事。"深圳华烯新材料有限公司董事长兼总经理张明东激动地说。

不过，深圳企业依然面临和常州企业共性的问题，比如真假石墨烯的问题、整个行业对石墨烯国家标准的呼声迫切、融资难问题、民企研发投入大周期长期望国家和地方政府给予更多支持等。这些既有石墨烯产业特有的问题，也有民企发展过程中面临的共性难题。

以民营企业做研发为例，尤其是那些挣扎在生死线上的中小民营企业，单枪匹马搞研发就会力不从心。

多年来，裴嵩峰养成了与科研院所交流的习惯。他愿意将科研院所的成果拿到企业内部进行试验，尽管不能很快实现产业化，但他认为这种交流十分必要。"科研院所的成果在企业内部孵化，尤其是在相对成熟或盈利企业内找应用方向比科研人员单独创业风险更小。"裴嵩峰说。

"石墨烯投资周期长，研发成果慢，有些企业等不及盈利变成了烈士。面向未来的石墨烯产业布局，恰恰需要建立国家层面上的研发平台。让研发与市场有机衔接，避免企业重复投入，解决中小微企业面临的研发难题，以及解决我国未来制造业竞争力的问题。"中科院院士、北京石墨烯研究院院长刘忠范如是说。

综上所述，科研与市场如何无缝对接？石墨烯产业如何把全国特色资源整合起来，区域间如何错位发展？同时，整个行业和消费者如何正视石墨烯的功能和作用,勿要夸大石墨烯产品的功能,从而让石墨烯市场更加"清澈"?若能解决好以上三个问题,石墨烯产业将会进入良性发展的新阶段。

福建省石墨烯产业:爱拼才会赢[①]

"举全省之力持续推动石墨烯产业发展。"车窗外厦门一家社区门脸的电子屏幕上滚动的红字瞬时映入眼帘。就像那首《爱拼才会赢》唱出闽南人爱拼搏的精神一样,这句标语也显示出福建省石墨烯产业起步虽晚,但决心足够大。

为什么发展石墨烯产业?

目前,福建石墨烯产业已形成了以福州和厦门为创新核心区,厦门火炬高新区、泉州晋江和三明永安为产业集聚区的"两核三区"产业发展格局。这样的格局是基于哪些要素形成的呢?

"我省拥有丰富的石墨资源和广阔的应用市场,研发能力不断提升,产业体系初具雏形,具备加快发展石墨烯产业的条件。2016年,省政府提出举全省之力持续推动石墨烯产业发展。"这是《福建省石墨烯产业发展规划(2017—2025年)》(以下简称"规划")提及的福建省发展石墨烯产业的主要原因。

一方面,三明永安是我国南方主要的石墨储藏地。园区全力打造"一中心两平台",包括石墨烯产业孵化中心、永清石墨烯研究院、石墨烯应用工程实验室,带动和促进一批研发项目落地和本地企业转型升级。资料显示,目前永安市石墨和石墨烯产业园集聚了10余家石墨和石墨烯应用企业入驻。依托清华大学深圳研究生院运营的永清石墨烯研究院工作团队已入驻;与厦门大学共建的石墨烯应用工程实验室实验设备已完成,并开始运营。

另一方面,福建省的石墨烯产业体系初具雏形。福建省已基本形成从资源开采—材料制备—下游应用—终端产品及相关配套的产业链,在石墨烯生产设备、石墨烯制备、电池电极材料、防腐涂料和环保材料等领域已经涌现出40多家具有一定实力的企业,主要分布在福州、厦门、泉州和三明永安等地,产业集聚效应初显。

更重要的是,依山傍海的福建,其地理环境与内陆相异,有"八山一水一分

[①] 本文原刊载于经济网(2019年7月18日),作者黄芳芳,参见:http://www.jingji.com.cn/html/news/cjxw/155394.html。

田"之称。因为九成陆地面积为丘陵地带，相对于耕种土地，福建人更善于经商。2019年6月，调研组赴福建调研发现，这里很多企业对石墨烯兴趣颇浓，企业经营者希望这种被称为21世纪新材料之王的神奇材料能够帮助他们现有的产品升级换代。比如，来自福耀玻璃、九牧厨卫、永安轴承有限公司等相关人员都表示有此需求。

给人留下深刻印象的是被调研组调侃的"易拉罐先生"。他是福建合润包装涂料有限公司的总经理翁师德先生。他希望通过添加石墨烯，让易拉罐变薄，以便减低生产成本。但目前石墨烯使用成本较高，若添加在易拉罐中，反而会增加它的成本。从另一个角度来看，有着"工业味精"之称的石墨烯很可能在这里发展出很多意想不到的应用产品。

丰富的石墨资源、初具雏形的产业体系，以及广阔的应用市场是福建省举全省之力发展石墨烯产业的底气。

政府与产业的共同困惑

尽管福建省政府倡导发展石墨烯产业，比江苏省常州市晚了四五年。但这并不妨碍石墨烯企业在此生根发芽。

2004年，英国曼彻斯特大学的安德烈·盖姆和康斯坦丁·诺沃肖洛夫发现了石墨烯。2006年，市场嗅觉敏锐的赵立平与华侨大学陈国华教授团队合作，启动了石墨烯产学研合作。当年，他们制备出的石墨烯在市场上定价为5000元/克，使得石墨烯多了一个"黑金"的称谓。

2010年5月，基于四年内的研发成果，创始人赵立平与陈国华成立了厦门凯纳石墨烯技术股份有限公司（以下简称凯纳股份），他们坚持制备机械剥离法的石墨烯，寻找市场应用方向，经历了长达8年的小试、中试市场验证过程，2017年推出碳塑合金和电池导电剂等应用产品。

2018年年报显示，凯纳股份实现营业收入3295.69万元。这距离赵立平2018年年初定下5000万元的目标还有一定差距。2019年，他对给团队定下营业收入达到1亿元的目标。他希望凯纳能成为石墨烯企业中最先营利的企业。

在长达13年的时间里，等待姗姗来迟的营利对经营者来说，是一种煎熬。赵立平同时经营着福建凯立生物制品有限公司，发展势头尚好。用另一家来企业的盈余来支撑石墨烯公司的长期投入。比起那些只依靠石墨烯业务生存的企业，凯纳股份多了一个支撑点。不得不承认，石墨烯企业格外难做。赵立平表示："进入石墨烯领域以后，最大的感悟是骑虎难下。"

与赵立平有同感的是厦门火炬高技术产业开发区管理委员会副主任施立华。她所在的厦门火炬高新区被列入福建省石墨烯产业"两核三区"战略布局的重要"一核""一区"，集聚了 30 多家石墨烯新材料企业。火炬公共平台为石墨烯初创企业提供诸多便利，如与检测相关的仪器设备等，符合条件的初创企业或企业人才可申请政府的补助或奖励资金。

"石墨烯的市场爆发点何时会出现？"这个问题不仅困扰着施立华，也困扰着整个石墨烯产业。石墨烯的应用产品虽已"琳琅满目"，但尚未形成人们一直期待的爆发局势。

在福建，石墨烯的确有很广泛的应用市场，但是广阔的市场需求如何与石墨烯材料无缝对接，还需要很长的验证过程。比如，生产偏光片的厦门祥福兴科技股份有限公司，他们研发出具有防水等特性的石墨烯偏光片，但要真正大规模投入市场还需要一定的时间。这也是石墨烯产业共性的问题，整个产业需要时间打磨产品、占据市场份额，并获得市场的认可。

如何激发后发优势

自石墨烯发现者获诺贝尔奖以后，国内石墨烯产业逐渐发展起来。尤其是，2015 年工业和信息化部等部门联合下发《工业和信息化部 发展改革委 科技部关于加快石墨烯产业创新发展的若干意见》，提出"将石墨烯产业打造成先导产业"，为产业发展指明了方向，同时，石墨烯产业上升为国家战略新兴产业。各地竞相投资石墨烯项目，很快石墨烯热遍全国。"石墨烯热"也成了一种社会现象。

从社会学的视角来看，全省投资石墨烯属于一种社会行动。20 世纪 50 年代，结构功能主义创始人帕森斯提出了 AGIL 理论，以此解释社会行动系统必须满足适应（A）、达鹄（G）、整合（I）、维模（L）等四个功能。若我们将福建省发展石墨烯产业看作是一种社会行动，我们可以用 AGIL 理论分析，福建石墨烯产业如何发挥后发优势。

首先，一个系统为了能生存下去，必须拥有从外部环境中获取所需资源的手段。2019 年，福建省发展石墨烯产业有四大动作：

一是促集聚，加大创新和产业资源融合对接，在政策共享、产业化飞地上力争取得突破，组织开展国内外专业化招商活动；二是重创新，加大研发投入和载体建设，安排专项资金支持各类平台和产业化项目，推动厦门大学能源与石墨烯创新平台建设，永安石墨烯园区"一中心两平台"投入使用；三是扩应用，推广"石墨烯+"，促进纺织、建材、涂料等产业开展石墨烯新材料应用示范；四是优服务，持续营造发展生态，继续举办产业论坛、石墨烯创新创业大赛等大型活动，提升石墨烯促进会交流服务水平，开展 2 次专题培训、12 场交流对接等，制定出台 1 项团体标准。这些是福建省加快形成东南沿海石墨烯产业集聚区的重要举措。

其次，达鹄是指一个系统的目标导向，系统必须有能力确定自己的目标次序和调动系统内部的能量以集中实现系统目标。福建省集全省之力发展石墨烯产业，旨在"着力构建以企业为主体、以高校和科研机构为支撑、产学研用协同促进的石墨烯产业技术创新体系，突破一批关键技术，建设一批服务平台，培育一批龙头企业，形成一批行业标准，推动福建省建成国际一流、国内领先的石墨烯技术研发和产业应用高地。"围绕这一目标，福建省在建设服务平台、培育龙头企业、形成行业标准等方面下了很大功夫。

再次，整合是使一个行动系统的各个组成部分能够作为一个整体有效地发挥功能，不致出现游离、脱节和断裂。譬如，学术界如何与产业界无缝对接是每个产业都在探讨的老话题。

以正在建设中的厦门大学能源与石墨烯创新平台（以下简称创新平台）为例，这是以能源材料领域的国家级实验室为目标，瞄准国家及福建省在能源与新材料产业领域的重大需求，由福建省、厦门市、厦门大学三方共建的创新平台。从硬件设施来看，大楼内规划建设国际一流的研发与产业工程化环境，例如顶级无噪音实验室、防震动实验室、超干燥实验室、洁净实验室、产业研发实验室等，已吸引了一批顶尖人才团队和龙头企业预约进驻。

从软实力来看，创新平台已有以院士、长江学者等国内外杰出专家领衔的固有专职科研人员 145 人，工程技术人员 30 人。2018 年已全职引进到位高层次人才 5 位，柔性引进人才 3 位，新进博士后及工程技术人员 22 人。

这样条件雄厚的创新平台如何与产业有效互动，并为产业服务？北京石墨烯研究院院长刘忠范院士建议，地方政府在扶持石墨烯产业化项目时，应把"学"与"产"捆绑在一起扶持。将高校院所的研发力量注入企业实际需求中，扶持主动"配对"有实际进展和有市场前景的项目。这样既有助于学术界的研究接地气，又解决企业在研发中碰到的困难，政府的资金投入容易得到保障。真可谓一举三得。

最后，维模是系统拥有特定机制经常维护处于潜在状态的模式。特定机制是指文化系统，也就是福建省的地方文化也对石墨烯产业发展有重要影响。"爱拼才会赢"的福建人，或许会创造出新的石墨烯产业奇迹。

经济学家马歇尔曾认为："近代产业的特点是，一种自力更生的特性，总是看得很长远，在做选择时很谨慎，同时可以获得充分的自主选择权。"在石墨烯产业中，企业家有充分的自主选择权，他们可以选择同类的应用产品参与市场竞争。但是，他们也可以看得很长远，朝着石墨烯产业未来的方向蓄力。

附录十 中国申请的国际授权专利[①]选编

序号	申请号	发明名称	申请日期	申请人
1	KR1020127017947	Lithium Iron Phosphate Positive Electrode Active Material Modified by Graphene, Preparation Method and Lithium Ion Secondary Battery Thereof	2010年1月22日	Ningbo Institute of Material Technology and Engineering Chinese Academy of Sciences
2	US13988289	Fluorogr Aphene and Preparation Method Thereof	2010年12月22日	Mingjie Zhou; Daxi Liu; Yaobing Wang
3	US13988287	Fluorinated Graphene Oxide and Preparation Method Thereof	2010年12月22日	Mingjie Zhou; Daxi Liu; Yaobing Wang
4	EP10861327	Pt-Ru Nano-Alloy/Graphene Catalyst, Preparation Method and Use Thereof	2010年12月29日	Ocean's King Lighting Science Technology Co Ltd
5	US13059634	Aluminum Alloy Material and Method of Manufacturing Aluminum Alloy Backboard	2010年12月30日	Deyuan Xiao; Richard Rugin Chang; Mengjan Cherng; Qing Rao
6	EP10861263	Graphene Ramification-Carbon Nanotube Composite Material and Preparation Method Thereof	2010年12月30日	Ocean's King Lighting Science Technology Co. Ltd.
7	US13140141	Graphene Device and Method for Manufacturing the Same	2011年2月24日	Institute of Microelectronics Chinese Academy of Sciences
8	US13577027	Method for Preparing Graphene	2011年4月28日	Ningbo Institute of Material Technology and Engineering Chinese Academy of Science
9	JP2013510491	A System and Method for Preparing the Same Conductive Material Graphene	2011年5月16日	National Nomai Science Center512298672
10	US13580240	Method for Preparing Graphene Nanoribbon on Insulating Substrate	2011年8月5日	Shanghai Institute of Microsystem and Information Technology Chinese Academy

① 本部分数据统计的为中国国家知识产权局受理的国际申请。

续表

序号	申请号	发明名称	申请日期	申请人
11	US13376608	Liquid Crystal Display Panel and Its Manufacturing Method	2011年10月12日	Shenzhen China Star Optoelectronics Technology Co. Ltd.
12	US13577471	Graphene Coating Modified Electrode Plate for Lithium Secondary Battery and Method for Producing the Same	2011年11月2日	Ningbo Institute of Material Technology and Engineering Chinese Academy of Sciences
13	US13510390	Method for Manufacturing Graphene Nano-Ribbon, Mosfet and Method for Manufacturing the Same	2011年11月18日	Institute of Microelectronics Chinese Academy of Sciences
14	JP2013545038	As Graphene Contg. Positive Electrode of the Lithium Ion Battery Manufacturing Method	2011年12月26日	Sen University Depth513159468
15	US14125313	Interconnection Structure and Method for Fabricating the Same	2011年12月31日	Shanghai IC R D Center Co. Ltd.
16	US13980715	Method for Preparing Graphene by Using Two-Dimensional Confined Space Between the Layers of Inorganic Layered Materials	2012年3月27日	Beijing University of Chemical Technology
17	KR1020147000101	Method for Transferring Graphene Nondestructively with Low Cost	2012年6月8日	Inst. Metal Res. Chinese ACAD SC
18	US14124072	Method for Transferring Graphene Nondestructively with Low Cost	2012年6月8日	Institute of Metal Research Chinese Academy of Sciences
19	EP12797578	Method for Transferring Graphene Nondestructively with Low Cost	2012年6月8日	Institute of Metal Research Chinese Academy of Sciences
20	JP2014513048	Low Cost Nonspatial Graphene Transfer Method	2012年6月8日	Institute of Metal Research Chinese Academy of Sciences513194997
21	US14396519	Method for Preparing Graphene	2012年7月3日	Shumin Wang; Qian Gong; Xiaoming Xie; Hailong Wang; Zengfeng Di; Guqiao Ding; Qingbo Liu
22	US14369780	Process for Preparing Graphene on a SiC Substrate Based on Metal Film-Assisted Annealing	2012年9月3日	Xidian University
23	US14350282	Process for Preparing Graphene Based on Metal Film-Assisted Annealing and the Reaction with Cl2	2012年9月3日	Xidian University
24	US13628237	Lithium Ion Battery	2012年9月27日	Jia Ping WANG; Shou Shan FAN
25	US13704704	Tft Array Substrate and A Method for Manufacturing the Same and Display Device	2012年9月28日	BOE Technology Group Co. Ltd.

续表

序号	申请号	发明名称	申请日期	申请人
26	US14431018	Methods and Compositions for Making Metal Oxide-Graphene Composites	2012年9月29日	East China University of Science and Technology
27	US13662718	Method for Making Lithium Ion Battery	2012年10月29日	Jia Ping Wang; Kai Li Jiang; Shou Shan Fan
28	US13662768	Method for Making Lithium Ion Battery Electrode	2012年10月29日	Jia Ping Wang; Kai Li Jiang; Shou Shan Fan
29	US13662727	Lithium Ion Battery	2012年10月29日	Jia Ping Wang; Kai Li Jiang; Shou Shan Fan
30	US13664317	Electrically Conductive Device and Manufacturing Method Thereof	2012年10月30日	Semiconductor Manufacturing International Corporation（Beijing）；Semiconductor Manufacturing International Corporation（Shanghai）
31	US13675034	Cathode Electrode and Lithium Ion Battery	2012年11月13日	Xiang Ming He; Li Wang; Jian Jun Li; Jian Gao
32	US13676026	Method for Making Epitaxial Structure	2012年11月13日	Yang Wei; Shou Shan Fan
33	US13676033	Method for Making Epitaxial Structure	2012年11月13日	Yang Wei; Shou Shan Fan
34	US13685654	Graphene-Based Composite Structure and Method for Making the Same	2012年11月26日	Wen Hui Duan; Yuan Chang Li; Peng Cheng Chen; Jian Wu; Bing Lin Gu
35	EP12869456	Method for Preparing A Graphene Oxide/Carbon White/Rubber Nanometer Composite Material	2012年12月13日	Beijing University of Chemical Technology; Shandong Linglong Tyre Co. Ltd.
36	US13717879	Method for Making Current Collector	2012年12月18日	Xiang Ming He; Li Wang; Jian Jun Li; Jian Gao; Jian Wei Guo
37	US13719993	Methods for Making Current Collector and Electrode of Electrochemical Battery	2012年12月19日	Xiang Ming He; Jian Jun Li; Li Wang; Jian Gao
38	US14758210	Graphene Composites and Methods of Making and Using the Same	2012年12月28日	Jiangnan University
39	US14773216	Preparation of Metal Oxide-Graphene Composite Films	2013年3月5日	East China University of Science and Technology
40	US13832933	Transistors and Fabrication Method	2013年3月15日	Semiconductor Manufacturing International Corp

附　录

续表

序号	申请号	发明名称	申请日期	申请人
41	US14401489	Method for Preparing Graphene-Based LiFePO$_4$/C Composite Material	2013年5月9日	Guoguang Electric Company Limited
42	JP2015511914	A Method of Manufacturing A Graphene-Based LiFePO$_4$/C Composite Material	2013年5月9日	グオグァン エレクトリック カンパニー リミテッド
43	US14348388	Advanced Super Dimension Switch Liquid Crystal Display Device and Manufacturing Method Thereof	2013年5月20日	BOE Technology Group Co Ltd; Chengou BOE Optoelectronics Technology Co Ltd
44	JP2015523381	High Density, High Hardness of Graphene Porous Carbon Material, Its Manufacturing Method and Use Thereof	2013年5月31日	Qing Hua University depth Sen student Institute515022696
45	US13924674	Method for Modifying Positive Electrode Materials for Lithium-Ion Batteries	2013年6月24日	Shen Zhen University
46	EP13174324	Polysilicon Thin Film and Manufacturing Method Thereof, Array Substrate and Display Device	2013年6月28日	BOE Technology Group Co. Ltd.
47	US14762388	Method for Manufacturing Graphene Transistor Based on Self-Aligning Technology	2013年7月4日	The 13th Research Institute of China Electronics Technology Group Corporation
48	JP2013147409	Polysilicon Thin Film and Manufacturing Method Thereof, Array Substrate and Display Device	2013年7月16日	Boe Technology Group Co. Ltd.
49	EP13177049	Composite Conductive Sheet, Fabricating Method and Application Thereof	2013年7月18日	AVIC Composites Company Limited; AVIC Beijing Institute of Aeronautical Materials
50	KR1020130084759	Polysilicon Thin Film and Manufacturing Method Thereof, Array Substrate and Display Device	2013年7月18日	Boe Technology Group Co. Ltd.
51	US13985927	Light-Emitting Device and Manufacturing Method Thereof	2013年7月19日	Shenzhen China Star Optoelectronics Technology Co. Ltd.
52	US14003018	Backlight Module	2013年7月25日	Shenzhen China Star Optoelectronics Technology Co. Ltd.
53	US13963112	Polysilicon Thin Film and Manufacturing Method Thereof, Array Substrate and Display Device	2013年8月9日	BOE Technology Group Co. Ltd.
54	US14041151	Array Substrate and Manufacturing Method Thereof, Display Device	2013年9月30日	BOE Technology Group Co. Ltd.
55	JP2015552980	Method of Growing Ge Quantum Dots, and Its Application Ge Quantum Dot Composite Material	2013年10月9日	ナショナル センター フォー ナノサイエンス アンド テクノロジー

— 271 —

续表

序号	申请号	发明名称	申请日期	申请人
56	US14360517	Color Filter Substrate, Liquid Crystal Display Panel and Dispersing Method of Monocolor Quantum Dots	2013年10月10日	Boe Technology Group Co. Ltd.; Beijing BOE Optoelectronics Technology Co. Ltd.
57	JP2015510637	Graphene Fibers and Method of Forming the Same	2013年10月12日	Hua Technology Co. Ltd. Way504277388; Jejan Salt Lake City514286240
58	EP13881920	Graphene Fiber and Preparation Method Therefor	2013年10月12日	Huawei Technologies Co. Ltd.
59	US14059767	Light Emitting Diode and Manufacturing Method Thereof	2013年10月22日	BOE Technology Group Co. Ltd.
60	US14761907	Graphene Transistor Optical Detector Based on Metamaterial Structure and Application Thereof	2013年10月28日	Suzhou Institute of Nano Tech and Nano Bionics of Chinese Academy of Science
61	US15030583	Methods and Systems for Preparing Graphene	2013年10月31日	East China University of Science and Technology
62	US14126430	Method for Manufacturing Transparent Conductive Film and Method for Manufacturing CF Substrate Having Conductive Film	2013年11月4日	Shenzhen China Star Optoelectronics Technology Co. Ltd.
63	EP13192309	Graphene Derivatives, Transparent Conductive Films, Organic Electroluminescent Devices, Methods of Preparing the Graphene Derivatives and Methods of Preparing Anode Layers of the Devices	2013年11月11日	BOE Technology Group Co. Ltd.
64	US14078357	Method for Preparing Graphene from Biomass-Derived Carbonaceous Mesophase	2013年11月12日	Shanghai Switchdiy Digital Technology Co. Ltd.; Shanghai Jiao Tong University
65	US14091587	Graphene Derivatives, Transparent Conductive Films, Organic Electroluminescent Devices, Methods of Preparing the Graphene Derivatives and Methods of Preparing Anode Layers of the Devices	2013年11月27日	BOE Technology Group Co. Ltd.
66	US14133678	Positive Electrode Materials for Lithium-Ion Batteries and Method for Preparing the Same	2013年12月19日	Jianhong Liu; Hongzhen Zhang; Qianling Zhang; Dayong Gui; Chuanxin He; Caizhen Zhu
67	US15106840	A Preparation Method of Graphene as Well as Graphene Oxide Based on Anthracite	2013年12月31日	Shenzhen Cantonnet Energy Services Co. Ltd.
68	US15106842	A Preparation Method of Graphene and Graphene Oxide Based on Mixed Acid System	2013年12月31日	Shenzhen Cantonnet Energy Services Co. Ltd.

附　录

续表

序号	申请号	发明名称	申请日期	申请人
69	US14241064	Method for Manufacturing Graphene Composite Electrode Material	2014年1月13日	Yewen Wang
70	US15109817	Large-Scale Preparation Method for Graphene Quantum Dots	2014年1月17日	Shenzhen Cantonnet Energy Services Co. Ltd.
71	EP14878575	Large-Scale Preparation Method for Graphene Quantum Dots	2014年1月17日	Shenzhen Cantonnet Energy Services Co. Ltd.
72	EP14878598	Method for Repairing Reduced Graphene Oxide	2014年1月17日	Shenzhen Cantonnet Energy Services Co. Ltd.
73	US14348887	Method of Defining Poly-Silicon Growth Direction	2014年1月23日	Shenzhen China Star Optoelectronics Technology Co. Ltd.
74	US14345943	Method for Manufacturing LED Light Bar and LED Light Bar Thereof	2014年1月24日	Shenzhen China Star Optoelectronics Technology Co. Ltd.
75	US14785348	Graphene Serving as Cathode of X-Ray Tube and X-Ray Tube Thereof	2014年2月13日	Chongqing Qiyueyongyang Microelectronic Science Technology Development Co. Ltd.
76	DE112014002318	Graph for Use as Cathode X-Ray Tube and X-Ray Tube	2014年2月13日	Chongqing Qiyueyongyang Microelectronic Science Technology Development Co. Ltd.
77	EP14808476	Method for Preparing Conductive Graphene Composite Fiber	2014年3月3日	Huawei Technologies Co. Ltd.; Zhejiang University
78	US14888044	Zinc-Rich Epoxy Anti-Corrosion Coating and Preparation Method Thereof	2014年5月5日	The Sixth Element （Changzhou） Materials Technology Co. Ltd.
79	AU2014301911	Low-Light-Failure High-Power LED Road Lamp and Manufacturing Method Therefor	2014年5月26日	Zhiming Chen; Suzhou Weiyuan New Material Technology Co. Ltd.; Wei Gu
80	US14415909	Thin Film Transistor and Manufacturing Method Thereof, Array Substrate and Organic Light Emitting Display Panel	2014年5月29日	BOE Technology Group Co. Ltd.; Beijing BOE Optoelectronics Technology Co. Ltd.
81	US15313855	Methods and Systems for Converting Carbon Dioxide into Graphene	2014年5月30日	East China University of Science and Technology
82	US14316220	Method for Preparing Graphene, Thin-Film Transistor, Array Substrate, and Display Panel	2014年6月26日	BOE Technology Group Co. Ltd.
83	US14318691	Process for Preparing Completely Delaminated Graphene Oxide/Rubber Nanocomposite	2014年6月29日	Beijing University of Chemical Technology

续表

序号	申请号	发明名称	申请日期	申请人
84	US14370260	High-Density and High-Hardness Graphene-Based Porous Carbon Material, Method for Making the Same, and Applications Using the Same	2014年7月2日	Graduate School at Shenzhen Tsinghua University
85	US14325323	Graphene Oxide/Polymer Composition for Manufacturing Inner Liners and Inner Tubes of Tires and Method for Preparing the Same	2014年7月7日	Beijing University of Chemical Technology
86	US14326456	Method for Preparing Graphene Oxide/White Carbon Black/Rubber Nanocomposite Material	2014年7月8日	Beijing University of Chemical Technology
87	US14445589	Method for Preparing a Silicon Dioxide Substrate-Based Graphene Transparent Conductive Film	2014年7月29日	BOE Technology Group Co. Ltd.
88	US14429532	OLED Display Device and Fabrication Method Thereof	2014年7月30日	BOE Technology Group Co. Ltd.; Hefei Xinsheng Optoelectronics Technology Co. Ltd.
89	KR1020140104519	A Graphene-Based Composite Material Preparation Method, Anode Materials and Lithium Ion Battery	2014年8月12日	Shenzhen BTR New Energy Materials Inc.
90	KR1020197011215	Method For Preparing Graphene Sphere Electroconductive Adhesive and Graphene Sphere Electroconductive Adhesive	2014年8月14日	Shenzhen China Star Optoelect
91	KR1020197011216	Method for Preparing Graphene Sphere Electroconductive Adhesive and Graphene Sphere Electroconductive Adhesive	2014年8月14日	Shenzhen China Star Optoelect
92	KR1020197011217	Method for Preparing Graphene Sphere Electroconductive Adhesive and Graphene Sphere Electroconductive Adhesive	2014年8月14日	Shenzhen China Star Optoelect
93	KR1020177004229	Method for Preparing Graphene Sphere Electroconductive Adhesive and Graphene Sphere Electroconductive Adhesive	2014年8月14日	Shenzhen China Star Optoelect
94	US14398978	Conductive Adhesive with Spherical Graphene and Manufacturing Method thereof	2014年8月14日	Shenzhen China Star Optoelectronics Technology Co. Ltd.
95	JP2014179373	Method for Producing Graphene Based Composite Negative Electrode Material, Negative Electrode Material Produced Thereby, and Lithium Ion Secondary Battery	2014年9月3日	BTR New Energy Materials Inc.
96	EP14902885	Solid Phase Extraction Column, Preparation Method Therefor, and Chemical Sample Pre-Processing Method Based on Solid Phase Extraction Column	2014年9月25日	Shenzhen Cantonnet Energy Services Co. Ltd.
97	US14778102	Hollow Tubular Oil Absorbing Material and Preparing Method Thereof	2014年10月28日	Tianjin Polytechnic University
98	JP2016504481	A Method of Manufacturing A Hollow Fiber Membrane Absorption	2014年10月28日	Tianjin Polytechnic University

续表

序号	申请号	发明名称	申请日期	申请人
99	US15525070	Method for Preparing Graphene by Using Molten Inorganic Salt Reaction Bed	2014年11月7日	Xuyang Sun
100	US14559630	Graphene Fiber and Prepartion Method Thereof	2014年12月3日	Huawei Technologies Co Ltd; Zhejiang University
101	US14560729	Electrically Conductive Device and Manufacturing Method Thereof	2014年12月4日	Semiconductor Manufacturing International（Shanghai）Corporation; Semiconductor Manufacturing International（Beijing）Corporation
102	US15526427	Graphene-Containing Composite Material, Preparation Method and Use Thereof	2014年12月23日	Shanghai University of Engineering Science
103	KR1020167008551	Graphene Composite Powder Material and Preparation Method Therefor	2015年1月12日	Ningbo Morsh Technology Co. Ltd.; Ningbo Institute of Material Technology and Engineering Chinese Academy of Sciences
104	JP2016528351	The Composite Powder Material and Its Manufacturing Method Graphene	2015年1月12日	Ningbo Morsh Technology Co. Ltd.; Ningbo Institue of Material Technology Engineering Chinese Academy of Sciences
105	Mx2015004678	Pwm Data Processing Method and Device.	2015年1月30日	Xiaomi Inc.
106	JP2017514764	The Graphene Sulfonated Organic Material Manufacturing Method and Sulfonated Graphene	2015年2月3日	Suzhou Graphene Tech Co. Ltd.
107	US15315422	Method for Preparing Sulfonated Graphene from Organic Material and Sulfonated Graphene	2015年2月3日	Suzhou Graphene Tech. Co. Ltd.
108	KR1020167033779	Method for Preparing Sulfonated Graphene from Organic Material and Sulfonated Graphene	2015年2月3日	Suzhou Graphene Tech. Co. Ltd.
109	US14623279	Multi-Layer Based New Conceptual Battery Type Supercapacitor with High Power Density and High Energy Density and Method for Preparing the Same	2015年2月16日	Southwest University
110	JP2016537500	The Graphene-Copper Composite Reinforcing Contact Material and Manufacturing Method Thereof	2015年2月25日	Fuda Alloy Materials Co. Ltd.
111	US14634742	Method for Low-Temperature Preparation of Graphene and of Graphene-Based Composite Material	2015年2月28日	Wuhan University

续表

序号	申请号	发明名称	申请日期	申请人
112	US14762012	Growth Method of Graphene	2015年3月26日	Shanghai Institute of Microsystem and Information Technology Chinese Academy of Sciences
113	JP2017530280	The Control of the Three-Dimensional Graphene Porous Material Preparation	2015年4月7日	Huazhong University of Science and Technology
114	US15321347	OLED Device, Packaging Method Thereof, and Packaging Apparatus	2015年4月17日	BOE Technology Group Co. Ltd.; ORDOS Yuansheng Optoelectronics Co. Ltd.
115	US15546212	Nonvolatile Resistive Switching Memory Device and Manufacturing Method Thereof	2015年5月14日	Institute of Microelectronics Chinese Academy of Sciences
116	US15546218	Nonvolatile Resistive Switching Memory Device and Manufacturing Method Thereof	2015年5月14日	Institute of Microelectronics Chinese Academy of Sciences
117	US14909743	A Specific Oligonucleotide Aptamer for the Identification of T-2 Toxin	2015年5月26日	Jiangnan University
118	EP15825274	Oligonucleotide Aptamer Specifically Recognizing T-2 Toxin	2015年5月26日	Jiangnan University
119	JP2017514774	The Carbon Powder in the Organic Polymer Material Prepared from Organic Polymeric Material and Method of Measuring the Crystal Form	2015年6月2日	Suzhou Graphene Tech. Co. Ltd.
120	US15315398	Method for Preparing Carbon Powder from Organic Polymer Material and Method for Detecting Crystal Morphology in Organic Polymer Material	2015年6月2日	Suzhou Graphene Tech. Co. Ltd.
121	KR1020167033763	Method for Preparing Carbon Powder from Organic Polymer Material and Method for Detecting Crystal Morphology in Organic Polymer Material	2015年6月2日	Suzhou Graphene Tech. Co. Ltd.
122	US15111268	Local Carbon-Supply Device and Method for Preparing Wafer-Level Graphene Single Crystal by Local Carbon Supply	2015年6月4日	Shanghai Institute of Microsystem and Information Technology Chinese Academy of Sciences
123	JP2016519973	The Local Carbon Supply Device and Local Carbon Supply by Wafer Level of Graphene Single Crystal Production Method	2015年6月4日	中国科学院上海微系统与信息技术研究所
124	US15317405	Nitrogen-Doped Graphene Coated Nano Sulfur Positive Electrode Composite Material, Preparation Method, and Application Thereof	2015年6月5日	Suzhou Institute of Nano Tech and Nano Bionics Chinese Academy of Science
125	JP2017512093	Nitrogen-Sulfur Coated Positive Electrode Composite Dopugurahuen (Dopugurahuen), Methods for Their Preparation and Application	2015年6月5日	Suzhou Institute of Nano Tech and Nano Bionics (Sinano) Chinese Academy of Science

续表

序号	申请号	发明名称	申请日期	申请人
126	US14732722	Light-Emitting Device and Manufacturing Method Thereof	2015年6月6日	Shenzhen China Star Optoelectronics Technology Co. Ltd.
127	DE112015004145	Process for the Preparation of A Coating for Artificial Leather Using the Ultrasonic-Based Oxide from Polyacrylate/Aminomodifiziertem Graph Method	2015年6月18日	Shaanxi University of Science Technology
128	US14751738	Graphene Optoelectronic Detector and Method for Detecting Photonic and Electromagnetic Energy by Using the Same	2015年6月26日	National Cheng Kung University
129	RU2017101597	Method for Producing Porous Graphene	2015年7月1日	Jinan Shengquan Group Share Holding Co. Ltd.
130	JP2016576090	Method of Manufacturing Porous Graphene	2015年7月1日	Jinan Shengquan Group Share Holding Co. Ltd.
131	EP15815006	Porous Graphene Preparation Method	2015年7月1日	Jinan Shengquan Group Share Holding Co. Ltd.
132	MX2016017361	Porous Graphene Preparation Method	2015年7月1日	Jinan Shengquan Group Share Holding Co. Ltd.
133	US14802752	Graphene Sensor and Method of Fabricating the Same and Touch-Sensitive Display Device	2015年7月17日	Boe Technology Group Co. Ltd.
134	US14803371	Preparation Method of Graphene Nanoribbon on h-Bn	2015年7月20日	Shanghai Institute of Microsystem and Information Technology Chinese Academy of Sciences
135	AU2015100978	Dispersion Method of Composite Conductive Agent in Li-Ion Capacitor Electrode Slurry	2015年7月23日	Ningbo CSR New Energy Technology Co. Ltd.
136	US15031257	Thin-Film Transistor, Array Substrate and Fabrication Method, and Display Device	2015年8月14日	Boe Technology Group Co. Ltd.
137	US14829467	Transparent Conductive Layer and CF Substrate Having Same and Manufacturing Method Thereof	2015年8月18日	Shenzhen China Star Optoelectronics Technology Co. Ltd.
138	US14777744	Tft Substrate Structure and Manufacturing Method Thereof	2015年8月21日	Shenzhen China Star Optoelectronics Technology Co. Ltd.
139	US14778089	Method for Growing Graphene on Surface of Gate Electrode and Method for Growing Graphene on Surface of Source/Drain Surface	2015年8月21日	Shenzhen China Star Optoelectronics Technology Co. Ltd.
140	JP2015175208	One Kind of Graphene and Method of Preparing the Same	2015年9月4日	Jianhong Liu
141	US14848274	Graphene Material and Method of Preparing the Same	2015年9月8日	Jianhong Liu

续表

序号	申请号	发明名称	申请日期	申请人
142	US15556334	Composite-Coated Lithium Iron Phosphate and Preparation Method Therefor, and Lithium Ion Battery	2015年9月18日	Institute of Process Engineering Chinese Academy OG Sciences
143	US15127100	Touch Panel and Touch Display Device	2015年9月30日	BOE Technology Group Co Ltd; Hefei Xinsheng Optoelectronics Technology Co. Ltd.
144	JP2015206777	Method for Producing Graphene Nanoribbon on h-BN	2015年10月20日	Shanghai Inst. Microsys. Inf.
145	JP2015208894	Semiconductor Device	2015年10月23日	Dynax Semiconductor Inc.
146	US15763111	Industrial Method for Preparing Large-Sized Graphene	2015年10月23日	Su Zhou Cstar Material Technology Co. Ltd.
147	US15113256	Hydrophobic-Oleophilic Hollow Fiber Composite Membrane and Preparing Method Thereof	2015年10月29日	Tianjin Polytechnic University
148	TR201909253	Grafen İçerikli Viskoz Liflerin Yapım Prosesi	2015年11月11日	Jinan Shengquan Group Share Holding Co. Ltd.
149	JP2017513309	The Graphene Viscose Fibers and Method of Manufacturing Same	2015年11月11日	Jinan Shengquan Group Share Holding Co. Ltd.
150	AU2015349249	Graphene-Containing Viscose Fibre and Preparation Method Therefor	2015年11月11日	Jinan Shengquan Group Share Holding Co. Ltd.
151	US15307713	Graphene-Containing Viscose Fiber and Preparation Method Thereof	2015年11月11日	Jinan Shengquan Group Share Holding Co. Ltd.
152	KR1020167031603	Graphene-Containing Viscose Fiber and Preparation Method Thereof	2015年11月11日	Jinan Shengquan Group Share Holding Co. Ltd.
153	US14956123	Method for Manufacturing LED Light Bar and LED Light Bar Thereof	2015年12月1日	Shenzhen China Star Optoelectronics Technology Co. Ltd.
154	US14914642	Method for Manufacturing Pdlc Display Device and PDLC Display Device	2015年12月24日	Shenzhen China Star Optoelectronics Technology Co. Ltd.
155	US14981989	Method of Preparing Graphene-Coated Alumina and Graphene-Coated Alumina Prepared Using the Method	2015年12月29日	Jianhong Liu
156	KR1020150189803	Graphene Crushing and Centrifugation Apparatus	2015年12月30日	Han Zhe Zhu
157	US14907875	Graphene Display Devices and the Display Driving Methods Thereof	2016年1月5日	Shenzhen China Star Optoelectronics Technology Co. Ltd.

续表

序号	申请号	发明名称	申请日期	申请人
158	US14997485	Graphene Composite Powder form Material and Method for Making the Same	2016年1月16日	Ningbo Morsh Technology Co. Ltd.; Ningbo Institute of Materials Technology and Engineering Chinese Academy of S
159	JP2017563379	The Raw Cellulose [...] Preparation	2016年1月21日	Jinan Shengquan Group Share Holding Co. Ltd.
160	US15555289	Method for Preparing Biomass Graphene by Using Cellulose as Raw Material	2016年1月21日	Jinan Shengquan Group Share Holding Co. Ltd.; Heilongjiang University
161	KR1020177024636	Method for Preparing Biomass Graphene by Using Cellulose as Raw Material	2016年1月21日	Univ. Heilongjiang; Jinan Shengquan Group Share Holding Co. Ltd.
162	US15023691	Methods of Fabricating Quantum Dot Color Film Substrates	2016年1月29日	Shenzhen China Star Optoelectronics Technology Co.
163	JP2017567517	The Graphene/Silver Composite Material and Method for Preparation Thereof	2016年2月29日	上海和伍复合材料有限公司
164	US15507878	Thin Film Transistor and Producing Method Thereof, and Array Substrate	2016年3月24日	Boe Technology Group Co. Ltd.
165	US15085992	Method for Manufacturing Flexible Graphene Electrically Conductive Film	2016年3月30日	Wuhan China Star Optoelectronics Technology Co. Ltd.
166	KR1020160038623	Thermally Conductive Film Having Metal-Graphene Carbon and Method of Manufacturing the Same	2016年3月30日	Xin Zhang
167	US15031744	Graphene Backlight Module and Liquid Cystal Display Device Including The Same	2016年4月8日	Shenzhen China Star Optoelectronics Technology Co. Ltd.
168	US15038479	Graphene Display Module and Liquid Crystal Display	2016年4月8日	Shenzhen China Star Optoelectronics Technology Co. Ltd.
169	US15038609	Graphene Display	2016年4月25日	Shenzhen China Star Optoelectronics Technology Co. Ltd.
170	US15576158	Multifunctional Viscose Fiber and Preparation Method Therefor	2016年5月5日	Jinan Shengquan Group Share Holding Co. Ltd.
171	JP2017560548	Multifunctional Viscose Fibers and Method for Preparation Thereof	2016年5月5日	Jinan Shengquan Group Share Holding Co. Ltd.
172	KR1020177037008	Multifunctional Viscous Fiber and Its Manufacturing Method	2016年5月5日	Jinan Shengquan Group Share Holding Co. Ltd.
173	US15161260	TFT Array Substrate and Manufacturing Method Thereof	2016年5月22日	Wuhan China Star Optoelectronics Technology Co. Ltd.

续表

序号	申请号	发明名称	申请日期	申请人
174	US15109642	Double-Side Display, Display Module and TFT Array Substrate Thereof	2016年6月12日	Shenzhen China Star Optoelectronics Technology Co. Ltd.
175	US15108297	Graphene Display, A Driving Method for A Graphene Display and A Driving Apparatus	2016年6月12日	Shenzhen China Star Optoelectronics Technology Co. Ltd.
176	US15112432	Liquid Crystal Panel Structures Containing Functionalized Graphene Layers and Methods of Preparing Functionalized Graphene Layers	2016年6月15日	Shenzhen China Star Optoelectronics Technology Co. Ltd.
177	KR1020177002005	Method and Device for Processing Voiceprint Authentication	2016年7月4日	바이두 온라인 네트웍 테크놀러지 (베이징) 캄파니 리미티드
178	JP2017564679	Ultra-High Heat Conductivity and Flexibility of the Graphene Film	2016年7月20日	Zhejiang University
179	US15522448	Composite Polyurethane Foam Comprising Graphene, Processes for Preraring the Same Use Thereof	2016年8月3日	Jinan Shengquan Group Share Holding Co. Ltd.
180	AU2016345039	Composite Polyurethane Foam Containing Graphene, and Preparation Method and Use	2016年8月3日	Jinan Shengquan Group Share Holding Co. Ltd.
181	JP2017522675	The Graphene-Containing Composite Polyurethane Foam, Its Manufacture and Use	2016年8月3日	Jinan Shengquan Group Share Holding Co. Ltd.
182	KR1020177011157	Composite Polyurethane Foam Comprising Graphene, Preparation Method and Use Thereof	2016年8月3日	Jinan Shengquan Group Share Holding Co. Ltd.
183	TW105124688	双闸极石墨烯场效电晶体及其制造方法	2016年8月3日	上海新昇半导体科技有限公司
184	TW105124832	液晶显示器面板及其画素单元的制备方法	2016年8月4日	上海新昇半导体科技有限公司
185	JP2018600068U	A Heat Conducting Structure and Heat Dissipation Device	2016年8月18日	Jiangsu Cnano Technology Co. Ltd.
186	US15255105	Magnetic Head, Hard Disk Device, and Method for Transferring Two-Dimensional Atomic Crystal Layer to Head Slider of Magnetic Head	2016年9月1日	Tsinghua University
187	US15255533	Rechargeable Nickel Ion Battery Based on Nano Carbonmaterials	2016年9月2日	Graduate School at Shenzhen Tsinghua University
188	RU2017129230	Composite Material Containing Carbon Nanostructure, High-Molecular Weight Material in Which It Is Used, and Method of Production	2016年9月22日	Jinan Shengquan Group Share Holding Co. Ltd.

续表

序号	申请号	发明名称	申请日期	申请人
189	AU2016339389	Composite Containing Carbon Nanostructure, High Molecular Material Using Same and Preparation Method	2016年9月22日	Jinan Shengquan Group Share Holding Co. Ltd.
190	KR1020177006293	Composite Having Carbon Nanostructure, Macromolecular Material Using the Same and Processes for Preparing the Same	2016年9月22日	Jinan Shengquan Group Share Holding Co. Ltd.
191	TW105130896	微电子结构及其形成方法（一）	2016年9月23日	上海新昇半导体科技有限公司
192	US15281790	Preparation Method of Graphene/Metal Composite Board	2016年9月30日	Avic Beijing Institute of Aeronautical Materials
193	US15283944	Method for Fabricating Ultra-Capacity Battery	2016年10月3日	Semiconductor Manufacturing International （Shanghai） Corporation; Semiconductor Manufacturing International （Beijing） Corporation
194	TW105132624	制造石墨烯场效电晶体之方法	2016年10月7日	上海新昇半导体科技有限公司
195	JP2018526990	The Graphene-Nylon Nanocomposite Preparation of Fibers	2016年10月9日	Nantong Qiangsheng Graphene Technology Co. Ltd.
196	US15540112	Low-Temperature Polycrystalline Silicon Thin Film Transistor, and Manufacturing Method for Fabricating the Same, Array Substrate, Display Panel and Display Device	2016年11月1日	BOE Technology Group Co. Ltd.
197	TW105135712	染料敏化太阳能电池及其制造方法	2016年11月3日	武汉市三选科技有限公司
198	US15533443	Display Panel, Display Apparatus Having the Same, and Fabricating Method Thereof	2016年11月8日	BOE Technology Group Co. Ltd.
199	KR1020187016652	Regenerated Cellulose Fiber and Its Manufacturing Method and Application Functional	2016年11月14日	Jinan Shengquan Group Share Holding Co. Ltd.
200	AU2016372757	Film Forming Treatment Agent for Composite Chemical Conversion Film for Magnesium Alloy, and Film Forming Process	2016年12月6日	Baoshan Iron Steel Co. Ltd.
201	JP2018529654	For Magnesium Alloy Composite Chemical Conversion Film of A Film Forming Agent, and A Film-Forming Method	2016年12月6日	バオシャン アイアン アンド スティール カンパニー リミテッド
202	US15382630	Composite Material Used for Catalyzing and Degrading Nitrogen Oxide and Preparation Method and Application Thereof	2016年12月17日	Soochow University

续表

序号	申请号	发明名称	申请日期	申请人
203	US15387253	Organic Solar Cell and Preparation Method Thereof	2016年12月21日	Huawei Technologies Co. Ltd.
204	US15325448	Manufacturing Method of Micro-Nano Structure Antireflective Coating Layer and Display Apparatus Thereof	2016年12月28日	Wuhan China Star Optoelectronics Technology Co. Ltd.
205	US15328518	Display Method of Multi-Primary Color Graphene Display Device	2017年1月5日	Shenzhen China Star Optoelectronics Technology Co. Ltd.
206	TW106100961	一种大面积石墨烯及其制造方法	2017年1月12日	河南烯碳合成材料有限公司
207	TW106102573	一种生产石墨烯的装置及其方法	2017年1月24日	河南烯碳合成材料有限公司
208	US15517611	Backlight Source Based on Graphene, Field Color Sequential Liquid Crystal Display Device, and Driving Method for the Same	2017年2月27日	Shenzhen China Star Optoelectronics Technology Co. Ltd.
209	US15521658	Micro Light-Emitting Diode Array Substrate and Display Panel	2017年3月14日	Shenzhen China Star Optoelectronics Technology Co. Ltd.
210	US16087922	Method for Continuously Preparing Graphene Oxide Nanoplatelet	2017年3月22日	Institute of Metal Research Chinese Academy of Sciences
211	JP2018545341	A Continuous Method for Preparing [...] Oxide	2017年3月22日	中国科学院金属研究所
212	JP2017547570	The Graphene Fiber Non-Woven Fabric and Its Production Method	2017年3月28日	Zhejiang University
213	US15477829	Method for Capping Cu Layer Using Graphene in Semiconductor	2017年4月3日	Semiconductor Manufacturing International（Shanghai）Corporation; Semiconductor Manufacturing International（Beijing）Corporation
214	US15477815	Method and Device for Finfet with Graphene Nanoribbon	2017年4月3日	Semiconductor Manufacturing International（Shanghai）Corporation; Semiconductor Manufacturing International（Beijing）Corporation
215	US15579432	Pixel Driving Circuit and Driving Method Thereof, Array Substrate and Display Device	2017年6月2日	BOE Technology Group Co. Ltd.

续表

序号	申请号	发明名称	申请日期	申请人
216	US16086012	Graphene Oxide Purification Method and Graphene Oxide	2017年6月6日	Linde Zhang
217	US15616931	TFT Substrate Structure and Manufacturing Method Thereof	2017年6月8日	Shenzhen China Star Optoelectronics Technology Co. Ltd.
218	US15737159	LED Packaging Material and Manufacturing Method of the Same	2017年6月9日	Shenzhen China Star Optoelectronics Technology Co. Ltd.
219	US15567703	Graphene Light Emitting Display and Method of Manufacturing the Same	2017年7月3日	Shenzhen China Star Optoelectronics Technology Co. Ltd.
220	KR1020197013975	Yes Pin Number Bath Method for Continuously Heat Film	2017年7月5日	Changzhou Fuxi Tech Co. Ltd.
221	TW106128070	含石墨烯的复合式电缆	2017年8月18日	河南烯碳合成材料有限公司
222	US15557456	Field Effect Transistor and Manufacturing Method Thereof	2017年8月21日	Shenzhen China Star Optoelectronics Semiconductor Display Technology Co. Ltd.
223	US15683029	Semiconductor Device and Manufacturing Method Therefor	2017年8月22日	Semiconductor Manufacturing International（Beijing）Corporation; Semiconductor Manufacturing International（Shanghai）Corporation
224	US15691628	Micro-Sound Detection Analysis Device and Array Audio Signal Processing Method Based on Same	2017年8月30日	Lin Yang; Jianwei Zhang; Chengyu Hou; Guojian Cao
225	US15744995	Display Baseplate and Preparation Method Thereof, and Display Device	2017年9月13日	BOE Technology Group Co. Ltd.; Beijing BOE Display Technology Co. Ltd.
226	US15569388	Thin-Film Transistor and Fabrication Method Thereof and Array Substrate	2017年9月15日	Wuhan China Star Optoelectronics Semiconductor Display Technology Co. Ltd.
227	US15719603	Light Emitting Diode Chip and Preparation Method Thereof	2017年9月29日	Hc Semitek Corporation
228	US15730751	Preparation Method of Graphene	2017年10月12日	Shenzhen Cantonnet Energy Services Co. Ltd.
229	NL2019822	A Programmable RF Trigger Device	2017年10月27日	Univ Electronic S. Tech. China

续表

序号	申请号	发明名称	申请日期	申请人
230	US15814690	Method for Manufacturing Display Panel, and Display Device	2017年11月16日	BOE Technology Group Co. Ltd.; Hefei Xinsheng Optoelectronics Technology Co. Ltd.
231	US15740519	Continuous Production Equipment and Preparation Method for Graphene Composite Material	2017年11月27日	Changzhou Highbery New Nano Materials Technology Co. Ltd.
232	US15767213	Conductive Ink, Display Substrate and Fabrication Method Thereof, and Display Apparatus	2017年12月13日	BOE Technology Group Co. Ltd.; Hefei Xinsheng Optoelectronics Technology Co. Ltd.
233	US15940043	Thin Film Transistor, Production Method Thereof, and Electronic Apparatus	2018年3月29日	BOE Technology Group Co. Ltd.; Hefei Xinsheng Optoelectronics Technology Co. Ltd.
234	US15955718	Anti-Fouling and Anti-Corrosion Agent for Marine Steel Structure Surface and Preparation Method thereof	2018年4月18日	Zhejiang University of Technology
235	US16040247	Graphene Display	2018年7月19日	Shenzhen China Star Optoelectronics Technology Co. Ltd.
236	US16117363	Method for Preparing Fluorinated Graphene Nanoribbons	2018年8月30日	Tianjin University
237	US16179456	Method for Manufacturing Ultra-Capacity Battery	2018年11月2日	Semiconductor Manufacturing International (Shanghai) Corporation; Semiconductor Manufacturing International (Beijing) Corporation
238	US16199151	Asphalt Restoration Agent Microcapsule and Preparation Method and Use Thereof	2018年11月24日	Yiqiu Tan; Huining Xu
239	US16425958	LED Packaging Material and Manufacturing Method of the Same	2019年5月30日	Shenzhen China Star Optoelectronics Technology Co. Ltd.
240	US16425976	LED Packaging Material and Manufacturing Method of the Same	2019年5月30日	Shenzhen China Star Optoelectronics Technology Co. Ltd.

致 谢

北京市科学技术委员会
北京大学
北京新材料发展中心
山东省工业和信息化厅
济南高新区投资促进中心
济南高新区产业技术创新协同中心
青岛市人民政府、工信局、科技局、高新区
济宁市工信局、高新区
济宁新材料产业园
金乡县人民政府
深圳市工业和信息化局
深圳市光明区人民政府、工业和信息化局、科技局
深圳市坪山区人民政府、工业和信息化局
四川省经济和信息化厅
温江区人民政府、新经济和科技局
重庆高新技术产业开发区
福建省发展和改革委员会高技术产业发展处、石墨烯办
厦门火炬高技术产业开发区
泉州市发展和改革委员会
江苏省新材料产业协会
常州武进区管理委员会
无锡惠山国家高新技术创业服务中心
广西科学技术协会
广西柳州市鹿寨县人民政府
七台河市人民政府

中国科学院上海微系统与信息技术研究所
中国科学院宁波材料技术与工程研究所
中国科学院重庆绿色智能技术研究院
四川大学
清华大学深圳研究生院
深圳大学
厦门大学
中国人民解放军国防科技大学
中国航发北京航空材料研究院
国家石墨烯产品质量监督检验中心
江南石墨烯研究院
山东省鲁南工程技术研究院
深圳市先进石墨烯应用技术研究院
成都石墨烯应用产业技术研究院
北京石墨烯产业创新中心
浙江省石墨烯制造业创新中心
江苏省石墨烯创新中心
深圳市石墨烯产业技术创新中心
无锡石墨烯产业发展示范区
永安市石墨和石墨烯产业园
北京石墨烯技术研究院有限公司
东旭光电科技股份有限公司
北京乐华锂能科技有限公司
北京绿能嘉业新能源有限公司
北京创新爱尚家科技股份有限公司
上海烯望材料科技有限公司
上海利物盛企业集团有限公司
上海超碳石墨烯产业技术有限公司
上海理想万里晖薄膜设备有限公司
常州国成新材料科技有限公司
常州墨之萃科技有限公司
常州中超石墨烯电力科技有限公司

致 谢

常州碳世纪科技有限责任公司
常州二维碳素科技股份有限公司
常州第六元素材料科技股份有限公司
常州市碳索新材料科技有限公司
常州恒利宝纳米新材料科技有限公司
常州瑞丰特科技有限公司
无锡盈芯半导体科技有限公司
无锡格菲电子薄膜科技有限公司
无锡烯晶碳能新材料科技有限公司
江苏墨泰新材料有限公司
江苏道蓬科技有限公司
杭州高烯科技有限公司
杭州白熊科技有限公司
宁波烯铝新能源有限公司
宁波富理电池材料科技有限公司
宁波柔碳电子科技有限公司
宁波中车新能源科技有限公司
宁波墨西科技有限公司
宁波石墨烯创新中心有限公司
厦门凯纳石墨烯技术股份有限公司
厦门祥福兴科技股份有限公司
厦门烯成石墨烯科技有限公司
福建翔丰华新能源材料有限公司
福建新旃柔性材料科技有限公司
永安市泰启力飞石墨烯科技有限公司
泉州市凯鹰电源电器有限公司
信和新材料股份有限公司
山东如意科技集团有限公司
山东利特纳米新材料有限公司
山东金利特新材料有限责任公司
凯赛（金乡）生物材料有限公司
青岛华高墨烯科技股份有限公司

环球石墨烯（青岛）有限公司
青岛赛瑞达电子装备股份有限公司
济南圣泉集团股份有限公司
济南力冠电子科技有限公司
烯旺新材料科技股份有限公司
深圳市本征方程石墨烯技术股份有限公司
深圳市深瑞墨烯科技有限公司
广东暖丰电热科技有限公司
深圳市国创珈伟石墨烯科技有限公司
深圳华烯新材料有限公司
深圳市优宝新材料科技有限公司
重庆启越涌阳微电子科技发展有限公司
重庆墨希科技有限公司
重庆石墨烯研究院有限公司
中蓝晨光化工研究院设计院有限公司
四川中科兴业高新材料有限公司
德阳烯碳科技有限公司
大英聚能科技发展有限公司
宝泰隆新材料股份有限公司
哈尔滨万鑫石墨谷科技有限公司
河北燕园众欣石墨烯科技有限公司
宁夏神州轮胎有限公司
《中国战略新兴产业》杂志社

感谢以上单位对全国石墨烯产业实地调研及调研报告形成过程中给予的大力支持。